国家社科基金
后期资助项目

社会资本与近代企业发展

以中兴煤矿为中心

Social Capital and the Development of Modern Enterprises
The Case of Zhongxing Coal Mine

范矿生 著

社会科学文献出版社
SOCIAL SCIENCES ACADEMIC PRESS (CHINA)

国家社科基金后期资助项目
出版说明

后期资助项目是国家社科基金设立的一类重要项目，旨在鼓励广大社科研究者潜心治学，支持基础研究多出优秀成果。它是经过严格评审，从接近完成的科研成果中遴选立项的。为扩大后期资助项目的影响，更好地推动学术发展，促进成果转化，全国哲学社会科学工作办公室按照"统一设计、统一标识、统一版式、形成系列"的总体要求，组织出版国家社科基金后期资助项目成果。

全国哲学社会科学工作办公室

序　言

近年来，中国近代经济史研究取得了长足的进步，其中近代企业史研究尤为引人注目。

众所周知，采用机器进行生产、采用股份制资本组织形式的近代企业的出现，是中国从农业时代迈入工业时代的重要标志，也是古老中国走上现代化道路的开端。

1937 年全面抗日战争爆发之前，经历了晚清"十年新政"、第一次世界大战后中国资本主义发展的"黄金时期"和国民党政府头十年"走上自立之路"的努力之后，近代中国出现了此前未有的现象。首先，一系列保护产权、规范市场经济秩序的法律法规已经制定和颁布，初步构成了近代中国经济发展的法律框架；其次，近代机器工业的发展已达到一定的规模，无论在发展的量上还是质上，都超出了此前的任何一个时期，在部分领域与外来资本强国的"商战"中已不落下风；再次，以铁路和轮船为标志的保证人、财、物能够大量流动的近代交通和通信网络，已经建立并在经济领域发挥出重要作用；最后，以银行、保险公司、证券交易所为标志的融资、汇兑、结算等现代金融货币体系大框架也已经建立。虽然这些领域不少才略具雏形，远谈不上完善，但近代经济有了较为明显的进步却是不争的事实。代表经济发展水平的近代企业，更是在数量上有了明显增加，在质上有了不小进步，同时出现了民间资本企业集团，且不止一个行业、一个领域。

在解释和探讨这些经济现象出现的原因、发展的动力和组织的情况时，从大的方面看，近些年的研究是打破了此前影响很大的、流行了很长一段时期的"冲击—反应"论，打破了局限在描述外来帝国主义和中国封建主义如何限制中国经济发展的较为狭隘的层面，而是更多地注重"从中国发现历史"，从具体的领域和角度来探讨近代经济和近代企业的发展，尤其是在探讨近代经济发展的内外环境时，注重近代中国经济的内在组织、开拓精神和主观努力。在这样的新的研究分析中，最有特点也最能给人启迪的观点，是认为中国文化中重视关系、重视人际交往的传统发挥了作用。这种分析体现在企业发展上，就是用"关系网"来进行解释，即关系网加强了企业组织的凝聚力、降低了企业发展的成本并提升了企业发展的活力。而且，这种分析和解释还经历了三次递进的深入过程。初期用重视"地缘""血缘""业缘"这三种"缘"的方式来解释近代中国工商企业发展时内部组织的特点，对南通大生企业和宁波商帮在上海创办近代企业的分析就是这方面研究的典型。

然后，这种研究推进到社会层面，出现了运用"社会关系网"的方式分析研究近代工商业的趋势。出现了以官商关系、银企关系、地域关系等为中心的研究成果，这些研究中，商业网络、同乡网络、跨国贸易网络、家族网络、个人网络被梳理出来，相应的研究成果也不断出现。美国学者高家龙的《大公司与关系网——中国境内的西方、日本和华商大企业（1880—1937）》一书出版后，更是将这些研究推向了一个高潮。出现了以企业为主体，主动运用各种网络进行研究的成果。在此过程中，运用"社会资本"理论研究企业发展的成果也开始出现，但是，这时"社会资本"的内涵还不清晰，运用"社会资本"理论研究企业的成果还局限于企业与单一外部关联主体的关系，揭示二者间较为复杂的互动过程。但是，近代企业涉及的关系并非单一的，因此需要全面运用"社会资本"理论研究近代企业面临的多方面关系，揭示近代企业发展中的复杂面相。

范矿生的《社会资本与近代企业发展：以中兴煤矿为中心》一书，就是在前期众多学者研究近代企业史的基础上，运用"社会资本"理论全面研究近代中国企业——山东中兴煤矿的一部著作。山东中兴煤矿是近代中国民间资本兴办的煤矿企业中规模最大的一家，它在成立时和此后的发展中，面临社会上众多势力的难以预料的阻碍与干扰。除前面提到的政企、银企、路矿等矛盾以外，还有地方势力以及土匪等的干扰和阻挠。作者运用"社会资本"理论，全面揭示了面对复杂多变的社会环境，中兴煤矿是如何通过"社会投资"，与影响和限制企业发展的社会各方面建立关系，换取利于企业生存和发展的环境的。

在这本书中，作者首先对"社会资本"的概念进行了厘清和界定，进而全方位、生动、具体地阐述了一家企业面对影响和制约自身生存发展的多种社会势力时，是如何出击，建构起一种与各种政治、经济、社会力量之间的持久稳定的合作关系的。建构这种合作关系的结果，是双方互为扶持，共同发展，彼此让利而又彼此收利，且不会轻易受到外界因素的影响。在这个过程中，中兴煤矿实际上是向整个社会进行关系"投资"，通过付出一定的代价，建构起有利于企业的社会环境。企业得到有利的生存和发展环境，就是这种投资的回报。对于这个"投资"的起因、过程和结果，这本书都有较为全面和详细的描述，从而成为一本运用"社会资本"理论，分析研究近代中国企业的有代表性的著作。

作者站在企业的角度，运用"社会资本"理论，具体描画了近代企业在缺乏有利的以及较为完善的法律政策环境时的自保之路，强调了企业在此过程中并非完全处于被动，而是审时度势，既有被迫的不得已，也有主动的出击，从而生动地凸显了近代社会环境的复杂多变和近代中国社会转型的艰难和不易。另外，这本书的另一个特点，是从企业的角度描述了这种投资获得的回报，即不仅在产权和此后的政企关系上得到庇护，在融资和运输方面有所便利，在社会舆论和地方士绅甚至土匪方面也有了代言人，从多方面保障了企业的生存和发展。这些分析和描述，给读者展现了中国这个有着悠久历史传统的大国在转轨发展时期的艰难和复杂。

这本书的前身，是作者的博士学位论文，在作者答辩时就因运用新的理论分析近代中国企业，提出引人深入思考的问题而得到几位答辩老师的一致好评，最后论文被评为优等。答辩结束后，作者经过几年时间的沉淀、修改，又通过从中国台湾和日本收集的资料，进一步对论文进行了补充完善，精雕细刻，最终形成了现在的版本。

这是范矿生博士在学术道路上出版的第一本专著。在为他高兴和祝贺他的博士学位论文出版之际，我认为这是他在学术道路上开的一个头，一个很好的头。我衷心祝愿他在已有的基础之上，再接再厉，在未来的学术生涯中为学界和社会奉献出更多更好的作品，做出自己的贡献。

复旦大学历史学系朱荫贵

2020 年 12 月 14 日

摘　要

对于近代中国企业而言，盈利与安全是它们面临的两大主要问题。对它们来说，无论是谋求利润还是确保资金及企业本身安全，都需要一整套保护产权的制度来加以保障。然而在近代中国，私人企业产权很难得到制度方面的保障。无论是军事报效，还是临时性勒捐，抑或其他强制性手段干预，都使得近代企业产权受到损害。对于近代企业而言，如何寻求各种社会力量的支持，成为关系企业本身生存和发展的重大问题。在各方面制度并不完善的近代中国，企业面临政权频繁更迭、政策不断变动的格局，要想在这一过程中居于较为有利的地位，必须同各种政治、经济、社会力量建立起持久稳定的合作关系。在这种合作关系中，双方互相扶持、共同发展，彼此让利而又相互获利，且不会轻易受到外界因素的影响，学界称之为企业的社会关系网。在这种背景下，近代企业通过种种手段，建构起利于自身生存与发展的各种社会关系网，为企业的发展提供了良好的外部环境。

近年来，学界关于社会关系网的研究日渐升温，它与中国传统"关系学"之间那种朦胧的联系让人充满遐想。从经济学、社会学角度来看，企业的社会关系网也可以从"资本"的角度加以理解。传统的资本仅局限于货币，后来拓展到人力资本，再后来"社会资本"等概念应运而生。根据社会学家布迪厄等人的观点，"资本"一词不仅局限于金钱，也可指荣誉、地位。同理，"资本"也可以是一种社会关系，我们可以把关系网的建构比作向整个社会进行关系"投资"的过程，企业建构关系就是进行投资。在这个"投资"过程中，企业总是期望有所回报，期望从中得到实惠。"社会资本"这一概念的引入，就是在这样的背景下进行的。

相较以往社会关系网研究，"社会资本"更加突出关系网背后隐藏的利益及期待回报的心理，更加突出企业主体主动构建这种关系网络的自觉性和能动性。20 世纪 80 年代以来"社会资本"在社会学、政治学、经济学领域的研究取得的丰硕成果，为历史研究领域引入这一概念奠定了基础。近代企业所面临的复杂社会环境，在很大程度上与这一概念诞生的土壤相似，使这一概念的引入有较大的适用性。在此基础上，本书以山东峄县中兴煤矿为中心，通过对具体个案的考察，探究社会关系网对近代企业生存发展所起的巨大作用，进而揭示社会关系网背后隐藏的利益诉求及其具体建构过程。

目 录

绪　论

一　"关系网络"视野下中国近代企业史的外部环境考察

在中国近代企业史的研究中，学界除了关注管理机制、成本控制、技术引进等内部要素之外，还积极探讨影响企业发展的外部因素。这种社会性及外部因素的探究，集中体现在关系网等方面。

第一种，以经营主体——商人群体为中心，探究基于个人关系网的外部关联。大致包括三种视角。

一是"官商关系"视角。通常将传统的官商关系投射到企业中去，关注企业主身份的来源，政府主导的企业所有制变革，中央政府、地方政府与企业之间的关系。一类是基于商人身份的判定，判断其主办企业、商铺与外界各种关联的性质。商人的社会关系网研究，最早是以"官商勾结"的面目出现的。在传统阶级史观看来，近代商人与其投资的商铺或企业，多依据投资者的阶级属性而被定性为官僚资本或民族资本。民族资本企业有一定的进步性，但同时具有软弱性与保守性；官僚资本企业则兼有剥削性与掠夺性因素。在这一观点的指导下，商人及其经营的商铺、企业所有活动的性质，往往由商人的政治地位、阶级出身决定。在此基础上，商人及其所办店铺、企业与政府人员、银行等打交道，多以"官商勾结"加以概括。也有学者将这一分析框架与权力寻租、腐败等问题结合在一起探讨。① 这种解释有其合理性，能够揭示此类商铺、企业因近代商人的私人关系网络而拥有的资源、特权及其对同行企业的压迫，但也容易将其扩大化、概念化，容易忽视不同细分领域、不同类

---

① 何清涟：《中国企业家的成长环境——漫话 1860 年以来的三代中国商人》，载氏著《我们仍然在仰望星空》，漓江出版社，2001，第 131 页；王家范：《帝国时代商人的历史命运》，《史林》2000 年第 2 期；郑会欣：《从投资公司到"官办商行"——中国建设银公司的创立及其经营活动》，香港中文大学出版社，2001。

型企业的差异，忽视近代企业所处的时代土壤。一类是近代官员的私人投资。此类研究延续的同样是以投资者身份判定企业性质的思路，究竟是官僚资本还是民族资本，各方莫衷一是。官员入股企业是近代中国较为独特的投资现象，一些企业因为官员入股获得经济特权，如何在当时的背景下看待这种现象，很多学者做出了尝试。陈自芳在分析"官僚私人资本"正反两方面意义的基础上，将企业因股东身份而获得的种种经济特权细分为运用国有资产所有权和经营权，运用行政、经济、司法等方面权力，运用社会生产要素优先支配权，运用经济活动中的其他特权等四种类型，这就将股东群体的身份及社会关系网络与企业自身的经营有机结合起来了。① 以上分析思路，基本上根据企业主的身份（无论是商人还是官员）来判定近代企业的属性，有其适用的范围，然而近代商人基于经济利益的政治态度是不停变化的，后世对其评价也随着时代变化而悄然发生变化。以虞洽卿为例，其身份认定经历了一个从"江浙财阀"、"买办阶级"到"民族资本家"的变化过程，"对虞之身份定性，无疑是随着国内政治局势的变化而改变"。② 同理，投资企业的官员身份也是随时变化的，同样一个人，有在朝和在野之分；投资类型也是多样的，有普通投资和运用特权、养家糊口和政治依靠、倡导风气和权力寻租之别。③ 近代社会的复杂性，尤其是抵御外国经济入侵的大背景以及不同时期针对官员投资的不同政策，都使得官员入股企业呈现更为复杂的面相。股东群体的复杂性和相互作用，都使得股东行为和企业行为并非完全同步，决定企业决策和发展方向的，往往是股东群体内部力量的消长和作用，是一种"合力"在起作用。

二是资产阶级视角。突出近代商人群体的政治面向，探讨的是这一群体与政府之间的政治关联。④ 此类研究多以二者之间长时段的关系

---

① 陈自芳：《中国近代官僚私人资本的比较分析》，《中国经济史研究》1996 年第 3 期，第 71 ~ 74 页。

② 冯筱才：《政商中国：虞洽卿与他的时代》，社会科学文献出版社，2013，第 5 页。

③ 陈自芳：《中国近代官僚私人资本的比较分析》，《中国经济史研究》1996 年第 3 期，第 70 ~ 71 页。

④ 杨立强、胡礼忠、王立诚：《近年来国外近代中国资产阶级研究述评》，《历史研究》1989 年第 2 期。

为对象，注重对它们之间关系的定性，是从整体角度进行的探讨。如学界对南京国民政府与近代商人之间关系的研究，细分有三种观点：一种是"联盟"说，一种是"对抗"说，一种是"规避"说。① 相关研究都是以商人支持下的商铺、企业为具体研究对象的。如主张"规避"说的卜睿哲（Richard C. Bush），就以荣家企业的系列举动为中心，来探讨近代企业规避政府强势干预的种种举措。② 此类研究容易将商人群体泛政治化，忽视了商人及近代企业的多样性。

三是产权保护视角。随着近代商人、企业乃至银行个案研究的不断涌现，学界越来越看重商铺或企业面临的外部社会环境，并将其屡遭厄难的原因归结为近代产权得不到保护，显示出这一领域研究的深入。③ 如冯筱才探究近代江浙商人群体时指出了其"在商言商"的一面，认为商人群体的很多举动是近代产权得不到保护的无奈之举，并无太多政治意味。在此基础上，冯筱才以虞洽卿为个案，引入"社会资本"概念，阐述其私人关系网的发展，指出"就虞洽卿个人而言，其一生的政商经营，均与社会资本的培植有密切关系"。④

第二种，以与企业往来密切的经济主体为中心，探究它们与近代企业之间的各种关联。①银企关系。李一翔以资金借贷为中心对近代银企关系进行了系统的研究和梳理，并在此基础上注意到经济往来之外的一些关联，比如银行与企业之间相互持股、互选董事的"你中有我、我中

---

① 〔美〕高家龙：《上海资本家与国民党政府的关系——八十年代美国史学界的一个争论》，载中国近代经济史丛书编委会编《中国近代经济史研究资料》第3辑，上海社会科学院出版社，1985，第155~160页。三种论点的代表人物分别是哈罗德·艾萨克斯（后译为"伊罗生"）、小科布尔和卜睿哲，参见 Harold Robert Isaacs, *The Tragedy of the Chinese Revolution*, Stanford University Press, 1961；〔美〕小科布尔《上海资本家与国民政府（1927—1937）》，杨希孟、武莲珍译，中国社会科学出版社，1988；Richard C. Bush, *The Politics of Cotton Textiles in Kuomintang China*, *1927 - 1937*, Garland Publishing, Inc., 1982。

② Richard C. Bush, *The Politics of Cotton Textiles in Kuomintang China*, *1927 - 1937*.

③ 杜恂诚：《中国近代国有或政府控制企业的产权和治理结构》，载朱荫贵、戴鞍钢主编《近代中国：经济与社会研究》，复旦大学出版社，2006，第402~403页；冯筱才：《在商言商：政治变局中的江浙商人》，上海社会科学院出版社，2004，第274、304~311页；〔澳〕黎志刚《轮船招商局经营管理问题（1872—1901）》，载招商局史研究会编《招商局与近代中国研究》，中国社会科学出版社，2005，第259~321页。

④ 冯筱才：《政商中国：虞洽卿与他的时代》，第251页。

有你"的行为就超越了一般经济往来的内涵。① 诸静系统梳理了金城银行对近代企业的放款，指出金城银行在南京国民政府时期采取的"放款与投资相结合"等新举措，"使其与企业间的合作关系更加密切和稳固，更多地由过去临时的、偶然的资金融通关系向比较长期的、固定的合作关系转化"②，这就有社会关系网络的内涵了。《金城银行史料》一书将金城银行对范旭东创办的久大精盐公司、永利制碱公司的放款归于"关系型"放款的行列，在经济往来基础上增加了社会内涵。③ 有学者将股东的私人关系网和银行放款的关系归结为，"私人友谊成为培植和发展银企关系的沃土，公私兼顾体现了东亚社会建立在人际交往基础上的独特社会运行机理"。④ ②路矿关系。这一点突出表现在铁路与近代工矿等企业之间的关联。⑤ 有学者在研究津浦铁路时，专门提及津浦铁路对山东峄县中兴煤矿公司、华东煤矿公司、济南成丰面粉厂、徐州宝兴面粉厂、蚌埠信丰机器面粉公司等沿线工矿、面粉企业的促进作用。⑥ 唯探讨路矿关系，仍多停留在运输层面，对其背后的社会关系网未有探索。无论是对于银企关系，还是对于路矿关系，学界多以银行或铁路为研究主体，缺乏对关系网主体——近代企业的足够重视，这就容易忽视企业作为主体主动构建关系网的过程。在此基础上，美国学者高家龙意识到近代企业主体地位

---

① 李一翔：《近代中国银行与企业的关系（1897—1945）》，东大图书股份有限公司，1997。

② 诸静：《金城银行的放款与投资研究（1917—1937）》，复旦大学博士学位论文，2004，第264页。

③ 中国人民银行上海市分行金融研究室编《金城银行史料》，上海人民出版社，1983，第112页。

④ 赵津、李健英：《金城银行与"永久黄"团体的银企关系》，《历史教学（下半月刊）》2011年第3期。

⑤ 此类研究，可参见张伟保《华北煤炭运输体系的建立（1870—1937）》，《新亚学报》第18卷，新亚研究所图书馆，1997，第151～191页；田伯伏《京汉铁路与直隶沿线近代采煤业的起步》，《河北大学学报》（哲学社会科学版）2000年第3期；曾谦《近代山西煤炭的开发与运销》，《沧桑》2009年第3期；谭刚《滇越铁路与云南矿业开发（1910—1940）》，《中国边疆史地研究》2010年第1期；马义平《铁路与1912—1937年间的豫北工矿业发展》，《史学月刊》2010年第4期；唐金培《近代铁路与华北内地煤矿的现代转型——以1906—1937豫北地区为考察对象》，《河南师范大学学报》（哲学社会科学版）2015年第4期；等等。

⑥ 丁戎：《津浦铁路研究（1898—1937）——近代铁路线路史研究的探索》，苏州大学博士学位论文，2013，第193～203页。

的重要性，认为企业资料不但是资料主体的转移，更是研究视角的转移。①

第三种，以近代企业为主体，从各个视角阐述企业的社会性和外部性。①经济社会史理论视角。将近代企业与地域社会结合起来考察，可以分为两个方面。一方面，强调企业与基层官吏、地方士绅、军队乃至土匪之间关系的互动，即将企业放在社会关系网理论视角下分析。另一方面，强调企业与地方慈善事业乃至近代城市兴起之间的关联。典型如张謇的大生集团与南通，有学者引入"Regional Enterprise"（地区性企业）、"Company Town"理论（日本学者称之为"企业城下町"）进行阐释或与之商榷。②有学者就认为："张謇主导的城市化发展路径是融会贯通了社会、经济、文化、环境等多领域的新的规划思路与技术，与近代发达国家城市建设的探索，如西欧的'工业镇'、'田园城市'或日本的'企业城下町'不同。"③②社会关系网理论视角。皇甫秋实对"网络"视野下的中国企业史研究进行了翔实、全面的梳理，继而提出了商业网络、同乡网络、跨国贸易网络、家族网络、个人网络等五种网络。④这一时期的网络研究内涵较为丰富，既是"一种客观存在的社会经济组织结构"，也是主观建构的人际关系网络；既有中国传统社会"关系"的内涵，也有个体与同业组织的互动；既有跨国网络的编织，也有质疑西方"企业管理层级结构"的意蕴。⑤其中，最著名的莫过于高家龙的研究。他以美孚石油公司等企业为例，探讨企业管理层级结构与社会关系网之间的动态互动关系，从而掀起了中国近代经济史领域中关系网络研究的又一个热潮。⑥在这些内涵丰富的关系网络中，以企业为主体、对

---

① 〔美〕高家龙：《大公司与关系网——中国境内的西方、日本和华商大企业（1880—1937）》，程麟荪译，上海社会科学院出版社，2002，第3页。

② Elisabeth Köll, *From Cotton Mill to Business Empire: The Emergence of Regional Enterprises in Modern China*, Harvard University Asia Center, 2003；〔日〕金丸裕一：《略论江北电业的成长——以"企业城下町"南通为中心》，载张謇研究中心编《再论张謇——纪念张謇140周年诞辰论文集》，上海社会科学院出版社，1995，第174~183页。

③ 马斌主编《张謇实业与教育思想概论》，苏州大学出版社，2006，第98页。

④ 皇甫秋实：《"网络"视野中的中国企业史研究述评》，《史林》2010年第1期，第171页。

⑤ 皇甫秋实：《"网络"视野中的中国企业史研究述评》，《史林》2010年第1期，第169、171页。

⑥ 〔美〕高家龙：《大公司与关系网——中国境内的西方、日本和华商大企业（1880—1937）》。

社会关系网络进行有效运用的研究名列其中，典型如高家龙、关文斌的系列研究成果。① 关文斌以久大精盐公司为例，探讨它在企业注册、资金招募、对外竞争过程中有选择性地使用网络、层级结构、市场克服困境，凸显企业在社会关系网络中的主动性。论证时引入社会关系网络中的"强关系"和"弱关系"来区分股东认同的基础，用"结构洞"理论分析关系网络的铺开，在很多方面都是创新。② 除此之外，有学者将公共关系理论、社会网络理论、社会资本理论引入近代企业史研究，利于以企业为主体突破单一维度（如银企关系）、建构多维度社会关系网络的尝试。③ 王强运用社会资本理论，阐述了英美烟公司在烟草收购和销售网络建构时对本土关系网络的改造和运用。④ ③企业本位视角。一些研究成果虽然并未直接运用社会关系网理论，但亦属于企业社会关系网络的某个侧面。如企业与基层官吏、地方士绅、军队乃至土匪之间关系的互动，有学者以萍乡煤矿为例，揭示企业在开采、运输过程中与地方士绅群体既合作又竞争的关系。⑤ 有学者以汉冶萍公司的治安环境为中心，探析公司与土匪、村民、乡绅、基层政府、军队等地方力量之间的关系。⑥ 除企业与士绅、土匪、政府之间的关系外，另有企业与银行、铁路之间的关系值得关注。前文以银行、铁路为中心的考察中对此多有

① 皇甫秋实：《"网络"视野中的中国企业史研究述评》，《史林》2010 年第 1 期，第 170 页。

② 〔美〕关文斌：《网络、层级与市场——久大精盐有限公司（1914—1919）》，载张忠民、陆兴龙、李一翔主编《近代中国社会环境与企业发展》，上海社会科学院出版社，2008，第 194～205 页；Man Bun Kwan, *Beyond Market and Hierarchy*：*Patriotic Capitalism and the Jiuda Salt Refinery, 1914 - 1953*, Palgrave Macmillan, 2014。

③ 余静：《浅析公共关系在中国近代企业中的运用——以南洋兄弟烟草公司为例》，《学海》2004 年第 4 期；李跃：《中国近代私营企业社会网络的构建》，《江汉论坛》2006 年第 6 期；高新伟：《近代中国公司治理的"社会资本"分析》，《福建师范大学学报》（哲学社会科学版）2009 年第 1 期；冯筱才：《政商中国：虞洽卿与他的时代》。

④ 王强：《近代外国在华企业本土化研究——以英美烟公司为中心的考察》，上海人民出版社，2012，第 100～104、215～240 页。

⑤ Jeff Hornibrook, "Local Elites and Mechanized Mining in China：The Case of the Wen Lineage in Pingxiang Country, Jiangxi", *Modern China*, Vol. 27, April 2001, pp. 202 - 228；肖育琼：《近代萍乡士绅与萍乡煤矿（1890—1928）》，南昌大学硕士学位论文，2006；李超：《萍矿、萍民与绅商：萍乡煤矿创立初期的地方社会冲突》，《江汉大学学报》（社会科学版）2014 年第 4 期。

⑥ 蔡明伦：《汉冶萍公司治安环境探析（1912—1937）》，《湖北师范大学学报》（哲学社会科学版）2017 年第 6 期。

阐述，此处的差异在于以企业为主体阐述它们之间的关联。如关文斌在研究久大精盐公司与银行之间交叉持股、互兼董事时，就指出这种现象"或许也不是单纯的商业行为，而是与关系网络互为因果"。[①] 高家龙、卜睿哲揭示了荣家企业三次规避南京国民政府的举动，指出"每次他都运用他的社会关系网来限制官方政策的影响，改变官方政策的方向，或引开官方政策的矛头所向"。[②] 徐锋华探究了1935年申新七厂被拍卖事件背后企业、政府、银行之间相关的利益纠葛，这实际上也属于近代企业社会关系网络的内容。[③]

综上，国内外学界关于近代企业外部环境或外部关联的研究，经历了一个逐步深化的过程，主要表现为"三大转变"。①企业外部关联主体由单一向多元转变。最初的外部关联主体仅限于政府，研究重心聚焦于官商、政企关系，之后逐步扩散到银行、铁路、士绅、土匪等力量。②研究对象由外部主体本位到企业本位的转变。最初的研究多以外部关联主体为出发点，在政治史、铁路史、银行史、城市史的探讨过程中顺便提及上述主体与企业的关系，资料多依赖银行、铁路等外部主体。随着企业史资料的发掘及主体意识的觉醒，越来越多的学者开始从企业本身出发，研究其与各种外部关联主体之间关系的互动。③由互动过程的揭示向寻求理论依据转变。最初的研究多以企业与单一外部关联主体之间的关系为对象，揭示二者之间较为复杂的互动过程。为了克服既有研究路径的局限，学界开始将社会经济史理论、"企业城下町"理论、公共关系理论、社会关系理论、网络理论、社会资本理论引入企业史研究中来，力图揭示有共性的规律。同时，以上研究有待进一步深化，主要表现为以下三点。①未能全面揭示股东行为与公司行为之间的辩证关系，往往将二者等同起来。既往研究往往通过企业主的身份判定企业的行为，未能全面反映新旧股东群体嬗变及股东身份变动等复杂情况，未能有效

---

① 〔美〕关文斌：《网络、层级与市场——久大精盐有限公司（1914—1919）》，载张忠民、陆兴龙、李一翔主编《近代中国社会环境与企业发展》，第203页。

② 〔美〕高家龙：《大公司与关系网——中国境内的西方、日本和华商大企业（1880—1937）》，第173页；Richard C. Bush, *The Politics of Cotton Textiles in Kuomintang China, 1927–1937*, pp. 233–247.

③ 徐锋华：《企业、政府、银行之间的利益纠葛——以1935年荣氏申新七厂被拍卖事件为中心》，《历史研究》2011年第6期。

区分个人与组织的对外行为。②未能全面揭示企业外部环境与内部治理之间的互动关联。既往研究多偏重企业的外部关联性，未有效打通企业外部社会网络与内部治理结构的壁垒，未有效揭示外部关联性具体发挥作用的路径机制。③未能有效处理西方理论与近代中国实际情况之间的适用性。西方理论及概念的引入较为芜杂，对于一些关键性概念（如"社会关系网络""社会资本"）未做出较为清晰的界定，未揭示西方理论在近代中国的适用范围及本土化特色。

值得注意的是，在目前的研究中，关系网的内涵过于芜杂。① 高家龙等学者未对关系网进行准确定义，对不同类型关系网不加区分，导致这一概念始终模糊不清，内涵较为空泛、芜杂。综观《大公司与关系网——中国境内的西方、日本和华商大企业（1880—1937）》一书，高家龙并未对"关系网"进行较为清晰的概念界定，只是引用了鲍威尔（Walter P. Powell）的看法，认为关系网相较于管理层级机构，更强调"各种横向的沟通和相互间应尽的义务"。② 他所说的关系网，既包括长途运输网这种地理上的概念，也包括公司内部上下级关系网这种人事关系，还包括企业自救时与政府官员之间的私人交情。在高家龙的理解中，关系网基本等同于 network，也就是中文的"网络"。而"网络"一词在中文中仅带有"连接"的内涵，更偏重于一种客观存在的联系或结构。中文的"关系网"概念，是"关系"和"网络"的集合体，其内涵更偏重"关系"而非"网络"。就汉语言的结构来讲，在"关系网"这一词语中，"网络"是对"关系"的形象描绘，言各类"关系"之密集成网。高家龙关注的关系网是一种极为松散和宽泛的概念，是各种不同类型网络的融合，其中也包括笔者提及的这种社会关系网。③ 为了避免这种概念较

① 〔澳〕黎志刚：《现代中国经济与商业史：过去和现在》，载王荣华主编《多元视野下的中国——首届世界中国学论坛》，学林出版社，2006，第177页；皇甫秋实也注意到了与 network 对应的汉语词汇的多样性以及高家龙等所提"关系网"背后的多重内涵，参见皇甫秋实《"网络"视野中的中国企业史研究述评》，《史林》2010年第1期，第171～172页。

② 〔美〕高家龙：《大公司与关系网——中国境内的西方、日本和华商大企业（1880—1937）》，第2页。

③ 高书第六章举例说明了企业外部社会关系网的作用，用的是吴稚晖帮助荣氏家族从蒋介石手中取回公司产业的例子，参见〔美〕高家龙《大公司与关系网——中国境内的西方、日本和华商大企业（1880—1937）》，第173～184页。

为芜杂的现象，专注于企业外部社会关系网络的研究，本书引入"社会资本"这一概念。

二　"社会资本"概念的厘清

"社会资本"在经济学和社会学中有不同内涵。"社会资本"的概念最初产生于经济学领域，是与"私人资本"相对应的概念，是无数个别资本的总和，即社会的总资本。亚当·斯密（Adam Smith）、重农学派、卡尔·马克思（Karl Marx）、马克斯·韦伯（Max Weber）等学者都进行过相关研究。① 这一理解颇类似我们惯常的理解，近代学人梁启超就将"社会资本"理解为社会上的闲散资金。②

这一概念真正引发研究热潮是在社会学领域，内涵迥异于前项理解。20 世纪 80 年代以来，西方社会学界关于社会资本的研究逐渐成熟，最有代表性的学者是布迪厄、戈夫曼及林南。他们对社会资本的定义虽不尽相同，但大同小异，所反映者均为人们的社会关系，所区分者只在于不同具体情形下的不同视角。③ 本书运用的"社会资本"，颇类似林南的定义——"行动者在行动中获取和使用的嵌入在社会网络中的资源"。这一过程可形象描述为"期望在市场中得到回报的社会关系投资"。他继而指出："社会资本是通过社会关系获得的资本。在这个理论中，资本是一种社会财产，它借助于行动者所在网络或所在群体中的联系和资源而起作用。"④ 在林南

---

① 关于亚当·斯密、重农学派、马克思对"社会资本再生产"的论断，可参见邹柏松《亚当·斯密经济思想研究》，广东高等教育出版社，1991，第 120～135 页；关于卡尔·马克思与马克斯·韦伯对"社会资本"概念的理解，可参见卜长莉《社会资本与东北振兴——对东北地区 142 家工业企业的调查》，社会科学文献出版社，2009，第 4～11 页。

② 梁启超：《敬告国中之谈实业者》，载上海市档案馆编《旧上海的证券交易所》，上海古籍出版社，1992，第 271 页。

③ 〔美〕林南：《社会资本——关于社会结构与行动的理论》，张磊译，上海人民出版社，2005，第 20～24 页；刘松博：《企业社会资本的生成——基于组织间非正式关系的观点》，复旦大学出版社，2008，第 21～27 页。

④ 〔美〕林南：《社会资本——关于社会结构与行动的理论》，第 18、24 页。笔者引用林南的定义，并不代表完全赞同他对社会资本的观点。实际上，基于社会学与历史学、美国和中国、现实社会与历史社会等诸多因素之间的差异，笔者和林南对社会资本的理解有较大差异。

的基础上，笔者将社会关系投资的领域从"市场"扩大到"社会"，社会资本可以理解为具体行为主体（如近代企业）期望在整个社会中得到回报的社会关系投资。这一点，颇符合匈牙利学者波兰尼（又译作"博兰尼"）对人类早期社会的判断，即"经济——确保人类生计的安排——埋藏在社会关系之中"。① 在笔者看来，社会资本是在社会关系网这一理论基础上的延伸，同时与中国社会"关系"的研究息息相关。此类成果颇多，典型如杨美惠对"关系"的调查与研究。②

相较于社会关系网，"社会资本"理论有四点优势：①与建构主义理论相结合，更加突出行为主体对社会关系网的主动建构，"社会资本"概念的提出，将"社会关系网"这一概念演变为一种正在进行的过程；②在社会关系网络这一客观结构的基础上，更加强调网络中蕴含的各种资源流动；③更加强调社会关系网背后利益化或目的性的一面；④更加强调行为主体在投资社会关系时那种期待回报的心理，这种过程类似商业投资。③ 在这一概念中，"资本"是点睛之笔，具有流动性特点。众所周知，传统意义上的"资本"一般包括金钱、厂矿等有形资本。之后"资本"的内涵逐渐扩展，"人力资本"等概念纷纷提出，社会学家布迪厄等的研究则使人们对"资本"的理解发生根本性变化。他认为，资本是一种普遍现象，不限于惯常的经济形式，也不一定以有形资产形式存在，它有三种基本类型：经济资本、文化资本、社会资本。④ 法国学者朋尼维兹在解读布迪厄学说时指出："资本有一些被共同承认的特性：资本的积累要靠投资的过程，它是透过继承而移转，且依照资本拥有者所掌握的理财置产时机而决定其获利大小。"⑤ 在这个前提下，具有同样特点的社会关系网，亦可以成为一种"资本"。由此，在"资本"内涵逐

---

① 〔匈〕卡尔·博兰尼：《巨变：当代政治、经济的起源》，黄树民、石佳音、廖立文译，远流出版事业股份有限公司，1989，第27页。

② 杨美惠：《礼物、关系学与国家：中国人际关系与主体性建构》，赵旭东、孙珉译，江苏人民出版社，2009。

③ 在本书正文中，关系网、社会关系、社会资本三个概念交替使用，均指社会资本。

④ 〔法〕皮埃尔·布迪厄：《资本的形式》，载薛晓源、曹荣湘主编《全球化与文化资本》，社会科学文献出版社，2005，第3~6页。值得注意的是，布迪厄此处所言"社会资本"和笔者本书提及的"社会资本"并不完全相同。

⑤ 〔法〕朋尼维兹：《布赫迪厄社会学的第一课》，孙智绮译，麦田出版社，2002，第72页。

渐扩大的基础上，引入"社会资本"概念及理论，在规范内涵的基础上，将其作为一种分析工具，借以揭示近代企业建构社会关系网络、对社会进行"关系"投资并期待回报的生动过程。这种回报在不同领域有不同表现形式，可以是经济利益、社会地位、荣誉等，而在近代企业史领域，更明显地表现为经济利益或安全回报。

三　山东峄县中兴煤矿公司概况及研究状况

山东峄县中兴煤矿股份有限公司，矿区位于山东峄县城北的枣庄，是近代华资最大煤矿企业之一，股本规模一度达到1000万元（实收750万元）。该公司前身是洋务运动期间开办的新式煤矿——中兴矿局，1878年由李鸿章派戴华藻、米协麟等官员开办，挂名"官督商办"，但"不领官本"。由于矿难频发、经营不善及南北股矛盾，到1895年被迫停办，各方损失颇多。[①] 1899年，原矿局股东、山东盐运使张莲芬带领各方士绅以中德合办的名义成立山东峄县华德中兴煤矿公司，华股六成，德股四成，华总办为张莲芬，洋总办为德璀琳。该公司名义上为中德合资公司，但公司权力一直掌握在华总办手中。[②] 到1908年，公司取消"华德"二字，成为纯华资的煤矿企业。此后中兴煤矿股本逐渐增多，业务逐渐拓展，然而好景不长，1915年公司发生特大矿难，张莲芬积劳成疾病逝。此后中兴公司招入徐世昌等北洋要员股份及武汉商股，总公司也从济南迁到天津，1916年11月的股东大会推举徐世昌为董事长，由朱启钤代理。1918年，朱启钤被正式任命为公司总经理。在朱启钤的领导下，公司业务迅速发展，到20世纪20年代进入发展上的黄金时期，煤炭最高年产量可达80万吨，仅次于抚顺、开滦煤矿，股本亦增至1000万元，实缴750万元。之后受南北战事影响，矿区存煤山积，运输停滞，

---

① 《峄县炭窑创设官局记》，载（清）王振录、（清）周凤鸣修，（清）王宝田纂《光绪峄县志》卷七《物产略》，载《中国地方志集成·山东府县志辑》（9），凤凰出版社、上海书店、巴蜀书社，2004，第92～96页。

② 之后虽然公司一直自称没有收到德股，但华总办张莲芬承认"前收天津世昌洋行海商人及德璀琳股本二万余金"（参见《张莲芬再禀山东巡抚周及北洋大臣袁》，光绪二十九年十月初六，载《中兴公司文牍》第4册），但股数量极少，离四成德股的目标相距甚远。

中兴公司于 1927 年 7 月被迫停工。[①] 1928 年，中兴公司因不愿缴纳军饷报效 100 万元被蒋介石下令没收，直到 9 月方才发还，这就是著名的"整理中兴案"。同年 11 月，中兴公司总部由天津迁至上海，钱新之、周作民、叶琢堂等银行界重要人物被引入管理层。公司业务自 1929 年 8 月开始恢复，到 1931 年才扭亏为盈，此后进入发展上的又一个黄金期，1936 年公司年产量可达 173 万吨。1938 年侵华日军占领枣庄，中兴公司业务被迫中止，公司董事撤退，该矿由日本人占据并遭到掠夺性开发。抗日战争胜利后，中兴公司董事谋求复工，派人前往矿区接收，然因矿区地处前线，接收以失败告终。新中国成立后，中兴公司逐步恢复生产，1952 年实行公私合营，1956 年成立枣庄矿务局，正式撤销"中兴煤矿公司"名号，改称"枣庄煤矿"。1958 年，枣庄煤矿由公私合营改为国营。[②] 1999 年，枣庄煤矿因矿源枯竭正式封井停采，这个百年老矿也成为历史。这就是中兴煤矿公司发展的概况。

大陆对中兴煤矿公司的研究，主要集中在厂矿志、文史资料、专著研究。其中，厂矿志以时间为线索，全面梳理中兴煤矿公司的发展历程，优点是利于了解中兴煤矿发展全貌，史料亦较为扎实。然囿于体例，缺乏一以贯之的中心思想。[③] 此外，一些矿业史专著及调查报告亦有专章涉及中兴煤矿公司，如《中国十大矿厂调查记》《中国煤矿》《第五次山东矿业报告》《清代至民国时期华北煤炭开发（1644—1937）》等。[④] 文史资料则以厂矿档案及人物回忆为主，可以为进一步的研究提供口述史

---

① 《中兴公司十六年度营业报告（一）》，《大公报》1928 年 8 月 7 日，第 4 版。

② 中共枣庄矿务局委员会等编著《枣庄煤矿史》，山东人民出版社，1959，第 10～49、164～194 页。

③ 山东峄县中兴煤矿公司编《山东峄县中兴煤矿概述》，中兴学校小学部印刷处印，1936；周景宏、邓晋武编著《枣庄煤矿发展史》，枣庄矿务局印刷所印，1983；《枣庄矿务局志》编纂委员会编《枣庄矿务局志》，煤炭工业出版社，1995；《枣庄煤矿志》编纂委员会编《枣庄煤矿志》，中华书局，2001；苑继平主编《枣庄煤史》，青岛出版社，2006。

④ 顾琅编《中国十大矿厂调查记》，商务印书馆，1916；胡荣铨：《中国煤矿》，商务印书馆，1935；山东省政府建设厅编《第五次山东矿业报告》，山东省政府建设厅自印，1936；山东省地方志编纂委员会编《山东省志》第 38 卷《煤炭工业志》，山东人民出版社，1997；《中国煤炭志》编纂委员会编《中国煤炭志·山东卷》，煤炭工业出版社，1997；刘龙雨：《清代至民国时期华北煤炭开发（1644—1937）》，复旦大学博士学位论文，2006。

料及档案来源。至于专门的学术性研究成果，主要有《枣庄煤矿史》《中国近代煤矿史》《百年追梦——基于文化视野对中兴煤矿公司的解读》《中兴煤矿企业史研究（1880—1937）》等。其中，《枣庄煤矿史》运用公司大量一手档案，分七个阶段阐述了中兴煤矿的发展历程，是了解中兴煤矿历史的入门必读书。囿于年代和观点，该书缺乏较为细致的考察，对中兴煤矿发展壮大的原因缺少系统分析。从社会关系网角度来看，该书偶有涉及股东群体、津浦铁路、银行对中兴煤矿的作用。《中国近代煤矿史》一书虽然对中兴煤矿着墨不多，但已经尝试考察中兴煤矿发展的原因，提出了其取得成功的几个"独特之处"，包括：①利用外资，又不为外国人掣肘；②开采方法方面，中西兼用，由土到洋，逐步变革；③注意矿井设备更新和技术改造；④大胆使用技术专家；⑤中兴公司始终把煤的运输放在重要位置；⑥有强大的政治靠山。① 囿于篇幅，该书并未对六大"独特之处"作进一步阐述，谈及公司股东身份时，以"政治靠山""特权"等字样加以标识，并未进一步展开。《百年追梦——基于文化视野对中兴煤矿公司的解读》一书运用大量中兴公司一手档案，从文化的角度对中兴煤矿发展过程中的重要人物和重要事件进行了详细的梳理，文笔流畅，细节真实，揭示了很多较为新鲜的史实，对一些史实进行了逻辑上的勾连，力图呈现事件的完整性。该书是近年来难得的资料史实俱佳之作，只是对一些史料的解读充满猜测，逻辑性和严谨性有待进一步加强。② 苏州大学王汉筠的《中兴煤矿企业史研究（1880—1937）》，从生产管理水平、市场营销状况、城市化进程等角度考察中兴煤矿的发展历程，是国内第一篇以中兴煤矿为研究对象的硕士学位论文。该文开始将视角放在中兴煤矿内部管理及营销策略上，通过煤矿与城市化之间的关系丰富了研究视角，验证了"矿区拉动型"的城市化模式。在此基础上，他认为生产能力和市场战略是中兴煤矿发展壮大的决定性因素。但是，论述过程和结语较为简单，资料运用以《枣庄市志》《枣庄矿务局志》等志书为主，对国内外收藏的中兴公司档案和《申报》

---

① 《中国近代煤矿史》编写组编《中国近代煤矿史》，煤炭工业出版社，1990，第140～144页。

② 王庭芝、王壮、王展：《百年追梦——基于文化视野对中兴煤矿公司的解读》，人民出版社，2016。

《大公报》等报刊资料运用较少。

港澳台方面，台湾相关研究主要集中在张玉法对清朝乃至民国时期山东的区域研究上。① 其中，《清末民初山东的矿业发展》一文对中兴煤矿的沿革与在晚清收回利权活动中的举动有所表现，该文最初发表于《台湾师大历史学报》1978 年第 6 期，部分内容收录于张玉法《中国现代化的区域研究：山东省（1860—1916）》一书。② 可惜关于中兴煤矿的部分较为简略，以情况介绍为主。港澳方面的研究，以张伟保为主。他在《华北煤炭运输体系的建立（1870—1937）》一文中，系统阐述了包括开平、中兴、保晋、焦作等煤矿公司在内的水路、陆路交通运输体系。在涉及中兴煤矿的章节中，提到了"运输系统堪称同业中的典范"的中兴公司在运河、铁路、海运等方面的努力，尤其是铁路方面实现了"津浦、临枣、台枣、台赵、陇海五条线路的贯通"，并提到台枣、临枣路修筑期间得到了时任津浦路督办朱启钤的帮助。此文后来收入张伟保《艰难的腾飞：华北新式煤矿与中国现代化》一书。③ 此外，该书还从时代背景、技术特点、发展状况、市场销售、政策扶持等方面对包括中兴煤矿在内的华北新式煤矿进行了系统研究。④

海外关于中兴煤矿的研究，主要为澳大利亚学者蒂姆·赖特（Tim Wright）的系列成果。他在近代中国煤矿史研究中对中兴煤矿着墨颇多，将中兴煤矿的研究推上了一个新的高度。他依托"经济社会史"视角，将包括中兴煤矿在内的中国近代煤矿放在经济和社会背景下考察，借此论证近代煤矿与政局发展之间的关系，最终提出官僚资本与企业的经营、近代经济的发展可以并存的观点。在这个过程中，他注意到了铁路、银行等社会力量对中兴煤矿的影响，注意到了中兴股东的特殊身份给公司

① 其他研究牵涉不多，参见陈慈玉《近代中国工矿业史的研究》，载中研院近代史研究所编《六十年来的中国近代史研究》（下册），中研院近代史研究所特刊（1），1990。

② 张玉法：《清末民初山东的矿业发展》，载中华文化复兴运动推行委员会主编，《中国近代现代史论集》编辑委员会编辑《中国近代现代史论集》第二十八编《区域研究》（下），台湾商务印书馆，1986，第 833、841~842 页；张玉法：《中国现代化的区域研究：山东省（1860—1916）》，中研院近代史研究所专刊，1982。

③ 张伟保：《华北煤炭运输体系的建立（1870—1937）》，《新亚学报》第 18 卷，新亚研究所图书馆，1997，第 170~175 页。

④ 张伟保：《艰难的腾飞：华北新式煤矿与中国现代化》，厦门大学出版社，2012。

带来的资源及特权。[①] 其中，最为精彩的是对股东群体嬗变的分析。他从企业外部政治风险防控的角度分析了中兴公司股东群体的结构及嬗变，指出："在北方军阀占据该区域的背景下在股权和管理方面和他们建立密切关系，可以避免像其他煤矿一样被持续任意勒索。"但这种关系网络同样有面临失效的可能，比如国民革命军北伐之后，原有股东群体失去话语权和活动的空间，公司重新面临政治风险，这个时候就需要把钱新之等"能够与新政府联系并为企业提供政治稳定性"的人物引入公司管理层。[②] 以上研究的不足之处在于，对于铁路与中兴煤矿的关联，仅局限于单一层面的"运输特权"，忽略了两者复杂关系的其他侧面，如运煤支线的修筑、双方之间的借贷往来、车辆租赁、路矿试图合办等；对于银行和中兴煤矿之间的关联，论述过于简单，对二者之间的关系缺乏长时段考察，仅局限于一二偶发事件；对于公司股东群体的考察，则不够全面，对于一些重要人物多有遗漏，提及的人物则谬误颇多，如"黎元洪"误作"李元洪"，"钱永铭"误作"钱永明"，"张文孚"误作"张文浮"，"周星棠"误作"周景棠"且与"周以灿"是同一人，"章祜"误作"章祐"，"张敬尧"误作"张景尧"，徐荣廷并不是徐节庵而是其爷爷，等等。[③] 在此基础上，蒂姆·赖特并未对中兴煤矿的种种外部关联做系统而深入的探讨，未将这些现象上升到社会关系网络理论层面。

综上，既有研究多集中在对中兴煤矿成功原因的探讨，除内部经营管理、技术革新、机器引进之外，银行和铁路等部门及公司大股东给中兴煤矿带来的资源也越来越引起研究者注意，然而从社会关系网视角对中兴煤矿公司进行全面探讨的成果较少。实际上，探索中兴煤矿社会关系网与探讨中兴煤矿取得成功的原因，在很大程度上是一致的。在中兴

---

① 〔澳〕蒂姆·赖特：《中国经济和社会中的煤矿业（1895—1937）》，丁长清译，东方出版社，1991，第 113~116、190~215 页；Tim Wright, "A Mining Enterprise in Early Republican Chinese Society: The Chung-hsing Coal Mining Company", 载中研院近代史研究所编《中华民国初期历史研讨会论文集（1912—1927）》（上册），1984，第 531~564 页；T. Wright, "Entrepreneurs, Politicians and the Chinese Coal Industry, 1895–1937", *Modern China Studies*, Vol. 14, No. 4, 1980, pp. 579–602。

② Tim Wright, "Overcoming Risk: A Chinese Mining Company During the Nanjing Decade", *East Asian History*, No. 17/18, 1999, p. 113.

③ Tim Wright, "Overcoming Risk: A Chinese Mining Company During the Nanjing Decade", *East Asian History*, No. 17/18, 1999, pp. 114–118.

煤矿公司发展历程中，这些社会资本力量构成除技术革新、管理改进之外的其他影响因素，这些因素使中兴煤矿的生存和发展得到保障，将相关风险降到最低，从而奠定了中兴公司发展的基础。

本书之所以将考察时段选取在 1899～1938 年，是因为中兴煤矿公司在这段时间内发展较为平稳，具有连续性。其中，1899～1908 年中兴公司虽然名义上是华德合办，实际上一切事务均由华总办张莲芬负责。1938 年之后，中兴煤矿经历了被日军占领、疯狂盗采的状况，当时董事和股东已经南下，并不承认日本的占领。解放战争时期，受内战影响，中兴煤矿迟迟未能复工，这一段时间基本不具备连续考察的条件。新中国成立后，中兴煤矿又在新的政治体制下进行了公私合营，公司董事及股东的作用日渐下降，因此以上时段都不作为本书的考察范围。中兴煤矿公司很多制度、资源，都与其前身中兴矿局密不可分，因此本书在具体阐述过程中都会有适当的追溯。自 1899 年成立山东峄县华德中兴煤矿公司开始，经过三代管理层的努力，中兴煤矿公司从一个股本只有五万两的小矿一跃成为资本千万、年产量全国第三的近代煤矿企业。这背后的影响因素有很多，既有技术上的日益精进、运输上的突飞猛进、管理上的科学规划，又与各种外部社会资本力量紧密相关。这些外部社会资本力量在特定时期甚至成为决定性因素，对保障公司的安全及正常运营起到了关键作用。为此，中兴公司管理层通过各种方式，积极构建与经营公司与股东、士绅、银行、铁路、行会、土匪之间的关系，努力构建一种较为长期、稳定的"结构性"关系，以利于公司厂矿安全乃至发展，这些外部力量因此成为促进公司生存、发展的社会资本力量，这就是本书的主题思想。

四　本书研究思路、参考资料及具体章节安排

本书以 1899～1938 年山东峄县中兴煤矿公司为例，考察该公司在这段时间内与外界之间的关系，揭示近代企业在生存及发展过程中除了技术革新等因素之外的其他层面的保障，在此基础上揭示社会资本建构的过程，以及近代企业在面临复杂社会环境时的生存策略和应对举措。本书在前人研究基础上，运用中国国家图书馆、中国第一历史档案馆、中

国第二历史档案馆、上海市档案馆、上海市图书馆、天津市档案馆、天津市图书馆、山东省图书馆、中研院近代史所藏中兴公司资料、日本外务省外交史料馆藏档案，再辅以当事人的日记、回忆录，地方文史资料，厂矿志资料及报纸杂志资料进行研究。以上资料构成了本书的史料基础。

正文内容分六个章节阐述，这一章节安排是依据"招募股金—矿坑归属—资金借贷—铁路运输—市场竞争—矿场安全"等企业内在发展逻辑展开的。对于近代工矿企业而言，一开始面临的问题是资金短缺，金铭等地方士绅主动找到李鸿章求助，一个重要的原因在于原矿窑因资金不足而中断。在有了资金支持、决定开办之后，就要去勘矿和开采，这就涉及原废弃井口的归属权，不得不与原来开采煤窑的地方士绅产生关联。百里矿区的专利权，则使得双方关系一度僵持不下。随着业务的正常进行，资金缺乏时常成为阻碍公司发展的因素，在股东群体的人际关系网基础上与银行产生更多关联，成为解决资金问题的一劳永逸之策。这个时候公司与交通银行、保商银行、"北四行"往来密切，较好地解决了这一难题。在这个过程中，帮助公司借贷的，正是津浦路局。路矿关系密切，运输是中兴公司的生命线，只有和津浦路局建立起较为稳定的关系，才能适应政局动荡、政策多变的外部环境。运输问题解决后，存煤运输至上海等大中城市，面临激烈的市场竞争。除了要降低成本之外，还受经济民族主义等思潮的影响，公司以国煤形象出现在大众面前，有力地促进了在上海等地的销售。最后，回到矿区所在的枣庄，各种"在地化"的权势力量依然影响着公司的运营，典型如军队、土匪，中兴煤矿积极应对，两害相权取其轻，较为顺利地解决了这一问题，为公司的腾飞提供了基本保障。基于此，本书章节安排如下。

绪论，介绍社会资本理论及中兴煤矿公司研究现状。

第一章，大股东群体嬗变：基于股份招募的考察。以公司股份招募为中心，通过"晚清—北洋政府—南京国民政府"三个时期股东群体的嬗变，揭示不同股东群体引入企业后，其私人关系网络"嵌入"企业社会关系网络的过程。值得注意的是，各类股东群体进入公司后，相互间发生的作用并不都是同向的，有些是相互掣肘的。企业发展的方向，取决于各方人物相互作用的合力。

第二章，公司与士绅之间的关系：基于采矿权争夺的考察。以采矿权争夺为中心，通过探讨中兴公司与地方士绅之间既冲突又合作的关系，揭示中兴煤矿作为后来者在不同时期围绕采矿专属区域面临的挑战及其应对举措。

第三章，公司与银行之间的关系：基于资金方面的考察。以资金借贷为中心，通过对中兴公司与各家银行之间超越一般经济往来的关系探索，有层次地揭示双方基于放款、透支、公司债发行、银行直接入主公司管理层等的紧密联系，揭示双方由最初业务往来到"一拖再拖"、由普通借贷到"你中有我、我中有你"利益共同体的蜕变过程。

第四章，公司与铁路之间的关系：基于运输层面的考察。以煤炭运输为中心，通过阐述中兴公司与津浦铁路、陇海铁路、连云港之间较为密切的往来，探索各方在谋求合办、租用机车、相互借款、运煤廉价合同等方面的利益纠葛，揭示中兴引入朱启钤等津浦路局人物的过程，双方最终形成"你中有我、我中有你，赢则两利、败则双输"的局面。

第五章，中兴煤矿与经济民族主义：基于市场竞争的视角。以矿区保全、市场竞争为中心，通过阐述中兴公司对"德股"的有效规避和对"国煤代表"的自我标榜，揭示公司对经济民族主义这一武器的自觉运用，使其成为公司外部形象塑造的一种手段，成为公司发展过程中外部社会资本力量的有机组成部分。

第六章，公司与土匪之间的关系：基于矿场安全的考察。以矿场安全为中心，探讨公司与地方土匪之间的关系，通过阐述中兴公司一面加强防御力量、一面送钱给土匪的举措，揭示公司"两害相权取其轻"的现实考量。

结论。无论是铁路、银行之类的实体经济部门，还是士绅、土匪之类的地方强势社会力量，抑或经济民族主义及其带来的同业力量，都属于中兴公司生存和发展过程中面临的重要外部社会力量。如何处理与它们之间的关系，如何化被动为主动，投资社会关系网络，关系企业的生存和发展。

总的看来，本书选择股东、士绅、银行、铁路、经济民族主义、土匪作为分析中兴煤矿社会资本力量的代表，基于股东群体带给煤矿企业的社会关系网络、地方士绅与中兴煤矿之间的争与和、近代企业招募资金的困难、铁路运输对企业经营的重要作用、近代民族主义思潮下的策略运用以及在国家政权控制薄弱地区厂矿企业的生存策略六个方面进行考察。但这仅仅代表一种视角，并不代表其他社会资本力量就可以被忽视。在这样的分析框架下，各章内容均有所侧重，亦难免有重叠部分。比如中兴公司与地方士绅关于修筑铁路路线及买地的争执，亦属于公司与铁路之间关系的内容，但为突出重点，将其放入分析公司与地方士绅之间关系的章节；至于中兴公司与津浦路局、邮传部、交通部之间交涉的更多具体细节，则放入分析公司与铁路之间关系的章节进行阐述。诸如此类，不一一列举。

第一章　大股东群体嬗变：基于股份招募的考察

大股东群体对近代企业的发展具有十分重要的作用。在中国早期股份有限公司诞生阶段，为了吸引投资，几乎对大股东权利没有限制。[①] 之后尽管被诟病侵占中小股东利益、不利于提高经理人员的地位，甚至有人引入西方相关政策加以限制，大股东群体总能以家族内部分散持股、以堂号的形式虚名持股、以企业的名义在公司持股等实现对政策的规避，从而在企业发展中持续发挥影响力。在此基础上，由外部形势变化而引发的大股东群体嬗变，对近代企业生存乃至发展具有非常重要的影响。引入新的大股东群体，一方面意味着原有股东权益的稀释，意味着原有股东之间的力量平衡被打破；另一方面，也给企业的发展带来了更多的可能、更多的机遇和更大的风险，一些有社会影响力的大股东会把个人关系网络嵌入公司，为公司的发展提供新的助力，尤其是一些具有内部固定结构或认同的群体被集体引入公司时，都会成为近代企业社会资本的一种。中兴煤矿在发展过程中先后经历过几次大股东群体的嬗变，每一次嬗变都出现在资金短缺、经营困难的时候。每次股东群体嬗变后，中兴煤矿总能走向一个新的发展高潮。此中的原因，值得深思。

一　中兴矿局发展时期（1878~1895）[②] 的股东群体构成

中兴煤矿公司的很多股东，最早可以溯源到公司前身——中兴矿局时期。对这一时期股东群体的考察，能够给我们提供一个最原始的

---

① 杜恂诚：《近代中国股份有限公司治理结构中的大股东权利》，《财经研究》2007年第12期。

② 中兴矿局起始时间，另有"1879~1898年"说，参见苑继平主编《枣庄煤史》，第18、30~31页；"1879~1895年"说，参见李恩涵《晚清的收回矿权运动》，中研院近代史研究所专刊，1963，第121~122页；"1879~1896年"说，参见 John E. （转下页注）

视角。峄县煤炭最初多由地方士绅开采，有"峄县八大家"之说。后因地方士绅等开挖大井，经营不善、资金缺乏，金铭通过远方表亲、直隶总督营务处属员米协麟向李鸿章申请支持，虽挂上"官督商办"名义，但声明"不领官本"，由此拉开全国募股的序幕。① 由于近代证券市场发育并不充分，中兴矿局到上海募股因受1883年金融风潮影响而中辍，募股主要依赖亲友之间辗转邀集。中兴矿局股东群体的构成如表1–1所示。

（一）中兴矿局两大股东群体：淮系人物与峄县士绅

这一阶段的股东主要有两类群体。一是地方士绅。如发起人金铭、李朝相。其中，金铭是"孝廉方正"，李朝相是监生。② 金铭等赴天津募股时就承诺"米瑞符复集二千金，铭同李君辅廷集一千金"。③ 一俟矿局成立，地方士绅入股者有"体面绅耆王日智、李伟、金铭等数十家"。④ 其中，金铭、李朝相被聘为外事，在中兴矿局与地方绅民打交道时发挥了重要的作用，这种作用一直延续到后期。如台枣铁路修建时，"适经峄城迤南回族墓地，回教中人出而阻拦，不让测量"，金铭在其中发挥了重要的调解作用，保证了铁路勘测和建设顺利进行。⑤

二是淮系人物。淮系人物构成了股东群体的主干。中兴矿局创办伊始就言明"由周武壮公等集股三万余金"。⑥ 经过几次募股，股东除了米协麟、戴华藻、王筱云、黄佩兰、朱采，还有周盛传、戴宗骞、贾起胜、

（接上页注②）Schrecker, *Imperialism and Chinese Nationalism*: *Germany in Shantung*, Harvard University Press, 1971, p. 126；"1880～1895年"说，参见《中国近代煤矿史》编写组编《中国近代煤矿史》，第41、138页。本书从"1878～1895年"说，即从米协麟等申办开始，参见中共枣庄矿务局委员会等编著《枣庄煤矿史》，第6～9页。

① 《峄县煤矿说帖》，《沪报》光绪九年二月初六，转引自苏任山、学武《"峄县中兴矿局"创办始末》，载山东省地方史志编纂委员会编《山东史志资料》第1辑（总第6辑），山东人民出版社，1984，第177页；关于米协麟的履历，可参见米扬声主编《米协麟家世史料汇编》，2016年自刊，第53～54页。

② 苏任山：《枣庄煤矿经济史话》，载枣庄矿务局史志办公室编《枣庄煤炭志资料选》第一辑，枣庄矿务局铅印所印刷，1984，第39页。

③ 金铭：《致中兴公司函》（1920年4月22日），载苑继平主编《枣庄煤史》，第241页。

④ 庄维民：《近代山东市场经济的变迁》，中华书局，2000，第343页。

⑤ 金铭：《致中兴公司函》（1920年4月22日），载苑继平主编《枣庄煤史》，第244页。

⑥ 金铭：《致中兴公司函》（1920年4月22日），载苑继平主编《枣庄煤史》，第241页。

张莲芬等人。① 股东金铭在回顾中兴煤矿早期发展历程时先后提到 29 个人物，其中绝大多数是淮系人物，矿局甚至还曾邀请刘铭传"办理督销，以资接济"。此外，矿局被命名为"中兴窑"，除了有复兴停工的砂石大窑之意，"中"字还有"中堂""中国"两意，"中堂"即李鸿章②，由此可见李鸿章对中兴矿局影响之深。在淮系人物中，较为集中的是"盛字营"，周盛波、周盛传、张莲芬、贾起胜、戴宗骞都是盛字营的重要将领或幕僚。③

值得注意的是，随着招股范围的扩大，中兴矿局有了南北股的区别。南股的加入，使得中兴矿局的股东开始跳出淮系小圈子，其核心人物就是江苏候补同知陈德浚。根据他的回忆，光绪九年"由金苕人内兄函致南中招股三万两，托经莲珊为代表，仆时游沪上，寄居外舅金兰生先生寓，附股五千两"。④ 之后投资渐多，"在南股为数最多"，后来又"集款三万"，邀集亲友入股，设立新的转运局，负责中兴煤在长江流域的转销，对矿局贡献颇多。⑤ 虽然陈德浚不是淮系幕僚，但其父陈其元曾入李鸿章幕、提调淞沪厘局，负责为淮军筹饷。⑥ 陈德浚后来官至淞沪厘局总巡，应该和这层关系息息相关。陈德浚入股中兴，则源于李鸿章另外一个幕僚——金苕人（陈的内兄）。可以说，相较于戴华藻、贾起胜等淮系人物的北股，南股虽然和淮系没有直接关联，但也有着千丝万缕的联系。

---

① 周盛传（1833~1885），字薪如，晚号北海老农，谥号"武壮"，安徽肥西周老圩人，同治元年随兄周盛波加入淮军，任"盛字营"亲兵营哨官，官至记名提督，后任广西右江镇总兵、湖南提督等职；戴宗骞（1842~1895），字孝侯，安徽寿州人，清末淮军将领，初为李鸿章幕僚，与米协麟是营务处同事，协助周盛传办理屯田事务，后负责建设威海卫军港，甲午中日战争兵败殉国；王德均，字筱云，怀远人，天津机器制造局总办，同治年间与傅兰雅一同翻译英国人士密德《开煤要法》一书；黄佩兰，直隶总督营务处道员；朱采，字亮生，浙江嘉兴人，同治三年（1864）优贡生，为李鸿章、张之洞赏识，先后出任山西汾州知府、广东雷琼道等职，有《清芬阁集》存世。
② 金铭：《致中兴公司函》（1920 年 4 月 22 日），载苑继平主编《枣庄煤史》，第 242 页。
③ 王尔敏：《淮军志》，广西师范大学出版社，2008，第 115~158 页。
④ 味闲老人：《山东峄矿票折舛误缘起》，载《求全之毁》，光绪三十三年铅印本，第 3 页。同样的内容见于陈德浚辑《峄矿股票纠纷案牍》，无出版日期，由此判断出作者的身份。
⑤ 虞廷瀚：《序》，载味闲老人《求全之毁》，第 1 页。
⑥ 徐锋华：《李鸿章与近代上海社会》，上海辞书出版社，2014，第 100 页。

表 1-1　中兴矿局股东群体构成

姓名	籍贯	主要职务	归类
周盛传	安徽合肥	淮军盛字营将领，任湖南提督等职	淮系统将
周盛波	安徽合肥	淮军盛字营头领，任湖南提督等职	淮系统将
贾起胜	安徽合肥	淮军盛字营后期主将，任盛字营左军提督、湖南永州镇总兵等职	淮系统将
张莲芬	浙江余杭	周盛传义子，任山东兖沂曹济道、山东盐运使等职	淮系统将
米协麟	山东济宁	任直隶总督营务处属员、东明知县、甘肃静宁州知州等职	淮系幕僚
戴华藻	安徽寿州	任直隶东明候补知县、望都知县等职	淮系幕僚
戴睿藻	安徽寿州	从九品	淮系幕僚
戴宗骞	安徽寿州	任盛字营营务处提调、威海卫陆路清军统领等职，甲午兵败殉国	淮系统将
王筱云	安徽怀远	天津机器制造局总办	淮系幕僚
黄佩兰	不详	直隶总督营务处道员，曾任涡阳县县长	淮系幕僚
朱采	浙江嘉兴	任山西汾州知府、广东雷琼道等职	淮系幕僚
金苕人	浙江秀水	南股募集人，李鸿章幕僚，曾任江苏吴江知县、永定河道等职	淮系幕僚
金钱孙	浙江秀水	南股参股者，光绪十五年举人，后任清史馆总纂	金苕人之子
陈德浚	浙江海宁	南股代表，曾任江苏候补同知、淞沪厘局总巡等职	金苕人妹夫
金铭	山东峄县	中兴矿局外事	峄县士绅
李朝相	山东峄县	中兴矿局外事	峄县士绅
王日智	山东峄县	中兴矿局股东	峄县士绅
李伟	山东峄县	中兴矿局股东	峄县士绅

　　资料来源：根据《枣庄煤矿史》《枣庄煤史》《枣庄名人》《淮军志》《中兴煤矿公司史钞》《清代官员履历档案全编》等整理。

（二）中兴矿局领军人物：米协麟与戴华藻

　　这一时期有影响力的股东有两个值得关注。一是创始人米协麟。米协麟（1829～1904），字瑞符，号景韩，回族，山东济宁人。同治九年（1870），任泗水县训导。同治十三年（1874），会试中贡士第二名，殿试中三甲第二十二名进士，同年有陆润庠、张百熙、赵尔巽、胡橘棻等晚清名士。原分福建以知县用，因亲老，改分直隶。时李鸿章为直隶总督，"叹为干济才"，派其在营务处任职。"派赴各属审讯上控案件，逐次清结，声名藉甚。"① 后调任东明县知县，光绪四年筹办中兴矿局，光绪六年矿局正式成立。光绪八年，丁忧，光绪十年，服阕，调甘肃文县任知县，后调平番。光绪十六年，升甘肃静宁州知州，后以教职改选。光绪二十年致仕，先后在甘肃任职十二年。② 对于中兴矿局而言，虽因米协麟"交代未结"，改委直隶通判周常典代替，然其创办者的身份仍载入史册，他在中兴矿局的投资由其子米汝厚继承。③ 这一投资就是几十年，在 20 世纪 30 年代的中兴煤矿股东名册中仍然可以找到米眉生（米协麟的孙子），他持有 17 股公司股份。④

二是创始人戴华藻。戴华藻，号心斋（一说新斋），淮军幕僚，安徽寿州正阳关枸杞园戴家老圩人，曾任直隶东明候补知县、中兴矿局总办、望都知县等职，文献中常称"戴军门"。戴家一族在中兴矿局中扮演着极其重要的角色，除了总办戴华藻，其堂弟戴睿藻、戴宗骞亦在中兴矿局投资颇多，前后邀集的股份共计八万余金。⑤ 戴睿藻的侄子戴绪盛在中兴矿局关停后的南北股冲突中作为北股代表和南股对峙。⑥ 戴华藻的侄子戴绪万、戴宗骞的次子戴绪适在后续的中兴煤矿公司中分别担任公司协理、董事。⑦ 在中兴矿局乃至中兴煤矿公司不同发展时期，都有戴家的投资，一直到 20 世纪 30 年代。值得注意的是，姻亲关系使戴家的影响力扩大了。

---

① 潘守廉修，袁绍昂、唐烜纂《民国济宁直隶州续志》载《中国地方志集成·山东府县志辑》（77），凤凰出版社、上海书店、巴蜀书社，2004，第 387、428 页。

② 米龙、米云、米虹：《米协麟年谱》，载米扬声主编《米协麟家世史料汇编》，第 99～108 页。

③ 《直督裕准东抚据峄县庚令勋禀请将开矿机器移置局房折毁地归原主转饬查覆核咨文》，光绪二十三年七月二十六日，载《中兴公司文牍》第 1 册，第 1 页；米扬声主编《米协麟家世史料汇编》，第 105 页。

④ 《中兴煤矿公司股东名册》，载《浙江兴业银行关于中兴煤矿公司放款专卷》，上海市档案馆藏档案，档案号：Q268-1-465。

⑤ 陶湘：《中兴煤矿公司创办概略》，载《中兴煤矿公司史钞》，民国 38 年 7 月抄本，"（甲）开办原始"。

⑥ 《直督裕准东抚据峄县庚令勋禀请将开矿机器移置局房折毁地归原主转饬查覆核咨文》，光绪二十三年七月二十六日，第 1 页。

⑦ 陶湘：《中兴煤矿公司大事记》，载《中兴煤矿公司史钞》，光绪三十一年、光绪三十四年、民国元年、民国 5 年条目。

后续中兴煤矿公司的领军人物——张莲芬在当时只是普通股东，其妻子便是戴华藻的外甥女。[1] 戴睿藻的侄子戴绪盛则是贾起胜的亲戚。[2]

实际上，中兴矿局只是洋务运动期间开办的众多新式煤矿之一，这些煤矿有很多与李鸿章等洋务派有紧密关联。地方绅商之所以不自办，而是寻求李鸿章的支持，除了资金原因之外，还有深厚的时代背景。在当时，"民间资本想要涉足采矿业，仍要遇到重重阻力。举其大者，有官府的压制，守旧势力的阻挠和各级官吏的勒索等等"，"在这样的社会环境里，不仰仗一定的社会权势，民间资本要想开矿采煤，是十分困难的。洋务派的参与，恰在这方面给民间资本提供了必要的帮助"[3]，这可以说一语中的。

（三）淮系人物给矿局带来的安全保障和资金技术人才支撑

对于中兴煤矿而言，淮系股东群体具有以下影响。首先，确保中兴矿局顺利开办下去。由于妨碍了地方士绅和峄县官府的利益，矿局从开办伊始就遇到强大的阻力。峄县官府一直从中作梗，矿局"未开工之先，峄令李子峨以戴、米二公形踪诡秘，忽城忽乡为招摇撞骗，禀请东抚查办；以铭等无故勾引匪人，即欲逮捕，置之有词"。[4] 这背后的原因很直接，就是经济利益。以前峄县炭窑"大者，岁纳资自府至县约费万金；小者，岁亦须数千金，委员、差役诸杂费不与焉"，这笔收入属于"陋规"，由峄县官府独享，"县故简缺，官每仰以办公"。中兴矿局设立之后，"始定税课，藩署委员督之"，对峄县官府影响颇大。一方面税收不向地方缴纳，另一方面报税之后"商贩利益少而县署进款亦大绌矣"。[5] "中兴矿局虽曾有按季津贴之议，皆因获利无多，未能交足。"[6] 士绅与

---

① 周家驹编《周武壮公（盛传）遗书（附：年谱）》，载沈云龙主编《近代中国史料丛刊》（39），台湾文海出版社，1969年影印版，第1133页。

② 《直督裕准东抚据峄县庚令勋禀请将开矿机器移置局房折毁地归原主转饬查覆核咨文》，光绪二十三年七月二十六日，第1页。

③ 戴鞍钢：《洋务运动与中国近代采煤工业》，《贵州文史论丛》1987年第4期，第44～45页。

④ 金铭：《致中兴公司函》（1920年4月22日），载苑继平主编《枣庄煤史》，第242页。

⑤ （清）王振录、（清）周凤鸣修，（清）王宝田纂《光绪峄县志》卷十三《田赋考·杂税》，载《中国地方志集成·山东府县志辑》（9），第149页。

⑥ 《会禀直督东省封存挖煤机器可否恳请转咨免移并准暂时出租文并批》，光绪二十四年三月，载《中兴公司文牍》第1册，第4页。

矿局关于废弃井口的归属权争得不可开交，阻拦、诉讼更为常见，后文会有专章阐述。在这样的背景下，淮系对矿局的支持显得尤为重要，就连李鸿章本人也在矿局筹款困难期间"驻节历下，以邑境矿质优美，檄峄县知县会同地方绅耆筹款兴办"。①

其次，给中兴矿局带来了先进设备和技术人才。在天津制造局道员王德均的协助下，中兴矿局陆续订购汲水机器 4 架，并从广东、上海等地雇请技师和技术工人。以机器为例，王德均函请徐寿帮忙到国外"购买较小之汽机，以及钢丝绳等零物"。徐寿遂函询盛宣怀将闲置的汽机卖与中兴矿局，"以大用之器而聊作小就之物，亦即以空搁之物而变为有用之器，且亦以呆定之铁而变成活动之银"。②

最后，给中兴矿局带来了关于纳税的优惠政策。光绪九年，戴华藻联合金陵制造局道员龚照瑷、天津制造局道员王德均向李鸿章提出，"金陵、天津相距较远，如不减轻税，则成本过重，碍难运销"。李鸿章便向清政府奏准中兴矿局援照"台湾、开平、湖北等处开煤奏准成案，每吨完出口正税银一钱，各省兵商轮船、机器制造局用煤准其一律免税。完税之后，经过常关，应准呈验税单放行，运煤船只完纳船钞，免征船料"。③ 这就大大节省了矿局的运营成本。

当然，股东群体给矿局带来的未必都是利好。随着南北股的分立，二者在矿局经营等方面存在较大分歧，这加速了中兴矿局的结束。总办戴华藻因官场职务变动调离中兴矿局，继任者是其堂弟戴睿藻。光绪十九年，戴睿藻因大井透水事故被撤职，李鸿章饬派峄矿转运委员、江苏补用同知、南股代表陈德浚接手经营。陈德浚因有淞沪厘局差事无法分身，禀请候选道陈宝琛前来管理。④ 光绪二十一年（1895），山东巡抚李秉衡禁停官矿，陈宝琛即禀请撤销中兴矿局，将机器收存，"并未通知股友，其经手账目，亦未清结"。此后南北股因为机器出租、股金保障等发

---

① 山东峄县中兴煤矿公司编《山东峄县中兴煤矿概述》，第 1 页。

② 《徐寿致盛宣怀函》，光绪六年正月三十日，载陈旭麓、顾廷龙、汪熙主编《湖北开采煤铁总局·荆门矿务总局》，上海人民出版社，1981，第 392 页。

③ 《峄县开矿片》，光绪九年七月十三日，载顾廷龙、戴逸主编《李鸿章全集》（10），安徽教育出版社，2008，第 222 页。

④ 《王文韶札》，光绪二十三年七月二十六日，转引自苏任山、学武《"峄县中兴矿局"创办始末》，第 181 页。

生了更激烈的冲突和对峙，参股的地方士绅出于自身经济利益考量参与其中，牵涉者有北股戴睿藻、贾起胜、戴绪盛与南股陈德浚、虞廷瀚等人。最后直隶总督王文韶派人查办，方才平息争端。① 中兴矿局的这段经营，比较惨淡，股东群体损失颇多，"不特股东分厘股利未得，核计尚实亏股本七万余两"。②

二　中兴煤矿公司初步发展阶段（1899～1915）的股东群体构成

晚清兴起西方列强瓜分中国的浪潮，各国纷纷划定势力范围，德国虎视眈眈，试图借助《胶澳租界条约》将山东的矿产收入囊中。在这种背景下，中兴煤矿再次进入人们视野。1898 年，矿局原"北股"股东、直隶候补道张莲芬申请续办该矿。1899 年，张莲芬与张翼等商定"拟连旧股及华商并开平矿局共招集股本一百二十万元，德璀琳拟认招八十万元，共二百万元"，定名为"山东峄县华德中兴煤矿公司"，"所有办法，悉遵路矿总局定章，皆由华商主持"。③ 张莲芬为华总办，德璀琳为洋总办，中兴煤矿进入华德合办时期。1908 年，公司正式注销"华德"字样，改为纯华资自办，定名"商办山东峄县中兴煤矿有限公司"，张莲芬为总理，戴绪万为协理。④ 这一阶段以中兴公司创立为始，以 1915 年公司发生透水事故、张莲芬病逝为结束，可视为公司的初步发展阶段。该阶段股东群体构成如表 1-2 所示。

（一）股东群体构成特点：旧股和平过渡与山东省府支持

这一时期股东群体呈现出继承性和创新性并举的特点。一方面，公司筹备时期张莲芬就与张翼等人商量，将中兴矿局原有机器全数议定价值仍作旧股，在股东群体嬗变过程中以较为平和的方式保留了原有股东。另一

---

① 《二品候补道张莲芬奏折》，载《枣庄矿务局志》编纂委员会编《枣庄矿务局志》，第854 页；《直督裕准东抚据峄县庚令勋禀请将开矿机器移置局房折毁地归原主转饬查覆核咨文》，光绪二十三年七月二十六日，第 1～2 页。
② 《前督办直隶矿务内阁侍读学士张来函》，载《中兴公司文牍》第 1 册。
③ 陶湘：《中兴煤矿公司创办概略》，光绪二十五年十一月条目。
④ 中共枣庄矿务局委员会等编著《枣庄煤矿史》，第 11～12、19 页。

方面，新入华股和德股极大改变了原有的股东群体面貌。由于新股募集并不顺利，中兴公司得到了周馥、胡廷干、杨士骧等几任山东巡抚的支持。[①] 胡廷干就表示"拟购买峄县矿务股票十万余两"。[②] 周馥还特别准许山东商务局朱钟琪、劝业道肖绍庭帮忙招股，增加了来自山东、直隶等地官员的私人入股。[③] 据笔者观察，1912～1914 年当选的 12 名公司董事中，大多数在山东任职或是山东官员的亲属、朋友。[④] 典型如叶揆初，民国元年他当选为公司查账员。他与中兴公司发生关联，源于其岳父、公司股东朱钟琪。据载，"公于该公司渊源有自，初识莲芬时，钟琪官山东商务局，亦董事，公以馆甥居二室，常参与擘画，筹议借款"。[⑤] 这种因友邀集的方式使朋友圈不断扩大，叶揆初的好友许珩也加入中兴股东群体，在民国元年担任主任董事。[⑥] 另外，津浦铁路官员个人入股开始显露峥嵘，详情参看本书第四章。

表 1-2　中兴煤矿公司初步发展阶段（1899～1915）股东群体构成

姓名	籍贯	主要职务	归类
张莲芬	浙江余杭	中兴煤矿公司总办、总理、正经理，曾任山东兖沂曹济道、山东盐运使	原中兴矿局股东
戴绪万	安徽寿州	戴华藻侄子，中兴煤矿公司协理、副经理，曾任山东试用道等职	原中兴矿局股东
戴绪适	安徽寿州	戴宗骞次子，中兴煤矿公司董事	原中兴矿局股东
周家驹	安徽合肥	周盛传之子，中兴煤矿公司董事，曾任江苏候选道	原中兴矿局股东
张翼	直隶通县	内阁侍读学士、开平矿务督办，后任礼部侍郎、工部侍郎等职	开平矿务局

[①] 周馥于 1902～1904 年担任山东巡抚，胡廷干在 1901 年暂代山东巡抚，1904 年担任三个月的山东巡抚，杨士骧于 1904～1907 年担任山东巡抚。

[②] 《山东巡抚胡奏筹办东省各项实业情形折》，光绪三十一年二月二十五日，《东方杂志》第 2 年第 2 期，转引自袁广泉《中兴公司的筑路计划及其外交意图暨台枣铁路经营》，载〔日〕森时彦主编《二十世纪的中国社会》下卷，社会科学文献出版社，2011，第 611 页。

[③] （清）张莲芬：《办理山东峄县华德中兴煤矿有限公司历年情形并派股利节略》第一册，光绪三十三年石印本，"序"；（清）张莲芬：《向董事会的报告》（1914 年 4 月 30日），载苑继平主编《枣庄煤史》，第 218 页。

[④] 陶湘：《中兴煤矿公司大事记》，民国元年、民国 3 年条目。

[⑤] 顾廷龙：《叶公揆初行状》，载顾廷龙编《叶景葵杂著》，上海古籍出版社，1986，第 422 页。

[⑥] 柳和城编《叶景葵文集》（中），上海科学技术文献出版社，2016，第 776 页；陶湘：《中兴煤矿公司大事记》，民国元年条目。

续表

姓名	籍贯	主要职务	归类
朱钟琪	浙江仁和	1914年当选为中兴煤矿公司董事会长，曾任奉天度支司司使、山东矿政局候补道、山东商务局官员	山东官员
朱曜	浙江仁和	中兴煤矿公司董事，后任津浦铁路管理局局长	朱钟琪长子
叶揆初	浙江仁和	1912年任中兴煤矿公司查账员，曾任东三省财政总局会办、大清银行正监督、浙江兴业银行董事长	朱钟琪女婿
许珩	江苏仪征	中兴煤矿董事，经学家，曾任广益纺纱公司总董	叶揆初好友
赵尔巽	奉天铁岭*	中兴煤矿公司监察人，曾任贵东道、安徽按察使、新疆布政使	朱钟琪结义兄弟赵尔萃之兄
任锡汾	江苏宜兴	中兴煤矿公司董事，曾任四川川东道、重庆海关道	任凤苞之父
任凤苞	江苏宜兴	中兴煤矿股东，曾任浦信铁路会办、交通银行协理、津浦铁路总局会办	津浦路局官员、银行家
周学渊	安徽建德	1912年当选为中兴煤矿公司董事会长，曾任山东调查局总办	周馥之子、张翼女婿
胡希林	安徽泗县	中兴煤矿公司董事、矿师、驻矿副经理	交通部官员
姚联奎	安徽桐城	中兴煤矿董事，曾任直隶黄河河务局长、济宁直隶州知州	山东官员
吕庆圻	山东济宁	中兴煤矿公司董事，清末济宁商界"四大金刚"之一，曾任济宁县参议会副参议长	山东商人
郑敩慈	安徽广德	中兴煤矿董事，后任安徽省实业厅厅长	不详
孟锡珏	直隶宛平	中兴煤矿董事，曾任交通银行董事、津浦铁路委员	津浦铁路总文案、津浦全路总办
金铭	山东峄县	中兴煤矿股东	地方士绅
李辅廷	山东峄县	中兴煤矿股东	地方士绅
田毓华	山东峄县	中兴煤矿股东	地方士绅
诸葛丽峰	直隶武清	中兴煤矿股东，曾任台庄、镇江分厂经理	公司内部管理人员
德璀琳	英籍德国人	曾任天津海关税务司、开平矿务局会办	李鸿章洋幕僚、德股代表

*1922年公司资料中将赵尔巽的籍贯记录为"山东泰安"，参见《山东峄县中兴煤矿有限公司同人录》，民国11年11月编，上海市档案馆藏档案，档案号：Y9-1-445。

资料来源：根据《枣庄煤矿史》《枣庄煤史》《中兴煤矿公司史钞》《清代官员履历档案全编》《山东矿业报告》等整理。

（二）中兴煤矿公司领军人物：老股代表张莲芬与戴绪万

这一时期，中兴煤矿募股仍然依赖亲友之间辗转邀集，"吾乡及贵同寅之有力者"成为重点发展对象。①

这个阶段的领军人物是张莲芬和戴绪万。张莲芬，字毓蓁，浙江余杭人，儿时随父兄避难失散，被淮军"盛字营"首领周盛传收为义子，取名周家骥，"历保知县，遗命纳资为道员，俾之归宗"。② 先后任直隶候补道、山东兖沂曹济道、山东盐运使等职，"朴练耐劳"。③ 早在中兴矿局时期，张莲芬就随其义父周盛传参与投资，其妻更是创办人戴华藻的外甥女；中兴矿局关停之后，南北股代表在峄县冲突，直隶总督王文韶派去调查情况的就是张莲芬和贾起胜。1898 年，又是张莲芬申请续办该矿，并在次年成立山东峄县华德中兴煤矿公司时出任华总办。1908 年公司注销"华德"字样，改为完全华商自办，张莲芬又担任总理，同年辞去山东盐运使一职，专任矿事，直到 1915 年在任上病逝。④ 可以说，张莲芬作为中兴煤矿公司第一代领军人物，为公司的发展奉献了一生。中兴煤矿股东会为了纪念张莲芬的贡献，铸金像一尊，赞曰："在昔有宋，立国设监；郁此壮图，有开必先；使君庚止，历险排艰；宝藏大启，神瘁力殚；思公往绩，宁为身谋；食公之德，其泽孔修；铸金范形，峄山之陬；矿人式此，万古长流。"⑤ 戴绪万，即戴理庵，中兴矿局创始人戴华藻的侄子，安徽寿州人，曾任候补知县、试用知府，1905 年由驻矿委员转为驻矿帮办，1908 年出任商办峄县中兴煤矿公司协理，1916 ~

---

① 《张莲芬致金陵制造局吴道台函》，光绪二十九年十月十一日，载《中兴公司文牍》第4 册。

② 周家驹编《周武壮公（盛传）遗书（附：年谱）》，第124 页。亦有一说认为张莲芬系"周盛传旧交张文澜之子"，张父去世前将其托付给周盛传做义子，参见《张莲芬复姓归宗片》，光绪十二年十二月十九日批复，载顾廷龙、戴逸主编《李鸿章全集》（11），第 606 页。

③ 《张莲芬考语片》，光绪十六年十二月初二，载顾廷龙、戴逸主编《李鸿章全集》（13），第 545 页。

④ 《山东巡抚袁树勋奏运使恳请开缺专办煤矿运路事宜折》，《政治官报》光绪三十四年十一月三日，"折奏类一"，第 7 ~ 8 页。

⑤ 孙桂俭主编《枣庄历史人物志》（下），上海三联书店，2006，第759 页。

1923 年任驻矿经理，最后在任上病逝，同样鞠躬尽瘁。①

实际上，张莲芬、戴绪万都是中兴矿局老股东的延续。除了他们之外，还有贾起胜、王筱云、米协麟、金铭、李辅廷、戴绪适（戴宗骞次子）、周家驹（周盛传之子）等。② 随着时间的推移，中兴矿局老股东群体完成内部的更新换代，有的已经逝去（如周盛传、戴宗骞），有的退居二线（如贾起胜），张莲芬、戴绪万都是原股东的子侄辈。淮系力量在公司初创时期还能发挥些许作用，但随着淮系的衰落和清朝的灭亡，这一群体能给公司带来的资源越来越少。这就需要新股力量的支持了。

（三）中兴煤矿新股：开平矿务局、山东官股与津浦路局

股东中的新兴力量，包括开平矿务局、山东商务总局、"交通系"群体和德股。新股经开平矿务局张翼"续入股本银二十万两"，其中张翼个人认股五万五千两。③ 由于督办直隶全省及热河矿务，张翼对中兴煤矿公司不能躬亲其事，仅出任公司董事，然他"于矿务情形办法颇为熟谙"，在"选派熟悉矿务华洋员司前往接受查看"等方面发挥了重要作用。④ 当时跟随张莲芬去峄县勘矿的就是开平煤矿的矿师邝荣光。而在两年前，张翼刚以竞争关系为由拒绝了盛宣怀借用邝荣光到湖南勘矿的请求。⑤ 之后张翼因丧失开平矿权逐渐式微，对中兴煤矿影响有限，只是做了一个董事。⑥

1908 年股东名册中的"山东商务总局"，是山东省府在中兴煤矿公司招股不顺情况下帮助公司渡过难关的一种投资，这份官方投资以普通商股

---

① 陶湘：《中兴煤矿公司大事记》，光绪三十一年、光绪三十四年、民国 5 年、民国 12 年条目。

② 《据山东中兴煤矿公司朱道钟琪禀请札委总协理并颁发关防由》，光绪三十四年九月初四，中研院近代史所藏档案，档案号：06 - 24 - 02 - 001 - 02。

③ 《直督裕准东抚咨据张道禀业饬准其开采转饬查照办理文》，光绪二十四年九月，载《中兴公司文牍》第 1 册，第 7 页；张叔诚、谈在唐：《中兴煤矿经营始末》，载中国人民政治协商会议天津市委员会文史资料研究委员会编《天津文史资料选辑》第 24 辑，天津人民出版社，1983，第 147～148 页。

④ 《直督裕准东抚咨据张道禀业饬准其开采转饬查照办理文》，第 7 页。

⑤ 周秋光：《熊希龄传》，华文出版社，2014，第 66 页。

⑥ 关于张翼、德璀琳在开平矿权丢失事件中的角色，参见王玺《中英开平矿权交涉》，中研院近代史研究所专刊，1962，第 40～76 页；此事之后张翼被革职，参见魏子初编《帝国主义与开滦煤矿》，神州国光社，1954，第 30～34 页。

的名义出现，并不影响公司商办的性质。山东商务局最初许诺入股十五万元，最后决定拨款十万两。由于省府财政困难"筹拨维艰"，付了一万两后产生困难，余额以矿税返还的形式陆续拨还。① 截至民国元年（1912）5月，山东商务局先后入股四万七千两，劝业公所入股九千二百两。② 除了出资之外，在中兴煤矿招股困难的时候，山东省府还调张莲芬任兖沂曹济道，"得以就近设法挽救"，山东巡抚周馥及朱钟琪、萧应椿两位道员先后对中兴公司伸出援手。③ 正是借助这种与省府或公或私的联系，中兴获得了诸如税收方面的优惠及官方的资金支持。④ 值得注意的是，在山东省府的帮助下，一批山东官员纷纷以私人名义投资中兴煤矿公司，典型如股东群体中的朱钟琪。朱钟琪，浙江仁和人，曾任奉天度支司司使、山东矿政局候补道、泰安知县、山东商务局道员等职，奉山东巡抚周馥之命帮助中兴公司招股，对公司投资颇多，1914年当选为中兴煤矿公司董事会长，其子朱曜、女婿叶揆初纷纷入股中兴，担任公司董事和查账员。而山东巡抚周馥，最初也是李鸿章的幕僚。他在这个时候出于公私考量帮助公司渡过难关，自己也有私人投资，其子周学渊则是张翼的女婿。⑤

在新股中，津浦路局官员群体同样引起了重视。任凤苞、孟锡珏等纷纷入股中兴煤矿，缘于双方基于路矿关系的业务往来。根据张莲芬1914年向董事会的汇报，"若非前津浦徐督办、沈帮办暨朱启钤、冯次台、梁燕孙、任振采、孟玉双诸公尽力维持，已属不堪设想"。⑥ 这方面的帮助有资金支持，也有运费优惠。在资金方面，1911年津浦铁路拟酌拨官款为中兴煤矿公司商股，特别规定中兴煤矿公司"仍作为完全商办有限公司"。⑦ 津浦路局在中兴煤矿招股困难的时候，牵线担保，帮助公

---

① 《禀南洋大臣两江总督魏》《省抚札张莲芬》《萧应椿致函张莲芬》，载《中兴公司文牍》第4册，第13~21页。
② 陶湘：《中兴煤矿公司创办概略》，光绪三十年二月条目。
③ 张莲芬：《向董事会的报告》（1914年4月30日），第218页。
④ 中共枣庄矿务局委员会等编著《枣庄煤矿史》，第14~23页；（清）山东省清理财政局编《山东全省财政说明书》，岁入部，杂款，1910，第56页。
⑤ 冬月编著《五大道名门世家》，天津人民出版社，2013，第141页。
⑥ 张莲芬：《向董事会的报告》（1914年4月30日），第212页。
⑦ 《津浦铁路总公所与中兴公司拟定入股代招商股办》，宣统三年，上海市图书馆藏盛宣怀档案，档案号：000430；周松青：《盛宣怀档案与中国近代史研究》，上海图书馆历史文献中心编《历史文献的开发与利用论文选集》，上海书店出版社，2000，第215~216页。

司向交通银行、直隶保商银行商借白银 190 万两。① 其中，任凤苞、孟锡珏亲自赴矿实地查勘，时任津浦铁路北段总办的朱启钤从中积极斡旋，促成此事。在运费方面，津浦路局给中兴煤矿公司提供了极大的优惠，各地都比原价降低百分之三十以上，浦口的优惠更多。② 在双方日益紧密的交往过程中，路局官员开始私人投资中兴煤矿，从而形成路局与煤矿公私兼济的局面，本书第四章有更为详细的阐述。典型如任锡汾、任凤苞父子，任锡汾 1912 年 9 月担任公司董事，任凤苞后来代理正经理、担任常务董事。③ 值得注意的是，任凤苞和张莲芬有姻亲关系，张莲芬在给任凤苞的一封信中就自称"姻愚弟"。④ 至于德股，则基于当时德国觊觎山东矿产的现实选择，"借以联络，以杜争夺"。⑤ 本书第五章对此有更为详细的阐述。

三 中兴煤矿第一个黄金发展时期（1916～1928）的股东群体构成

中兴煤矿公司的经营在 1916 年遇到了重要考验，总经理张莲芬因 1915 年透水矿难、资金周转困难积劳成疾病逝。失去主心骨的公司风雨飘摇，到底往何处去？公司未来发展具有多种可能，谁都有可能掌舵这艘大船，各大股东群体为此进行了激烈的角逐，到 1916 年 11 月尘埃落定，公司在天津召开股东会议，选举徐世昌为董事长，由朱启钤代理。1918 年复设总经理，由朱启钤担任，这就是公司第二代领军人物。这一时期中兴煤矿公司在天津设立总公司，在煤炭市场、公司利润、银行借贷等方面取得了很大的突破，公司迎来了第一个黄金发展时期。典型如

① 张道兴：《保商银行借款及纠纷》，载中国人民政治协商会议枣庄市委员会文史资料委员会编《中兴风雨》，1993，第 117～118 页；《津浦铁路局与山东峄县中兴煤矿公司订立合同文》，1911 年 8 月，上海图书馆藏盛宣怀档案，档案号：118398－2。
② 《津浦铁路局与中兴煤矿公司签订减价运煤合同》，民国元年 6 月 20 日，载交通、铁道部交通史编纂委员会编《交通史路政编》第 3 册，交通、铁道部交通史编纂委员会出版，民国 24 年，第 2132～2136 页；中共枣庄矿务局委员会等编著《枣庄煤矿史》，第 21 页。
③ 陶湘：《中兴煤矿公司大事记》，民国元年、民国 5 年、民国 14 年条目。
④ 《张莲芬复任凤苞函》（1913 年 10 月 19 日），载中兴公司档案《往来信函》，转引自王庭芝、王壮、王展《百年追梦——基于文化视野对中兴煤矿公司的解读》，第 278 页。
⑤ 中共枣庄矿务局委员会等编著《枣庄煤矿史》，第 12 页。

1922 年，中兴公司扩股至一千万元，先行招足七百五十万元。① 这一局面的结束，以 1928 年"整理中兴案"为标志。② 中兴煤矿公司第一个黄金发展时期股东群体构成如表 1－3 所示。

（一）新旧股交接的激烈竞争：周学熙、任凤苞之争

值得注意的是，这一阶段股东群体的交接并不像 1899 年那么平和，而是充满了斗争和冲突。当时中兴煤矿的继承人争夺，集中在任凤苞和周学熙两位股东身上。周学熙一度无限接近总经理这一位置，据载"张总理以办事棘手有让贤之举，周缉之先生以实业专家有承办之意"，周提出以华丰实业社的名义向公司借款一百万元，以公司全部产业为抵押品，借此"取得新经理之权"，然"条件过酷，流弊滋多"，尤其是"至期仍未能清偿，应即由华丰将合同内及产业单内所押全部份产业归华丰永远执业"一条。众股东对周学熙在"股东"和"债权者"两种身份之间摇摆非常不满，强烈要求声明"系中兴全体股东公举周股东担任总经理之任，非以华丰债主之资格取得总经理"，担心"此次投资之目的实为开滦杜绝竞争起见"，周学熙有意吞并中兴煤矿。这种担心不无道理，周学熙背后有开滦煤矿及那森的影子，如附件中规定开滦煤矿不仅包销中兴煤矿存煤，还"租办中兴煤矿"，设置驻矿监督。③ 这一方案遭到股东集体反对而中止。实际上，周学熙觊觎中兴煤矿领导权已久，早在 1911 年底与那森进行开平、滦州煤矿"联合"谈判时，他就有了合并中兴煤矿的计划。当时周学熙计划很庞大，要在合并开平、滦州、中兴、井陉、临城和华北其他各矿的基础上，建立一个大型煤炭联合企业。④ 1912 年周学渊担任董事长之后，就宣布公

---

① 中共枣庄矿务局委员会等编著《枣庄煤矿史》，第 26 页；《中兴煤矿公司审查矿产报告书》，民国 11 年公司自印，第 3 页。

② 矿务局档案处编《公司大事记》，载中国人民政治协商会议枣庄市委员会文史资料委员会编《中兴风雨》，第 213 页。

③ 中共枣庄矿务局委员会等编著《枣庄煤矿史》，第 25 页；苏任山：《枣庄中兴煤矿公司的一段内幕》，载中国人民政治协商会议山东省委员会文史资料委员会编《山东文史资料选辑》第 25 辑，山东人民出版社，1988，第 192～194 页；《山东峄县中兴煤矿公司董事特别报告股东书》。

④ 开滦矿务局史志办公室编《开滦煤矿志》第 1 卷，新华出版社，1992，第 41 页；熊性美、阎光华主编《开滦煤矿矿权史料》，南开大学出版社，2004，第 494～495 页。

司一切对外交涉归董事会，从张莲芬手中将公司经营大权收回，这背后也有周学熙的影子。[1]

就在周学熙和众股东激烈交锋的时候，张莲芬不幸病逝。12月5日，张莲芬病逝后第二天，中兴煤矿股东、周学熙之父周馥就给袁世凯之子袁克文写信求支持，信中提及"此矿正在新旧磋商之际""外债相逼""恐惹意外攘夺"等语。[2] 12月9日，老股东群体选举任凤苞为代理正经理，因其"乃历年维持之人，故当危疑震撼之时，京津各股东群相推戴"。[3] 之后，任凤苞准备赴矿"就职视事"，遭到中兴公司主任董事、周馥第五子周学渊写信阻挠。任凤苞大为光火，致函董事会请求辞职，激起众董事的愤怒。12月11日，他们再次联合致函催促任凤苞"即日就职"。[4] 与此同时，张翼之子、张文孚之兄、股东张文祁以公司"外债日重，诚恐他族攘夺"为由，申请北洋政府派遣督办并由财政部补助官股，把公司拉向另外一个发展方向，遭到众股东强烈反对。[5] 农商部也以"该公司既系完全商力所经营，若骤由政府派员督办，在国家虽尽竭力扶持之义，在商民终有越俎代谋之嫌。至财政部补助官股酌予保息，无论国家对于矿商无此先例，且中央财政艰窘亦无款之可筹"为由拒绝了这一请求，此事方告一段落。[6] 1915~1916年不同股东群体间的角力，推动了中兴煤矿公司增股的进程。任凤苞借助其交通银行协理的身份，积极向各银行"息借巨款"，"并经劝得前大总统徐公世昌、黎公元洪、前民政总长朱公启钤等，联络南北股东，增加资本二百五十万元，新旧股合共五百万元"，极大地改变了股东群体的面貌。[7] 这次争论

① 王庭芝、王壮、王展：《百年追梦——基于文化视野对中兴煤矿公司的解读》，第279~286页。
② 《周馥致袁克文书》（1915年12月5日），载广东省立中山图书馆编《容庚藏名人尺牍》（下册），广东人民出版社，2016，第406~407页。
③ 苏任山：《枣庄中兴煤矿公司的一段内幕》，第194页；《第六次股东会经理报告书》，1916年10月，转引自王庭芝、王壮、王展《百年追梦——基于文化视野对中兴煤矿公司的解读》，第333页。
④ 苏任山：《枣庄中兴煤矿公司的一段内幕》，第194~195页。
⑤ 《董事会请农商部秉公维持之原禀》，载《山东峄县中兴煤矿公司董事特别报告股东书》。
⑥ 《农商部议复张文祁请派监督拟请毋庸置议之原奏暨批令》，载《山东峄县中兴煤矿公司董事特别报告股东书》。
⑦ 陶湘：《中兴煤矿纪事略例》，载《中兴煤矿公司史钞》。

到 1916 年 11 月天津股东会议为止，大会议决"设立总公司于天津，由
董事会领之，主持全矿事务，监督经理进行。矿厂经理则专任督率工作，
考核厂务"，并选举徐世昌为董事会长，由朱启钤代理，周学熙和任凤苞
都没有上位。① 之后中兴煤矿公司在 12 月召开的股东会议上，更是在借
债的方案中，否定了开滦公司提出的二百万借款案，原因就在于其中有
包销中兴煤炭等附加条件，股东担心受其"掣肘"，有被其"吞并"的
危险。② 这一方案极可能是周学熙一百万元借款的升级版。

表 1 - 3　中兴煤矿公司第一个黄金发展时期（1916 ~ 1928）股东群体构成

姓名	籍贯	主要职务	归类
徐世昌	直隶天津	1916 年当选为公司董事会长，曾任津浦铁路督办，1918 年任民国大总统	北洋要员、津浦官员
朱启钤	贵州紫江	中兴煤矿公司总经理，曾任东三省蒙务局督办、津浦路北段总办、交通总长、内务总长、代理国务总理	北洋要员、津浦官员
黎元洪	湖北黄陂	1919 年当选为公司董事会长，曾任民国大总统	北洋要员
黎绍基	湖北黄陂	中兴煤矿董事	黎元洪之子
靳云鹏	山东济宁	中兴煤矿股东，曾任陆军总长、国务总理	北洋要员
潘复	山东济宁	中兴煤矿股东，曾任代理财政总长、国务总理	北洋要员
张怀芝	山东东阿	1922 年当选为公司监察人，曾任北洋政府参谋总长、陆军上将	北洋要员
袁乃宽	河南正阳	中兴煤矿股东，曾任农商总长	北洋要员
吴炳湘	安徽合肥	总公司主任、驻矿经理、董事，曾任山东巡警道、京师警察厅总监	北洋要员
周自齐	山东单县	1919 年当选为公司监察人，曾任山东都督、中国银行总裁、交通总长	北洋要员
叶恭绰	广东番禺	中兴煤矿股东，曾任北洋政府交通总长	北洋要员
徐世章	直隶天津	1925 年当选为公司董事，曾任津浦铁路管理局局长、交通部次长、交通银行副总经理	北洋要员
张寿龄	江苏武进	1919 年当选为公司董事，曾任江苏省财政司长、财政部次长、全国烟酒事务督办	北洋官员

① 苏任山：《枣庄中兴煤矿公司的一段内幕》，第 195 页。
② 「株主總會」内容」，大正 5 年 12 月 6 日，《支那矿山关系杂件·山东省之部·峄县炭矿》，日本亚洲历史资料中心档案，档案号：1 - 1839。

续表

姓名	籍贯	主要职务	归类
袁祚廙	贵州修文	中兴煤矿主任董事、协理，曾任营口兵备道、奉天驻津铁路转运局总办、北京电报电话局局长	北洋官员
陶湘	江苏武进	中兴煤矿董事，曾任轮船招商局董事、汉冶萍煤矿董事、天津中国银行经理	北洋官员、银行人物
唐伯文	江苏上海	中兴煤矿股东，曾任农工商部主事、大总统府秘书、外交部参事	北洋官员
张汉卿	辽宁海城	1925年当选为公司董事，奉系代表人物	北洋要员
张勋	江西奉新	1916年当选为公司监察人，定武军首领	北洋要员
王占元	山东馆陶	中兴煤矿股东，曾任湖北督军	北洋要员
田中玉	河北临榆	中兴煤矿股东，曾任山东督军	北洋要员
张敬尧	安徽霍邱	中兴煤矿股东，曾任湖南督军	北洋要员
卢德芳	山东济阳	中兴煤矿股东	卢永祥之子
倪道杰	安徽阜阳	1922年当选为公司董事	倪嗣冲之子
庄乐峰	江苏丹徒	中兴煤矿公司董事，曾任山东候补道、开平矿务局督办张翼的翻译、开滦煤矿董事、天津英工部局董事会董事、鲁丰纱厂董事长	天津商股
庄云九	江苏丹徒	中兴煤矿董事	庄乐峰之子
张温卿	江苏灌云	中兴煤矿公司驻矿副经理、副总矿师，曾任本溪湖矿师、井陉总工程师	技术人员
刘伟	四川重庆	中兴煤矿董事，曾任德厚荣商号老板、楚兴公司总理	武汉商股
徐荣廷	湖北武昌	中兴煤矿监察人，曾任楚兴公司总经理、裕华公司董事长	武汉商股
苏汰余	四川巴县	中兴煤矿董事，曾任德厚荣文书、楚兴公司财务、裕华公司董事长	武汉商股
周星棠	浙江绍兴（出生在汉口）	中兴煤矿股东，曾任楚兴公司董事、汉口总商会会长	武汉商股
罗义生	不详	中兴煤矿董事、常务董事，曾任宜昌商会议董、德厚荣常驻天津代表	武汉商股
林行规	浙江鄞县	中兴煤矿股东，曾任北洋政府司法部民事司司长	大律师
汪子健	浙江杭州	中兴煤矿股东，曾任北洋政府司法部次长	大律师
申士魁	山东武城*（家济南）	中兴煤矿驻矿副经理，曾任津浦路局警备队统领	津浦路局

姓名	籍贯	主要职务	归类
朱言吾	江苏江都	中兴煤矿公司驻矿副经理、总矿师	技术人员
戴绪万	安徽寿州	1916 年聘为驻矿经理	原股东群体
胡希林	安徽泗县	驻矿副经理、经理	原股东群体
任凤苞	江苏宜兴	中兴煤矿公司主任董事	原股东群体
张仲平	浙江余杭	中兴煤矿公司协理、主任董事，张莲芬之子	原股东群体
周家驹	安徽合肥	中兴煤矿董事、监察人，周盛传之子	原股东群体
戴绪适	安徽寿州	中兴煤矿董事，戴宗骞之子	原股东群体
许珩	江苏仪征**	中兴煤矿董事	原股东群体
朱曤	浙江仁和	中兴煤矿董事，朱钟琪之子	原股东群体
张文孚	直隶通县	中兴煤矿董事、监察人，张翼之子	原股东群体
赵尔巽	奉天铁岭	中兴煤矿监察人	原股东群体
郑敳慈	安徽广德	中兴煤矿董事	原股东群体

* 1931 年公司资料中注明申士魁（殿元）的籍贯为"山东武城（家济南）"，参见《中兴煤矿公司总矿同人录》，民国20年，上海市档案馆藏档案，档案号：Y9 - 1 - 442。

** 1922 年公司材料上将其籍贯标为"直隶清苑"，参见《山东峄县中兴煤矿有限公司同人录》，民国11年11月，上海市档案馆藏档案，档案号：Y9 - 1 - 445。

资料来源：根据《民国人物大辞典》《中兴煤矿公司史钞》《中国近现代人名大辞典》《枣庄煤矿史》《中国近代纺织史》《民国十九年山东矿业报告》《民国人物小传》《山东峄县中兴煤矿有限公司同人录》等整理。

（二）中兴煤矿公司股东群体之一：北洋要员及其给公司的助力和保障

第一个值得关注的股东群体是北洋要员，既包括徐世昌、黎元洪两位民国大总统和朱启钤、靳云鹏、潘复等国务总理，又包括倪嗣冲、张勋、田中玉、王占元、张敬尧、张学良、吴炳湘等地方军阀，还包括徐世章、任凤苞、叶恭绰、孟锡珏、朱曤等"交通系"要员。典型如黎元洪，他于 1919～1928 年担任公司董事会长。① 关于其投资数额，有以下几种说法。一种是"七十五万说"。根据张叔诚回忆，"黎开始对该矿投资仅五万元，后得张翼之子张叔诚转让的优先权，先后共投资为七十五

---

① 陶湘：《中兴煤矿公司大事记》，民国8年、民国11年、民国14年、民国17年条目。

万元"，后来从中拨出 15 万元赠予武汉大学作为奖学金。[①] 根据 1931 年山东省实业厅的调查，黎元洪在公司的投资是 60 万元，应该是扣除武汉大学奖学金之后的数额。[②] 一种是"六十四万说"。南开大学张树勇教授根据天津历史博物馆所藏黎元洪个人资料，判定其先后投资中兴 64 万元。[③] 一种是"五十四万说"。即股票 66 张，计 5400 股，股金 54 万元。[④] 一种是"四十万说"。据黎元洪大女儿黎绍芬回忆，黎在中兴公司投资 40 万元，实缴 20 万元。[⑤] 根据一份股东名册（时间在 1928 ～ 1933 年），黎元洪以"大德堂""孝义堂""黎宋卿"名义共投资 46 万元，又以子女妻妾名义投资至少 4.76 万元，共计 50.76 万元。其亲信唐宾如、胡英初也都跟随其投资中兴公司。[⑥] 1928 年黎元洪病逝后，由其子黎绍基继承权利，一直到 1937 年黎绍基仍担任驻矿委员会主席一职，由此可见黎家在中兴煤矿的影响力。[⑦]

除了总统、总理及总长之外，地方实力派同样不可小觑。典型如张学良，他加入中兴煤矿的中介人物是赵尔巽。中兴公司驻守天津之后，需款日多，"赵尔巽介绍张作霖认股六万两，由其子张学良代表"。张学良 1925 年当选为公司董事，1931 年、1934 年、1937 年继续当选。[⑧] 他们给中兴煤矿公司带来的，是生存上的安全，增强了公司自我保护的社会资本。民国时期战事频发，中兴公司地处枣庄，为南北要冲之地，不仅营运受到影响，还要应付各路军阀勒索。典型如 1925 年张宗昌以公司矿警队"通匪"等为由，"电驻临城之三十二旅旅长毕庶澄，将该公司

---

① 张叔诚、谈在唐：《中兴煤矿经营始末》，第 150 页。

② 山东省政府实业厅编印《民国十九年山东矿业报告》，民国 20 年，第 162 页。

③ 张树勇：《黎元洪的经济活动》，《南开经济研究》1991 年第 4 期。

④ 张树勇：《黎元洪投资金融、实业经济情况》，载全国政协文史资料委员会等编《民国大总统黎元洪》，中国文史出版社，1991，第 302 页。

⑤ 黎绍芬：《黎元洪事略》，载中国人民政治协商会议天津市委员会文史资料研究委员会编《天津文史资料选辑》第 11 辑，天津人民出版社，1980，第 139 页。

⑥ 《中兴煤矿公司股东名册》，载《浙江兴业银行关于中兴煤矿公司放款专卷》，上海市档案馆藏档案，档案号：Q268 - 1 - 465。这份股东名册夹在 20 世纪 30 年代银行档案中，根据股东名册中的"上海中兴公司""北平"等词语以及张敬尧股份尚未被没收的情况，初步判定为 1928 ～ 1933 年。

⑦ 陶湘：《中兴煤矿公司大事记》，民国 26 年条目。

⑧ 张叔诚、谈在唐：《中兴煤矿经营始末》，第 147 ～ 149 页；陶湘：《中兴煤矿公司大事记》，民国 14 年、民国 20 年、民国 23 年、民国 26 年条目。

两营卫队遣散"，使公司在兵匪横行的鲁南面临巨大风险。公司管理层通过股东张作霖向其施压，张宗昌方才交还枪支。① 此外，在中兴股东中，很多北洋官员同时投资金城等银行，使公司借贷有了天然的便利条件。

（三）中兴煤矿公司股东群体之二：从津浦路局官员到北洋政要

第二个值得关注的股东群体是津浦路局官员，他们与第一类股东群体有很多交叉，这就是"交通系"的崛起。实际上，民国大总统徐世昌与中兴煤矿的关联，不能仅从北洋要员入资中兴这一角度分析。他与中兴煤矿结缘，要追溯到他担任津浦铁路督办时期。1909 年中兴煤矿因修建台枣铁路"赴津禀谒督办津浦铁路大臣面商办法"。② 1910 年，中兴煤矿总经理张莲芬因股款不敷使用，在济南、北京两次面谒徐世昌寻求支持。在徐的帮助下，中兴煤矿公司以津浦路局为担保，"先向交通银行息借银六十万两"，次年又从直隶保商银行借平化宝银一百三十万两，解了燃眉之急。③ 之后徐世昌与中兴煤矿的关系越来越密切，这可以从他的日记及书信中管窥一斑。如 1912 年 6 月 1 日，徐世昌亲自"至中兴煤矿察看"；1913 年 6 月 13 日，周馥致函徐世昌汇报中兴煤矿公司运销事宜；1915 年 12 月 2 日，"孟玉双来谈中兴煤矿事"，即商量入股中兴煤矿事宜。1916 年 11 月，中兴煤矿公司在天津召开第六次股东会议，徐世昌当选为董事长，并于 30 日"晚宴客，系中兴公司新举董事会诸君由津来见"。这之后徐世昌因忙于政务无暇他顾，但仍留下"出门到峄县煤矿中兴公司董事会"的记录。④

徐世昌与中兴煤矿的关联，属于津浦路局与中兴煤矿关系的一部分。这个群体还包括其堂弟徐世章，亲信朱启钤、任凤苞、孟锡珏等。尤其

---

① 《枣庄矿务局志》编纂委员会编《枣庄矿务局志》，第 874 页；《山东中兴公司纳税风潮》，《申报》1925 年 9 月 24 日，第 10 版。

② 《奏办山东峄县煤矿集股自造运煤铁路须赴津禀谒督办津浦铁路大臣面商办法事》，宣统元年，中国第一历史档案馆藏档案，档案号：04 - 01 - 01 - 1100 - 015。

③ 张道兴：《保商银行借款及纠纷》，第 117~121 页；陶湘：《中兴煤矿公司创办概略》，宣统二年八月、宣统三年七月条目；《张莲芬禀徐世昌等文》，宣统三年七月初三，上海市图书馆藏盛宣怀档案，档案号：118398 - 1。

④ 《徐世昌日记》（第二册），吴思鸥等点校，北京出版社，2018，第 298、420、464、477 页；《周馥就开发山东峄矿等事致徐世昌函》，1913 年 6 月 13 日，载林开明等编《北洋军阀史料·徐世昌卷》第 7 册，天津古籍出版社，1996，第 15~19 页。

是朱启钤，他与中兴煤矿产生关联时仅仅担任津浦铁路北段总办。[①] 当时他"勘定济宁峄县中兴煤矿枝线"，并与公司签订定购块煤六万吨合同，作为向保商银行借款的担保。1916年，朱启钤代理中兴煤矿董事会长，"经营山东峄县中兴煤矿公司，自食其力"。1918年，"矿事大进，被举为中兴煤矿公司总经理"，逐渐成为中兴公司的领导核心。[②] 根据1908~1938年津浦铁路管理局主要负责人名单，曾任津浦铁路督办的徐世昌、朱启钤，曾任津浦铁路总局局长的孟锡珏、徐世章等都是中兴煤矿公司股东。其中，1926年3~4月短暂出任津浦铁路管理局局长的朱曜较为特殊，他是先继承其父朱钟琪中兴公司股东的权利，后来才出任津浦路局局长的。[③] 由此可见，二者之间是"你中有我、我中有你"的共同体关系。

在津浦路局的基础上，交通部官员逐渐入股中兴煤矿，典型如胡希林（即胡圣余），他相继出任公司董事、驻矿副经理等职。梁士诒一度在中兴公司有投资，据载"（民国四年）二月一日，峄县中兴煤矿爆发，死四百九十九人。先生以股东资格，在京召集恤亡及补救之策，派邝荣光驰往办理"。[④] 通过这种联系，津浦路局乃至交通部与中兴公司在公、私两方面利益牵涉甚多，双方形成路矿一体的互利互惠关系。路局在铁路运费优惠等方面对公司发展不遗余力地支持，中兴煤矿享受到了"中国最廉价的运费率"，这与"有权势的股东"是分不开的。[⑤] 这部分的详细内容，可以参考本书第四章。此外，徐世昌宦海沉浮多年，他背后的群体还包括任东三省总督时期的幕僚，除了曾任东三省蒙务局督办的朱

---

① 《张莲芬禀徐世昌等文》，宣统三年七月初三，上海市图书馆藏盛宣怀档案，档案号：118398-1；王作贤、常文涵：《朱启钤与中兴煤矿公司》，载北京市政协文史资料研究委员会、中共河北省秦皇岛市委统战部编《蠖公纪事——朱启钤先生生平纪实》，中国文史出版社，1991，第151~156页。

② 《朱氏家乘大事年表》，载北京图书馆编《北京图书馆藏珍本年谱丛刊》第193册，北京图书馆出版社，2010，第88~89页；陶湘：《中兴煤矿公司创办概略》，宣统三年七月条目。

③ 济南铁路局史志编纂领导小组编《济南铁路局志（1899—1985）》，山东友谊出版社，1993，第43~44页。

④ 凤冈及门弟子编《三水梁燕孙先生年谱》，《民国丛书》编辑委员会编《民国丛书》第二编第85册，上海书店出版社，1990，第225页。

⑤ 〔澳〕蒂姆·赖特：《中国经济和社会中的煤矿业（1895—1937）》，第214页；严中平等编《中国近代经济史统计资料选辑》，科学出版社，1955，第153、167页。

启铃之外，曾任该局坐办的陶兰泉也于1917～1928年出任公司董事。[①]
陶兰泉横跨政、学、商三界，不但在北洋政府做官，还活跃于银行界、
实业界、收藏界，与钱新之、周作民等银行家很早就相熟。[②] 公司股东的
这种多面身份，有利于中兴煤矿社会关系网的丰富和拓展。

（四）中兴煤矿公司股东群体之三：武汉商股及其专职监察人身份

第三个值得关注的股东群体是武汉商股。这一群体是黎元洪通过其
结拜兄弟徐荣廷在武汉招募的，其股份具体数额有两种说法。一种是
"黎元洪自认四十万元（实交二十万元），后来扩大到六十万元，加上徐
荣廷在湖北招集的商股，共计投资两百万元"。[③] 一种认为以徐荣廷为代
表的德厚荣"先后投入资金20多万两银子"。[④] 涉及的人物是徐荣廷的
老东家德厚荣。德厚荣是清末重庆富商刘继陶遗留下来的山货贸易字号，
当时他将早期经营的德义生拆分为德厚荣、聚义生、同裕义三家字号。
刘继陶1900年去世后，德厚荣由其四子刘象曦继承。光绪末年，随着出
口业务的增长，德厚荣将总号迁到汉口，业务得到更大的拓展。1912
年，刘象曦和徐荣廷等人以新组建的楚兴纺织公司名义承租了湖北省官
办的纱布丝麻四厂，进入事业上的黄金期，并涌现了一大批管理人才，
包括刘伟、徐荣廷、罗义生、周星棠、苏汰余、罗辉宗、黄师让等。[⑤]

这一股东群体成为中兴公司的董事和监察人。其中，刘伟，即刘象曦，
又名刘镇纬，重庆巴县人，德厚荣商号老板，1917年增补为中兴煤矿公司
董事，1919年连任，1922年当选为主任董事，同年德厚荣破产，逐渐淡出
中兴公司经营。罗义生，即罗发集，宜昌商会董事、德厚荣常驻天津代表，
1925年当选为中兴煤矿常务董事，1928年、1931年、1934年、1937年连

---

① 《武进陶湘字兰泉号涉园七十年记略》，载北京图书馆编《北京图书馆藏珍本年谱丛刊》第192册，北京图书馆出版社，2010，第614、629页；陶湘：《中兴煤矿公司大事记》，民国6年、民国8年、民国14年、民国17年条目。

② 《周作民致陶兰泉、钱新之函稿》（1917年9月20日），载彭晓亮编注《周作民日记书信集·人物卷》（影印版），上海远东出版社，2014，第161页。

③ 萧致治、萧莉：《黎元洪新传》，武汉出版社，2014，第231页。

④ 李梦初：《德厚荣十年春梦》，载武汉市政协文史资料委员会编《武汉文史资料》第33辑，1988，第89页。

⑤ 《刘继陶　刘象曦（合传）》，载四川省地方志编纂委员会编《四川省志·人物志》上册，四川人民出版社，2001，第395～398页；李梦初：《德厚荣十年春梦》，第80～90页。

任，1933 年当选为资产审查委员会委员，1936 年当选为第三次资产审查委员会委员。[①] 徐荣廷，湖北武昌人，1897 年进入汉口德厚荣商号，初当"上街"，后任副经理，与黎元洪是金兰之交。民国成立后，出任湖北都督府咨议、官钱局总办、武昌商会会长，是裕大华集团的缔造者之一。[②] 他于 1918 年当选为中兴煤矿监察人并一直连任到 1935 年，之后由他的孙子徐节庵继任。[③] 苏汰余，四川重庆人，其父在德厚荣东家担任私塾教师，借此与之产生关联。苏汰余初入德厚荣时担任文书，后在楚兴公司作为徐荣廷助手掌管文牍财务，后任武昌裕华纱厂、石家庄大兴纱厂董事，负责裕华纱厂的工作，后继徐荣廷担任裕华纱厂董事长，1936 年担任裕大华总公司董事长。[④] 他在 1928 年接任裕华纱厂董事长后，逐渐成为裕大华集团的核心人物，也就是在这一年他递补为中兴煤矿公司董事，1931 年陆续当选为董事、监察人，后因不能兼任，辞去董事一职，1932 年任监察人，1934 年、1937 年当选为董事。[⑤] 周星棠，即周以灿，原籍浙江绍兴，出生在汉口，先后经营晋安、阜通钱庄，后任汉口商业银行总经理、汉口总商会会长、日本住友银行买办。周星棠与裕大华集团关系密切，先后任楚兴公司董事、大兴纱厂董事长，1928 年当选为中兴煤矿公司监察人，1931 年、1934 年、1937 年当选为公司董事。[⑥]

由此可见，武汉商股在中兴公司股金缺乏时给予了较大程度的支持，在公司中主要担任董事和监察人。二者的区别有三。其一，资格不同。100 股以上有资格被选为董事，75 股以上有资格被选为监察人。其二，任期不同。董事任期 3 年，监察人任期 1 年。其三，权限不同。董事会"有监督

---

① 陶湘：《中兴煤矿公司大事记》，民国 6 年、民国 8 年、民国 11 年、民国 14 年、民国 17 年、民国 20 年、民国 22 年、民国 23 年、民国 26 年条目。

② 《中国楚商》编委会编著《中国楚商》第 1 卷，中国财富出版社，2013，第 214 页。

③ 陶湘：《中兴煤矿公司大事记》，民国 7 年~民国 26 年条目；徐节庵：《大兴纱厂建厂简史》，载中国人民政治协商会议河北省石家庄市委员会文史资料研究委员会编《石家庄文史资料》第 1 辑，1983，第 90 页。

④ 《中国楚商》编委会编著《中国楚商》第 1 卷，第 243 页；黄师让：《徐荣廷和苏汰余事略》，载中国人民政治协商会议湖北省黄石市委员会文史资料研究委员会编《黄石文史资料》第 11 辑，1988，第 204 页。

⑤ 陶湘：《中兴煤矿公司大事记》，民国 17 年、民国 20 年、民国 21 年、民国 23 年、民国 26 年条目。

⑥ 《中国楚商》编委会编著《中国楚商》第 1 卷，第 241 页；陶湘：《中兴煤矿公司大事记》，民国 17 年、民国 20 年、民国 23 年、民国 26 年条目。

公司矿厂一切事务之权"，监察人按照公司法监察公司一切事务。另外，董事不得兼任监察人。[①] 武汉商股在公司中虽不占据最核心位置，但仍以董事和监察人的身份发挥着重要作用，以确保自身的投资权益得到保障。

四 中兴煤矿第二个黄金发展时期（1929～1938）的股东群体构成

中兴煤矿的运销主要依赖津浦铁路与京杭大运河，这一带内战频仍。受此影响，中兴煤矿公司的产量在1926年开始下降，外加军阀勒索，到1928年公司各项损失达四百万元，积欠银行款项五百多万元，生产陷入停滞。[②] 在公司经营最困难的时候，1928年"整理中兴案"发生，中兴矿产被全部收为国有。中兴煤矿公司最后之所以能收回矿产，与银行界重要人物的帮助密不可分。中兴煤矿公司第二个黄金发展时期股东群体构成如表1-4所示。

（一）政权更迭与权势转移："整理中兴案"后上海银行界股东群体的加入

上海银行界在"整理中兴案"中扮演了极其重要的角色，钱新之、陈光甫、胡笔江积极奔走，叶景葵、任凤苞个个奋力，上海银行公会公开通电声援中兴煤矿公司，都是生动的体现。这一事件折射出原北洋股东群体随政权更迭而地位衰落，如朱启钤等人各种活动效果甚微，上海银行界人物却颇有实效，直接促使公司矿产发还。为此公司总经理朱启钤主动让贤，邀请钱新之、周作民、吴鼎昌（后未就任，改为叶琢堂）、叶揆初等银行界人物担任公司董事，又推荐钱新之担任中兴煤矿公司总经理，自己退而担任董事长。[③] 这些都是主动作为的结果，典型如1931

① 王作贤：《中兴公司股分制》，载中国人民政治协商会议枣庄市委员会文史资料委员会编《中兴风雨》，第168～170页。
② 中共枣庄矿务局委员会等编著《枣庄煤矿史》，第31～36页。
③ 中共枣庄矿务局委员会等编著《枣庄煤矿史》，第41～43页；《中兴煤矿公司第十八次股东会决议录》，民国19年2月23日，第6～7页，载《浙江兴业银行关于中兴煤矿公司放款专卷》，上海市档案馆藏档案，档案号：Q268-1-462；陶湘：《中兴煤矿公司大事记》，民国20年条目。

年 4 月中兴公司第 201 次董监事会议"加推候补董事陈君景韩为协理"，原因就很简单，"陈君与当局颇多联络，新之去国，对外可资接洽也"。① 实际上，早在"整理中兴案"过程中，公司就将事务所迁移到上海，时任公司总经理朱启钤的理由便是"现在政府首都南迁，本公司矿山又在苏鲁边界，为接洽便利及将来营业前途计"。② 经过这一轮管理层的洗牌之后，中兴煤矿公司在钱新之等的带领下进入发展上的又一个黄金时期，到 1936 年公司年产量可达 173 万吨。

表 1 - 4　中兴煤矿公司第二个黄金发展时期（1929～1938）股东群体构成

姓名	籍贯	主要职务	归类
钱新之	浙江吴兴	中兴煤矿公司总经理、董事，曾任交通银行上海分行经理、国民政府财政部次长、浙江实业银行常务董事等职	银行界人士
周作民	江苏淮安	中兴煤矿公司董事，任金城银行总经理、交通银行常务董事	银行界人士
叶琢堂	浙江奉化	中兴煤矿公司董事，任上海中央银行常务理事、中国银行董事、中国农民银行总经理	银行界人士
吴鼎昌	浙江吴兴	中兴煤矿公司股东，曾任中国银行正监督、总裁，造币厂监督，后任实业部长	银行界人士
陈景韩	江苏松江	中兴煤矿公司协理、董事，曾任《申报》总主笔	钱新之亲信
王孟群	山西临汾	中兴煤矿公司董事、法律顾问，曾任中华汇业银行董事长、北洋政府司法总长，抗日战争期间做了汉奸	前北洋官员、大律师、银行界人士
王子敏	不详	中兴煤矿总公司总秘书兼营运处处长、候补董事、驻矿办事委员会委员、资产审查委员会委员	银行界派遣
章笃臣	浙江鄞县	中兴煤矿公司驻矿办事委员会主席，曾任陇海铁路局督办，后任华东煤矿公司董事长、南京国民政府交通部高级顾问	铁路部门官员
钮师愈	浙江吴兴	中兴煤矿公司驻矿办事委员会委员，曾在银行界工作，南京中央组织部职员，钱新之同乡，戴季陶妻弟	南京国民政府官员

① 《民国廿年四月廿八日第二百零一次董监事会议决录》，上海市档案馆藏档案，档案号：Q268 - 1 - 467；《吴在章致周作民函》，4 月 29 日，上海市档案馆藏档案，档案号：Q264 - 1 - 695。
② 《中兴股东临时大会记》，《大公报》1928 年 8 月 11 日，第 3 版。

姓名	籍贯	主要职务	归类
陈蔗青	湖南湘乡	中兴煤矿公司监察人，曾任农商部工商司司长，山东省实业厅厅长，上海中华汇业银行、盐业银行经理	南京国民政府官员、银行界人士
徐节庵	湖北武汉	中兴煤矿公司监察人，后任裕华纺织厂副总经理，徐荣廷孙子	武汉商股代表
罗辉宗	不详	中兴煤矿公司监察人，大兴纺织公司驻沪采办处主任	武汉商股代表
常朗斋	河北易县	中兴煤矿监察人，曾任津浦铁路巡警教练所所长、京师警察厅署长、中国农工银行董事、金城银行股东	银行界人士、津浦路局官员
张汉卿	辽宁海城	中兴煤矿董事	原股东群体
叶揆初	浙江仁和	中兴煤矿公司常务董事、董事长	原股东群体
任凤苞	江苏宜兴	中兴煤矿公司监察人、董事	原股东群体
黎绍基	湖北黄陂	中兴煤矿公司常务董事、驻矿委员会主席委员	原股东群体
胡希林	安徽蚌埠	中兴煤矿董事	原股东群体
庄乐峰	江苏丹阳	中兴煤矿董事	原股东群体
唐伯文	江苏上海	中兴煤矿驻矿委员会委员、资产审查委员会委员	原股东群体
林行规	浙江鄞县	中兴煤矿公司股东、法律顾问	原股东群体
张仲平	浙江余杭	中兴煤矿公司首席协理、董事	原股东群体
张文孚	直隶通县	中兴煤矿董事、驻矿委员会委员	原股东群体
徐荣廷	湖北武昌	中兴煤矿监察人	原股东群体
苏汰余	四川巴县	中兴煤矿董事	原股东群体
周星棠	浙江绍兴	中兴煤矿公司监察人，大兴纱厂董事长	原股东群体
朱启钤	贵州紫江	中兴煤矿董事长、监察人	原股东群体

资料来源：根据《中国抗日战争大辞典》《中国近现代人名大辞典》《枣庄煤矿史》《大辞海·中国近现代史卷》《近代上海甬籍名人实录》《当代中国名人录》等资料整理。

（二）公司新股群体的核心人物：钱新之等银行界重要人物

这一时期中兴股东中，最重要的是银行界人物，最为引人注目的便是钱新之、周作民、叶琢堂、叶揆初四大董事。钱新之（1885～1958），浙江吴兴人，字永铭，1917年担任交通银行上海分行经理、上海银行公会会长、四行联合准备库主任。1928年后历任南京国民政府财政部次长、浙江省财政厅厅长、交通银行董事长、中华职业教育社董事会主席、中兴煤矿公司总经理。[①] 他被引入中兴煤矿公司，缘于在 1928 年"整理中兴案"中的重要作用，"对于整会事从中奔走，始克收回"。1929 年秋正式当选为公司总经理后，在运输、变更公司债条款等方面"对于公司之事从中赞助已多"，公司从中获益不少。[②] 周作民（1884~1955），江苏淮安人，曾任交通银行稽核课主任、国库课主任，后创立金城银行，任总经理、董事长，此外还担任太平保险公司董事长、总经理、交通银行常务董事、浙江兴业银行董事等职。[③] 叶琢堂（1875~1941），浙江奉化人，中兴煤矿公司董事，还担任上海中央银行常务理事、中国银行董事、中央信托局局长、中国农民银行总经理等职。[④]

相较而言，叶揆初（1874~1949）并不是新股东，早在 1907 年就通过其岳父朱钟琪与张莲芬相识了，1912 年当选为公司查账员。那个时候他在银行界还只是崭露头角，入股中兴显然是基于亲友邀集，是基于血缘的。之后的北洋政府时期，大批交通银行人员入股中兴，银行力量得以增强，但也仅限于交通银行一家，一般会归类到集银行、路、矿于一体的"交通系"。1928 年"整理中兴案"之后，大量江浙银行家加入中兴煤矿，叶揆初恰巧也是浙江人，与江浙财团有地缘和业缘上的联系，之后叶揆初在中兴公司的地位日益上升，由董事上升到常务董事，直到1934 年取代朱启钤担任公司董事长，1937 年连任。[⑤] 除此之外，吴鼎昌也被邀请加入公司董事会，虽未出任，却一直担任公司股东。实际上，给中兴煤矿公司投资的银行界人物颇多。根据 20 世纪 30 年代初的中兴公司股东名册，吴鼎昌拥有股票 160 股，钱新之有 100 股，胡笔江有 100 股，岳乾斋有 120 股，顾逸农有 22 股。[⑥]

---

① 夏征农、陈至立主编，熊月之等编著《大辞海·中国近现代史卷》，上海辞书出版社，2013，第 590 页。
② 《中兴煤矿公司第十八次股东会决议录》，民国 19 年 2 月 23 日，第 6~7 页。
③ 朱汉国、杨群主编《中华民国史》第九册，四川人民出版社，2006，第 112~117 页。
④ 邱树森主编《中国历代人名辞典》，江西教育出版社，1989，第 1272 页。
⑤ 陶湘：《中兴煤矿公司大事记》，民国 20 年、民国 23 年、民国 26 年条目；中共枣庄矿务局委员会等编著《枣庄煤矿史》，第 42 页。
⑥ 《中兴煤矿公司股东名册》，载《浙江兴业银行关于中兴煤矿公司放款专卷》，上海市档案馆藏档案，档案号：Q268 - 1 - 465。

（三）债权人与股东：银行界股东双重身份及其带来的助力

这些银行家的投资，多为顺带投资，主要还是承担债权人的角色，以一种较为柔性的方式监督公司顺利偿还各银行的债务。当时朱启钤就指出："债团权责重于股东，拟以董事六席推选债团中人。"① 这种方式较为特殊，并非直接派遣银行债团入驻中兴公司监督其财务，而是以个人入股的形式参与公司运营，同时推荐唐伯文担任中兴公司总会计师。钱新之等银行界重要人物作为股东，一方面了解公司运营和财务情况，降低银行放贷风险，另一方面，因股份利益所系，也会不遗余力促进其发展。因此，公司在这一期间的借贷较为顺利，有力地保障了公司的运营。此外，公司经由钱新之等与南京国民政府直接沟通，可以获得政治上、运输上、税捐上的便利条件，尤其是可以继续享受津浦路廉价运煤的特权，并通过重订合同的形式确保了这一福祉。② 这一点非常重要，关系中兴公司的生死存亡，当时"连年时局不靖，津浦交通梗阻，公司存煤无法运出，所受痛苦至巨"。如果按照普通运价办法，则成本过高，"如此高价，当然无人过问，更说不到与外煤竞争"，因此公司董事张仲平在"整理中兴案"交涉过程中坚持继承原来优惠运价合同中的权利，作为缴纳百万军饷的交换条件之一，从而将运费大大降低，唯有如此，"运输前途总算稍有把握"。③ 关于税收方面的优惠，则有 1930 年 9 月的遭遇。当时淮安等地关卡扣留中兴运煤船只，勒令缴纳关税短期库券，钱新之专门写信给财政部疏通宋子文，煤船得以免征放行。④ 诸如此类，不胜枚举，由此确保中兴公司的发展迎来新的黄金时期。

综观中兴煤矿几次股东群体嬗变，每一次变化都给公司发展带来新的机遇，成为扩展企业社会关系网的大好时机。典型如北伐战争时期，北洋势力退出历史舞台，公司矿产面临被没收的窘境。中兴公司借助

---

① 中共枣庄矿务局委员会等编著《枣庄煤矿史》，第 41 页。
② 特殊运价的互惠合同，最早于 1912 年订立，之后于 1921 年 2 月修订，1925 年 10 月订立新约及附带条款，1926 年 2 月增订附加条件，11 月增订第二次附加条件，1929 年 8 月订立新约，基本延续了中兴煤矿的优惠运价，参见中共枣庄矿务局委员会等编著《枣庄煤矿史》，第 28、43 页；上海市档案馆藏档案，档案号：Q268-1-462。
③ 《中兴煤矿公司第十七次股东会决议录》，民国 17 年 11 月 18 日，第 1 页。
④ 中共枣庄矿务局委员会等编著《枣庄煤矿史》，第 44 页。

"整理中兴案"引入与南京国民政府关系密切的上海银行界人士，使公司发展进入新的黄金时期。对于近代企业而言，股东群体的内部淘汰是保持企业活力的一种手段。① 由于中国近代证券市场发育不够完善，早期企业招股仍依赖亲友之间辗转邀集，很容易形成一个个基于血缘、地缘、学缘、业缘的小团体。在公司资金充裕且正常运营情况下，股东圈是相对封闭的，老股东会反对新增股份，以免稀释既有权益。对丁中兴煤矿公司而言，这种股东圈子却保持着动态的开放性。原因之一是外国势力不时干涉，稳定性经常被打破，当内部拥有官员投资时，则"极易感受政局变动的影响"；原因之二是矿业投资的特点，即"一则时期较长，运转不灵，二则结果难卜，危险较多，三则矿区交通阻滞，管理至为不便，并需要继续的一再投资，始可达到谋利的目的"，这就需要长期持久的资金投入。② 以上情况使得中兴公司的股东群体经常更新换代、内部淘汰。这种更新换代，有的时候是和平进行的，有的时候充满斗争。对中兴煤矿公司而言，每次选择的新股东群体都能给企业发展带来各种便利，股东群体的嬗变也相对平和、成本较低，这就在保障旧股东部分利益的前提下，实现了一定范围内的利益均沾，扩大了公司的股东关系网络，构成了公司生存与发展的重要社会资本力量。

---

① 法国学者白吉尔在研究家族企业的活力时发现了这种内部淘汰机制，即"族籍赋予某一成员以依靠企业生存的权利，却并不意味着他由此可以掌握企业的管理权"，"没有出息的人"只能领取薪金和红利，参见〔法〕白吉尔《中国资产阶级的黄金时代（1911—1937年）》，张富强、许世芬译，上海人民出版社，1994，第178～179页。

② 李恩涵：《晚清的收回矿权运动》，第281、294页。

第二章 公司与士绅之间的关系：基于采矿权争夺的考察

近代新式煤矿开采，往往以外来者的身份进入地方开采煤矿，而这些煤矿往往是地方士绅起家的资本，双方很容易发生冲突，争夺的焦点就是矿井的所属权以及矿区的专利权。新式煤矿往往"利用自身的政治地位优势，从购井自立、增强财力、改善运道、联合商号、造福地方等方面"加以应对。① 对于中兴煤矿来说，同样如此，在矿局时期就与地方士绅产生了不少纠纷，中兴公司成立之后明确了百里十里矿区专利权，地方士绅经济利益大受影响，双方为此缠讼颇多。处理好和地方士绅之间的关系，成为中兴煤矿扎根峄县、顺利开办的第一步。

一 双方历史上的恩恩怨怨：中兴矿局时期的追溯

中兴矿区位于山东峄县的枣庄，该地采煤历史悠久，相传自宋元时期就已经有人开采。到明清时期，随着周边大运河运输贸易的繁盛，峄县的采煤业逐渐兴旺，很多绅民借此发达，成为峄地富甲一方的大户，"方乾嘉盛时，县当午道，商贾辐辏，炭窑时有增置。而漕运数千艘连樯北上，载煤动数百万石。由是，矿业大兴。而县诸大族若梁氏、崔氏、宋氏，以炭故皆起家，与王侯埒富"。② 峄县士绅主要有崔、宋、黄、梁、金、田、李、王等姓，号称"峄县八大家"，大多靠开窑挖煤起家。这些士绅大族通常置办大批土地，齐村崔广沅一家有土地6000多亩，官

---

① 肖育琼：《近代萍乡士绅与萍乡煤矿（1890—1928）》，南昌大学硕士学位论文，2006；李超：《萍矿、萍民与绅商：萍乡煤矿创立初期的地方社会冲突》，《江汉大学学报》（社会科学版）2014年第4期。

② 《峄县炭窑创设官局记》，载（清）王振录、（清）周凤鸣修，（清）王宝田纂《光绪峄县志》卷七物产略，第93页。

地村宋氏有良田 6 万多亩，黄庄乡前陈湖村梁继轸有土地 1 万余亩。① 除了土地之外，他们还拥有商铺，王宝田的父亲王日智便在峄县城内经营当铺——王恒兴。这些士绅大户在地方事务中拥有很大的发言权，掌握着地方民团，对地方教育多有所资助。② 根据弗里德曼的研究，这些家族通常有在朝中为官者，以光耀门庭，保障他们在地方上的利益。③ 峄县上绅也不例外，王家有王宝田，崔家有崔广沅、崔广澍兄弟。在峄地士绅看来，煤炭是祖先流传下来的遗产，是上天赐给峄县的宝贵财富，自应由本地人开采。中兴矿局的开办，给他们的经济利益和生存空间带来很大影响。双方因此经常产生摩擦、冲突。中兴煤矿公司与地方士绅的种种摩擦、冲突，几乎都可以在中兴矿局时期找到渊源，其冲突的起点，就是中兴矿局的创立。

实际上，中兴矿局的创立，是地方士绅主动邀请淮系人物入股的结果。晚清受资金、关税、战事等因素影响，"同治以还，县境无复有窑，间有之，亦不久而罢"。④ 典型如金铭、李朝相开办煤窑，苦于资金不足陷入停滞状态，于是向济宁人米协麟寻求帮助，而米协麟正是直隶总督李鸿章的幕府人物。李鸿章是洋务运动的代表人物，十分注重新式煤矿的开采，于是派遣米协麟、戴绪万赴峄县开办煤矿，这就是中兴矿局的由来。中兴矿局创办之后，金铭、李朝相入股中兴，出任公司外事，呈现出地方士绅与中兴煤矿关系融洽的一面。然而对其他士绅而言，金铭等"勾结"外人夺取了本地的富源。中兴矿局开办之后对周边土窑进行种种限制，更是引发地方士绅不满。⑤ 士绅控制的土窑，无论生产还是技术都比较落后，在煤质、价格、工人招募等方面和中兴矿局相比处于弱势地位。中兴矿局由于采用机器汲水，效率远高于土窑，煤质、价格

---

① 山东省枣庄市市中区地方史志编纂委员会编《枣庄市市中区志》，中华书局，1998，第263 页。

② 田培材：《枣庄旧事拾遗（四题）》，载中国人民政治协商会议枣庄市市中区委员会文史资料委员会编《枣庄市中区文史》第 3 辑，1994，第 154～162 页。

③ 〔英〕莫里斯·弗里德曼：《中国东南的宗族组织》，刘晓春译，上海人民出版社，2000，第 97 页。

④ 《峄县炭窑创设官局记》，载（清）王振录、（清）周凤鸣修，（清）王宝田纂《光绪峄县志》卷七《物产略》，第 93～94 页。

⑤ 朱采：《禀丁宫保论峄县煤矿地方官禀陈失实》（光绪八年壬午春），载《清芬阁集》，见沈云龙主编《近代中国史料丛刊》（28），台湾文海出版社，1966 年影印版，第 655 页。

更胜一筹，"盖土窑所挖，浅土浮面质松少油，原不敌深井所产为佳，轮船机器非大窑好煤不办，固无待言。即民间日用，亦多愿用好煤"。矿局用人繁多，在用工等方面与土窑存在竞争关系。① 这使得双方之间积怨越来越深，地方士绅联合峄县知县一道向公司发难。最典型的例子，莫过于1882年峄县知县江瑞采向山东巡抚丁宝桢控诉中兴矿局事件。②

控诉的第一项罪名是"与民争利"。首先就是废弃井口的归属问题。近代之前，各地士绅开窑采煤多用土法开挖。传统技术有一个致命的劣势，即开挖甚浅。盛宣怀就说过："土法开采，浅尝辄止。"③ 随着开挖的深入，"当距离地面较近的煤层差不多都开采完毕的时候，如果再往更深的矿坑挖掘，问题可就来了"。④ 其中，最大的问题是排水。只要稍稍深挖就会遇到地下水，造成矿坑积水，传统只能用人力、牲畜汲水，但由于汲水效率低下，很容易造成工程阻滞，耽误时日甚多。在这种情况下，士绅只好放弃窑口，在附近另开井口继续开挖，随取随弃，因此积累下来的废弃井口颇多。由于中兴矿局"即旧窑踵而治之"，峄县士绅与矿局的纠纷便集中在这些废弃土窑的归属权上。⑤ 针对霸占井口的控诉，矿局股东朱采坚称："卑局所开挖之窑，自元代以来废弃已数百年，井深三四十丈至六十丈不等，水深且大，若无机器取水，断无涸日"，"是卑局所取者，该县已弃之利，并非该县现在之利，谓其与水争则可，谓其与民争则冤矣。"⑥ 矿局"以民办用省而参以西人机器"，用机器汲水，较土窑人力、牲力为胜，是以对那些废弃的土窑可以在汲水后进行深层挖掘。⑦ 矿局为此花费巨大，"购用泰西机器，竭数年之力、十万串之巨款，始能吸干积水"。⑧ 各方为此僵持不下。地方绅民的生计也成为

① 朱采：《禀丁宫保论峄县煤矿地方官禀陈失实》，第657页。
② 江瑞采，字黼父，安徽歙县人，曾任蓬莱知县，参见徐泳《山东通志艺文志订补》第2册，山东人民出版社，2016，第224页。
③ 盛宣怀：《湖北铁厂改归商办并陈造轨采煤情形折》（光绪二十四年三月），转引自全汉昇《清季西法输入中国前的煤矿水患问题》，载氏著《中国经济史论丛》，香港中文大学新亚书院新亚研究所，1972，第675页。
④ 全汉昇：《清季西法输入中国前的煤矿水患问题》，第675页。
⑤ 《峄县炭窑创设官局记》，第94页。
⑥ 朱采：《禀丁宫保论峄县煤矿地方官禀陈失实》，第656~657页。
⑦ （清）王振录、（清）周凤鸣修，（清）王宝田纂《光绪峄县志》，第91页。
⑧ 朱采：《禀丁宫保论峄县煤矿地方官禀陈失实》，第656页。

双方争论的话题。江令指责矿局的开办使本地人纷纷失业，甚至"迫于饥寒，铤而走险，及穷迫为匪"。矿局则坚称给士绅和百姓带来颇多利好，还一举改变了枣庄的经济凋敝情形和治安混乱局面。就地方士绅而言，可以通过入股矿局共享其利，"望族绅耆殷实行户，亦皆入资搭股，按日轮班，相与扶持，共沾乐利"。王日智、李伟、金铭等数十家大户纷纷表示愿意入股矿局。对普通百姓而言，矿局开办增加了就业机会，"行商坐贾得囤积懋迁之利，无业穷民得食力糊口之所"。具体而言，"卑局汲水虽用机器，而一切工作挖煤运煤仍用人力"。随着矿局业务日趋发达、矿井增开，需要招募数量更为庞大的工人，"核之土窑所用人夫不翅①倍蓰"。广大社会底层百姓既可以"投充煤夫，冀得工价，借以赡其身家"，也可以做佣工糊口，"不致穷迫为匪"，"得以自食其力，尤因利之大者"。简而言之，矿局不是与民争利，而是与民兴利。②

第二项罪名则是"强勒斗殴"，这背后隐藏着矿局与土窑之间争夺工人的斗争。双方均需大量工人，"因官窑佣值重而程课宽，民夫多乐就者，土窑夫工日形不足"，因此常起纠纷、相互控诉，最著名的当属田虎事件与李苍事件。所谓"田虎事件"，是指中兴矿局有一名叫田虎的工人被土窑挖走，"夫头二人前往迹查，一被土窑拉去，一被多人用洋枪赶走，反将田虎硬作微伤，砌词污捏"。李苍事件亦颇为类似。工人李苍被小窑勾去，矿局向小窑示警，由朱采出面弹压。地方士绅借用这两个事件控诉中兴矿局"强拉民人下窑工作，动辄寻殴"。在矿局看来，"强拉民人下窑工作"反倒是土窑中普遍存在的现象，"本地土窑向来恶习，如强拉夫工下窑做活，遇有疾病不准医药，至死方休，最为惨毒"，有的时候为了争夺工人，"日相争闹斗殴，县控不已，累累上控，直至八年春始行完结"。双方各执一词，将其作为攻击对方的口实向官府控诉。除了争夺矿工之外，乡绅还暗中破坏中兴矿局，各种小动作不断。"卑局前以小机器房烘烧，嗣又滑车棚被焚，一伤工匠二人，一烧房屋三十余间，外人皆谓忌嫉者暗中播弄。"③

第三项控诉集中在煤炭销路上。因中兴煤炭的销售影响了土窑煤的

---

① "翅"同"啻"，原文如此。
② 朱采：《禀丁宫保论峄县煤矿地方官禀陈失实》，第656～659页。
③ 朱采：《禀丁宫保论峄县煤矿地方官禀陈失实》，第660页。

销路，江瑞采和地方士绅要求对矿局的售煤区域进行限制，"划清界限"。矿局一方面认为煤炭大部经由商人贩卖转销，"该商贩得煤到手，择利而趋，有由运河出江售与轮船机局者，有民用所需到处行销者。卑局既经售出，似难限其所至"；另一方面认为用法制限制销售区域不尽合理，"商情交易愿买愿卖，皆出自然，似难限以法制禁令"。①

中兴矿局朱采针对以上控诉逐条驳斥后，指出江瑞采意在关闭矿局，但是"假令官窑停止，此等寻常土窑能筹巨款接办乎？不但窑户不能，即豪民亦不能，何则本地无机器无巨本，其理易明也"，警告江瑞采不要再勾结"一二窑户""土豪衙蠹"专事阻抑矿局，"而取快于一二窑户棍徒、串同牟利之人也"。②

囿于资料，无法知晓此事的后续情况，但仅靠峄县县令与地方士绅的力量，就试图与有淮系大员支持的中兴矿局争权，无异于以卵击石，此类冲突往往以地方乡绅的失败告终。实际上，这种争夺在近代新式煤矿开采过程中大都出现过，这也是新式煤矿寻求洋务派官员支持的原因。有学者便指出："池州煤矿、峄县煤矿和利国驿煤矿等企业，虽然都是由私人资本集股创办的，但都拉上'官督商办'的关系，以期得到洋务派官僚的支持，作为企业的靠山。"③ 由于中兴矿局不设专利权，"矿局虽以官名，而邑旧采煤者争相慕效，远近分立，皆任其自为，未尝有所限制也"，双方还能相安无事。④

二　公司与士绅争权的集中争斗

——以峄县崔家为中心的考察

1899 年华德中兴煤矿公司成立，其关于百里矿界的规定使地方士绅的采煤空间大为缩小，双方冲突更加激烈，集中表现在峄县崔家与中兴煤矿公司之间的争斗上。峄县崔家世代居住在齐村，在"峄县八大家"中势力最强，核心人物崔广沅曾任翰林院庶吉士和广东知县，崔广澍为

---

① 朱采：《禀丁宫保论峄县煤矿地方官禀陈失实》，第 662 页。
② 朱采：《禀丁宫保论峄县煤矿地方官禀陈失实》，第 658～659 页。
③ 戴鞍钢：《洋务运动与中国近代采煤工业》，第 45 页。
④ 《峄县炭窑创设官局记》，第 94 页。

候补县丞。[1] 崔家世代在峄县小屯开矿，乾隆时期就已成为巨富，中兴煤矿公司百里矿界的规定损害了崔家的利益，双方为此常起纠纷。在峄县地方士绅看来，中兴煤矿公司属于商股企业，与其前身——依赖官方庇佑的中兴矿局不同，这就有了取胜的可能。崔家在朝廷的势力，使他们有率先发难的资本。

（一）双方第一层面的争夺：以台枣铁路为中心

中兴煤矿公司为了运煤方便，禀请自建台枣铁路。值得注意的是，台枣铁路的开工时间远早于公司另外一条运煤支线——临枣支路，开工之时各种材料亦已备齐，最终这两条铁路建成通车的时间却相差无几。实际上，这与地方士绅有着紧密的关系。台枣铁路在征用土地上面临地方士绅的责难，是工程缓慢的真正原因。据载，台枣铁路购地遭到"多方梗阻，峄县近城各地主绅衿居多，阻力尤甚，以致停顿一载有余"。[2]而这次活动，正是崔家带头发起的。

当时台枣铁路规划路线经过崔家的土地，崔广沅以地价"较临枣路地价减至数倍"为由带头拒绝出售土地，其他绅民纷纷附和，"连崔绅广沅之地共计三百八十余亩四十二户"。[3] 当时台枣铁路材料早已准备就绪，人员亦已招齐，每停顿一天，就要空耗银两，公司为此很是急迫。崔广沅不仅联络其他地主拒不出售田地，还向邮传部指控公司"借德款、掣德旗，包外工、掘民墓，割民麦、霸民田"。[4] 其中，"借德款，掣德旗"这一控诉较为严重，直接影响到该路的存废。光绪三十四年五月，邮传部就以"此段路线先未经本部核准，现又与官办之津浦干线并行"，"免国有铁路利益致被侵夺"为由，要求台枣铁路等候津浦铁路"勘定线路后再行酌办"，同年八月勒令台枣铁路停工，直到九月十三日才批准

---

① 苏任山：《中兴煤矿公司创立初期与地方封建势力的矛盾和斗争》，载政协山东省文史资料委员会编《山东文史资料选辑》第 25 辑，第 199 页。

② 交通、铁道部交通史编纂委员会编《交通史路政编》第 17 册，第 5 页。

③ 《峄县田毓嵋、崔毓材等请愿书》，中研院近代史所藏档案，档案号：07 - 24 - 02 - 001 - 01；《山东峄县中兴煤矿公司函一件函请免派专员速定办法俾得早日招股济急由》，宣统元年十月初七，中研院近代史所藏档案，档案号：06 - 24 - 02 - 002 - 04。

④ 苏任山：《台枣运煤铁路与枣庄煤矿》，载山东省地方史志编纂委员会编《山东史志资料》总第 3 辑，山东人民出版社，1983，第 139 页。

复工，台枣铁路停工给中兴公司造成的经济损失有"股利息银、员司薪费一万四五千金"。[①] 针对崔家所控"借德款"等情，邮传部密电山东抚院核查实情，山东巡抚孙宝琦遴选候补知县袁大启密查，结果发现"崔广沅等原告各节，或词出无因，或情由误会"，对其控诉一一驳回。崔家不服，继续上诉，再次控告张莲芬"私借德款，擅开路工"，这次连袁大启也一道控诉，指斥"原查人员所查不实"。山东巡抚孙宝琦另外委托候补道陈公亮重新勘查，陈氏经过"详加查访，证以舆论"，与原查结果无异。

与此同时，中兴公司向邮传部进行辩解，最终邮传部同意了公司"速咨山东抚宪转饬地方官照章保护，并出示晓谕，绅民毋得借词阻挠"的提议。[②] 在此基础上，山东巡抚孙宝琦做出批示："查铁路为当今要政，中兴煤矿公司拟筑运煤铁路，系为振兴商业，兼利交通而设。该崔等原控各节既经该道查明，并非原派之员所查失实，此次续控各节，又均查无实据。非该崔等故意抗顽，即属挟嫌妄渎可知，本应彻究，为破坏商业者儆，姑念该县风气未开，该公司拟造铁路事属创建，或不免动滋疑惧，暂从宽免"，唯以后"不得砌词屡渎，自取讼累"。[③] 在此前后，崔广澍多次到省城活动，均告无果。最后，崔家带头拒卖的土地，由陈公亮督同峄县县令"一律丈量，发价买清"。[④] 各户纷纷将田亩售出，崔家虽心中不快，然迫于形势只得屈服。除了这件事之外，台枣铁路在枣庄设立车站时，因临近崔家宅地，遭到崔广沅之子崔培静的反对，后经多方疏通调解，"答应无偿供应他家全年用煤"方才获得同意。[⑤]

崔家这次上书之所以失败，有公私两方面原因。私的方面，公司总经理张莲芬在直隶、山东为官多年，历任直隶候补道、山东兖沂曹济道、山东盐运使等职，人脉广泛。中兴煤矿公司虽然是商股公司，但在招股过程中得到了省府的支持，拥有山东官员的私人入股，曾任泰安知县、山东矿务议员的朱钟琪就投资颇多。公的方面，公司内部尚有以商股形

① 苏任山：《台枣运煤铁路与枣庄煤矿》，第138页。
② 苏任山：《台枣运煤铁路与枣庄煤矿》，第139页。
③ 《山东全省劝业道移文》（光绪三十四年八月初九），转引自苏任山《台枣运煤铁路与枣庄煤矿》，第139页。
④ 《峄县中兴煤矿公司接筑运路及酌定搭客运货等次里数价目咨请查照由》，宣统二年四月二十一日，中研院近代史所藏档案，档案号：06-24-02-002-04。
⑤ 山东省枣庄市市中区地方史志编纂委员会编《枣庄市市中区志》，第983页。

式出现的山东商务局附股。台枣铁路峄县购地受阻，中兴煤矿公司之所以能够借助省府力量强行购买，是因为背后存在利益的共享。省府购地"事竣用款若干，即作为公司官股"，所用九千二百五十五两八钱二分二厘直接成为中兴公司的官股，"计合九十二股"。① 崔广沅向清政府各部的呈文一般都要交由山东省府调查处理，这就给张莲芬等股东的私人关系网络提供了活动的空间。公司股东中的津浦路局官员，也使公司与邮传部产生关联，在各类诉讼中占据相对主动的地位。崔家士绅虽然在朝廷有些势力，但多担任无甚实权的虚职，与邮传部、山东省府这样的实力部门相比力量较为悬殊。崔氏也因参与戊戌维新在朝廷中地位下降，后来被外派到广州做知县。从本质上来说，这是一场力量悬殊的争斗，结果可想而知。对于中兴公司而言，虽然取得了这场争斗的胜利，却也付出了不小代价。在崔家等士绅的阻挠下，台枣铁路被迫改线绕道，增加了开销，"本路原定路线，系从峄县之东北关经过，嗣因乡绅之阻挠，迫不得已遂绕道南关，以致多筑五十公尺铁桥一座，十公尺铁桥两座，大弯道一段。至民国元年一月，方始竣工通车"。②

（二）双方第二层面的斗争：围绕矿界的较量

1. 立界：采矿械斗的频繁与矿界的由来

峄县的煤矿开采向无定章可循，采煤并无明确界线，由各士绅特家族势力占据井口挖煤，故经常发生摩擦甚至引发械斗。最容易引发冲突的，是一种民间叫作"拾干鱼"的方式。史料记载："峄县西北枣庄、郭里集、大小甘林等处，煤苗一脉相连。一处提水，四路干涸，每有俟我施工，而后亦即旁开一井，坐享其利，名曰拾干鱼，屡有因此争夺酿成巨案者。"③ 当地有民谚云："下窑戽水，上窑出炭，一旦翻脸，刀兵相见。"④ 崔广沅之子崔毓梃"恃其祖、父，惯乘他人开矿将苗水戽涸，即在左近自开井口采煤，稍与争辩，即率人械斗，因争开矿枪械杀伤人

① 陶湘：《中兴煤矿公司创办概略》，宣统元年七月条目。
② 苏任山：《台枣运煤铁路与枣庄煤矿》，第 139 页。
③ 《张莲芬禀覆直督查勘峄矿筹办情形并绘呈图说文并批》，光绪二十五年六月初五，载《中兴公司文牍》第 1 册。
④ 苏任山：《中兴煤矿公司创立初期与地方封建势力的矛盾和斗争》，载政协山东省文史资料委员会编《山东文史资料选辑》第 25 辑，第 198 页。

命已非一次，各署有案可凭"。①

　　中兴矿局并没有关于矿界的任何说明，周边土窑仍然照旧营业。据《峄县志》记载，中兴矿局"虽以官名，而邑旧采煤者争相慕效，远近分立，皆任其自为，未尝有所限制也"。② 1898年张莲芬赴峄县调查该处煤矿时，恰逢崔、王两家因争夺煤矿集体械斗，郭里集士绅王金芳之子毙命，矿工数人受伤。③ 这件事对张莲芬触动很大，他在次年的禀帖中着重提到了"拾干鱼"的做法及危害，提议设立专门的矿界，"此次矿局添集股本百余万，尤称巨款，自应遵照路矿新章专利之条，十里内不得以土法开窑，峄县境内不得用机器照西法开矿，以杜纷争而保商本"。④ 这就是中兴矿界的由来。这条表述在之后张翼的上禀中再次提及并做了些许改动，将"峄县境内"改为"百里内"，这一较为模糊的矿界最终获得清廷的批准。⑤

　　这个带有专利性质的矿界，给峄县士绅的经济利益带来巨大的影响，"十里内不得以土法开窑，百里内不得用机器照西法开矿"表述较为模糊，对于十里、百里的界限究竟是一面还是四面，中兴公司掌握着阐释权。在中兴公司看来，整个峄县及附近的滕县、费县均不得使用机器开矿，哪怕只是用来汲水，"如有绅民禀请开办煤矿，无论大小，提水、提煤电机器均不得购用，倘有私买机器使用，一经查觉，矿井封禁，机器归官"。⑥ 土法采煤虽然可以在十里之外开办，但"所请开矿界至大一面不得过二里，且只能指定一处，不能一禀漫指多处，有碍敝公司将来添开分矿大局"。除此之外，还有"该绅民所办之矿，如停六个月不能接办，即作停止"的限制。⑦ 在这种情况下，地方士绅只能在极为有限的空间内以土法开窑，山东省矿政局对这一现象也极为不满，指出"界连

---

① 《咨铁路矿政局公司碍难遵照新章改小矿界及提余利请转呈文》，光绪三十四年正月十六日，载《中兴公司文牍》第1册。

② 《峄县炭窑创设官局记》，第94页。

③ 苏任山：《中兴煤矿公司创立初期与地方封建势力的矛盾和斗争》，第198页。

④ 《张莲芬禀覆直督查勘峄矿筹办情形并绘呈图说文并批》，光绪二十五年六月初五，载《中兴公司文牍》第1册。

⑤ 《直督裕督办直矿张会奏筹办山东峄县煤矿大概情形折》，载《中兴公司文牍》第1册。

⑥ 《张莲芬咨铁路矿政总局》，光绪三十三年七月三十日，载《中兴公司文牍》第2册。

⑦ 《张莲芬咨铁路矿政总局》，光绪三十三年七月三十日，载《中兴公司文牍》第2册。

峄境之滕、费两县地方，亦不尽在该公司原指百里以内，若遇商民呈请开矿，皆指为公司指定之地概行批驳，甚非本部振兴矿利之意"，但由于距离遥远、信息不对称，并没有掌握中兴煤矿的界限矿图，"该矿昆连三县，地名繁琐，苟非按图以索，殊难遥为核断"，因此亦毫无办法。① 苟延残喘下来的土窑根本无力与机械化采煤的中兴煤矿公司进行竞争，因此，地方士绅纷纷采取各种手段，极力抗议、抵制中兴公司设立的这个矿界。这一次，齐村崔家又一次冲在了最前头，他们于光绪二十八到三十四年期间，多次围绕矿界问题对中兴公司进行各种形式的诉讼，其持续时间长、影响力大，颇具典型性。

2. 越界：小屯、琢山等土窑的申办及顿挫

崔家第一轮的出击属于试探性的。光绪二十七年（1901），崔广澍、崔毓梃叔侄俩"初禀峄县知县未经批准"，之后贿赂了中兴公司税厘征收委员曾西屏向山东省农工商务局禀准"在寨子、小屯试开小窑，相距公司井口不足十里"。② 当时中兴公司的矿税系援引开平等煤矿案例，只缴纳煤矿出井税，由山东省巡抚派员驻矿征收，故有税厘征收委员驻扎此处，但其职权仅限于征税，此次主动出头帮崔家申请开矿，显然有越职之嫌。当然，曾的举动，除了受贿因素之外，增加省府矿税也是动机之一，"在该委员，或为税厘起见"。③ 据崔绅自称，小屯煤矿虽只开办年余，"已报解税银一万五千有奇，较诸该公司今年所报之数实有过之而无不及"。④ 公司驻矿委员戴绪万得知这一消息后，将情况汇报给总经理张莲芬，张咨请山东铁路矿政总局"咨明山东抚宪饬知峄县立即查禁"。⑤ 山东农工商务局派员前来"会县勘丈调停"，最后"封禁数井，余暂准其开办"。⑥ 没有赶尽杀绝，可能与上述税收考量有关。当时中兴

① 《山东全省矿政调查局咨中兴煤矿》，光绪三十二年三月十七日，载《中兴公司文牍》第2册。
② 《张莲芬禀铁路矿政总局》，光绪二十八年四月初十；《山东峄县中兴煤矿公司咨山东矿政调查总局》，光绪三十三年六月十八日，载《中兴公司文牍》第2册。
③ 《张莲芬禀铁路矿政总局》，光绪二十八年四月初十，载《中兴公司文牍》第2册。
④ 《两崔上书》，载《中兴公司文牍》第2册。
⑤ 《张莲芬禀铁路矿政总局》，光绪二十八年四月初十；《总办路矿大臣候补部堂张批》，光绪二十八年五月初二，载《中兴公司文牍》第2册。
⑥ 苏任山：《中兴煤矿公司创立初期与地方封建势力的矛盾和斗争》，第199页。

公司初具规模，刚刚扎根地方不久，不愿与地方士绅真正较量。这些存留的小窑因自身经营不佳陷入泥潭，"该绅所采煤质色俱劣，虽减价出售亦难畅销；该绅又以资非己出，任意浪费，致使本尽停止；应纳煤税拖延年余，勒限严追始能完缴。而济宁、滕县各富商被其诱骗入股共合京钱二十万串，至今尚未清结，峄县控争有案"。①

除了小屯煤矿之外，崔家还试图在琢山开挖煤矿。光绪三十二年正月，有职商郑献元者以琢山周围方圆三十余里"现今无人领商开办"为由，向农工商部申请开办山东峄县琢山煤矿，许诺"每年报效圣上二千余两"。郑献元自称"安徽涡阳县人，现年六十二岁"，头衔是"提督衔记名总兵克勇巴图鲁"。② 中兴公司"遍访并无其人，未始非即该绅捏造郑献元之名"。③ 之后明确指出就是崔家"勾引南省形迹可疑、类似洋伙之郑献元赴农工商部呈请开办"。④ 实际上，他们申请开办的琢山煤矿距离中兴煤矿公司很近，"查公司指定之界即在桌山以南及附近滕、费地方，公司先开之井距卓山仅四五里，续开之井距滕境陶庄仅八里"，为此他们故意在申报书中"指山名而不指地名，且易卓山为琢山"。⑤ 这次申请被农工商部以"原禀案之数十字语多含胡，既无资本，又未开具四至，且无殷实行号担保银两，不特与部章诸多不合，其视矿务亦过于轻易"为由拒绝。⑥ 郑献元于同年四月补呈煤矿四至范围、山主土地租赁合同，并邀请珠宝市西口路北聚丰炉房作为铺保，重新申请发矿照。⑦ 而此时农工商部已经接到山东矿务议员朱钟琪的呈请，获悉了琢山煤矿侵犯中兴煤矿界限的情况，直接批驳"该职商请办之矿，即系该公司指定之地，

① 《山东峄县中兴煤矿公司咨山东矿政调查总局》，光绪三十三年六月十八日，载《中兴公司文牍》第 2 册。
② 《安徽职商郑献元禀一件禀办山东峄县琢山煤矿恳准给照试办由》，光绪三十二年正月二十日，中研院近代史所藏档案，档案号：05 - 24 - 02 - 001 - 01。
③ 《山东峄县中兴煤矿公司咨山东矿政调查总局》，光绪三十三年六月十八日，载《中兴公司文牍》第 2 册。
④ 《张莲芬之咨山东铁路矿政局稿》，光绪三十四年正月十六日，上海市图书馆藏盛宣怀档案，档案号：000424。
⑤ 《张莲芬上袁杨书》，光绪三十二年二月十一日，载《中兴公司文牍》第 2 册。
⑥ 《农工商部批职商郑献元请办峄县煤矿禀》，光绪三十二年正月廿四日，中研院近代史所藏档案，档案号：05 - 24 - 02 - 001 - 01。
⑦ 《职商郑献元禀一件补呈山东峄县煤矿四至请给采矿由》，光绪三十二年三月，中研院近代史所藏档案，档案号：05 - 24 - 02 - 001 - 01。

界限不清，语又闪烁，且以卓山易作琢山，更为有意取巧，显图朦混，所禀著不准行"，二次拒绝了郑献元，此事方告一段落。① 第一阶段崔家试图以蒙混过关的方式在中兴公司矿界内开挖煤矿的计划宣告失败。

值得注意的是，中兴公司之所以能够守住矿界，除了百里定章之外，还有效运用了经济民族主义工具。在公司看来，"如于就近地方听开民窑，不独增税无多，且恐两矿逼处争端必起，从前因此酿祸不一而足，如该崔姓前同邻右王姓抢开该窑，致成命案，停工涉讼至于数年未能了结，即为明证"，除此之外最大的担心在于"更虑不肖者暗串洋人入股，贻祸更巨"。② 这成为中兴公司有效的进攻手段，在小屯煤矿一案中，中兴公司就指出"崔广澍向称无赖，早将祖遗财产花尽，专以招摇撞骗、架唆兴讼为事，乡党族戚无不侧目容"，除了品行不端之外，他还勾引外国人攘夺峄县矿产，"闻崔广澍先曾勾引外人至枣庄左右私买煤地，绅民虑祸未允，复潜至上海暗招洋股皆未得成"。③ 在琢山煤矿事件中，中兴公司同样指责崔家"勾引南省形迹可疑、类似洋伙之郑献元赴农工商部呈请开办"。④ 在此基础上，公司以"峄煤质佳产广，久为中外所垂涎，现闻峄县绅民颇为他省绅商所勾引，有无外股隐匿其中，未知详细，将来托名峄绅禀请照土法开采者必非一人"为由，对峄县境内土窑提出"该绅民所办之矿，如停六个月不能接办，即作停止"等六项限制条件。⑤

3. 缩界：公司与士绅关于矿界的争论

除了在中兴矿区边缘试探性开采，崔家还试图依托新的矿务章程打破中兴百里矿界的现状，这就是"破界"。光绪三十二年（1906）秋，农工商部特诏张之洞等草拟正式矿务章程，然矿章还在讨论期间就被报纸披露，其中对矿界的限制十分严格。⑥ 崔广澍从报纸上看到矿章内容后

---

① 《农工商部批职商郑献元禀办山东峄县琢山煤矿著不准行由》，光绪三十二年四月十二日，中研院近代史所藏档案，档案号：05 - 24 - 02 - 001 - 01。
② 《张莲芬禀铁路矿政总局》，光绪二十八年四月初十，载《中兴公司文牍》第 2 册。
③ 《山东峄县中兴煤矿公司咨山东矿政调查总局》，光绪三十三年六月十八日，载《中兴公司文牍》第 2 册。
④ 《张莲芬之咨山东铁路矿政局稿》，光绪三十四年正月十六日，上海市图书馆藏盛宣怀档案，档案号：000424。
⑤ 《张莲芬咨铁路矿政总局》，光绪三十三年七月三十日，载《中兴公司文牍》第 2 册。
⑥ 《中国近代煤矿史》编写组编《中国近代煤矿史》，第 237 页。

欣喜若狂，决定借此向中兴发难。崔家于光绪三十三年五月上书山东巡抚，矛头直指中兴矿界，"查新定矿律，矿地至大纵横不准过三十方里，枣庄官矿虽大，谅不能越"，"该公司乃竟执其旧时垄断专擅之故纸，弁髦此炳如日星之王章，按里计算，违制至于十倍之巨"。① 在他们看来，新的矿务章程明确了矿界三十里之说，一切当以新章程为准，之前的旧章"在前已成明日黄花"，自然一概无效。② 在此基础上，崔家指出小屯煤矿实际上位于中兴"三十里"矿界之外，并对省府委员的测量提出质疑，"夫不求康庄，别勘小径，弃却三面，只求一隅，则当日县委之仰承该公司之气焰威力，一勘再勘，意存左袒，节外生枝，强与周旋，概可想见"。③

此事最终转归山东矿政调查局处理，由于崔家直接质疑委员勘丈不准，该局大为光火，对此做出两点回应：①中兴矿界属于奏定之案，似不受新矿章约束；②崔家所开寨子、小屯各窑曾于二十八年冬间进行过勘丈，确在十里之内，当时崔家也已承认，"今忽谓印委勘丈不确，何以当日并未诉及？"④ 崔家自然不能满意，再次上书山东巡抚，接连进行反问，"岂职商所禀有未详欤？或部颁新章未足据欤？或部章虽颁宪台至今从未见欤？"实际上，崔家这次上诉，"所日夜希望祈盼者，以按照现制，俾该公司纵横里数不得逾六百中尺为最要之点，其目的固不仅争小屯东北之一隅已也"，也就是"缩界"。⑤ 而其手中掌握的最大依据，就是新矿章。有了新矿章，崔家"此后不特口言之，且将实行之；不特实行之，且将除小屯之处即时开办外，其余地段，如陈家庄、山家林、大院子、朱家埠等处，凡属非该公司六百尺之内，职商且将依赖宪台主持保护，次第推广，一一而举办之"。⑥

表面上看来，崔广澍在这次论争中占了上风，然而他手中的最大依据——新矿章此时仍停留在部议阶段。实际上，此法直到光绪三十四年

---

① 《两崔上书》，载《中兴公司文牍》第 2 册。

② 《两崔上书》，载《中兴公司文牍》第 2 册。

③ 《两崔上书》，载《中兴公司文牍》第 2 册。

④ 《崔广澍崔毓梴第二禀》，中研院近代史所藏档案，档案号：06-24-02-001-01；苏任山：《中兴煤矿公司创立初期与地方封建势力的矛盾和斗争》，第 201 页。

⑤ 《崔广澍崔毓梴第三禀》，中研院近代史所藏档案，档案号：06-24-02-001-01；苏任山：《中兴煤矿公司创立初期与地方封建势力的矛盾和斗争》，第 201 页。

⑥ 苏任山：《中兴煤矿公司创立初期与地方封建势力的矛盾和斗争》，第 201 页。

才正式施行。[①] 对于崔家而言，没有新矿章的支持，中兴矿界仍然以百里为界；没有新矿章的支持，崔家上书所提的种种诉求都失去了依据。瞅准这个漏洞，之前在论争中处于劣势的山东矿政调查局终于有机会进行有力反击："本局现所奉行之章程，只有二十八年二月外务部及三十年二月农工商部先后奏定之矿务章程两种并三十一年奉颁布之矿政调查章程，此外别无新章，若该职所引之《大清矿务正章》各款，本局并未奉有颁发明文，""究竟此项明文完全之律令，系何日宣布？该职既屡引而非一引，自必确见颁行。若但以报纸所载即奉为纶音帝简，试问该职能当此重咎耶？"[②] 崔家以报纸所载未确定之流言为多次申请抗议的依据，有拿鸡毛当令箭的嫌疑，难免贻笑大方。一直缄默的中兴煤矿公司也不忘撒一把盐，张莲芬在给山东矿政调查局的咨文中指出："崔广澍恃甚奸滑手段招摇图利，竟敢以未经颁行条议矿例捏称明诏；复敢以明奉朱批奏案诬为私章，直言抗阻，肆意讪毁，满纸刁狡要狭之言，一派凶横野蛮之气，其平日欺侮乡邻，鱼肉善良，已可概见。"在将崔家平日在乡里的恶行一一列举之后，张莲芬要求将崔广澍等"永禁干予矿事"以示惩罚。[③] 这一要求虽然没有得到批准，仍给崔家当头一棒，让他们在众人面前丢了丑。

4. 勘界：矿区的再次丈量与双方之间的较量

为求长久解决之道，山东巡抚再次派人勘查矿界及小屯煤矿。光绪三十三年（1907）八月，山东巡抚杨士骧委托曾任峄县知县的候补直隶州知州周凤鸣赴峄县再度测量。周凤鸣抵达峄县后，通知崔绅与中兴公司"公同看视，指明中点"，结果两崔避而不见，"崔毓梃并未旋里，亦无人亲视测量"。[④] 最后的测量结果是"量得直距七里另五十丈"。[⑤] 周等据此回复杨士骧："该民窑确在中兴公司矿界十里之内，应仍遵照奏案禁

① 《中国近代煤矿史》编写组编《中国近代煤矿史》，第 237 页。
② 《矿政局批》，中研院近代史所藏档案，档案号：06 - 24 - 02 - 001 - 01；苏任山：《中兴煤矿公司创立初期与地方封建势力的矛盾和斗争》，第 202 页。
③ 《山东峄县中兴煤矿公司咨山东矿政调查总局》，光绪三十三年六月十八日，载《中兴公司文牍》第 2 册。
④ 《山东巡抚令山东铁路矿政总局》，光绪三十三年八月初五，载《中兴公司文牍》第 2 册；苏任山：《中兴煤矿公司创立初期与地方封建势力的矛盾和斗争》，第 203 页。
⑤ 《山东铁路矿政总局咨峄县中兴煤矿公司》，光绪三十三年八月十七日，载《中兴公司文牍》第 2 册。

止人民开采。该职员崔广澍等借词争控，诋毁官长，实属狂妄无知，迨委员勘丈，又避匿不到，理屈情虚已可想见，应饬峄县传案严行申饬永远不准干予该县矿务以儆刁风而维矿政。"① 杨士骧虽未对崔家进行惩罚，但据此批示山东铁路矿政总局"将所发该直牧（即周凤鸣）绘呈原图详细核明，秉公议结，转饬该绅遵照"。②

正在崔家陷入绝境之时，外部形势的变化使他们看到了绝地反击的曙光。崔家一直依赖的《大清矿务正章》在这个时候正式颁布了。崔家再次有了底气，重新燃起开采小屯村以及朱家埠等处煤矿的希望。他们于光绪三十三年十月上禀山东铁路矿政总局，重提测量旧事，认为上次丈量有"种种不合之处"，"中兴公司原奏指定之矿场系在枣庄，与职商呈请开办之小屯村中间相距计共十二里有奇，但该公司现在私行开挖之处系在枣庄西北之金家庄，北面距枣庄计共二里有奇"。③崔家认为以前的测量起点有问题，本应该"从枣庄中心点丈至小屯中心点，方为合例"，实际上"竟从其私自移动之金家庄北矿场西北边际著手"。④ 他们以此论证小屯煤矿开采的正当性，"如该公司必将小屯圈入，则其东西北三面均得一律任人开采，二者必居其一，于此方与其说相符"。⑤

崔家上书，颇有信心。根据他们的消息，《大清矿务正章》不但已经颁布，而且已下达山东省府，在国令保护之下，山东省府也不敢再对中兴进行庇护。让他们始料不及的是，山东铁路矿政总局虽然承认该项矿务章程"业蒙农工商部颁发"，却提出该项章程"目前尚不执行"，"该职称奏定之日，一律颁发执行，自系传闻之误"，指出崔家又一次犯了轻信传闻的错误。⑥ 为了防止崔家以后继续借此发难，山东铁路矿政总局指出，中兴煤矿公司矿界"曾经钦定朱批"，属于"奏定专案"，即

① 《覆山东巡抚部院吴》，光绪三十三年九月，中研院近代史所藏档案，档案号：06-24-02-001-01；苏任山：《中兴煤矿公司创立初期与地方封建势力的矛盾和斗争》，第203页。

② 苏任山：《中兴煤矿公司创立初期与地方封建势力的矛盾和斗争》，第203页。

③ 《两崔上书》，载《中兴公司文牍》第2册。

④ 《两崔上书》，载《中兴公司文牍》第2册。

⑤ 苏任山：《中兴煤矿公司创立初期与地方封建势力的矛盾和斗争》，第204页。

⑥ 苏任山：《中兴煤矿公司创立初期与地方封建势力的矛盾和斗争》，第205页。

使"新章施行之后，奏定专案如何办理，农工商部自有权衡，若以振兴商务宗旨揣之，自未必因旧章收回，使通国之矿概行失业，亦未必因他人一诉，遂破坏数百万公司大局"，借此打消崔家的念头。[①] 后来的事实也证明了这一点，新矿章颁行之后，中兴公司蒙农工商部咨准，"以从前专案奉准之矿处所甚多，所占矿界暂时均尚未改归一律，峄矿既办有成效，自当量予维持其照旧办理"。[②] 至于崔家以测量不准为由指责山东矿政调查局，该局对此不屑一顾并暗含讽语，"据称该委测量不合各节，本碍难一一与辩，致涉繁絮，惟该职既奉院批委员丈量，当面理数，是否情虚避匿，试自思之"，最终驳回崔家的要求，"所请开小屯煤矿之处，仍难照准，至所称朱子埠、大院子、陈家庄、山家林等处，未具绘具图说专案禀请，无凭核办，应无庸议"。[③]

5. 保界：崔家赴都察院上控公司及其最后结局

在省级部门上诉的连续失利，使崔家逐渐认识到在地方控诉基本没有胜算，决定扬长避短，直接进京向中央政府部委发难。鉴于之前向中央部门的上书多被交归山东省府处理，崔家决定采取传统告御状的方式，之前一直隐藏在幕后的崔家首脑人物——崔广沅正式披挂上阵，他于光绪三十四年（1908）十一月到都察院状告中兴煤矿公司，从而掀起了双方斗争的高潮。

此次控诉的由头是"监司大员开矿筑路，借势营业，侵夺地方生计"，指责中兴公司总经理张莲芬"借官经商，已属违例，复背正章以营矿业，尤足病民"，坐办戴绪万、委员姚光浚在修筑台枣铁路的时候"自订贱价，强买民地，发掘坟墓，铲除麦苗，国课民食，均受损害"。[④] 这一次起诉涉及台枣铁路、中兴煤矿和地方民生三个领域，其中，"自订贱价，强买土地"有可能成为治安事件；"减少农田，尤碍赋课"有可能成为政治事件；提议修筑韩枣支线"并防外债抵押之弊"

---

① 苏任山：《中兴煤矿公司创立初期与地方封建势力的矛盾和斗争》，第205页。

② 《总理山东峄县中兴煤矿呈一件遵札拟定添招新股章程缮折呈请鉴核立案由》，宣统元年十一月初五，中研院近代史所藏档案，档案号：06-24-02-002-04。

③ 苏任山：《中兴煤矿公司创立初期与地方封建势力的矛盾和斗争》，第205页。

④ 《农工商部会奏查明峄县中兴公司开矿筑路被控各款并请将阻挠路矿之绅士交地方官随时查看各折片》，《山东官报》1909年第11期，"章奏"。

则涉及对外借贷等。① 经此诉讼，这件事就不仅仅是一个修路开矿的经济事件了。这一情况由都察院上奏皇帝后，由军机处遵旨命令农工商部、邮传部共同办理，农工商部、邮传部"分别遴派山东劝业道萧应椿、直隶候补道任凤苞、山东候补道杨耀林先后驰往峄县，会同亲赴中兴公司矿厂及筑路处所，逐加查勘"。② 值得注意的是，崔家此时所恃资源仍为新颁布的矿务正章，并无其他依据。唯一的区别在于，这次增加了对公司总经理张莲芬的指控，指控的名目为"（以）监司大员（的身份）开矿筑路，借势营业，侵夺地方生计"，也就是官员经商。③ 晚清很多企业均由官员或是与官员有关的绅商开办，这在当时是一个较为普遍的现象。

对于崔家来说，这次上书虽然没有下达省一级处理，但被委以查勘重任的是与中兴煤矿公司关系密切的邮传部、农工商部，其结果可想而知。宣统元年（1909）六月，在收到复勘消息后，农工商部、邮传部对崔家上书逐条进行了驳斥。针对中兴公司矿界模糊不清及张莲芬"借势妄为"、侵越矿界的控诉，两部门指出："公司矿界所拟办法，原按照前路矿总局定章办理。三十二年由部饬山东矿务议员朱钟琪，将该公司所占矿地绘具图说，详细标注地名，送部备核有案，是矿界早已明定有案。三十四年颁发矿务新章，所定矿界与该公司奏案大小悬殊，也经山东矿政调查局遵章报部请示办法，并非故援旧例，以便私图，不得谓为蒙混侵越。"④ 对于张莲芬以官员身份经商的控诉，经调查得知，"张莲芬前以道员承办峄矿，系奏明委派，其后调任兖沂曹济道，升授运司，系出自特简，嗣由臣树勋奏请开缺，专充该矿总理，是该运司叠经奏派，更不得谓为违例经商"。⑤ 到后来，张莲芬干脆辞掉山东盐运使一职，以便

---

① 《军机处字寄一件都察院代奏大员开矿筑路借势营业请饬查办一折录旨抄奏传知钦遵由》，光绪三十四年十一月二十九日，中研院近代史所藏档案，档案号：06 - 24 - 02 - 002 - 01。

② 《农工商部会奏查明峄县中兴公司开矿筑路被控各款并请将阻挠路矿之绅士交地方官随时查看各折片》，《山东官报》1909 年第 11 期，"章奏"。

③ 《会奏监司大员开矿筑路被控各款折》，载徐世昌《退耕堂政书（三）》，见沈云龙主编《近代中国史料丛刊》（225），台湾文海出版社，1968 年影印版，第 1524 页。

④ 苏任山：《中兴煤矿公司创立初期与地方封建势力的矛盾和斗争》，第 206 页。

⑤ 《农工商部会奏查明峄县中兴公司开矿筑路被控各款并请将阻挠路矿之绅士交地方官随时查看各折片》，《山东官报》1909 年第 11 期，"章奏"。

集中精力管理公司，同时免受士绅诟病。① 这样一来，崔家就彻底失去了标靶。对公司坐办戴绪万、委员姚光浚的控诉，实际上就是台枣铁路购买崔家土地遇阻等情事，姚光浚时任平阴县知县，由山东巡抚批准到公司"负责办理勘测路线，丈购地亩事宜"。② 经过一番调查，得出结论——"决非自订贱价，强买民地可知"，"似于国课无损"，"并无侵夺地方生计之实在情形"。③ 在此基础上，两部门对崔家进行驳斥，"峄绅崔广沅、崔毓梃父子及其婿梁继轸三人屡与公司为难，砌词妄控，多方阻挠"，"若任其肆意诬诋，渎控不休，不但该公司将有解体之虞，实于东省实业前途大有损碍"，"非严加惩戒，不足以儆效尤。应请旨将该绅等交地方官随时查省，以后不准阻挠中兴公司矿路诸事，如再妄行干豫，即当从严参办"。④

综上，崔家开展的系列控诉均以失败收场，不但寸功未收，反而被迫退出地方矿事。出现这样的结果，是公私两方面力量作用的结果：从私的一面看，邮传部、山东省府由于官员入股、山东商务局官股、路局往来等，与中兴煤矿公司关系密切；从公的一面看，重大实业和地方士绅、挽回利权和私人自肥之间孰轻孰重，也是这些部门考量的重要因素。这里面，有家国因素的考量，有政策延续的考虑，有保护实业的初衷，也有公司建立在招股基础之上的社会关系网络的构建。崔家纵使朝中有支撑，因所要对抗的力量太强大，只能以失败收场。

三　梁、田各家与中兴公司之间的权益争夺

崔家在汲取前案的教训后，逐渐意识到时机和力量的重要性。从力量的角度来说，要联合更多的地方士绅形成合力。从时机的角度来说，晚清各部门对中兴煤矿的特别保护使地方士绅胜算不大，在此基础上他

---

① 《山东巡抚袁树勋奏运使恳请开缺专办煤矿运路事宜折》，《政治官报》光绪三十四年十一月初三，"折奏类一"，第7~8页。

② 王作贤：《清末崛起的中兴公司》，载中国人民政治协商会议枣庄市委员会文史资料委员会编《枣庄文史资料》第15辑，1992，第182页。

③ 《农工商部会奏查明峄县中兴公司开矿筑路被控各款并请将阻挠路矿之绅士交地方官随时查看各折片》，《山东官报》1909年第11期，"章奏"，第9页。

④ 《农工商部会奏查明峄县中兴公司开矿筑路被控各款并请将阻挠路矿之绅士交地方官随时查看各折片》，《山东官报》1909年第11期，"章奏"，第10页。

们不再盲目出击，而是寻找恰当时机，民国的建立给了他们这一机遇。他们认为政权更迭之后清朝的矿法必然随之失效，尤其是对中兴矿界的特殊照顾，断不会被新成立的民国政府承认，于是，他们在民国元年以田毓崊为首发起了控诉。

（一）经济问题政治化：田毓崊的十三条罪行控诉

1. "垄断厉民"：田家控诉书中的中兴煤矿公司形象

民国元年，峄县士绅田毓崊等在"民国新章未定，法律过渡之时"，列举了中兴公司十三款"罪状"，对其进行控诉。① 这次控诉"经峄人田毓崊等历举罪状十三款，在本省起诉，复由峄县参、议两会公举代表呈准省议会纠举"，省议会又咨请山东都督周自齐查办。② 山东都督周自齐先后两次派遣官员赴峄县勘查，并饬中兴煤矿解释。当时控诉的内容如下。

一、矿界之大。峄境偏小，南北百里而强，东西百里而弱。该公司以百里为矿界，全邑矿权尽归掌握，即以十里论，亦与矿律大相违背。

一、侵吞国税。该公司报税以斛计，例斛一百四十斤，报税时则量以大斛，重一百八十斤，每三斛半可伸出一斛，每斛报税银约一分，每日出井炭均平以五千斛合算，十余年来约吞国税六七万金。此项吞款概归张、戴私囊，而戴某所得尤多。

一、以租为买。峄县采煤习惯，业主得租无多，按季收歇，或一年二年后地亩即归业主。该公司所租之地，每亩租价八五钱八吊，租炭百斛，而建官房、立洋街、修铁路，永无退归之期，以租为买，业主损失过巨，万难承认，并将业主例得之租炭及口价场子钱近年一概不给，尤为强横无理。

---

① 《商办山东峄县中兴煤矿有限公司权理董事呈请工商部》，民国元年8月26日，中研院近代史所藏档案，档案号：07 - 24 - 02 - 001 - 01。
② 《山东峄县参议事会代表金方远等禀一件禀控中兴煤矿总理张连芬等垄断峄县煤矿情形乞缩小矿界由》，民国2年正月，中研院近代史所藏档案，档案号：07 - 24 - 02 - 001 - 01。

一、草菅人命。该公司所开煤井异常危险，苦工时有毙命之事。去年八月间同时毙命至三十余人之多。该公司并不设法改良，且日肆威势，工艺等稍不如意，辄送县严办，班为之满，尤乖人道。

一、凌辱土人。该公司势焰薰灼，土人购炭，往往遭其凌辱，轻则呵骂，重则毒殴，均有确据。

一、霸吞庙产。峄县枣庄关帝庙，地一顷五十余，坐落刘跃村，并结义庙窑场庙地二十余亩，戴绪万均霸为己有，渔利自肥。

一、占领官山。峄县云谷山群山环绕，备极险峻。该山为地方公有，戴绪万竟将该山强为占领，修寨驻兵，形迹诡异，反对共和，谋为不轨。

一、霸用民田。由该公司至云谷山计二十余里，沿路均栽植德律风杆，不知会地主擅行栽植，其修筑山寨时并将民田树株损伤无算。

一、盗挖地腹。旗鼓岭西一带地多坟茔，该公司并未经租将地腹之炭肆行盗挖。其改修大井，功将告竣，运移机器，逐渐埃挖至十里二十里不止，若不严加限制，势必将地腹之炭盗挖净尽，而峄民之损失益巨。

一、掘沟肆虐。该公司近日无故从矿场迤北掘长沟一道，深广各丈余，西通大河。山水爆发，势必因沟涨出，田亩均受水患，无意于彼，徒以害人。至矿场附近之古路，伊一概截止，往来行人尤称不便。

一、霸用山石。该公司台枣铁路附近之山，北为裴山，南为张山，再南为花山。此三山均为地方公有。该公司修筑铁路所用三山之石，一概霸取，并未价买。

一、差委官吏。峄县捕厅吴毓骏虽属末僚，实为国家命官。该公司竟委以铁路稽查差使，即此行为，其势焰直与国家相抗。

一、修路殃民。峄县水利大势自西而东，该公司修筑台枣运煤铁路九十里，南北直贯，亘若长堤，使山洪不宣泄，沿路四十七村受灾甚巨，各庄长孙肇宜、张传玉、赵有德等曾具禀控诉印委勘验，确实有卷可稽。并峄城墙亦受水患侵倒二百丈，实为从前所未有。至该铁路勒购地亩，任便给价，较临枣路地价减至数倍，且修筑时两旁绝不稍留余地，水势冲刷，以致附近铁路地膏腴变为浇瘠，峄人损失尤巨。

请愿人：崔毓材　田毓嵋　金鹏远　梁允传①

此次集体请愿有两大特点，一个特点是焦点仍在矿界。这次控诉涉及的内容，都是与地方士绅利益密切相关的问题，核心问题仍是矿区的垄断权。工商部一眼就看出"查该公司被控各款，以第一款矿界一层为最关紧要"。② 中兴公司也意识到"细绎原书意旨，诚如劝业道所称，注重全在矿界"。③ 参、议事会代表对此有一段详细的阐释："在亡清时代，迭据正附矿章恳饬破界，张、戴终借官府势力，运动各大吏，均执奏谕'办有成效，不得不量予维持'二语为之抵护搪塞，且张、戴扩大矿界，无非欲独擅利权"，继而提出诉求："民国成立，正宜改弦更张，讵可复任垄断？"④ 另外一个突出的特点是经济问题政治化。峄县士绅利用民国肇始各方信息不明的情况，积极运用革命话语向公司进攻。"把持利权，毒害人民""侵吞国税，概归私囊""反对共和，谋为不轨"等政治话语的控诉，实际上将中兴公司推向了革命的对立面——贪官污吏、反动武装。此举对公司影响颇大，张莲芬也意识到"既损莲芬等个人名誉，又加莲芬等以莫大罪状"，对于中兴公司"不独有阻进行，转恐增其危险"。⑤ 在峄县议、参两会第二次上书中，"请查明中兴公司送给杨士骧、周馥等红股，收归公款"，也是对政治话语的继续运用。⑥

---

① 《峄县崔毓材田毓嵋金鹏远梁允传请愿书》，中研院近代史所藏档案，档案号：07 - 24 - 02 - 001 - 01。

② 《工商部矿务司咨山东都督峄县中兴公司被控各款除矿界一节应俟民国矿律颁行再行核夺外除请派员秉公查办由》，民国元年 8 月 31 日，中研院近代史所藏档案，档案号：07 - 24 - 02 - 001 - 01。

③ 《中兴公司呈覆田毓嵋等控案文稿》，中研院近代史所藏档案，档案号：07 - 24 - 02 - 001 - 01。

④ 《山东峄县参议事会代表金方远等禀一件禀控中兴煤矿总理张连芬等垄断峄县煤矿情形乞缩小矿界由》，民国 2 年正月，中研院近代史所藏档案，档案号：07 - 24 - 02 - 001 - 01。

⑤ 《商办山东峄县中兴煤矿有限公司总理张莲芬协理戴绪万呈陈山东都督文》《商办山东峄县中兴煤矿有限公司权理董事呈请工商部》，民国元年 8 月 26 日，中研院近代史所藏档案，档案号：07 - 24 - 02 - 001 - 01。

⑥ 《附抄议案》，中研院近代史所藏档案，档案号：07 - 24 - 02 - 001 - 01。

2. "国利民福"：中兴公司的自我辩解

中兴公司接到山东省府咨文之后，十分着急，因为此次控诉关系公司在民国的前途，公司不得不努力展开自辩。

首先，公司力图辩明自身并没有"荼毒民生""垄断厉民"，而是利国利民的国产大矿。其对于中央政府，"国家岁收厘税统计已达十六万二千余金"；对于地方，则讲究"同享利益"，"公司经营十数年来，邑人从事工役赡养身家者何限？贩运煤焦获利者何限？每年津贴地方官办公及新政费，共计四千六百金。历年帮助峄境平粜各善举，及助金鹏远等八名送附济宁兖州中学堂肄业八年膳学各费、枣庄小学堂常年经费各款，尚不在内"，贡献颇多。① 值得注意的是，参与这次控诉的地方士绅金鹏远，正是公司股东金铭之子，公司还曾资助他赴外地读书，此次恩将仇报、倒打一耙，着实让公司大吃一惊。

接着，中兴公司逐条反驳田毓崛提到的十三条"罪状"，指出诸多实情与原控迥然相反。针对第一款矿界的控诉，公司应对以经济民族主义话语，指出公司矿界之大是适应与外煤竞争的需求，"历次维持公司矿界，并非独厚于公司，实杜外人垂涎"，而所谓大矿界，无论较之中外各矿，"较之滦矿已小四分之一，比之德人潍县淄川所占矿界，亦仅十分之一二"，都不算大。针对第三款所控"以租为买"，公司辩明自己正在努力区分长期用地与短期租地，将不用之地退还地主、长期占用之地出价购买。至于拖欠业主租炭，公司认为这纯粹由地方绅民贪图便宜、讨要无序造成，"本公司办矿年久，人多相熟，每有地主再三托人声说，先将地亩租与公司，旋即托人说支地炭，甚至父兄将地炭取去，而子弟又来商支，稍有不满，即怀怨恨"，因此公司只能等挖到某块地亩之下再付给租钱及煤炭。针对第七款"占领官山"所控各节，指出公司为保护一方安全而出资修建圩寨，是为了防范溃兵和土匪骚扰，各村各庄亦发有腰牌作入山躲避凭证之用，"上书诸人父兄家族多有与议之人"，反作此污，着实让人心寒。针对第十三款"修路殃民"之控，公司根据以前兖沂曹济道吴道员的勘查报告，言明"公司路线皆由高阜，并不阻水"；至于台枣支线购地价格

① 《中兴公司呈覆田毓崛等控案文稿》，中研院近代史所藏档案，档案号：07 - 24 - 02 - 001 - 01。

远低于临枣路，早已在晚清崔家控诉案中进行了解释，此次系属旧案重提。①

较之田毓崿等人控诉各节，公司自我辩护各情节更加符合当时峄地的情形。田毓崿所控各节有夸大乃至污蔑的嫌疑。在此前后，山东都督多次派人前往调查，这些官员的态度值得关注。

3. 省级部门的调和及其背后意图

山东都督周自齐先后两次派员前去勘查实情，所派员司将调查结果呈上并居中调停，在对十三条控诉进行详细核查的基础上提出了折中方案六条，条目如下。

一、公司对于国家应负完全义务也。
二、公司对于山东行政机关应有联络辅助之责也。
三、公司对于一般人民应表同情以相为和善也。
四、公司对于地主应为同享利益之举也。
五、公司对于工人应有爱惜保护之责也。
六、公司对于股东应有忠实勤慎之谊也。②

表面看来，此次调和内容条目广泛，各个方面均有涉及，可谓考虑周详，然细读之，除了第四条专门为解决地主纠纷之外，其余各条统归琐碎，并无实质解决方案。相对应的是，在六条解决方案中，省府代表将公司对山东省乃至国家的义务放在前列，内容亦较他条翔实。首先，省府代表明确表达了对中兴公司缴纳矿税太少的不满，"凡矿商缴纳，应分三项：一、矿界年租，二、矿产出井税，三、官地与矿商合股之红利"，而"该公司只纳出井税，与应行呈缴之项所差太多"，为此提出三点意见：①提议公司要么将所有矿税缴全，要么将所得余利的一半上交，"地面业主二成五，国家二成五"；②规定这笔钱由山东省府收取，"以一半解农工商部，以一半解司库充本省饷需"，试图与中央部门共分一杯

---

① 《中兴公司呈覆田毓崿等控案文稿》，中研院近代史所藏档案，档案号：07-24-02-001-01。

② 《抄呈劝业道等查复田毓崿等请愿书及公司文件清册》，第6~8页，中研院近代史所藏档案，档案号：07-24-02-001-01。

羹；③要求将勘矿执照公费"应留本省总局局用"。① 其次，省府要求继承晚清时期省府拨给中兴公司的官股，并以官股为据，提出"开股东会时固有被选董事一人之资格"，或变通方法"就东省绅商中酌委一声望素著者常住公司"，以此加强对公司的渗透和控制。② 由此可见，山东省府及其代表进行的调和，其重心并不在如何解决这一问题，而是借用这次机会谋取更多的权益。

此案背后隐藏各方力量的博弈，三个利益相关方各有所图。对田毓嵋等地方士绅而言，他们控诉的核心是缩小公司矿界，试图借新旧政权更迭之机，有意识运用革命话语向中兴公司发难，借以摆脱他们在晚清时期屡诉屡败的命运，"修寨驻兵，形迹诡异，反对共和，谋为不轨"之类的表述不一而足。对新兴的中华民国政府而言，中兴公司虽然矿界逾制，却是开办有年、投入巨资的全国性大实业，能够为新政权带来不少的税收，同时政府也可以借此收保护实业的美誉。为此，山东省府在权衡利弊时往往会将砝码偏重公司一边，同时借用这一控诉的机会谋取利益，在维持现状的基础上加强对中兴公司的渗透和控制，至少也要获得更多矿税方面的收益。对中兴公司来说，身处地方士绅与省府之间，总以维持自身经济利益为第一要义，自然不满意省府的调停方案，明确表示"其调和办法亦多窒碍难行者"。③ 在这个过程中，中兴公司积极借用其他力量向山东省府施压，最典型的就是与中兴公司经济利益紧密相关的铁路部门。时任津浦铁路中兴煤矿监理的任凤苞将这一情况汇报给交通部，交通部特地暗中给当时负责处理此事的山东都督周自齐打招呼："若因此事致该矿办事人员疑沮解体牵涉大局，不但该矿二十年之经营数百万之资本不堪损失，而津浦铁路对于该矿二百五十余万之重员，设有危险，谁职其咎？"④ 这个时候，中兴公司平素里向各方投入的社会资本

---

① 《抄呈劝业道等查复田毓嵋等请愿书及公司文件清册》，第6~7页，中研院近代史所藏档案，档案号：07-24-02-001-01。

② 《抄呈劝业道等查复田毓嵋等请愿书及公司文件清册》，第7页，中研院近代史所藏档案，档案号：07-24-02-001-01。

③ 《山东峄县中兴煤矿公司董事等呈一件前呈田毓嵋等把持一案兹将全案文件抄呈备案并请保护由》，中研院近代史所藏档案，档案号：07-24-02-001-01。

④ 《北京交通部祃电》，民国元年8月21日，中研院近代史所藏档案，档案号：07-24-02-001-01。

就能发挥作用。在此基础上，中兴公司与山东省府继续交涉，公司建议等新矿法制定后再行遵章办理，此事得以成功拖延，最终以维持原状草草收场。各方力量博弈的最终结果，是中兴公司向省政府做出一定让步，准其继承晚清山东省府的官股，同意一道分利，但仍力图限制在普通商股范畴内。在三方博弈的过程中，胜利者往往是公司，政府及官员亦从中得到实惠，只有地方士绅在多数情况下成为牺牲品。当然，他们也并不是每次都一无所获，有时候也会得到一笔数目不小的经济补偿，典型如1930年发生的伤害民房案及地租炭纠纷案。

（二）中兴汲水伤害民房及地租炭纠纷案

近代煤炭开采通常引发地面坍塌、房屋受损等现象，一个大型煤矿的崛起往往要付出巨大的生态代价，中兴煤矿也不例外。枣庄地区挖煤历史悠久，旧时土法挖煤受汲水条件限制随采随弃，遗留下很多废弃的旧井。这些旧井对新矿井的挖掘是一个潜在的危险，一旦挖通，很容易造成大水漫灌或支柱崩塌，从而引发地面坍塌。早在晚清时期，中兴煤矿就曾由挖煤导致地面庙宇倾斜坍塌，不得不出钱重新选址修建。[①] 地面坍塌很容易波及民房和田地，从而引发中兴公司与地方绅民间的纠纷，双方为此常起交涉，这种情况一直延续到南京国民政府时期。比较显著的一例，就是1930年发生的汲水伤害民房案。

和以往不同，这一次由公司挖煤造成的地面坍塌甚为严重，"自西至东约三十余亩面积渐次坍塌，以致各民房之砖墙石板寸裂将倾，田家庄一带居民大有燕巢幕上之势"。[②] 中兴公司通过峄县县长张耀马向山东农矿厅汇报了这一情况，请求派员前来查勘田家庄一带房屋受损情况。[③] 山东农矿厅派员查勘，发现"该地实因旧井太多，现中兴公司以新法汲水，致将煤柱渗倒，而上部失其支撑，故时常崩溃"。[④] 地方士绅大为不满，他们认为田亩塌陷、民房开裂的真正源头是中兴煤矿"擅将房宅地

---

① 《抄呈劝业道等查复由田毓嵋等请愿书及公司文件清册》，中研院近代史所藏档案，档案号：07-24-02-001-01。
② 《山东省政府农矿厅呈第五九号》，《山东农矿厅公报》1930年第2卷第2期，"呈文"。
③ 《山东省政府农矿厅呈第五九号》，《山东农矿厅公报》1930年第2卷第2期，"呈文"。
④ 《山东省政府农矿厅呈第五九号》，《山东农矿厅公报》1930年第2卷第2期，"呈文"。

下之煤窃取一空"，山东农矿厅将塌陷原因归咎于自然条件，殊不能让人信服。① 省府委员试图就此调解，但并未成功，公司方面"言不由衷，一味敷衍"，民众方面"意见纷歧，各持己端"，这就是第一次调停。② 农矿厅将情况反馈给省府，省府饬令民政厅一同处理，委派第一矿务局局长程膺会同民政厅委员叶基桢前往彻查，拟具了八条调和办法，令各地主将受损情形及房屋类别、间数，地亩类别、亩数限期登记，再由委员依照登记各项，会同县政府及公司、地主实地察看损害程度如何，拟具购、赔、修三项具体办法。③ 省府于 7 月 31 日下达布告，还函请县法院会同处理，限田家庄村民七日内前来登记，以便根据损害程度估定赔价等级。此举遭到地方绅民集体抵制，他们坚持双方自愿调解，不愿意省府干涉此事，并上书南京农矿部控诉"新来该公司主任章祐恐大众有所要求，遂先发制人请县政府转请省官厅派委会同县政府贴出布告，令各业主登记估价"，提出五点控诉理由，认为"如此处分与法不合、侵越民权"。④ 省府仍坚持照原方案执行，还展期近一个月，结果地主方面没有一户前来登记，调解委员勃然大怒，发布公告称："以后各户如有发生危险及伤害人畜情事，应自负责任。"⑤ 省府第二次调解宣告失败。

　　表面看来，中兴公司挖煤导致田家庄民房及田亩受损，理应做出赔偿。省府委员虽在调查中有为公司脱责的嫌疑，但其要求地主按损害程度登记分级的做法亦无不妥。那么，田家庄绅民为何在未得知确切赔偿数额及具体赔偿方案的前提下就急于抵制，对省府方案置之不理呢？实际上，这背后另有别项深层内涵，这就是地租炭纠纷案的缘起。

　　长久以来，按照峄县惯例，矿主采掘需要支付地租费"每亩地皮租京钱八千六百文"，挖到某处地底时还要给予一定的地租炭作为报酬，

---

① 《山东省政府农矿厅呈第四十一号》，《山东农矿厅公报》1930 年第 2 卷第 1 期，"呈文"。
② 《山东省政府农矿厅呈第五九号》，《山东农矿厅公报》1930 年第 2 卷第 2 期，"呈文"。
③ 《山东省政府农矿厅呈第五九号》，《山东农矿厅公报》1930 年第 2 卷第 2 期，"呈文"。
④ 《山东峄县田庄田氏家族代表田湘南等为枣庄中兴煤矿公司朦请山东省政府处分与法不合据实陈明以杜朦请》，民国 19 年 8 月 5 日，中研院近代史所藏档案，档案号：17 - 24 - 02 - 008 - 02。
⑤ 《山东省政府农矿厅呈第五九号》，《山东农矿厅公报》1930 年第 2 卷第 2 期，"呈文"。

"付炭百斛"，一般按九八京钱折合现金付给。① 值得注意的是，地租炭是一种民间惯例，并未见载于历次矿法。"若按部章，地腹系矿商自有之权利，并无每亩应给地炭条文。"② 中兴公司为尊重地方习俗、减少纠纷，仍按惯例定期支付。随着中兴煤矿业务的发展，地主们多次要求增加地租炭的数量，中兴公司为免纠纷，同意了他们的要求，地租炭数量一加再加。此后军阀混战，各方军队屡次来矿恐吓勒索，中兴公司驻矿经理胡希林大病不起，又因受到惊吓，精神变得不正常起来。1929 年 6 月，田家庄的田天德堂、田树德堂两家地主趁此胁迫胡希林签订新的地租炭合同，每亩地租炭折价后高达 6 万元，"并给租价分期给付之期票"。③ 中兴公司拒绝承认这一合同，并对田天德堂、田树德堂两户进行了起诉。④ 田家庄地面坍塌房屋开裂事，就是在这种背景下发生的。坍塌的房子中恰好有田树德堂的，于是，这两种诉求就纠结在一起了。田姓地主纷纷将汲水伤害民房案当作一种资源，借助这一事件向中兴公司施压，目的在于争取更多地租炭，维持并援引原定高价合同，共沾其利。省府八条调解规定中主张就事论事，要求地主只能就地亩和民房提出补偿，这才是绅民抵制省府的根本原因。对他们来说，田亩和房屋的补偿只是一笔小数目，而地租炭费用巨大且具有持久性。

在这样的背景下，两个事件纠缠在了一起。田树德堂同样运用法律手段，"提起刑事诉讼及期票证书，诉讼该章祜理曲情虚，抗传不到，乃借布告施用高压手段恐吓业主"，将两案并作一案进行上诉，使得这件事

---

① 《抄呈劝业道等查复由田毓嵋等请愿书及公司文件清册》，第 3 页，中研院近代史所藏档案，档案号：07 - 24 - 02 - 001 - 01；黎重光：《中兴煤矿与山东省府的周旋应酬》，载全国政协文史资料研究委员会等编《一代枭雄韩复榘》，中国文史出版社，1988，第 102 页。

② 《中兴公司呈覆田毓嵋等控案文稿》，中研院近代史所藏档案，档案号：07 - 24 - 02 - 001 - 01。

③ 《中兴煤矿公司第十八次股东会决议录》，上海市档案馆藏档案，档案号：Q268 - 1 - 462；黎重光：《中兴煤矿与山东省府的周旋应酬》，第 103 页；《山东峄县田庄田氏家族代表田湘南等为枣庄中兴煤矿公司朦请山东省政府处分与法不合据实陈明以杜朦请》，民国 19 年 8 月 5 日，中研院近代史所藏档案，档案号：17 - 24 - 02 - 008 - 02。

④ 《民国十九年一月十三日第一百八十八次董事会议决录》，上海市档案馆藏档案，档案号：Q268 - 1 - 463。

情成为"案中案"。① 田湘南、田峨峰则多次上呈农矿部、山东省府控诉中兴公司，还表达了对山东农矿厅偏袒中兴公司的不满，指出农矿厅、民政厅颁布的调和方法及发布的公告"准该公司捆送业主"，纯属"违法灭理"。② 1930 年 9 月 19 日，田峨峰上呈山东实业厅，提出"布告违法，损害权利，依法提起诉愿，请求撤销，严令中兴公司依照矿业法商定相当赔偿，以重法律而保权利"的诉求。③ 此时山东省主管煤业的部门已经是实业厅，之前曾赴田家庄实地勘查的王芳亭当选为首任实业厅厅长，他对此案的判语中对中兴语多偏袒，"该中兴公司开采煤矿，因必要之汲水工事，致处于旧井密布中之田庄民房发生搬裂情事，宁处未遑，情实可悯"。但他还是撤销了之前颁布的调解公告，允许田家庄绅民"依照矿业条例关于偿金各条之规定，径与该中兴公司协商，以资解决，万一不协，公司方面仍可依例呈请裁决，届时再由职厅依法处理"。④ 实际上表明实业厅放弃干预此事，将事件的处理权完全交给当事人双方。

山东省府由积极介入到抽身而去，实际上背后受韩复榘影响颇大，此案的走向，与中兴煤矿公司对社会关系网的经营有着密切的关系。由于山东省实业厅厅长王芳亭与中兴公司董事黎重光交情素笃，省府在处理中兴汲水伤害民房案中对中兴公司颇为照顾。然而田家庄地主田湘南将此事告到了农矿部，呈称"山东省政府处分与法不合"，借此对山东省府施压。⑤ 这一诉讼使韩复榘有些坐不住，省府的处理意见恰恰与农矿部相反，若因此事与南京方面构成龃龉，对他来说得不偿失。当时王芳亭就告诉黎重光："事宜速决，不要使主席为难。"⑥ 山东省实业厅之

① 《山东峄县田庄田氏家族代表田湘南等为枣庄中兴煤矿公司朦请山东省政府处分与法不合据实陈明以杜朦请》，民国 19 年 8 月 5 日，中研院近代史所藏档案，档案号：17 - 24 - 02 - 008 - 02。

② 《山东省政府农矿厅呈第四十一号》，《山东农矿厅公报》1930 年第 2 卷第 1 期，"呈文"。

③ 《山东省政府农矿厅呈第五九号》，《山东农矿厅公报》1930 年第 2 卷第 2 期，"呈文"。

④ 《山东省政府农矿厅呈第五九号》，《山东农矿厅公报》1930 年第 2 卷第 2 期，"呈文"；《奉令查复中兴公司因汲水损害田庄民房一案经呈准省府令饬业主公司径行协商解决请鉴核施行》，民国 19 年 11 月 3 日，中研院近代史所藏档案，档案号：17 - 24 - 02 - 008 - 02。

⑤ 《山东省政府农矿厅呈第五九号》，《山东农矿厅公报》1930 年第 2 卷第 2 期，"呈文"。

⑥ 黎重光：《中兴煤矿与山东省府的周旋应酬》，载全国政协文史资料研究委员会等编《一代枭雄韩复榘》，第 103 页。

所以敢于抽身而出，还有一个原因，就是地租炭是一种民间惯例，并未见载于历次矿法。田家主动申请依据矿业条例进行直接协商，并不是明智之举。针对田家地主的索求，中兴公司积极运用国家法来对抗地租炭这一传统民间习惯，声称公司遵守新颁布的矿业法，只担负坍塌地亩及开裂民房的补偿，并不需要担负所谓地租炭。"双方争执连年不决"，直到1932年10月"经黎重光董事在济南与田、梁两姓代表接洽，由山东实业厅居间调停，协定解决办法十条，由双方签字并呈报实业部及山东省政府各主管官厅备案"。① 在这个解决方案中，公司在不违背矿业法的前提下定出了赔偿方法，此次赔偿虽未提及地租炭，但在实际操作中亦参考了这一地方习惯，基本上相当于以地租炭的价格对士绅做出了赔偿，中兴公司共赔偿20余万元，远超过房、地的实际损毁程度，这主要是中兴公司照顾韩复榘的面子。② 就此案而言，中兴公司承受了一笔经济上的损失，却因此帮韩复榘避免了一次政治风险，此后双方关系更加密切，公司在这种关系中受惠不少。至于田天德堂、田树德堂两户地租炭合同纠纷事，则缠讼多年，公司一开始在峄县法院获得胜诉，"将所立之租约撤销"，田家又上诉到山东高等法院，二审中兴公司败诉，之后公司向最高法院提出上诉。③

（三）中兴背后所获得的省府支持——公、私两方面的交谊

中兴公司在与地方士绅之间的争斗中，取得胜利的一个重要原因即在于省府的支持。那么，他们之间的关系具体又是怎样的呢？这种社会关系网又是怎样建构起来的呢？

1. 中兴公司招股与省府公、私两方面的支持

中兴煤矿公司自成立以来，在招股方面屡遇挫折，"以股款之绌屡受其厄"。④ 除了向路局及银行求助之外，公司多次向官方申请调拨资金相

---

① 《民国廿一年十月卅一日第二百十一次董事会议决录》，上海市档案馆藏档案，档案号：Q268 - 1 - 463。
② 黎重光：《中兴煤矿与山东省府的周旋应酬》，第103页。
③ 《民国二十年九月二十一日第二百零四次董事会议决录》《民国廿年十二月十九日第二零六次董事会议决录》，上海市档案馆藏档案，档案号：Q268 - 1 - 463。
④ 山东峄县中兴煤矿公司编《山东峄县中兴煤矿概述》，第1页。

助。自 1901 年起，山东农工、商务局陆续附入官股洋 6700 元。① 周馥任巡抚时，添拨经费 10 万两给该公司以图扩充。② 杨士骧任巡抚时，迭谕山东商务局总办朱钟琪帮同招股，还在 1909 年底于公司缴纳的税厘内拨银 4500 两作为官股，也就是在这一时期很多山东省府官员私人入资中兴公司。③ 正是在山东省府的帮助下，中兴公司的经费才渐渐充裕，到 1911 年，该公司资本额"由过去八十万两银子增到二百二十万两银子，其中省政府股份十万两"。④

值得注意的是，这个过程是一个动态平衡的过程，暗含企业与省府之间的博弈。随着山东省府的更迭，这个过程中既有扶持实业之筹划，也有渗透企业之企图。山东省府的官股存在公司之中，却以商股的名义呈现，并不改变公司的性质。这些官股只领普通的股息红利，省府并不干预企业的发展，这种情况在相当长一段时间内存在。然而有的省府官员，或出于经济政策的擘画，或出于垂涎实业的目的，并不满足于仅仅拨款救济，落个扶助商业的美名，不满足于仅仅以商股的名义领取股息，而是试图将省府势力渗入其中，做实官商合办，借机获得更大经济利益以及对公司发展的决策权，甚至有的时候试图将煤矿收归省有。这种意图遭到中兴公司的抵制，公司只愿意给官府拨款以普通商股的权利，为此多次婉拒省府派员干预公司事务的举动。对于中兴公司而言，省府支持的手段有以下几种：最理想的情况是省府直接津贴企业，即行业补助，这种补贴可以归还，也可以不归还；其次是官员的私人投资，可以丰富股东群体的人际关系，为公司各种发展提供便利；再次是以商股形式存在的官方投资，不改变公司商办的性质，不干预企业的经营；最后一种是真正意义上的官商合办或收归国有，官商合办的例子有津浦路局与中兴矿局合办未遂的例子，或者做实省府官股，实现官商一起运营公司的规划。至于收归国有，则较为特殊，一般在公司资金断续、希望渺茫时提出申请，张莲芬就有此举，也有 1928 年因报效军饷不利被政府没收的

---

① （清）山东省清理财政局编《山东全省财政说明书》，岁入部，杂款，第 56 页。
② 《山东巡抚文：遵旨筹办农桑工艺各项实业兼筹商务基础折》，光绪三十年九月十三日，中国第一历史档案馆藏农工商部农务司档案，档案号：综合 120。
③ （清）山东省清理财政局编《山东全省财政说明书》，岁入部，杂款，第 56～57 页。
④ 《胶海关十年报告（1902—1911）》，载青岛市档案馆编《帝国主义与胶海关》，档案出版社，1986，第 127 页。

例子，当时的山东省府就提出中兴没收后应由省府办理。由于近代中国战争频仍、国力衰退、国库亏空，煤炭在当时也不属于必须国有的行列，省府乃至民国政府纵使有诸多想法，也无法真正诉诸实践，这也给中兴公司与省府乃至国府的博弈提供了空间。

2. 中兴关系网的建构——以黎重光系列活动为中心

这种与省府之间既有共同利益又存在纠纷博弈的关系，使中兴公司在尽力争取省府资助的前提下，尽量避免外界势力对公司运营的干预，为此可以增加在金钱上的付出，这就属于社会资本中较为复杂的一面。诚如前述，积水伤害民房案及地租炭纠纷案的走向，受韩复榘及省府一班要员的影响颇大。当时韩复榘掌握山东大权，中兴公司矿区地处鲁境，又刚刚经历了1928年被南京国民政府没收一事，心有余悸，为寻求保护，不得不主动向韩复榘靠拢，从而保障公司正常运营及在税收等方面的优惠。当时担任公司董事及驻矿主席委员的黎重光便承担了这一重任。他积极利用父亲黎元洪的威望及人际关系拉拢韩复榘及其属下，这种对社会关系的投资，构成了保障中兴公司顺利发展的外部力量，即社会资本。

黎重光首先从韩复榘属下入手，他利用章笃臣的关系结识了陈维新。① 之后不久，陈出任济南市市长，要委任黎为济南市政府参事。黎重光无意官场，但中兴公司当时十分需要省府的支持。在这种情况下，黎重光婉拒了陈维新，转而请求陈介绍省厅要员相识。陈维新就将山东实业厅厅长王芳亭、民政厅厅长李树春、建设厅厅长张鸿烈、教育厅厅长何思源介绍给黎重光。尤其是王芳亭和李树春，之后恰好成为处理中兴汲水伤害民房案及地租炭纠纷案的省府官员，对公司多有助力。黎重光和他们的关联，最初建立在私人情谊、官场僚属等基础之上。王芳亭曾是张绍曾的旧部，而黎元洪出任大总统时张绍曾出任总理，两人是老搭档，这使黎重光与王芳亭的关系在陈维新官场同事的基础上又密切了一步。②

攀上这层关系后，还需要持之以恒用心打点，方不致生疏，以便于随时运用。自此之后，黎重光每次到济南，就要到王芳亭家或实业厅拜

① 章笃臣，即章祜，曾任陇海路局督办，后被引入中兴煤矿公司，出任驻矿委员会首席委员。
② 黎重光：《中兴煤矿与山东省府的周旋应酬》，载全国政协文史资料研究委员会等编《一代枭雄韩复榘》，第98页。

访，一起谈天、吃饭、打牌。当时的侧重点在于旧情私谊的温习，并无金钱方面的打理，直到实业厅撤销，王芳亭离职回到北京，以托购中兴股票为名暗示黎重光送他一笔红股。中兴公司多年来受王芳亭照顾颇多，也欠下了一笔人情，但又不便大开送红股之例，最终由黎重光携带两万元银行本票，亲自送到北京王芳亭处，由他在市面上自行购买中兴股票，这也是对双方多年交往的一种酬谢。实际上，正是通过王芳亭的引见，黎重光才获得第一次拜访韩复榘的机会。对于韩复榘，公司另有一套方法。由于韩复榘好名，自命廉洁，中兴公司积极变换方式，通过各种机会向韩复榘靠拢。1931年山东境内黄河泛滥，韩复榘十分看重名声，带头发起募捐活动。中兴公司得知后，立即派黎重光携带两万元支票亲自送交韩复榘，给足了面子。韩复榘大为高兴，当即宴请黎重光，各省府及军界要员作陪，这扩大了中兴公司的关系网和影响力。①

3. 关系网的两面性——矿产保全与消极无奈

通过与韩复榘的密切关系，黎重光得以结识更多的省府要员，并通过送津贴等方式寻求保护。根据黎重光的回忆，公司每月要致送国民党山东省党部执行委员张苇村津贴1000元、省府秘书长张绍堂300元，甚至连省府的传达都要打点，由中兴公司济南办事处每月送往，以便公司晋见时及时传达。正是通过这些联系，才建构起利于公司发展的关系网，中兴公司借此获得省府在各方面的保护。典型如公司经常面临驻军的勒索，自从通过韩复榘认识了几位军事长官后，就可以及时沟通缓解，将公司的损失及对营业的影响减到最小。在当时，以山东省府官员为主的良好关系的构建，甚至影响到公司内部相关人员的使用，驻矿办事委员会委员申士魁因得罪韩复榘，被以不通矿务的名义劝退，另外聘请韩复榘的旧部张星耀为矿警副所长。抗日战争时期韩复榘被蒋介石处死，张星耀前来汉口要求黎重光照顾，公司总经理钱新之就告诉黎重光，张的后台已倒，不必买他的账，张只好悻悻而去。② 由此可以看出关系网络的现实性与灵活性。除了省府之外，中兴公司也与峄县地方官建立了关

---

① 黎重光：《中兴煤矿与山东省府的周旋应酬》，载全国政协文史资料研究委员会等编《一代枭雄韩复榘》，第98～100页。

② 详情可参见黎重光《中兴煤矿与山东省府的周旋应酬》，载全国政协文史资料研究委员会等编《一代枭雄韩复榘》，第98～104页。

系。中兴矿局时期，由于矿局不把地方官放在眼里，几乎每次地方士绅的控诉都有地方官作支持。中兴公司在与各方交涉时，逐渐意识到"惟卑局在峄境，办事事事仰仗地方官，断不敢拂逆其意，致以后荆棘横生"。① 公司调整策略，中兴公司每月给峄县县长 200 两银子，以此减少摩擦，换取地方对公司的支持。②

由此可以看出，中兴公司为寻求地方省府的保护，积极与省府要员构建公、私两方面的交谊，从而形成利益共同体。从公的方面来看，中兴作为地方上有数的大实业，每年缴纳的矿税相当可观，这笔钱一度被地方截留。私的方面在于，各政府要员获得了经济和名声上的回报。这种关系网络的构建，以血缘、地缘、僚属、金钱等为基础，需要在过去较为单一的认同基础上进行不断的巩固加深，从而呈现出较为多元的认同基础。当然，这种关系网络的维持，有一个底线，即中兴公司的目的除了获得一些优惠政策之外，更主要的是获得对公司矿产的保护，以对抗外界一些强势力量的介入，为公司业务的发展降低外部风险，提供一种保障。这种关系网络的构建，有其灰色的一面，与政商之间的不正常交往有一部分重叠，另外，它在强势力量环伺的民国时期，也是一种自保的无奈之举。

四　中兴煤矿对地方士绅的态度：有选择的关系建构

正是在中央、省府、峄县各级政府的支持下，中兴公司才取得了与地方士绅对抗的胜利。深究中兴公司与地方士绅之间的种种矛盾，最根本的导火索是矿界问题。由于中兴煤矿公司成立之后，申领了一个百里十里的模糊矿界，这一带有垄断性质的矿界使地方土窑生存范围缩小，而矿界的模糊性也使得公司可以任意阐释，土窑受困颇深，这种现象被称为"矿业领域中的国家重建"。③ 在这个过程中，依靠土窑发家的地方

---

① 朱采：《禀丁宫保论峄县煤矿地方官禀陈失实》，载《清芬阁集》，见沈云龙主编《近代中国史料丛刊》（28），第 664 页。
② 张笑寒：《我这一辈子》，载《古稀老人话今昔》，中国人民政治协商会议枣庄市委员会文史资料委员会编《枣庄文史资料》第 12 辑，1991，第 36 页。
③ 王守谦：《煤炭与政治——晚清民国福公司矿案研究》，社会科学文献出版社，2009，第 26 页。

士绅利益受到很大的损害，他们试图利用自身力量夺回利权，却屡屡因中兴公司的社会资源而失败。他们之间的争夺，从根本上是背后各种资源的对抗，中兴公司长期积累的社会关系投资使自己常常笑到最后。

实际上，对于地方士绅的种种发难，公司并不是一味利用其背后丰富的社会资源进行打压，而是采取"打拉结合"这种恩威并重的方式加以分化。

首先，中兴公司自建立的第一天起，就小心翼翼地在地方行事，"该运司自接办峄矿以来，与绅民交际，极力和平，公司交易，悉按商规，从未稍借官势"。① 即使与地方士绅产生冲突时，中兴公司也仍然保持克制的态度。前述台枣铁路买地事件中，崔绅到省城活动未能奏效，而中兴公司得到了省府支持，陈公亮被派到峄县对所涉土地一律丈买，其他四十二户均陆续领价，只有崔家仍然保持不合作态度。而崔家努力建构的联盟已宣告瓦解，其失败已无可避免。在这种情况下，张莲芬仍采取先礼后兵的策略，给崔绅一个台阶，他派人去省城劝说四处活动的崔绅，摆出一副友好的姿态，力图将此事和解，大事化小。当时张莲芬的一席话颇能说明公司的态度："崔绅前亦来省，现正经人劝说，如能知悟，莲芬亦愿和平了结，以免结怨。"② "以免结怨"反映了中兴公司在地方上的一种普遍思路。尽管公司背后有省府等的支持，力量强大，但地方士绅家族中亦有官员在中央任职，力量不容小视。一旦结怨，双方损耗极大，不如大事化小，在小处让步，以此获得更大利益，为公司运营及业务扩展提供一个更为良好、稳定的环境。这才是他们所真正关注的。

其次，中兴公司在地方事务上积极与士绅合作，以求责任共担。这些方面涵盖地方防卫、消防、学校、医院等。仅就地方教育而言，公司不仅办有中兴小学、中兴中学，还从1914年起资助回民办学，批拨京钱数千吊，折合银元2000元，建起一处新的枣庄小学堂，教职员每人每月发给银元20元，直至抗日战争爆发。③ 除了承担地方责任之外，还设法

---

① 《农工商部会奏查明峄县中兴公司开矿筑路被控各款并请将阻挠路矿之绅士交地方官随时查看各折片》，《山东官报》1909年第11期，"章奏"。

② 《山东峄县中兴煤矿公司函一件函请免派专员速定办法俾得早日招股济急由》，宣统元年十月初七，中研院近代史所藏档案，档案号：06-24-02-002-04。

③ 石朝峻、孙彦华：《市中区回民小学》，载《枣庄回族》，见中国人民政治协商会议枣庄市委员会文史资料委员会编《枣庄文史资料》第27辑，2001，第220页。

让利于民，以求共享利益。最典型的是台枣铁路，针对地方士绅关于此路仅供运煤、阻塞峄县本地货物运输的控诉，公司积极开放业务，准许地方绅民免费搭乘，后"因不索价，人数日多，上下拥挤，危险堪虞"开始收费，但相较于其他铁路仍较为优惠，"议按津浦铁路现定自天津至德州二三等人坐里数价目减照四成核收"，"至搭运货物，亦暂仿照胶济铁路定价从减，酌定自台庄至泥沟车站三十里客货，均按各等减半，将来由台庄至枣庄车站九十里仍加三分之一"。①

再次，公司招股一直向地方士绅开放，以求利益共沾。公司筹办期间，张莲芬前往峄县勘矿，峄绅王曰智、梁振铎、梁步闾、田楹、崔锡基等亦各面言："伊等皆愿助股。"② 之后，"屡劝峄人附股"。③ 根据20世纪30年代的股东名单，仍有不少地方士绅的股份，虽然总体比重不大，但亦沾股利分红等利。这里面最典型的是峄县士绅金铭，中兴矿局就是由他邀请李鸿章开办的。1899年中兴公司成立之后，"凡公司初办一切物料，皆由铭等供给"，此后"凡遇公司有为难之事，事无大小，无不曲尽绵薄竭力维持"，在修路起坟、占用士绅矿田、矿难善后等对外交涉中做出诸多贡献。④ 当然，这些士绅股东因为经济利益所系，不同时期表现也有所波动。1895年中兴矿局结束之后，金铭、李朝相、米协麟为挽回自己的投资，在未和北股打招呼的前提下，擅自向南股陈德浚租用矿局机器继续开办土窑，导致南北股矛盾激化。当时各方的矛盾和复杂关系皆因机器之争，"今因存留于此，致生米汝厚等垂涎之心，而米汝厚等租赁又启陈德浚等纷争之渐，职能禁绅民开窑，不能禁委员出租机器，现在虞廷瀚不问米汝厚等能否开窑，只管点交机器，而戴绪盛亦不问其交收后能用与否，只管阻挠，其势汹汹，深恐滋生事故"。⑤ 民国

---

① 《山东峄县中兴煤矿公司呈一件呈报接筑运路抵矿及搭客代运货物各情形由》，宣统二年四月十六日，中研院近代史所藏档案，档案号：06-24-02-002-04。

② 《禀覆直督查勘峄矿筹办情形并绘呈图说文并批》，光绪二十五年六月，载《中兴公司文牍》第1册。

③ 《中兴公司呈覆田毓峸等控案文稿》，中研院近代史所藏档案，档案号：07-24-02-001-01。

④ 金铭：《致中兴公司函》（1920年4月22日），第244~245页。

⑤ 《钦差大臣办理北洋通商事务直隶总督部堂王札候补张道莲芬》，光绪二十三年七月二十六日，载《中兴公司文牍》第1册。

元年田毓崌控诉公司十三条罪状一案，金铭的两个儿子金鹏远和金方远均参与其中，尽管金铭后来解释这件事是受人"怂恿"，"儿孙辈不谙大义，遽行加入，与公司为难"，但事情远没有这么简单。① 根据当时的档案，金铭、米汝厚、李朝相也递交了请愿书，言明"凡机器、煤炭用度多仰给中兴公司，而该中兴公司恃有长官势力也，竟将中兴公司原本干没殆尽"。② 之后，金铭等还因料子钱等问题与公司常起经济纠纷。以上这些冲突，实际上反映的是两种身份的自洽，即随着公司股东范围的扩大，老股东权益不断被稀释，在公司内地位越发靠近边缘，内心如何保持平衡的问题，也就是有人怂恿的"你家创始公司千辛万苦"的过往与"今公司上下百数十人有尔等几人"的现实之间的冲突。③ 然而两者之间最根本的利益还是一致的，博弈的是利益的多寡，一旦公司遇到大难，他们仍竭力相助，典型如 1928 年公司矿产被没收，金方远、梁步海、田冠五等均联名上署，要求发还中兴煤矿公司。④

最后，对于一些坚持与公司为敌者，公司在一忍再忍、沟通无效的情况下，只好"痛下杀手"。中兴公司在面临田毓崌等地方士绅控诉时的一番言语颇能表明这种态度："莲芬等历年以来恪守商业性质，遇事公平退让，不肯据实伸诉，结怨绅民，此次指摘各节，诬诋太甚，不能再事缄默。"⑤ 典型如崔家，被直接逐出地方矿事，打击不可谓不严厉。值得注意的是，这支反对力量在不同时期时而壮大时而缩小，本质上还是根据利益。公司筹办期间，张莲芬前往峄县勘矿，"与峄绅王日智、梁振铎、梁步闳、田楹、崔锡基说明理由，伊等深明大义，洞知利害，金云若不早筹扩充开办，久必利权外溢，均愿竭力相助，议明凡有需用之地，地租地炭悉照本地向章办理，地主得以同沾利益"。⑥ 这个时候地方士绅的期望比较高，一方面还没有矿界的申办，一方面土法开窑的确受各方

---

① 金铭：《致中兴公司函》（1920 年 4 月 22 日），第 244 页。

② 《附抄议案》，中研院近代史所藏档案，档案号：07-24-02-001-01。

③ 金铭：《致中兴公司函》（1920 年 4 月 22 日），第 244 页。

④ 《峄县公民为中兴公司呼吁》，《大公报》1928 年 8 月 4 日，第 2 版。

⑤ 《中兴公司呈覆田毓崌等控案文稿》，中研院近代史所藏档案，档案号：07-24-02-001-01。

⑥ 《中兴公司呈覆田毓崌等控案文稿》，中研院近代史所藏档案，档案号：07-24-02-001-01。

条件限制颇多，他们也希望通过附股、地租、地炭的形式"共沾利益"。相较于附股周期长、见效慢、风险大等特点，以地主的身份参与利益共享，是更为稳妥的。然而后来的一些事情，使地方士绅的态度发生了变化。以地租为例，"土法开采势难久行，水潦时或浸圮，人力艰于深采，二三年后井即停止，地自归还，故地主安之若素"，然而中兴煤矿"既用机器开掘，水患无虞，可深入而行使，土地之期漫无限制，犹复依旧租率将永无归还之期"，这就出问题了。① 开矿的区域也被限制住了，"共沾利益"只剩下附股一条途径了。于是，在崔广澍等人的煽动下，地方士绅重新将矛头指向公司矿区，这也是纠纷不断的根本原因。

从前文可以看出，公司对地方士绅的态度均基于公司利益进行考量，反映出来的是一种在商言商的行为。为此，中兴公司选择对其有利的群体进行社会关系投资，施以恩惠，构建一张可以为公司所用的关系网，以共成其业；而对于公司不利乃至敌对的士绅，则采取坚决打击、断然拒绝的策略，这可以视为社会资本投资中有选择的一面。打拉之间的界限，在于公司矿产是否受到侵害，为此公司对同一个人可以有两种截然不同的态度，典型如地方士绅梁步海。梁步海，峄县北部峨山口人，曾任候补知县，梁姓在峄县北部颇有势力，梁步海是该姓的族长，其祖父很早就在南安城等处设立土窑。光绪三十三年（1907），梁步海正式禀请在牛角南安城开办小窑，"声明用土法开采，不用机器抽水提煤"。② 由于该窑地处中兴公司井口十里之外，又未用机器开采，双方得以相安无事。③ 梁步海所开之窑亦成为公司面临崔家控诉"影响地方百姓生计"时自我辩解的最佳案例，"至该公司井口十里以外，照案仍准人用土法采煤，如南安成地方煤矿，前有职商梁步海等禀，领照开办至今，是峄境矿商，并未统归歇业"。④ 除此之外，由于峨山口扼守峄县北大门，是矿区的屏障，双方在地方防务等方面亦多有合作。但所有的合作都是有底

① 《署理山东劝业道石右移中兴煤矿公司》，民国元年11月18日，中研院近代史所藏档案，档案号：07-24-02-001-01。

② 《商办山东峄县中兴煤矿有限公司董事会周学渊等为呈明公司矿界历次成案预请维持保护事》，民国2年9月，中研院近代史所藏档案，档案号：07-24-02-001-02。

③ 《梁步海呈文》，载《中兴公司文牍》第2册。

④ 《农工商部会奏查明峄县中兴公司开矿筑路被控各款并请将阻挠路矿之绅士交地方官随时查看各折片》，《山东官报》1909年第11期，"章奏"。

线的，后来公司发现"有叶基桢等假探铁矿为名，在梁步海前请用土法开采界内牛角南安城等处带领洋人各处钻探，又闻有韩适安等呈请开办南安城煤矿并请在出头铺即朱家铺一带探钻煤田"，实际就是梁家"串诱外人，影射托名"前来开矿。这种"改用机器，勾结外人，影射矿地"的做法引起了中兴公司的强烈不满。[1] 公司为此向农商部提出诉讼，在这个过程中再一次运用了经济民族主义工具，"闻南安城有洋工师添设机器，并有洋人魏尔美等盘桓该矿，当时奉系土法，今忽改用机器，恐有私抵洋款之事"，将事态指向外国势力攘夺矿产这个方向。[2] 双方由此展开了系列对战，中兴公司使用的是经济民族主义话语，"万一亏耗巨款，洋人指矿索偿，必至酿成交涉"；梁步海使用的则是政治话语，"在外招摇捏造股东有前清某邸某都督某次长诸人"。[3] 双方由彼此相安无事到争诉激烈，中间隔的，就是经济利益。

实际上，中兴公司基于采煤利益的社会关系网络，也与其他地方事务交织在一起，典型如地方团练。民国初期峄县最早成立的民团为峄县人民保卫团，总团长是县知事，第一分团负责峄县北部七社，团长由士绅担任，峨山口梁步海与齐村崔蓬庵争夺颇为激烈。第一任团长由梁步海担任，之后崔蓬庵趁北伐战争之机夺去团长一职，团附是田瑶峰，幕后参谋是田湘南，第一分团进入崔、田共管时期。到 1932 年，梁步海重新夺回这一职务。之后崔家联合文王峪韩家、马庄褚家等名门大户进行倒梁运动，再次成功取代之，峄北自卫团再次进入崔、田共管时期。对于地方士绅之间你来我往的争夺，中兴公司保持中立态度，但之后崔家违背定约邀请外人丁良臣筹建寨子煤窑，触犯了中兴公司的底线。公司大怒，决定倒崔扶田，努力扶持田瑶峰上位。20 世纪 30 年代全省撤销自卫团，统一改为联庄会，公司借此次机会四处活动，大加吹捧田瑶峰，

---

① 《商办山东峄县中兴煤矿有限公司董事会周学渊等为呈明公司矿界历次成案预请维持保护事》，民国 2 年 9 月，中研院近代史所藏档案，档案号：07 - 24 - 02 - 001 - 02。

② 《咨山东民政长中兴公司所称梁步海拟改用机器开办南安城矿并请饬新矿以及影射洋股各节希转饬查明复部核办由》，1913 年 12 月 24 日，中研院近代史所藏档案，档案号：07 - 24 - 02 - 001 - 02。

③ 《商办山东峄县中兴煤矿有限公司董事朱曜等为呈明公司矿界恳请查照前案严禁破坏以资保护事》，民国 2 年 12 月 22 日，中研院近代史所藏档案，档案号：07 - 24 - 02 - 001 - 02。

终于使田当上峄北联庄会会长。①

综观整个章节，"峄县八大家"等士绅在矿界等方面与中兴公司存在诸多纠葛。面对地方士绅较为密集的控诉，中兴煤矿公司放低姿态，力避冲突，同时采取打拉结合、分化瓦解的政策，有区分地对待地方士绅，一方面欢迎地方士绅入股中兴，构建与地方士绅利益共沾的局面，另一方面对士绅的挑衅不得不强力回应。在管理层看来，中兴煤矿背后不乏省府及中央部门的支持，在占据相对优势的前提下没必要对士绅采取太过激进的举措。作为一个营利性商业组织，公司也应该将更多精力放在运营和生产上。与地方士绅这种强势群体多一次争执，就多消耗一分力量，一味纠缠于和地方士绅间的纠纷冲突，只会干扰公司正常的生产运营。因此，中兴公司管理层一贯采取退避忍让的态度，非到万不得已不予以还击。在平时，他们不放过任何与士绅和好的机会，典型如与中兴公司斗争激烈的崔广沅，他的儿子崔蘧庵后来一直是中兴公司职员。② 此外，公司积极在地方兴建桥梁、学校、医院、消防处等公共机构，以求与商民共沾利益，缓和与他们之间的紧张关系。无论是对地方士绅有选择地建立良好关系，还是积极参与地方事业，都属于中兴公司构建社会关系网络的一部分。这些力量或为公司赢得好的口碑，或为公司发展提供助力，或因减少诉讼降低公司在营业之外的运营成本，从而构成企业发展的重要社会资本。

---

① 田培材：《枣庄旧事拾遗（四题）》，载中国人民政治协商会议枣庄市市中区委员会文史资料委员会编《枣庄市中区文史》第 3 辑，第 154～157 页。

② 蒋树柏：《齐村翰林府轶事》，载中国人民政治协商会议枣庄市市中区委员会文史资料委员会编《枣庄市中区文史》第 2 辑，1992，第 164 页。

第三章　公司与银行之间的关系：基于资金方面的考察

对于近代企业而言，无论是创办还是发展，资金是一个非常重要的因素，近代股份制公司亦受此影响颇大。晚清以来随着国内第一批公司的产生，以股份制为主的资金集结方式开始出现。由于当时国内风气未开，传统的重农抑商观念仍没有完全消除，很多公司在招股过程中屡受挫折。近代企业的创办者只好通过亲朋好友四处拉股，"因友及友辗转邀集"，结果虽工厂勉强开办，但规模亦大受限制。① 另有很多企业为解决资金问题，只好求助于官方或外国资本，却也因此遭遇到了官方的任意干预以及外国经济势力的渗透。

由此可见，企业面临资金问题时多陷于无能为力的境地。钱庄等传统储蓄机构囿于经营观念，很少对近代企业提供借贷。即使提供借贷，亦多看重个人信用，范围颇小。② 近代新式银行的出现，使公司面临的资金问题有了解决的希望。近代银行具备传统储蓄机构所没有的优势，使得它们能够在短时间内聚拢起规模庞大的社会闲散资金。这些条件都为缓解近代企业的资金困难奠定了基础。

当时很多实业家均注意到了银行对近代企业的重要作用，开办过诸多大企业的周学熙就指出："金融机关之于实业发展，实大有密切之关系，盖必先有健全之金融，而后能有奋兴之实业，此全在主持营运者，善于利用及维护之而已。"③ 很多银行也同样意识到与工商业建立密切关系的益处，如金城银行就认为："银行与工商业本有绝大关系，工商业发

---

① 经元善：《中国创兴纺织原始记》，载虞和平编《经元善集》，华中师范大学出版社，1988，第287页；诸葆一：《筹措工业资金之途径（上）》，《公益工商通讯》1947年第1卷第7期。

② 《上海福康钱庄的工业企业放款（1899—1907）》，载中国人民银行上海市分行编《上海钱庄史料》，上海人民出版社，1960，第784~785页。

③ 周学熙：《周止庵先生自叙年谱》，载沈云龙主编《近代中国史料丛刊三编》（8），台湾文海出版社，1985年影印版，第31页。

达，银行斯可发达，故银行对于工商业之投资，自系天职。而投资之目的有二：（1）专谋营业上之利益；（2）助长工商事业之发展。"① 正是建立在这种思想意识的基础上，银行与近代企业逐渐建立起一种互惠互利的借贷关系。对于中兴煤矿公司来说，它由一家最初资金规模很小的煤矿，一跃成为股本1000万元（实收750万元）、最高年产量可达173万吨的国人自办最大煤矿，其发展壮大自然也离不开银行的强力支持。实际上，它与银行之间的关系远较一般企业密切，银行在中兴公司发展过程中扮演着至为重要的作用，从而构成该公司发展过程中必不可少的社会资本力量。下面我们就来详细考察银行与中兴公司之间的密切关系。

一　中兴煤矿公司与近代银行之间的关系

对于中兴公司来说，自其前身中兴矿局开办以来，始终面临着招股不足的困难。就中兴矿局而言，其股东大多与淮军关系密切。这些人或曾为淮军统领，或曾为李鸿章幕僚及其亲属，通过战争、赏赐聚集起较多的个人财富，成为当时社会中较为富裕的阶层。同时他们对投资新式企业并不排斥，又有淮军"盛字营"官员张莲芬作为纽带，在亲朋故旧的拉拢下，纷纷投资中兴矿局。② 1899年中兴公司成立之初，议定以中兴矿局原有机器设备为旧股，因此保留了矿局诸多旧股东。公司开办以来，最初议定股本总额200万元，其中华股六成，德股四成。但因德人嫌条件过于苛刻，不愿投资，德股并未招足，另外华股的募集亦不顺利。当时中兴公司虽得到山东巡抚的支持，准许山东矿业道朱钟琪帮忙招股，但效果并不明显。他们所依赖的招股途径，仍然是通过亲朋好友四处拉股。典型如民国时期有名的江浙银行家——叶揆初，他最初的身份为山东矿业道、公司股东朱钟琪的女婿。他赴济南拜见岳父的时候，先后结

---

① 中国人民银行上海市分行金融研究室编《金城银行史料》，第126页。

② 张莲芬原为浙人，儿时随父兄避难失散，被淮军"盛字营"首领周盛传收为义子，取名周家骥。周临终前遗命家骥归宗，重新恢复张姓原名。周盛传，安徽合肥人，与其兄周盛波所率之"盛字营"为淮军主力，深为李鸿章倚重，后官至湖南提督。周病逝后，谥"武壮"，建有周武壮公祠，其子周家驹先后担任江苏候补道等职，参见周家驹编《周武壮公（盛传）遗书（附：年谱）》，载沈云龙主编《近代中国史料丛刊》（39），第124页；王尔敏《淮军志》，第104、124～125页。

识了与朱关系密切的赵尔巽、张莲芬等中兴股东，之后便被拉入中兴公司作股东。[①]

这种传统的资金集结方式虽有其有利的一面，但毕竟范围有限。公司股东费尽唇舌，所得股本尚与原定总额相差 100 余万元。钱庄虽然曾帮助公司在各地募股，代收股金，但囿于种种原因，并未对公司进行直接借贷。在这种情况下，中兴公司窘迫至极，差点因股款不足而被迫中辍。也就是在这个时候，由津浦路局作保，中兴公司向直隶保商银行及交通银行求助，方安渡难关，这次接触亦为中兴公司与近代银行接触的开始。

张莲芬病逝之后，公司因发生矿难，资金严重缺乏，为此公司招入北洋要员股本，情况方得到缓和。之后随着业务的开展及股东主体的变化，公司总经理处由济南迁至天津，开始与天津各银行发生关联。中兴公司与当地有名的"北四行"（即大陆、金城、盐业、中南四家银行）往来频繁，逐渐建立起一种较为持久的合作关系。1928 年"整理中兴案"发生时，上述银行在争取公司矿产发还过程中发挥了非常重要的作用。此案发生之后，中兴公司将总经理处从天津迁至上海，中兴公司总经理朱启钤亦主动退位让贤，举荐上海银行界重要人物钱新之担任公司总经理，并邀请周作民等银行界人物出任董事。之后，中兴公司借助银行界的势力，实现了自身发展的又一次飞跃。由此可见，银行在中兴公司发展史上扮演着极为重要的作用。当时银行不仅为公司提供业务发展所必需的资金，之后更是对中兴公司进行投资，双方逐渐合为一体，自此展开更密切的合作。从当时的形势看来，银行是中兴公司进一步发展的重要保障力量，屡屡救公司于危难之中。概而论之，当时银行与中兴煤矿公司之间的关系具体如下。

（一）借、贷款及往来透支

对于银行来说，放款是其营业项目中的重要组成部分。根据李一翔的定义，放款是指"银行将其所集中的社会资金按一定的利率放给资金

---

① 顾廷龙：《叶公揆初行状》，载顾廷龙编《叶景葵杂著》，第 418～420 页。

需用者，并约定期限按时归还"。① 放款一般可分为信用放款与抵押放款两种。信用放款中的"信用"指对人信用，一般不需要抵押物品，单凭信用即可直接进行借贷，因此又称无抵押放款。近代银行对信用放款比较谨慎，如金城银行"对于个人之信用放款及透支，以不承做为原则"，只有经过信用调查之殷实公司商号，酌量情形，方能承做。② 至于抵押放款，近代有人专门进行过描述："（抵押放款）系放款之订明一定期限，且向借款人征取抵押品者也。抵押品大都为有价证券，或商品。放款届时不还，可以变价清偿。故虽留意其人，尤当以物为重。宜慎择品物种类，以易于出售，及价格稳定为标准。抵押品通例，按市价七折。如价有变动，可以随时增减其数量。"③ 由此可见，抵押借款的抵押品大致以股票、公司债券以及商品为主，但在实际操作中，亦不乏以矿厂、机器设备、土地等为抵押者。

换个角度，银行的放款对公司来说就是借款。对于中兴公司来说，早期通过信用借款的比重较大，如前述公司通过津浦铁路局作为中介向直隶保商银行及交通银行借款的例子。随着公司不断发展，对资金的需求一日甚于一日，上述缺乏资金的现象愈加频繁出现。1916 年公司营业因矿难而陷入停顿，总经理张莲芬亦积劳成疾而病逝，公司资金严重缺乏，生存受到极大考验。在股东任凤苞的引荐下，黎元洪等北洋大员纷纷投资中兴，一举解决了公司的资金困难，同时亦使得公司的股东主体发生变化。由于新股东大多住在天津，为图便利，公司将总经理处由济南搬到天津。然而这次招股并不能一劳永逸地解决公司的资金问题。随着业务的扩展，公司管理层将大量股本投放在新大井的挖掘以及机器设备的购买上，经常面临资金短缺的问题，不得不向银行求助。

当时公司总经理处搬迁至天津，公司股东中亦有很大比例为在天津做寓公的北洋政府要员，他们同时是各商业银行的大股东，因此这一时期公司与天津各银行之间交往日益密切，尤其是其中的"北四行"。值得注意的是，这些商业银行与带有浓厚官方色彩的交通银行不

① 李一翔：《近代中国银行与企业的关系（1897—1945）》，第 131 页。
② 中国人民银行上海市分行金融研究室编《金城银行史料》，第 153 页。
③ 杨荫溥：《上海金融组织概要》，商务印书馆，1930，第 134～135 页。

同，它们更强调以利益为最高追求目标，更具有商业化色彩。对于它们来说，由于本身资金不如官办银行雄厚，亦缺少政府的大批拨款，因此确保资金的安全成为它们借贷时非常重要的考虑。为求谨慎，他们与中兴公司之间的业务更多以短期借款为主，且借款性质多为抵押借款。当时中兴公司与金城、盐业、大陆、中南及四行储蓄会之间经常发生借贷往来，这类借款通常以公司存煤为担保物，大多属于短期借款，由各行联合提供借贷，数额由各行分担。① 通过这种方式，银行将放款的风险降到最低。

这时期天津各行与中兴公司在放款与透支方面往来较为频繁，如1921 年 12 月 29 日中兴公司与金城银行签订定期借款合同，借洋 30 万元，以公司与顺昌煤号、同盛源煤号之间的售煤合同为担保。② 此后，金城与盐业、中南三行合放中兴煤矿公司借款及往来透支共 40 万元，订期一年，其中 30 万元为定期借款，10 万元为往来透支，以指定存煤为担保。③ 1925 年 11 月 1 日，三行又与中兴缔结契约，借给公司 100 万元，以镇兴、同义、南京同盛源三家煤号的售煤合同为担保，分 3 期交款。次年双方又重新修约展期，并将津浦路局抵押给中兴公司的德发债票 25 万英镑为增加担保物。此项借款于 1926 年 7 月 16 日归还，中兴公司因即将通过银行发行公司债，遂将上项借款清理并付清所欠借款本息 100 余万元，其中利息及展期利息共计 5 万元。④ 诸如此类，不胜枚举。此类放款利息颇高，银行从中获得较高利润，并可以从中获得一定时期内中兴公司存款业务的垄断权。⑤ 金城银行对中兴煤矿的放款情况如表 3 - 1 所示。

---

① 此类合同可参见《中兴煤矿公司借款合同》，1921 年 12 月 24 日，上海市档案馆藏档案，档案号：Q268 - 1 - 457。
② 《中兴公司与金城银行定期借款合同》，天津市档案馆藏档案，档案号：J211 - 1 - 428。
③ 《山东峄县中兴煤矿有限公司与盐业、金城、中南三行订借定期及透支款项合同》，天津市档案馆藏档案，档案号：J211 - 1 - 671。
④ 《中兴公司致三行函》，1926 年 1 月 20 日，天津市档案馆藏档案，档案号：J211 - 1 - 885。
⑤ 如前述公司与三行订立定期借款及透支合同内就规定，公司向银行借款后，"自订约之后，公司允将所有出入及汇拨款项均归三行经理，不再托他行"，参见天津市档案馆藏档案，档案号：J211 - 1 - 671。

表 3 - 1　金城银行对中兴煤矿的放款情况

放款时间	放款数额
1918 年	10 万元
1919 年	10 万元
1921 年	94790 元
1922 年	10 万元
1925 年	33.4 万元
1926 年	33.4 万元

　　资料来源：李一翔：《近代中国银行与企业的关系（1897—1945）》，台湾东大图书股份有限公司，1997，第 39 页。

　　当时各行与中兴公司在银行账户往来时经常出现透支现象。各行对透支额度一般都有限定，如金城银行将中兴透支额度限定在 15 万元，一旦超过此额度，银行便会要求公司立刻拨还多余额数。[1] 截至1929 年 6 月底，中兴公司共欠浙江兴业银行天津分行往来透支款本息37.6992 万元。公司与该行于同年 8 月底订立新的往来透支借款条件，公司将之前所欠 2 万余元归还，余下的 35 万元归入新往来透支账内。该矿透支款两项担保品均为商家及银团应缴煤价，至于利息则较之前更加优惠，为月息 8 厘半。[2] 当时中兴公司在各行透支额及往来欠款颇多，这可以从表 3 - 2 中看出。

表 3 - 2　中兴公司负债约数

欠款种类	欠款数额
公司债券	150 万元
天津四行储蓄会房产押款	27 万元
以上抵押借款共洋 177 万元	
天津金城银行透支	15.4 万元
天津中南银行透支	4000 元

---

[1] 《金城银行致函中兴公司》，1928 年 8 月 6 日，天津市档案馆藏档案，档案号：J211 - 1 - 885。

[2] 《中兴煤矿公司与浙江兴业银行订立新往来透支借款条件》，1929 年 8 月 8 日，天津市档案馆藏档案，档案号：J204 - 1 - 1326。

续表

欠款种类	欠款数额
天津兴业银行透支	32.2 万元
天津中孚银行透支	10 万元
上海中南银行透支	4 万元
上海商业银行透支	1 万元
南京交通银行透支	1.2 万元
上海交通银行透支	2 万元
天津道生银行透支	2.5 万元
天津汇业银行透支	5 万元
天津交通银行定期	6 万元
天津交通银行透支	10 万元
透支利息	7 万元
天津汇业银行定期	4 万元
以上透支银行款项共洋 100 万余元	
保管押款	16 万元
存款	61 万余元
利息	7 万元
商号贷款	3 万元
员司欠薪	7 万元
以上外欠共洋 94 万余元	
本矿公益基金	30 万元
同人公益基金	11 万元
利息	3 万元
各项往来	9 万元
以上共洋 53 万元	
四项约共洋 424 万余元	

资料来源：《中兴公司负债约数》，上海市档案馆藏档案，档案号：Q268 - 1 - 462。

（二）以公司债发行为中心的考察

除了直接的借贷款及往来透支之外，银行与公司之间的关系另有其他形式，亦值得重视，其中一种形式为公司债。所谓公司债，英文名为 bonds 或 corporate bonds，是指股份制公司如遇资金需要时，依一定形式从公众或某特定人借入一定金额并约定偿还日期的有价证券。① 在近代中国，公司债出现的时间较晚，且大多通过银行发行。究其原因，"吾国公司实况，未必为社会所共知，信誉未孚，其发行之债券，自不易直接向公众出售"。② 对于近代企业而言，发行公司债是它们面临资金困难时的一种较优选择，有利于减少人们投资的风险，利于公司短期内募集到更多的资金，便于企业运营。③ 当时我国公司债发行的概况，可通过时人的一份调查得知："我国公司债，素不发达。昔时发行者，仅通泰盐垦公司、纬成公司、北京电车公司、中兴煤矿公司等数种。此中除中兴公司之第一次公司债已于二十四年一月偿清外，通泰、纬成等公司，已陷入无确实担保状态。最近两年，风气一变，公司债之发行又盛。计先后有六河沟煤矿、闸北水电、启新洋灰、民生实业、江南铁路、茂昌、先施、大通煤矿等八家。在计划中者，亦有既济水电（汉口，总额六百万元）、永利化学工业（天津，总额五百五十万元）、利用造纸（镇江，总额六万元）等数家。"④ 其中，就提及了中兴煤矿公司发行的公司债，且业绩在同类债券中尚属不错。下面我们就来具体考察一下中兴公司债发行的前因后果及其具体走向。

　　中兴煤矿的公司债，发行于1926年6月。当时公司受战火影响，运输阻滞，销量骤减，资金周转困难，因此需要大笔资金注入。根据公司当时的描述，"乃自十三年冬，战事卒起，亘续几及两年之久，其间虽略经停顿，然运输迄未通畅，公司营业前途极感困难，存煤屯积，金融滞涩，始则犹恃旧存流动资金可供周转，继则惟恃银行短期借款借以支持，长此苟且补苴，殊非善策。而统筹全局，凡所以恢复营运维持工作者，在在均须现金，方有活动之余地"。⑤

---

① 刘志英：《近代上海华商证券市场研究》，学林出版社，2004，第179页。
② 沈祖杭：《吾国银行与工商业》，《银行周报》1936年第20卷第21期，第8页。
③ 关于发行公司债与直接增股之间的区别，根据时人分析，有以下几点：①股份之募集为形成公司资本之方法，公司债之募集则为增加公司财产之方法；②股息之高低系依每届公司盈余之多寡而定，公司债之利息常为一定；③公司债之清偿为公司之义务，股款之退还为原则所不许；④股款可分次缴纳，公司债则不许分缴；⑤表彰股份之股票为团体证券，表现公司债之债券则为债权证券。参见《华商股票提要》，上海市档案馆藏档案，档案号：Y9-1-85。
④ 《我国公司债券概况》，载《申报年鉴（1936年）》，上海市档案馆藏档案，档案号：Y15-1-42。
⑤ 《中兴煤矿公司募集公司债理由书》，天津市档案馆藏档案，档案号：J204-1-1326。

由此可见，当时公司资金受运输停滞影响颇深。根据公司的营业报告，1925 年公司纯益数目从上年的 212 万余元降到 74 万余元，而公司当时每月的支出就需要 40 万元。截至 1926 年 6 月底，中兴公司各类积欠颇多，计有银行到期借款 100 万元、银行透支款约 25 万元，以及上年股利花红 75 万元。[1] 在这种情况下，公司面临多种融资选择，一种是继续向银行借贷，一种是增加股本，另外一种则是发行公司债。

公司管理层几经考虑，决定采取发行公司债的方式募集所需资金。他们当时为何舍弃其他两种方法，而中意此种方式呢？这背后，包含对公司自身的深层考虑。根据当时公司管理层的想法，"公司现在需款仅为一时救济之用，亦无永久加增资本之必要。至银行方面借款，多为短期，息重期短，殊不合算，况公司已借之债行将到期。再议续借，虽旧债可了，而转瞬新债又届还期，于公司经济周转仍觉寡助。设遇市面紧迫之时，银行界难以援助，续借未经到手而到期者必须偿还，公司必有坐困之日"。[2] 由此可见，公司债相较于"息重期短"的银行借款及影响股东分利的股本增加，有天然的优势。

正是出于这种考虑，公司于 1926 年 6 月 21 日联络与公司业务关系密切的五家商业银行，通过这些银行发行公司债。[3] 当时双方签订合同，约定发行公司债 300 万元，分两期执行。第一期发行 200 万元，其中公司自销 50 万元，其余 150 万元由五行平均分摊销售。[4] 该项公司债有两项抵押品作为保证，一为矿厂存煤 50 万吨，一为津浦铁路续借德发债券英金 25 万镑。[5] 对该项公司债的保障方法，诚如合同中所规定的那样，"于担保存煤内每运一吨，提还本基金六元；于担保存煤外，每运一吨，

① 《中兴煤矿公司募集公司债理由书》，天津市档案馆藏档案，档案号：J204 - 1 - 1326。
② 《中兴煤矿公司募集公司债理由书》，天津市档案馆藏档案，档案号：J204 - 1 - 1326。
③ 当时参与发行中兴公司债的银行有浙江兴业、大陆、金城、中南、盐业五家银行。
④ 《浙江兴业银行、大陆银行、中南银行、金城银行、盐业银行、中兴煤矿公司经理发行公司债券合同》，天津市档案馆藏档案，档案号：J211 - 1 - 4706。
⑤ 《浙江兴业银行、大陆银行、中南银行、金城银行、盐业银行、中兴煤矿公司经理发行公司债券合同》，天津市档案馆藏档案，档案号：J211 - 1 - 4706。此次公司债发行之前，公司因向三行借贷 100 万元，将德发债券抵押给银行，等到中兴公司债发行之后，双方清理旧债，又将此项债券移作中兴公司债第二担保品，参见《三行与中兴公司面定一百万元借款先还办法》，天津市档案馆藏档案，档案号：J211 - 1 - 885。

提付息金二元"。① 至于具体清偿办法，则规定公司第一年只需偿还利息，从第二年起则要还本付息。至于还款的具体办法，则通过抽签形式，每 6 个月抽签一次，借此来偿还部分本息。凡是被抽中的公司债券号码均需还本付息；没被抽中的号码则只付息，本钱到以后抽中时再行偿还。

中兴公司债的发行，对于银行和企业来说，是一次双赢的结果。对公司来说，短期内就已募足 200 万元，可谓迅速见效，极大缓解了资金困难问题，有利于公司业务的扩展。对银行来说，则有双重好处。一方面，经营公司债可以使银行获得数额不菲的手续费，其中规定"由银行代募之债券，按照每次售出总额，给予百分之四，其手续费、邮电费一并包括在内"，而由公司自行招募之债券，亦需要由公司给予银行手续费百分之二。② 这样计算下来，单单手续费一项，银行就可以拿到 7 万元。另一方面，银行将购买公司债作为一种投资手段。如金城银行就认为，"如遇市场利率过于低廉，放款不能合算，或市场利率虽高而放款难期稳妥时，得于有价证券中择其市价稳妥而利较厚者酌为购存，专事生息"。③ 对于银行而言，中兴公司信用素著，值得信赖。此项公司债又有 50 万吨存煤及 25 万英镑德发债券作为担保品，非常符合银行的要求。因此在各银行承销的中兴公司债中，绝大多数被各银行自行收购。④ 然而，让各方始料不及的是，之后国内发生的巨大政治、军事变化很快使该项公司债的担保失去了着落。

就在该项公司债发行后的第二年，全国性的北伐战争爆发。南方的国民革命军与北方的直鲁军在枣庄进行数次拉锯战，有短短一个月内"四进四出"的说法。当时中兴矿区地处枣庄，不仅矿区沦为战区，公司还直接受到各方军事力量的勒索。早在 1927 年，中兴公司就被迫认购

---

① 《中兴煤矿公司债券第二次持券人会报告书》，天津市档案馆藏档案，档案号：J204 - 1 - 1326。

② 《浙江兴业银行、大陆银行、中南银行、金城银行、盐业银行、中兴煤矿公司经理发行公司债券合同》，天津市档案馆藏档案，档案号：J211 - 1 - 4706。

③ 中国人民银行上海市分行金融研究室编《金城银行史料》，第 126 页。

④ 根据 1930 年 1 月 25 日召开的中兴煤矿公司第二次持券人会议的统计，各银行手中掌握的公司债数目具体如下：四行储蓄会，37.2 万元；浙江兴业银行，12.8 万元；中南银行，18 万元；盐业银行，17.2 万元；金城银行，10.1 万元；大生银行，1.8 万元；交通银行，0.8 万元。参见《中兴煤矿公司第二次持券人会记录》，上海市档案馆藏档案，档案号：Q268 - 1 - 465。

二五库券 100 万元，以换取南方国民革命军对矿产的保护。到 1928 年，国民革命军再次占领枣庄，军队驻扎矿上，革命军以"整理"为由，成立整理中兴煤矿委员会（以下简称"整委会"），掌控厂矿大权，将公司存煤运抵上海销售，此后更以"逆产"为由将中兴煤矿没收，这就是著名的"整理中兴案"。此案过程极为曲折，事态的发展将在下章详细描述，此处不赘。

此案发生之后，各银行因利益牵涉不得不勉力支持、四处奔走。其中一项利益牵涉，便为上项公司债。由于此项公司债的担保品存煤被"整委会"运到上海出售，而第二担保品——德发债券也被中兴公司之前变卖以偿还公司债本息，该项公司债就此失去担保。[①] "整委会"在给银行的回复中也提到，对此项公司债不再维持。[②] 也就是说，中兴煤矿被没收后，国民政府对于公司之前发行的公司债不再承认。对于银行来说，之前尚可获得利息的公司债，此时却有变为废纸的可能。各行受此牵连颇深，它们竭尽全力，各显神通，努力争取中兴矿产的发还。

经过各方的努力，中兴公司在缴纳军饷 100 万元的情况下，终于在1928 年 9 月迎来矿产发还。但当时公司停业，"修车费用、公司债、第三期本息及总公司分厂经费、装配、捐税、运力等……在在均需巨款"。公司为求营业恢复，只得四处筹款。当时顾虑到再向银行借款很难，"公司旧债不还，再借新债，势难办到"，公司决定"收新、旧各种债务以及紧要用途归纳一起……比较凭空筹款，似易着手"。[③] 为此，中兴股东几经考虑，决定发行新的公司债，"以新债换旧债"。具体数额在讨论中亦几经变动，最后拟定 350 万元。该项新公司债拟定"以公司全部矿产、

---

① 《中兴公司致五行函》，1928 年 6 月 28 日，天津市档案馆藏档案，档案号：J211 - 1 - 885。

② "整委会"最初对此进行推诿，称"本会成立伊始，对该公司债款一时未及清理，俟将来清理后提交会议得有具体办法，再行正式通告，本会对于该公司在社会上之信用及实业前途断无不力求顾全之理"，参见《整理委员会复五银行函》，1928 年 5 月 15 日，上海市档案馆藏档案，档案号：Q268 - 1 - 462。后来，"整委会"干脆直接否认，称"本会自有处理该公司一切财产之权，亦非曾与该公司发生关系之银行所得过问。要惟由曾与发生关系之银行，径与该公司交涉而已"，参见《整理中兴煤矿之近讯》，《申报》1928 年 8 月 30 日，第 16 版。

③ 《中兴股东关于发行新公司债的建议》（题目由笔者自拟），上海市档案馆藏档案，档案号：Q268 - 1 - 462。

铁路、存煤、机车车辆为担保品，并以所有津浦铁路续借款、德发债券英金二十五万镑为第二担保品"。但由于公司内部及银行界对此态度不一，"嗣后在平津沪三处磋商多次，迄未就绪"，不得不就此作罢。①

此后，公司与银行几经磋商，决定仍然维持原有公司债，不再新发公司债；同时为保障旧有公司债起见，双方决定重新确定担保品。经过发债银行与公司紧急磋商，双方决定以公司部分财产为担保品，具体包括"公司民国十六年度财产目录内所载矿产项下第五款'电气原动部'及路产项下'台枣路各财产'及以后附属于该两部添置之财产"。在此基础上，协议中对还本付息的方法进行了详细的规定，其中规定"津浦路逐日应解中兴公司之款，拨充债券还本付息基金"，"自二十年起按未还本债券总额一百五十万元，分十次，于每年一月七日用抽签法抽还十分之一，至民国二十四年七月一日一律还清"。② 同时为增强监管，持券人还组织专门的委员会，"派稽核一员审核账目催收提款并保管担保物等"，作为监督。③ 协议签订之后，随着公司营业的逐渐恢复，中兴逐年偿还公司债，以抽签法还本付息，最终于1935年1月16日将此项公司债还清。④ 此项公司债历经多年时事变迁，终于得以清偿，这在近代中国公司债发行史上也是不多见的。

（三）股票押款及其他

1. 股票押款

除去前述直接借贷以及公司债之外，另有一种较为重要的形式，那就是股票押款。根据杨荫溥的定义，抵押放款"系放款之订明一定期限，且向借款人征取抵押品者也。抵押品大都为有价证券，或商品。放款届时不还，可以变价清偿"。抵押品一般"宜慎择品物种类，以易于出售，

---

① 关于新公司债数额的变动，可参见《中兴公司债权三百五十万元用途支配表》《五行经理发行公司债契约草约》《发行中兴煤矿公司债要点》《中兴煤矿公司债续发债券》，上海市档案馆藏档案，档案号：Q268－1－462。

② 《中兴煤矿公司债券第二次持券人会报告书》，天津市档案馆藏档案，档案号：J204－1－1326。

③ 《报告变更第一次公司债担保条件并另订还本付息期限案》，天津市档案馆藏档案，档案号：J204－1－1326。

④ 《五行保证书》，天津市档案馆藏档案，档案号：J217－1－346。

及价格稳定为标准"，公司股票恰恰符合这一要求。①

所谓股票押款，是指公司股东以公司股票为抵押，向银行进行私人借贷。这种借款一般规定具体期限，若逾期不还，股票就要收归银行所有。银行或将这些股票直接抛售，或继续持有股票作为公司股东。这种借款实际上是一种信用借款，公司的股票及信誉就是一种信用。对于中兴公司股东来说，这种私人借款比较普遍。很多股东因暂时的经济困难，将股票抵押给银行，作为自己向银行借款的担保，亦有借此帮助他人向银行借贷者。另外，一些公司的股东平素习惯将股票放在某一银行中保存，同时亦向其他银行借贷，这时候就会涉及银行之间客户持有的公司股票的过户。上述两种押款情况的格式分别如下。

（直接押款）本年一月，有人以贵公司积善堂、张云记户第六至十二号股票七纸，计七百股，在敝行押借款项，业经函请注册在案。现时上项股票内第十至十二号股票三纸，计三百股，业由原人赎回……其余股票四纸，计四百股，容俟后押款清结，另再函达。②

（通过银行间股票过户）鄙人现因需用款项，将自置贵行振记户名恭字第三五九号股票一张（计一百股票，面额一万元）向金城银行押解款项，限期本利归清。如到期不能清偿，任凭金城银行自由过户……③

在中兴公司股东中，股票押款比较常见。公司与银行之间关系密切，再加上公司信用素著，所以股票押款屡见不鲜。一般而言，这种以股票为押款保证的私人借款形式，要经过银行与公司两方面的批准方可生效。银行认为公司信用值得信赖、同意股票押款并不意味着手续上的完结，之后银行还要与公司通气，由公司对抵押股票进行核实确认并登记在案。

---

① 杨荫溥：《上海金融组织概要》，第 134～135 页。
② 《天津金城银行致函中兴公司》，1924 年 7 月 12 日，天津市档案馆藏档案，档案号：J211－1－547。
③ 《王景杭致盐业银行函》，1924 年 8 月 23 日，天津市档案馆藏档案，档案号：J211－1－662。

这一过程一般需要核对户名、股号等，另外需要附带原业主通知书，方才完成整个抵押借款的手续。[①] 如股东逾期不能偿还该项借款，银行会将作为抵押品的公司股票据为己有，到时候同样需要知会公司，以完成股票过户手续。

虽然上述借款有公司股票作为抵押，但同样具有风险。受战乱等因素影响，公司股票价格不时走跌，这很容易使银行受困于贬值的股票。针对这种情况，银行在客户抵押股票时常以市价的七折来评估股票的价格，但仍不能保证股票价格不跌破这一界限。[②] 一旦股票价格跌破抵押价格，很容易造成借款人怠于还款，甚至有故意拖延乃至不还者。对于银行来说，它借出数额不菲的钱款，手中得到的却仅仅是一堆贬值的股票，经济损失颇大，为此与抵押股票的公司股东之间常起纠纷甚至诉讼至公堂。下面我们就以中兴公司董事张仲平为例，来分析一下公司股票押款活动中股东与银行之间的紧张关系。

张仲平本名张学良，字仲平，是公司创始人张莲芬之子。之后张作霖之子张学良亦入股中兴，为免重复，所以改用张仲平之名。张仲平继承了其父在中兴的股份，并被选为董事。他在公司中的地位虽然远不如其父，但亦曾一度掌握大权，并为公司出力颇多。1927 年公司被迫购买"二五库券"100 万元，张仲平将其在天津的房地产与公司总经理处一道抵押，方向银行筹得押款 50 万元。[③] 1928 年中兴矿产被没收，又是他四处奔走疏通，最终争取到中兴矿产的发还。张氏父子对中兴公司贡献可谓颇多，张仲平在公司地位颇高，有较大的影响力。但这么一位威望、金钱俱有的中兴大股东，也曾因为股票押款事宜与天津各银行产生纠纷，并闹到几近对簿公堂的地步。下面我们就来考察一下具体的情况。

这件事发生在张仲平与天津盐业银行之间，当时张仲平以中兴公司股票（票面 2 万元）向天津盐业银行透支借款，同时帮公司另一位股东戴鹤轩作担保，以戴所持公司股票（票面 1 万元）为抵押向盐业银行借

① 《山东峄县中兴煤矿有限公司致函天津金城银行》，1924 年 11 月 1 日，天津市档案馆藏档案，档案号：J211 - 1 - 662。

② 杨荫溥：《上海金融组织概要》，第 134 页。

③ 《银行储蓄总会致函沪会》，1927 年 7 月 23 日，上海市档案馆藏档案，档案号：Q267 - 1 - 291；《中兴煤矿公司之呼吁》，《大公报》1928 年 7 月 12 日，第 4 版。

洋 7000 元，约定 6 个月后偿还。① 结果以上两项欠款均逾期不还，拖延颇久，银行多次催缴仍不还。由于当时作为抵押品的中兴公司股票市价过低，已经跌落到不足四成②，银行即使将质押股票全部变卖，亦"差额至巨，不足以资充偿"③。这两笔借款数目不小，张仲平股票押款截至 1929 年 7 月 20 日本息共欠银一万九千零三十二元三角；戴鹤轩股票押款截至 1929 年 8 月 5 日本息共欠银九千三百一十元。④ 如若追还不到这笔款项，银行损失数额颇巨，不得不勉力追债。银行与戴鹤轩"素不相识，并不明其住址，亦莫由直接催偿"，而戴系经张仲平"介绍兼自保证责任而来"，因此银行方面通过律师催促张仲平转为催促戴鹤轩，如果此款仍旧拖延，则只好由保证人张仲平代为偿还。⑤

盐业银行聘请律师吴国蕃致函张仲平，同时附送银行致戴鹤轩函由张仲平转交，希望张仲平 15 天内复函回应。孰料函达两个月之后，毫无消息，"既未见对于银行依约履行，又无片纸示复以言债务责任"。⑥ 银行方面非常着急，感觉受了侮辱，认为张仲平这种举动"固不免于轻视之嫌，即论人情，亦已越乎常理之外"，为此大为火光，试图诉诸司法。但又顾及张仲平与银行"情感素笃"，"故迟至今日未肯代为遽兴诉讼"，而是继续寻求和平解决之道，希望张仲平早日清偿欠款，以免伤害情谊。为此，盐业银行指令律师吴国蕃再次致函张仲平，指明银行顾及往日情谊再宽限 15 天，由张清偿此项借款；同时在信中示警，指出银行的容忍是有限度的，"此为最后催告，倘或仍无圆满清偿办法，惟有即代进行诉

---

① 戴鹤轩乃原公司协理戴绪万的后人，张仲平是原公司总经理张莲芬的儿子，两家既有世谊又是亲戚，张莲芬之妻为戴华藻的外甥女，戴绪万则为戴华藻之侄，参见周家驹编《周武壮公（盛传）遗书（附：年谱）》，第 1133 页。

② 《律师吴国蕃呈天津地方法院》，1929 年 8 月，天津市档案馆藏档案，档案号：J217 – 1 – 632。

③ 《律师吴国蕃致函张仲平》，1929 年 7 月 8 日，天津市档案馆藏档案，档案号：J217 – 1 – 632。

④ 《律师吴国蕃呈天津地方法院》，1929 年 8 月，天津市档案馆藏档案，档案号：J217 – 1 – 632。

⑤ 《律师吴国蕃致函张仲平》，1929 年 7 月 8 日，天津市档案馆藏档案，档案号：J217 – 1 – 632。

⑥ 《律师吴国蕃致函张仲平》，1929 年 9 月 3 日，天津市档案馆藏档案，档案号：J217 – 1 – 632。

讼可也"。① 这相当于对张仲平下的最后通牒。

在催促张仲平还债的同时，盐业银行方面还进行了另一种举措。当时银行虽未对张仲平直接进行诉讼，但也通过律师将这一情况上呈给天津地方法院，摆好了一旦不成即行诉讼的架子。银行上述两手举动，可谓恩威并举、打拉结合。当时银行之所以迅速提出上呈，实乃形势所迫，颇为无奈。当时随着中兴公司业务重心的转移，张仲平已随公司总经理处迁居到上海，住在上海愚园路一百十七号，并开始处理他在天津的房产，其中包括天津法租界四十号路住房一处。盐业银行通过调查发现张仲平卖房举动后，非常担心张变卖房屋后避居他处，"设果如此，则商行之债款日后执行甚感不便"，因此银行方面早早决定上呈地方法院。它们聘请律师吴国蕃，以张仲平卖房逃匿、"戴鹤轩已避匿无踪"为由上呈天津地方法院。② 上呈之后银行并未进行下一步行动，而是继续联系张仲平，希望私下解决，所以才有了最后通牒函件的产生。由此可见，银行当时上呈之举，更多带有施压之意。

让银行既恼火又无奈的是，最后通牒并未收到成效。一年多时间过去了，张仲平方面仍无任何回复消息。对于银行来说，上诉一说更多带有施压之意，并无实际控诉之举，孰料张仲平并未理睬，银行也无可奈何。经过内部紧急磋商之后，盐业银行考虑到张仲平当时已移居上海，中兴公司经理处亦在上海，因此决定由盐业沪行就近交涉。当时津行将借据等寄交沪行，由沪行转托大律师汪子健、刘亨斋办理，告知二人张仲平方面如"万一竟不置答"，"只有依法诉追"，做了最坏的打算。③ 值得注意的是，经过这段时间的交涉，张仲平及其担保的戴鹤轩欠款亦日益增长。截至 1931 年 6 月 20 日，张仲平本息共欠洋二万三千五百五十九元五角五分；截至同年 5 月 5 日，戴鹤轩本息共欠洋一万一千八百二

---

① 《律师吴国蕃致函张仲平》，1929 年 9 月 3 日，天津市档案馆藏档案，档案号：J217 - 1 - 632。

② 《律师吴国蕃呈天津地方法院》，1929 年 8 月，天津市档案馆藏档案，档案号：J217 - 1 - 632。

③ 《朱邦献致函陈蔗青》，1931 年 5 月 12 日，天津市档案馆藏档案，档案号：J217 - 1 - 632。

十元三角四分。①

　　上海盐业银行经理陈蔗青收到津行来函后，一面与汪子健等大律师联系，一面直接找到张仲平，与其交涉。经过面谈，张仲平答应5个月内"就自己名下所欠之款先还若干，表示负责之意，余容从缓设法"。至于戴鹤轩名下所欠各款，他已经屡次催促戴，戴不久即将抵达上海，"亦当促其先还若干"。② 之后陈蔗青将这一情况反馈给津行，得到批准。至此，张仲平终于首次正式表示对此项借款负责，盐业银行经理们的心方放下。

　　之后张仲平与戴鹤轩进行了接洽，并致函盐业银行代理律师汪子健，做出了分步骤还款的承诺。其中，张仲平请求先行偿还欠款零头三千五百五十九元五角五分，其余两万元分四年筹还，并请银行在利息方面给予优惠。至于戴鹤轩，则请求先还三千八百二十元三角四分，其余八千元分两年筹还，在此基础上，戴鹤轩恳请银行方面对于此项借款"每年二分之一利息"，"免予计算"。③ 为表还债的诚信，张仲平在信函中即将尾款支票附上，由汪子健转交盐业银行。

　　盐业银行收到信函后，对张、戴二人的态度基本满意。他们答应了张仲平自身借款核减利息的请求，但对戴鹤轩免去欠款利息的请求比较为难，同时认为戴鹤轩余款筹还期限两年过长。此后汪子健致函张仲平，告知银行态度，此事似乎可以告一段落。然而半年过去了，张仲平方面"迄无切实表示"，并未按照约定还款。盐业银行再次催促汪子健进行交涉，汪接函后面告张仲平进行催促，张仲平再次提出展期要求。④ 此处囿于资料，未知银行方面具体态度，但从事态的后续发展看来，银行已经对张仲平这种一拖再拖的做法感到不耐烦，并未答应张仲平的要求，而是派人继续催缴欠款。面对银行屡次催促，张仲平多采取消极态度应

① 《朱邦献致函陈蔗青》，1931年5月12日，天津市档案馆藏档案，档案号：J217-1-632。
② 《陈蔗青致函朱邦献》，1931年5月15日，天津市档案馆藏档案，档案号：J217-1-632。
③ 《张仲平致函子健先生》，1931年5月31日，天津市档案馆藏档案，档案号：J217-1-632。
④ 《汪有龄致虞生函》，1932年1月14日，天津市档案馆藏档案，档案号：J217-1-632。

对，或避而不见，或一味含糊答应。① 之后双方经过数次沟通，张仲平、戴鹤轩终于答应偿还借款，但时间一展再展，直到1934年3月才偿清借款。② 至此，一段由中兴公司股票押款引起的纠纷方正式结束。

从整个事件我们可以看出，张仲平不但利用公司信用以股票向银行押款，还多次利用公司与银行间的情谊拖延还款。③ 银行之所以对张仲平一再忍让，看重的还是与公司之间良好关系的维持。当双方最终达成还款协议时，张仲平还向银行申请到了利息方面的优惠以及还款的一再展期，由此可见银行与公司之间的密切关系。

在股票押款各方之间的关系中，股票只是一个中介，是一种形成信任的凭证，公司与银行之间密切合作的关系才是背后的决定性因素。同时，这种股票押款更加密切了两者之间的关系。由于很多抵押借款逾期未还，作为借款抵押品的股票由银行没收，该项股票经由公司审查同意后，最终过户给银行。银行或出于投资考虑，或囿于公司股票市价大跌，将大量公司股票留在手中。由于手中的公司股票越积越多，银行逐渐成为公司的大股东，这更加促进了二者之间利益的一体化。值得注意的是，上海盐业银行经理陈蔗青和代理律师汪子健分别成为中兴煤矿公司股东，陈蔗青在1935年当选为公司监察人，汪子健则在1928年"整理中兴案"中当选为股东代表。④

2. 1928年银行替公司机车垫款案

除了各种借贷关系之外，中兴公司因与银行关系紧密、利息休戚相关，在此基础上还衍生出其他关系，典型如1928年银行出资帮助公司垫付机车款一事。

1928年"整理中兴案"后，公司面临的最大问题就是运输，只有将存煤运到上海等处销售，才能谋求营业上的恢复。中兴公司运煤"全恃津浦铁路"，然津浦路局机车数量有限，不能完全满足公司运煤的需要，因此公司经常自购机车及煤车以利于煤炭的外运。早在1927年3月10

---

① 《汪有龄致函亦侯仁兄》，天津市档案馆藏档案，档案号：J217 – 1 – 632。

② 《张仲平、戴鹤轩致函盐业银行》，1934年3月23日，天津市档案馆藏档案，档案号：J217 – 1 – 632。

③ 《汪有龄致虞生函》，1932年1月14日，天津市档案馆藏档案，档案号：J217 – 1 – 632。

④ 陶湘：《中兴煤矿公司大事记》，民国17年、民国24年条目。

日，中兴公司就与德国西门子电机厂签约购买款价 17 万美元的机车，之后由于受国内战事影响，西门子电机厂直到 1928 年"整理中兴案"结束后，始将公司所订机车运到上海，然中兴公司多方亏欠颇多，无力出资。在此情况下，公司只好向银行界求助，这个时候伸出援手的是"北四行"中的金城、盐业银行和"南三行"中的浙江兴业银行。

经过一番接触，银行界答应了公司的请求。1928 年 11 月，金城、盐业、浙江兴业银行与中兴公司、西门子机车厂签订三方合同，其中规定"现议定货物抵上海时，银行应即与提单相对换，将所有货款美金十七万元直接交付与西门子"，由银行先将货款垫清。公司如欲提用这批机车，就必须先将货款十七万元付给银行。①

当时各银行承担此项垫款，尽管仅得到手续费 2550 美元，但这只属于当时银行与公司之间系列合作的一个环节，是与其他方面的合作紧密相关的。在这些合作中，银行所获的经济收益并不小。仅以金城、盐业、浙江兴业三行借给公司赎矿费 35 万元以及垫付西门子机车费用为例，中兴公司许诺以优惠价格售给三行煤炭 10 万吨，"一切关于货价、交货日期、地点及付款办法并其他等等，统与敝公司与大陆煤业公司所订定之卖煤合同内所开列之各条件相同"。② 之后虽囿于各种条件并未兑现，还是付给各家银行 10 万元现金作为补偿。③ 金城、盐业、中南、大陆等"北四行"对中兴煤矿的支持，与多年来双方在天津等地的紧密合作息息相关。随着上海等地金融界人物入主中兴煤矿，业务重心南移的"北四行"也借此与南京国民政府建立关系。

综上可以看出，中兴煤矿与各银行之间关系密切，银行给公司提供包括放款、股票押款在内的各种形式的借贷，在其他方面也对公司进行扶持，为此获得了不菲的利润回报，双方之间往来日益密切，业务量巨大。根据一份资料，到 1927 年中兴公司对各家银行的欠款如表 3 - 3 所示。

---

① 《天津西门子、中兴煤矿公司、具名银行三方合同》，1927 年 3 月 10 日，天津市档案馆藏档案，档案号：J217 - 1 - 346。

② 《中兴煤矿公司出立于金城盐业浙江兴业银行卖煤说明书》，天津市档案馆藏档案，档案号：J217 - 1 - 346。

③ 《中兴公司与三行（上海盐业、浙江兴业总行、金城银行上海分行）订立新合同》，1932 年 4 月 16 日，上海市档案馆藏档案，档案号：Q268 - 1 - 462。

表 3 - 3　中兴公司对各家银行的欠款（截至 1927 年）

单位：元

欠款类型	欠款数额
银行押受中兴股票	1634100
银行给中兴抵押借款	836000
银行给中兴透支借款	870881
银行为中兴担保发行社债	1700000
合计	5040981

资料来源：中共枣庄矿务局委员会等编著《枣庄煤矿史》，山东人民出版社，1959，第 36 页。

　　根据另外一份资料，截至 1928 年 6 月底，与中兴公司有往来业务者有天津中国银行、天津盐业银行、天津中华懋业银行、天津中国实业银行、天津保商银行、天津大陆银行、天津大生银行、天津大成银行、天津大昌银号、济南交通银行、宁浦中国银行、上海中国银行、上海交通银行、上海浙江兴业银行、上海中南银行、镇江交通银行、天津交通银行、天津浙江兴业银行、天津金城银行、天津中南银行、天津中华汇业银行、天津中孚银行、天津道生银行、宁浦交通银行、宁浦商业银行、上海银行等银行分行及银号。[①] 由此可见公司与银行界往来之频繁、覆盖面之广。

　　实际上，银行对公司的扶持，除了因存在经济利益和公交私谊之外，亦另有苦衷。银行通过种种形式将大量资金借与中兴公司，当公司业绩困难乃至生存发生问题时，这些借款也有可能成为镜花水月，银行因利益牵涉其中不得不对公司勉力支持。可以说，因为放贷风险，银行也有迫不得已的一面。银行这一层面的特点，在 1928 年"整理中兴案"中体现得尤为突出。

二　整理中兴案：以银企关系为中心的社会资本的集中体现

　　中兴煤矿的矿区地处山东峄县枣庄，位于津浦铁路枢纽徐州之北。峄县由于地处南北要冲，历来是各路军事势力必争之地。北伐战争时期，来

①　《银行往来余额表（1928 年 6 月底结）》，上海市档案馆藏档案，档案号：Q268 - 1 - 462。

自南方的国民革命军就曾多次占领峄县，并先后两次与中兴煤矿产生关联，该公司因此经历了两次被收归国有的经历。其中 1928 年的这一次，因从公司被整理开始，学界习惯上称之为"整理中兴案"。① 该公司面临矿产被没收的绝境，不得不动用公司各种社会资本寻求自救，其中，银行起的作用至关重要。矿产最终得以保全，与包括银行在内的公司社会资本息息相关。

（一）1927 年中兴收归国有风潮及公司社会资本的初次发动

20 世纪 20 年代，中兴公司进入发展的黄金时期，煤炭最高年产量可达 80 万吨，仅次于抚顺、开滦煤矿。然而好景不长，此后由于军阀混战，公司受影响颇大，矿区存煤山积，公司效益下降甚至连年亏损，到 1927 年 7 月被迫停工。② 中兴煤矿被没收，就是在这样的大背景下发生的。

1927 年 6 月底，国民革命军第四十军贺耀祖部占领枣庄，军队驻矿。不久，蒋介石委任魏炯为中兴矿局局长，前来接收中兴矿产，收归公营。③ 当时蒋介石收到东路军总指挥何应钦的电报，称公司内部存有倪嗣冲、张学良等军阀的股份，属于"逆产"，因此必须没收。中国共产党的渗入，也成为没收的一大理由。④ 根据当时的一份调查资料，中兴公司大股东情况如表 3 - 4 所示。

表 3 - 4　中兴公司个人股本额

单位：股，万元

股东姓名	股数	金额	备注
黎元洪		60	约数
张仲平		45	约数
仅载堂		75	约数
张怀芝	2361	23.61	

---

① 中共枣庄矿务局委员会等编著《枣庄煤矿史》，第 10 ~ 35 页；Tim Wright，"A Mining Enterprise in Early Republican Chinese Society：The Chung-hsing Coal Mining Company"，pp. 531 – 563。

② 《中兴公司十六年度营业报告（一）》，《大公报》1928 年 8 月 7 日，第 4 版。

③ 《都中军事要讯》，《申报》1927 年 7 月 18 日，第 6 版。

④ 李晋：《"前尘影事身历声"之二十三——"我和蒋先生谈山东中兴煤矿事"》，《春秋》1963 年第 135 期。

续表

股东姓名	股数	金额	备注
倪丹忱（倪嗣冲）	2357	23.57	
张少轩（张勋）	2108	21.08	
庄云九		20	约数
朱桂莘（朱启钤）	1010	10.1	
赵尔巽	946	9.46	
徐世章	900	9	
任凤苞（任振采）	780	7.8	
卢德芳	500	5	
田韫山（田中玉）	500	5	
袁乃宽	400	4	
王子春（王占元）	349	3.49	
潘馨航（潘复）	300	3	
张勋臣（张敬尧）	272	2.72	
靳翼青（靳云鹏）	200	2	
潘子和	200	2	
朱曜	170	1.7	
叶誉虎（叶恭绰）	124	1.24	
吴镜谭（吴炳湘）	120	1.2	
冯始平堂	103	1.03	

资料来源：山东省政府实业厅编印《民国十九年山东矿业报告》，济南［出版社不详］，1931，第162~163页。

这份调查资料并不完整，但我们仍然可以看出些许端倪来。上述大股东除了几位身份不是很明了之外，其余都是我们耳熟能详的人物。①这当中不仅有黎元洪、靳云鹏、潘复等曾出任过总统、总理的重大人物，还有在铁路、银行部门任职的"交通系"人物，如朱启钤、徐世章、任凤苞、朱曜，以及张怀芝、倪嗣冲、张勋、张敬尧、吴炳湘这样的地方实力派。除此之外，则杂糅着原中兴矿局股东（如张莲芬之子张仲平，

① 蒂姆·赖特认为"仅载堂"是朱家的堂号（family corporation of Zhu family），他的依据是与复旦大学田汝康教授的私下交流，参见 Tim Wright，"Overcoming Risk：A Chinese Mining Company During the Nanjing Decade"，*East Asian History*，No. 17/18，1999，p. 119。

以及赵尔巽等）及部分商股（如天津大商人庄乐峰之子庄云九）。正是这些北洋政府官员的私人股份，给中兴煤矿公司带来了一次巨大的危机。

在北伐战争期间，"逆产"处理是一个较为普遍的问题。南方的国民政府将斗争矛头指向其对立面——北洋政府的大小官员，他们被指斥为"军阀""政客""反革命"，他们的财产因此成为"逆产"，他们在公司的股份成为"逆股"。北伐战争时期，由于"逆产"处理在实际操作中缺乏详细的执行标准及受"军饷至上"等原则的影响，全国很多地方都出现了"逆产"处理扩大化的现象，商民利益受损，产权得不到保障。当时很多企业因存有军阀政客的"逆股"而整个被没收，这种现象引起工商界强烈不满，然他们亦无可奈何。中兴煤矿此次因存有"逆股"而被收归公有的过程，就是在这样的背景下发生的。

听闻被收归公有的消息后，中兴公司急忙通过董事张仲平在上海向各方疏通，通过六河沟煤矿公司经理李晋以及当时担任财政次长的银行界人士钱新之向蒋介石说情。当时蒋介石在军事上正力图拉拢北方的冯玉祥，而李晋与冯私交甚笃，蒋非常需要李从中牵线搭桥，因此李晋在蒋面前的疏通比较有效。中兴公司素与银行关系密切，在蒋介石派人没收中兴煤矿之前不久，公司刚刚在上海银行界人物陈光甫、钱新之的劝导下认购"二五库券"50万元。得知蒋介石派人将公司矿产收归国营之后，陈、钱二人积极从旁规劝，告知蒋介石公司已认购"二五库券"50万元。[①]如果没收，这50万元将没了着落。

对于蒋介石来说，当时北方战事多变，南军立足未稳，对中兴公司存有"逆股"尚无确切证据，50万元库券在当时确属不小的数额。在这种情况下，蒋介石顺水推舟送了人情，他接受李晋的规劝，取消了之前将中兴煤矿收归国有的决定，改为委派驻矿监督，对公司仅负监督之责，并不触及公司的矿权，之后正式任命与中兴公司关系密切的张轶欧担任此职；至于张学良等人的"逆股"，也被李晋以纯属误会等语蒙混过关。作为交换条件，李晋建议中兴公司加购"二五库券"50万元，总数达到

---

① 二五库券乃1927年5月南方政府江苏财政委员会发行的公债券，以海关二五附税为担保。参见上海市档案馆编《一九二七年的上海商业联合会》，上海人民出版社，1983，第115～118页。

100 万元。① 蒋对此甚为满意，同意中兴公司要求保护的申请，颁布嘉奖令，饬令前方各军对中兴矿产多加保护。② 1927 年 7 月 21 日，该令公布，内容如下。

> 呈悉，据称该公司历受军阀骚扰诛求，濒于破产，自愿认购库券一百万元补助军需，请求保护等情，具见深明大义，殊堪嘉许，应准分电前敌各军予以保护，并分函财、交两部查照办理，以维实业，仰即知照，此批。（总司令蒋中正印）③

此令下达后不久，国民革命军就因战事不利撤出枣庄，矿区再次落入北军控制之下，"予以保护"之语并未切实执行。实际上，在国民革命军占领枣庄期间，中兴煤矿还被其勒款 20 余万元。④ 公司辗转腾挪筹款所购来的百万库券，仅换来空头支票般的嘉奖令。⑤ 好在"二五库券"虽有风险，本身倒也具有价值，假以时日出手，甚至有盈利的可能。但因公司当时积欠银行债务颇多，利息又高，遂将此项库券仓促出让给银行。⑥ 让公司管理层庆幸的是，经济上的损失换来了矿产的保全，并得到了蒋介石的嘉奖令，公司因含有"逆股"而面临的没收风险得以消除，一场没收风波方才平息。

此次中兴矿产得以保全，与李晋、钱新之等人的私人疏通有着至关重要的联系。李晋，字组绅，矿业界著名人物，曾任河南六河沟煤矿经

---

① 李晋：《"前尘影事身历声"之二十三——"我和蒋先生谈山东中兴煤矿事"》，《春秋》1963 年第 135 期；中兴公司实际购买 90 余万，参见《中兴煤矿公司之呼吁》，《大公报》1928 年 7 月 12 日，第 4 版。

② 《中兴公司为认购二五库券呈蒋总司令文》，上海市档案馆藏中兴公司文件汇编（以下简称"上档中兴文件"），档案号：Q268 - 1 - 462。该文件汇编收录了 1927 年 7 月到 1928 年 7 月之间中兴公司与各方交涉的文电、布告、请愿呈文、报纸记载及会议内容摘录等文件 38 份。

③ 《蒋总司令批令》，中国人民政治协商会议枣庄市委员会文史资料委员会编《中兴风雨》，第 128 页，原文误作"民国十七年"，正确版本参见上档中兴文件。

④ 中共枣庄矿务局委员会等编著《枣庄煤矿史》，第 34 页。

⑤ 《中兴煤矿公司之呼吁》，《大公报》1928 年 7 月 12 日，第 4 版；《中兴股东呼吁之呈文》，《大公报》1928 年 8 月 11 日，第 4 版。

⑥ 《中兴公司十六年度营业报告（二）》，《大公报》1928 年 8 月 8 日，第 4 版；黎绍基：《我父黎元洪二三事》，载全国政协文史资料委员会等编《民国大总统黎元洪》，第 39 页。

理，与政界人士关系紧密，当时被称为"政海奇人"。他与中兴煤矿之间的渊源，更多的出于一种私谊。在当时的全国矿业联合会中，中兴煤矿总经理朱启钤任会长，李晋为副会长，两人私交甚笃。而钱新之、陈光甫之所以从中帮忙，一方面是因为银行与公司之间来往密切。中兴煤矿平日与"北四行"及沪上各银行驻天津分行借贷往来频繁，双方债务债权关系紧密，这一点会在下文中详细提及。另一方面则是因为双方在承购"二五库券"时有合作。当时钱、陈二人负责承销"二五库券"，各方认缴并不积极，北方企业更是因为遭到吴佩孚等人的恐吓而不敢购买。[①] 中兴主动承购 50 万元，在当时确属不小数额，可谓帮了大忙。此外，中兴股东中亦有任凤苞等原交通银行重要人物，与交行出身的钱新之、陈光甫有着千丝万缕的联系。对于钱、陈来说，他们在承销"二五库券"等方面与南京国民政府多有合作，陈时任江苏兼上海财政委员会主任，钱更是出任国民政府财政次长，全力负责筹备军饷活动，是国民政府的"钱袋子"，因而与上层人物关系紧密，有机会为中兴进言说情。

上述公司与同业人士李晋的关系，以及与银行界人物陈光甫、钱新之等人之间的公交私谊，在关键时刻发挥了作用。这种平素里积累下来的社会关系网，此时成为保护自身的一种力量，构成公司发展的重要社会资本。这次经历鼓舞了公司，为此后类似遭遇的应对提供了模板。

（二）公开层面：1928 年"整理中兴案"与公司舆论的制造

孰料一波甫平，一波又起。1928 年 4 月，国民革命军再次占领枣庄。同月 16 日，战地政务委员会（以下简称"战委会"）成立了专门的"整委会"，以兵站总监、原江海关监督李飞鹏为首，赴中兴煤矿进行整理，从而拉开了"整理中兴案"的序幕。[②] 在当时，"整理"是南方革命政府比较流行的做法，号称学习西方先进国家经验，由政府部门派专家对国内较大规模企业进行内部整顿，以促进企业乃至整个国民经济的发

---

① 上海市档案馆编《一九二七年的上海商业联合会》，第 45、79 页。

② 《整理中兴煤矿委员会为奉令组织成立致中兴公司函（1928 年 4 月 17 日）》，上档中兴文件；《中兴煤矿着手整理》，《申报》1928 年 4 月 19 日，第 6 版。

展，之前轮船招商局和汉冶萍公司都有过类似经历。① 实际上，"整理"背后往往暗含政府其他意图。俞飞鹏乃蒋介石亲信，北伐时期负责军需供应，此种任命，颇含深意。其所作所为，也绕开了由董作宾主持的负责处理战地民政、财政事务的"战委会"。②

"整委会"到矿之后，虽宣称保障公司利益，实际上却将权力凌驾于公司管理层之上。在给中兴驻矿经理的函件中，该会就明确指出其"对于公司有整顿及管理全权"，"一切办法当绝对听本会之指挥、监督"。③"整委会"到矿后，一方面催促公司派代表商谈整理事宜，另一方面却直接采取系列举措，设立临城及徐州运输处，接收公司各地分销处，封锁总矿存煤，意图他指。中兴公司管理层见"整委会"态度强硬，似有所图，又担心上年没收的情形重现，故设法拖延，并由董事会推举两位代表——张仲平、罗义生赴南京、上海等处活动，与公司各债权银行及农矿部长易培基通气。④ 在此期间，"整委会"露出真实面目，将公司 30 万吨存煤在上海登报标售，"保障公司利益"成为空话，上年的嘉奖令也成为空文。⑤

公司只得派代表与"整委会"交涉，这次会谈由 5 月 8 日持续到 18 日。会谈伊始，公司代表请求将矿产发还公司自办，俞飞鹏提出以下条件作为交换：①公司 30 万吨存煤充公，②没收北方军阀政客的"逆股"。⑥如果说没收"逆股"还有依据的话，存煤充公就是赤裸裸的掠夺，这对于正处困顿之中的中兴公司而言无异于雪上加霜。当时中兴公司各方运

---

① 《清查整理招商局委员会正式成立》，《申报》1927 年 5 月 11 日，第 9 版；《党政府整理汉冶萍铁煤矿计划》，《银行月刊》1928 年第 8 卷第 1 号，"各埠市况"。

② "战委会"成立于 1928 年 3 月，参见《宁府战地政务委员就职记》，《大公报》1928 年 3 月 27 日，第 6 版。

③ 《整理中兴煤矿委员会令中兴驻矿经理对于矿务须秉承左委员办理文》，参见上档中兴文件。

④ 1926 年 7 月 1 日中兴煤矿公司因资金发生困难，遂约大陆、金城、中南、盐业、浙江兴业五家银行，发行公司债 200 万元，其中公司自募 50 万元，其余由五行分摊。详见《中兴煤矿公司发行公司债章程草案》，上海市档案馆档案，档案号：Q268‑1‑462；《津门范金声、阮寿岩、王志申致周作民函》（1926 年 6 月 17 日），中国人民银行上海市分行金融研究室编《金城银行史料》，第 170～171 页。

⑤ 《招投峄煤》，《时事新报》1928 年 5 月 6 日，第 2 版；另见《申报》1928 年 5 月 7 日，第 3 版。

⑥ 中共枣庄矿务局委员会等编著《枣庄煤矿史》，第 37 页。

营停歇，只有存煤因交通阻塞滞留矿区，是公司生存乃至复兴的基础。
当时上海等大中城市正面临"煤荒"，煤炭销售供不应求。面对这种状
况，公司代表竭力与俞飞鹏讨价还价，双方争执的焦点在存煤的没收上，
"逆股"没收反倒成了陪衬。俞飞鹏提出公司报效军饷500万元，作为发
还存煤的替代条件。经钱新之等银行界人物从中斡旋，加上公司代表几
番交涉，报效数额降到100万元。①　在支付方式上，俞坚持公司一次性付
清现款100万元。而对于"逆股"没收一节，中兴代表以公司股票"辗
转抵押"、股东早已发生身份转换为由，要求"缩小范围"。俞飞鹏答应
在审查股东名簿后"商酌"处理，实际上是在缴纳军饷的条件下做出让
步，暗示会放宽界限。②　在此基础上，双方达成协定，公司报效军饷100
万元，"逆股"充公，商股发还。此次谈判，银行界钱新之、胡笔江从
中斡旋，出力颇多。③　会谈结束后，俞飞鹏离开上海，返回徐州。双方
第一次会谈告一段落。

　　之后由于前方军饷需用甚急，俞飞鹏多次催促缴款，并对公司施压。
公司代表在拖延无果的状况下，只得联络上海各家银行及煤商进行借贷。
但各银行因公司抵押无着，旧债过期，欠债太多，且营业权等均集中在
"整委会"手中，心存顾虑，不愿再予借贷。公司代表复求诸煤商，与
刘鸿生接洽，以中兴煤炭在长江流域10年的包销权换取借款100万元。
之后公司又担心受制于刘，遂邀请各债权银行共同承担这一借款，由煤
商、银行各付一半，借款总额亦增加到150万元，刘鸿生对中兴煤的包
销权亦改为7年。④　由于当时各债权银行内部对此次借款意见并不一致，
煤商亦因"运输办法及政府保障不遂"而退出，导致计划流产。⑤　不久

---

① 《山东中兴煤矿公司要闻详志》，《银行月刊》1928年第8卷第8号，"国内经济"。
② 《中兴煤矿已由整委会接收》，《申报》1928年7月16日，第9版。
③ 《整理中兴煤矿之近讯》，《申报》1928年8月30日，第16版。
④ 《钱新之致周作民、谈丹崖密电》，天津市档案馆藏档案，档案号：J215-1-981；上
　　海社会科学院经济研究所编《刘鸿生企业史料》（上册），上海人民出版社，1981，第
　　45-47页。
⑤ 《大陆银行回复胡笔江、钱新之函》，1928年6月18日，天津市档案馆藏档案，档案
　　号：J215-1-981；《山东中兴煤矿公司要闻详志》，《银行月刊》1928年第8卷第8
　　号，"国内经济"。俞飞鹏对此并不相信，坚称公司已借到此款，参见《中兴煤矿已由
　　整委会接收》，《申报》1928年7月16日，第9版。

"整委会"再次通电施压，语含威胁之意，并催缴公司股东名册。① 公司代表在重压之下，一面呈请农矿部主持此事，希望能够避开"整委会"，模仿上年的做法，以购买库券的方式代替缴款军饷百万，将公司的损失减到最小；一面继续同银行接洽借款事宜。几经协商后，公司与各银行向政府提出以下条件：第一，此次报效须请国民政府、山东省政府批准立案，公司自缴纳这项特款后，所有一切特别捐税，准予豁免；第二，公司发行短期债券 100 万元，由津浦路局签字担保；第三，由"整委会"呈请交通部，令津浦路局按照中兴与津浦原定交换利益合同确定疏通办法；第四，以矿产为抵押。② 俞飞鹏此时已经抵沪，双方就此进行了磋商。俞仍坚持公司一次性付清百万军饷后再谈其他条件，双方谈判陷入僵局。在迟迟得不到答复后，俞拒绝谈判并离开上海。

这一期间公司代表与"整委会"交涉，多有借故拖延之意。当时公司股东与各银行内部反对缴纳此项报效的声音非常大。在得知"整委会"即将随"战委会"一并裁撤的消息后，公司及银行内部反对的声音占了上风，他们希望借机撤销"整委会"对公司施加的一切强制性举措，尤其是勒派的百万军饷。③ 之后，针对俞飞鹏屡次催款，公司董事会采取"彼急我缓"的策略与之周旋，在上缴股东名簿等方面设法推托，还计划组织"股联会"与之抗衡。④ 孰料"整委会"并未裁撤，转而直属司令部，公司愿望落空，他们的举动更是惹恼了军方。俞飞鹏对此早已不满，他以公司"（贷款）借定后，乃忽要求条件甚多"为由，将此事汇报给当时正在汉口的蒋介石。⑤ 蒋大怒，在回电中声明，30 日之前公司如果不缴纳百万军饷现金，便是"军阀奸商朋比为奸"，便要

---

① 《俞主任致中兴代表电为催促缴款开工并送股东名册由》，1928 年 6 月 19 日，上档中兴文件。
② 《中兴公司代表呈农矿部呈报与整委会接洽经过情形请予维持原议文》，1928 年 6 月 30 日，上档中兴文件；中共枣庄矿务局委员会等编著《枣庄煤矿史》，第 37～38 页。
③ 随着军事行动渐趋结束，"战委会"行将撤销，作为其下属的"整委会"原定一并裁撤，参见《整理中兴矿务委员会令中兴驻矿经理限期缴款开工并送股东名册文》，1928 年 6 月 17 日，上档中兴文件。
④ 苏任山：《"整理"枣庄中兴煤矿公司案始末》，载全国政协文史资料委员会编《文史资料存稿选编·经济》（上），中国文史出版社，2002，第 1023 页。
⑤ 《中兴煤矿已由整委会接收》，《申报》1928 年 7 月 16 日，第 9 版。

没收煤矿。① 6月30日，俞飞鹏向公司发出最后通牒。② 7月3日，公司总经理朱启钤致函蒋介石请求谅解，公司代表张仲平亦同时赴南京私下活动，均未果。③ 7月5日，蒋介石公告正式下达。7月10日俞飞鹏赴矿接收一切。④ 中兴煤矿正式被收归国有。此后不久，"整委会"在沪报继续刊登广告，售卖公司存煤。⑤ 当时的没收公告内容如下。

> 查中兴煤矿公司，北方军阀所占递股颇巨，其余奸商所占股份平日多借军阀为护符，故此次该矿竟敢朋比为奸，背约要挟，希图阻挠军饷，实属咎由自取。应将该矿所有财产一律充公，并着该主任组织委员会克日接收整理，以示惩儆而维矿务。除布告函知分令外，合行令仰该公司即便遵照，克日将所有财产逐一清点，交俞主任接收切实整顿。如敢违抗，定予严办不贷，凛凛切切，此令。总司令蒋中正⑥

面临窘境，公司管理层并未坐以待毙，而是积极展开自救。这期间，中兴公司及其社会关系网通过各种途径展开自救，制造舆论是其中重要的一环。当时，中兴管理层非常重视舆论的作用，总经理朱启钤在1928年召开的股东临时会上专门提到过舆论的重要性，"可望社会舆论援助"。⑦ 此后他们积极利用新政权立足未稳、民心尚未收服之机，积极制造舆论向政府施压。其中，银行扮演了极为重要的角色。

（1）公司及各相关团体的通电请愿

中兴矿产被没收后不久，公司两位董事张仲平、罗义生就在南京联

---

① 《蒋中正电示俞飞鹏中兴煤矿款不付清公告为军阀奸商资本著即充公》，1928年6月29日，台北"国史馆"藏蒋中正档案，档案号：002010100014040。
② 《俞主任致中兴代表电知照奉令接办由》，1928年6月30日，上档中兴文件。
③ 《中兴煤矿公司之呼吁》，《大公报》1928年7月12日，第4版；《中兴煤矿没收问题》，《大公报》1928年7月30日，第2版。
④ 《蒋总司令令中兴公司交出全部矿产文》，1928年7月5日，《整理中兴煤矿委员会令中兴驻矿经理文》，1928年7月10日，上档中兴文件。
⑤ 《枣庄中兴矿煤招标广告》，《申报》1928年7月15日，第3版；《枣庄中兴矿煤再行招标广告》，《申报》1928年8月16日，第3版。
⑥ 《蒋总司令令中兴公司交出全部矿产文》，1928年7月5日，上档中兴文件；《中兴煤矿实行充公》，《申报》1928年7月8日，第11版。
⑦ 《山东中兴煤矿公司要闻详志》，《银行月刊》1928年第8卷第8号，"国内经济"。

名致函国民政府各部门，揭露"整委会"的不当举措，但未收到成效。①
8月10日公司在天津紧急召开临时股东大会，会上选出黎绍基等"才识
明达、能赴各方应对、确有办事经验"的七位股东代表，加上原来两位
董事一道南下交涉。② 公司代表到达南京后，登报声明不服"整委会"
对中兴煤矿的处理，并向政府各部门递交请愿书，但收效甚微。各部门
"多无批答，即间有一二处批示，词意空洞，不得要领"。③

　　除公司自身之外，另有一些团体机构以通电形式对其进行声援。这些机
构平时与公司之间有着紧密的经济、社会联系，公司被没收对它们影响颇大。

　　其中，首要的便是银行。早在1926年中兴公司因资金发生困难，约请
大陆、金城、中南、盐业、浙江兴业五家银行发行公司债200万元，其中
银行分摊150万元，各行自购数额颇多。④ 此项公司债以50万吨存煤为抵
押品。"整委会"赴矿后标售公司存煤乃至最终没收整个煤矿，都极大危
及该项公司债的存在。另有多家银行，因通过中兴股票押款、抵押借款、
透支借款等方式与公司产生关联，亦受到牵连。⑤ 其中，仅中兴股票押款
一项，数额就有160多万元，波及19家银行及银号。⑥ 各银行因与公司
间的债务关系而被迫牵涉其中，"有愈套愈深之虑"。⑦ 盖欲使公司债券及
抵押股票等不至成为废纸，各银行就不得不与公司一道争取矿产的发还。
各银行联名呈请蒋介石及国民政府各部门，要求"整委会"继承公司义

① 苏任山：《"整理"枣庄中兴煤矿公司案始末》，第1024页。
② 《中兴股东临时大会记》，《大公报》1928年8月11日，第3版；《山东中兴煤矿公司
　要闻详志》，《银行月刊》1928年第8卷第8号，"国内经济"。最后选出的七位股东代
　表是黎绍基（黎元洪之子）、周星棠（汉口总商会会长）、汪子健（大律师）、唐伯文
　（钱新之亲戚）、胡圣余（蚌埠巨商、驻矿经理）、胡英初（黎元洪亲信、财政部人
　员）、林斐成（大律师），银行家胡笔江被选为候补代表。
③ 《中兴煤矿公司第十七次股东会决议录》，公司自刊，1928年11月18日。
④ 《五行经理发行公司债券合同》，1926年6月21日，天津市档案馆藏档案，档案号：
　J217-1-346；《津行范金声、阮寿岩、王志申致周作民函》，1926年6月17日，中国
　人民银行上海市分行金融研究室编《金城银行史料》，第170~171页。
⑤ 中共枣庄矿务局委员会等编著《枣庄矿务史》，第36页。
⑥ 《中国银行等呈蒋总司令、国民政府、农矿部、工商部为押受中兴股票甚多请伤整委会
　继承义务文》，上档中兴文件；《中兴煤矿没收后银行债权之调查》，《时事新报》1928
　年9月5日，第1版。
⑦ 《盐业银行朱邦献致郇卿、松岩函》，1928年10月18日，天津市档案馆藏档案，档案
　号：J217-1-346。

务，提出让其偿还公司债、承认股票押款等要求。① 而"整委会"对公司所欠银行债务多番推诿乃至一概否认，各银行向国民政府各部门的呈文也迟迟未获答复。② 它们转而求助于上海银行公会，由银行公会向国民政府通电施加压力。③ 这种通电和时论在当时极易引发金融界、实业界的共鸣，《钱业月报》也发表时评，指出"夫全矿股份未必全为逆产，若以办实业者为逆产，讵不令企业家寒心？果有逆产，当分别清理，不宜一概论也"。④

上海总商会这一期间亦以通电请愿的方式声援中兴煤矿。⑤ 该会一方面因籍贯、业务等联系与上海银行界关系密切，借此与中兴公司产生关联；另一方面，中兴煤矿被没收对上海商界也是一种政治资源。他们早已对政府在"逆产"处理过程中损害商民财产的举动不满，同样需要借助这一事件来表达自己的政治诉求。⑥ 双方在此间联系紧密，积极通气。此次通电的写作更是得到了中兴董事张仲平的指导，强调通电"似应以有关全国实业经济前途立言"，还托人带去公司文件作为参考。⑦ 实际上，除了通电声援之外，上海商界、银行界还派出以虞洽卿为首的请愿团奔赴南京，在国民党第二届中央执行委员会第五次全体会议上提交请愿呈文，提出包括解决"整理中兴案"问题在内的多项诉求。⑧

作为同业组织的全国矿业联合会亦通电声援中兴。⑨ 此举在一定程

① 《发行债券银行呈蒋总司令、农矿部、工商部、财政部为中兴矿产没收请示所发社债应如何继承履行文》，1928 年 7 月 22 日；《浙江兴业银行等呈蒋总司令、国民政府、农矿部、工商部为放与中兴款应如何承受偿还请明令宣示文》；《中国银行等呈蒋总司令、国民政府、农矿部、工商部为押收中兴股票甚多请饬整委会继承义务文》，上档中兴文件。
② 《整理委员会复五银行函》，1928 年 5 月 15 日，上档中兴文件；《整理中兴煤矿之近讯》，《申报》1928 年 8 月 30 日，第 16 版。
③ 《五行致上海银行公会函》，1928 年 8 月 27 日，上海市档案馆藏，S173－2－18；《银行公会请收回没收中兴煤矿成命》，《申报》1928 年 9 月 3 日，第 14 版。
④ 尚：《中兴长兴煤矿收归国有之误谬》，《钱业月报》1928 年第 8 卷第 9 号，转引自陈志武、李玉主编《制度寻踪·公司制度卷》，上海财经大学出版社，2009，第 247 页。
⑤ 《总商会请收回中兴充公成命》，《申报》1928 年 9 月 11 日，第 14 版。
⑥ 上海市档案馆编《陈光甫日记》，1928 年 8 月 3 日，上海书店出版社，2002，第 48 页；经济会议秘书处编《全国经济会议专刊：民国十七年》，载沈云龙主编《中国近代史料丛刊三编》(87)，台湾文海出版社，1999 年影印版，第 168 页。
⑦ 《张仲平致浙江兴业银行总经理徐振飞电》，1928 年 7 月 26 日，上海市档案馆藏档案，档案号：Q268－1－462。
⑧ 《沪商代表之请愿》，《时事新报》1928 年 8 月 12 日，第 4 版；《沪商代表请愿书》，《时事新报》1928 年 8 月 12 日，第 4 版。
⑨ 《全国矿联会为中兴吁恳》，《大公报》1928 年 8 月 9 日，第 2 版。

度上反映了煤矿业同行的支持，中兴煤矿在当时被视为"直鲁热察绥奉吉黑各矿处理之模范"，自整理的第一天起就引发了各方关注。当时《矿业周报》有社论评价道："革命政府对中兴之处置，与社会之观感，有数点可注意者：（一）在革命期间政府对生产基本之矿场，处置如何？（二）政府对完全民办之大企业之主旨如何？（三）政府对向来痛苦，近年更遭失业流亡之北方煤矿工人之救济方法如何？（四）政府对于民国元勋之巨大产业之待遇如何？其尤要者，（五）则在国民革命期间，政府对重大财源之民间产业，与革命进展之运用如何？凡此诸端，皆一班社会所仰望而欲早得闻知，尤属全国矿人所片刻难忘，魂梦相依者。"①其与公司私密的联系在于，当时该会会长即为中兴煤矿公司总经理朱启钤，李晋为副会长。朱本人不便出面，便授意李晋代理操办，由上年选派但一直未赴任的中兴驻矿监督张轶欧主笔，拟定通电全文，并以矿业联合会的名义发出。②此次通电，可谓公私兼济。

除此之外，尚有以梁步海、金方远、田冠五为首的峄县地方士绅向"整委会"发出函电请愿。③此类士绅在地方日常事务中与公司既颇多合作又偶尔冲突，但整体受惠不少，他们家族中多有成员手握中兴股份，因此牵涉其中。另外，中兴公司广大中小股东及高级职工，亦因牵涉个人切身利益，集体向政府通电请愿。④

以上各类机构、团体及个人，平时因私人交情、同业联系、业务往来、工作生计等利害关系与中兴公司产生关联，并互利互惠，从而构成该公司的社会资本。他们平日里与公司因各种经济利益往来，结成紧密的利益共同体，命运休戚相关。中兴煤矿被没收后，他们的利益受到极大损害，遂以团体通电、联合署名的方式给当局施加压力，对公司加以声援，营造了一种舆论场。⑤这种舆论场的营造，是有技巧和侧重的，

① 筼：《战地矿业与中兴煤矿》，《矿业周报》第2号，"编辑者言"。
② 《全国矿联会为中兴吁恳》，《大公报》1928年8月9日，第2版；李晋：《"前尘影事身历声"之二十三——"我和蒋先生谈山东中兴煤矿事"》，《春秋》1963年第135期。
③ 《峄县公民为中兴公司呼吁》，《大公报》1928年8月4日，第2版。
④ 《中兴公司全体职工呈国府军会各机关函》，《银行周报》1928年第12卷第35号，"杂纂"。
⑤ 许纪霖对近代中国民间通电的舆论作用进行过较为深入的研究，尤其注意到通电中的"联署"方式，参见许纪霖《近代中国的公共领域：形态、功能与自我理解——以上海为例》，《史林》2003年第2期，第84页。

比如营造舆论的重心在"请其注意此事关于政府之威信暨经济实业之前途"，出头露面的人应该有商股代表，"以商股出面措词，一切更较便利"。①

（2）报纸舆论的制造及其背后力量

这一时期公司的舆论制造，除了通电请愿之外，报纸才是主阵地。中兴管理层积极利用各种关系网，通过报纸制造舆论，向当局施压。

该过程可分为两个阶段。第一阶段以《大公报》为舆论阵地，主要在北方商界中进行宣传。该报自7月9日起陆续刊登中兴公司各方往来的电报、信函及请愿呈文等，对外宣传"整理中兴案"的经过，争取各方同情。7月12日，直接刊登中兴公司总经理朱启钤向"整委会"及蒋介石发出的函电，掀起了中兴舆论大潮的序幕。② 14日更是刊出社评《论没收中兴煤矿事》，就此事进行专门点评，对政府的相关政策提出异议，指出"一公司之股东犯没收之罪，只能没收其个人之股票，不能没收发出股票之公司整个之财产，其理至明，否则只要一股东个人之产应没收，即可作为公司整个法人之产可没收之理由，公司制度根本上将不能一日存在也"，在此基础上暗讽政府手段不光明，"深盼政府以光明正大之手段出之"。③ 此后又刊登公司与各方来往的信函等，在北方商界中影响颇大。④

第二阶段，主要集中在公司与"整委会"在《申报》等沪上报纸的一番较量。8月股东代表南下上海之后，与"整委会"展开对该事件舆论话语权的争夺，焦点集中在《申报》。获悉"整委会"与大陆煤号签订售煤合同的消息后，公司代表马上在《申报》连续刊登启事，对签约商家发出示警信号。⑤ 此后，上海银行公会延请著名大律师陈霆锐登报公告，声明中兴公司存煤的抵押物权，以追求法理上的正当性。⑥ 不久，中兴代表又将公司股东向国府各机关的请愿呈文在沪上各大报纸连续刊

---

① 《中兴股东临时大会记》，《大公报》1928年8月11日，第3版；《山东中兴煤矿公司要闻详志》，《银行月刊》1928年第8卷第8号，"国内经济"。

② 《中兴煤矿公司之呼吁》，《大公报》1928年7月12日，第4版。

③ 《论没收中兴煤矿事》，《大公报》1928年7月14日，第1版。

④ 《中兴煤矿没收问题》，《大公报》1928年7月30日，第2版。

⑤ 《中兴公司全体股东启事》，《申报》1928年8月28日，第8版，此后一段时间逐日刊登。

⑥ 《陈霆锐律师代表发行中兴煤矿公司债券银行声明抵押物权》，《申报》1928年9月2日，第9版。

载，通过公司眼中"整理中兴案"形象的塑造，向各界诉苦，争取各方同情和支持。[①] 此举收到较大效果，就连著名教授胡适也关注了这一事件，他在 1928 年 9 月 5 日的日记中附上了一张剪报，就是《中兴煤矿公司全体股东向国府各机关请愿呈文》。[②] 实际上，一直到 1928 年底，胡适对这件事还愤愤不平，他在写给蔡元培的信中专门用一大段话表达了自己对这一事件的看法。他说："国家无监察政府之机关，则人民将厌恶政府，鄙弃政府。近数月来中兴煤矿公司之事便是一例。此案中政府（？）勒索之巨，手段之黑暗，真骇人听闻。公司呈诉无门，只好以呈文刊登报纸的广告，然终无效果，只好俯首听政府（？）的宰割。然而政府的尊严与信用从此扫地了；厌恶鄙弃，谁能怨他们呢？"[③]

对公司大肆制造舆论的做法，"整委会"渐感压力。《中兴公司全体股东启事》的登报更使得签约商家犹豫不决，"整委会"售煤受阻。而在中兴公司营造的舆论中，"整委会"被刻画成一味勒索商民的形象，"未闻整理之方，而先施筹款之令"，亦使其大为光火，急切需要展开自我辩解，夺回对"整理中兴案"的对外阐释权。[④] 8 月 30 日"整委会"在《申报》刊登专文，对公司展开还击。该文逐条驳斥前述《中兴公司全体股东启事》，并在此基础上塑造了另外一个完全不同的"整理中兴案"，将所有责任推到中兴煤矿身上，并痛斥总经理朱启钤为"北洋政府有名之贪官污吏"，其"破坏本会标煤"的行为"纯为反革命行为已无疑义"，语气非常强硬。[⑤] 双方在《申报》上的这次论争，亦从另一层面反映了舆论的重要性。

实际上，从《大公报》到《申报》，中兴舆论制造的背后，亦与公司拥有的社会资本紧密相关。《大公报》的经理吴鼎昌起家于盐业银行，当时担任该行经理。而盐业银行正是帮助中兴公司发行公司债的五家债权银行之一，故《大公报》在此间为公司制造舆论不遗余力。至于《申报》等

---

① 《中兴煤矿公司全体股东向国府各机关请愿呈文》，《申报》1928 年 8 月 31 日，第 4 版，另见于《新闻报》1928 年 9 月 3 日，第 9 版。

② 曹伯言整理《胡适日记全编》(5)，安徽教育出版社，2001，第 263 页。

③ 《胡适致蔡元培函（1928 年冬）》，载中国蔡元培研究会编《蔡元培全集》第 14 卷，浙江教育出版社，1998，第 389 页。

④ 《中兴股东呼吁之呈文》，《大公报》1928 年 8 月 11 日，第 4 版。

⑤ 《整理中兴煤矿之近况》，《申报》1928 年 8 月 30 日，第 16 版。

沪上报纸，虽表面持中立态度，实际上受上海商界、银行界影响颇大，公司、银行等的声音得以由此发出。当时，《申报》主笔陈景韩因与钱新之关系密切，与中兴煤矿公司牵涉甚多，亦从中奔走出力。① 舆论的背后，隐藏的仍然是经济利益，银行的影响力在此间仍然得以延续。

（三）私下层面："整理中兴案"与私人关系网的疏通

1. 公司代表利用国府部门间矛盾的疏通

除了上述公开层面的舆论制造之外，公司还进行了私下人际关系的疏通。早在公司代表与"整委会"谈判之前，他们就提前疏通了农矿部长易培基，以求在谈判中占得先机。当时公司试图利用农矿部与"战委会"之间的矛盾，争取更大的回旋余地。北伐战争时期，"战委会"与农矿部因职权重叠，自成立之时就存有矛盾。"战委会"成立初始，并未邀请当时正筹备成立的农矿部参加，埋下了双方矛盾的引子。而"整委会"的成立，也绕过了农矿部及其颁布的《清理战地厂矿条例》。② 双方在由谁来主导中兴煤矿这一问题上产生了进一步的纠纷。

此举一定程度上收到了成效。农矿部长易培基在国府会议上提出议案，反对其他部门接收中兴矿产，矛头直指"战委会"；之后又火速派遣农矿部参事左宗澍参加对中兴煤矿的整理。③ 公司代表在与俞飞鹏谈判期间，多次致函易培基，希望能够绕开"整委会"，由农矿部主持此事，以运煤拨款或购买库券的方式代替缴纳军饷百万，将公司的损失减到最小。④ 但总的看来，这些努力的收获微乎其微。⑤ 由于俞飞鹏及"整

---

① 苑继平主编《枣庄煤史》，第 6 页。此案平息后，陈进入中兴公司管理层，历任公司协理、董事，参见中共枣庄矿务局委员会等编著《枣庄煤矿史》，第 42～43 页。

② 筠：《战地矿业与中兴煤矿》，《矿业周报》第 2 号，"编辑者言"。南京国民政府初期这种由职能重叠所导致的部门间矛盾层出不穷，参见徐建生《民国时期经济政策的沿袭与变异（1912—1937）》，福建人民出版社，2006，第 26 页。

③ 《农矿部在国府会议提案禁止其他机关干涉中兴事》；《节录国府第 56 次会议决案之一》，1928 年 4 月 20 日；《农矿部长为派员赴矿调查致战地政务委员会蒋主席电》，上档中兴文件。

④ 《中兴公司代表呈农矿部呈报与整委会接洽经过情形请予维持原议文》，1928 年 6 月 30 日，上档中兴文件。

⑤ 农矿部长易培基曾向蒋介石及"整委会"疏通"酌留存煤"未果，参见《农矿部长致蒋总司令函请勿将中兴存煤全部变卖由》，上档中兴文件。

委会"背后有蒋介石支持，有明确的助饷目的，农矿部对此亦无可奈何。

2. 股东私人关系网及私人疏通

中兴公司股东大多具有显赫身份，有很多北洋政府官员的私人投资。根据之前的那份大股东名单，当时中兴大股东有黎元洪、张怀芝、倪嗣冲、张勋、朱启钤、赵尔巽、徐世章、任凤苞、田中玉、袁乃宽、王占元、潘复、张敬尧、靳云鹏、朱曜、叶恭绰、吴炳湘等北洋政府要员。这些人曾官居显位，大到总统、总理，小到地方督军，有着广泛的社会资源可供利用。公司总经理朱启钤更是曾任国务总理等职，是"交通系"的核心成员，长袖善舞，是北洋政府时期活跃在政治舞台上的重要人物。

由于牵涉切身利益，股东们纷纷动用私人关系网展开自救。实际上，6月30日收到最后通牒后，公司仍一面拖延，一面绕开俞飞鹏与"整委会"，利用股东个人关系网进行疏通。中兴矿产没收前，朱启钤就去北平"托人向蒋氏说项"，蒋介石说"如诚意缴款，没收一节，可从缓进行"，并通电"整委会"暂停没收。① 7月3日，公司总经理朱启钤致函蒋介石请求谅解，公司代表张仲平在南京"私向各方运动"，均未遂。② 公司矿产没收后，朱启钤又致函蒋介石请求发还矿产，并通过李晋向蒋当面疏通，"蒋云回京再商"。③ 之后，公司代表还在南京疏通了交通部长王伯群等人，取得了他们的支持。④ 实际上，这种疏通并未因"整理中兴案"的结束而告终。公司矿产发还后，黎绍基继续在南京疏通，见到了李宗仁、易培基、谭延闿等，众人许诺"自当尽保护之责"，"切实整顿"，"对于黄陂遗产允为尽力保护"。⑤

以上私人疏通，大多与公司股东的私人关系网息息相关。中兴股东中相当一部分是北洋政府时期的高官显贵，他们拥有广大的社会资源可

---

① 《山东中兴煤矿公司要闻详志》，《银行月刊》1928年第8卷第8号，"国内经济"。

② 《中兴煤矿公司之呼吁》，《大公报》1928年7月12日，第4版；《中兴煤矿已由整委会接收》，《申报》1928年7月16日，第9版。

③ 《中兴煤矿没收问题》，《大公报》1928年7月30日，第2版；《山东中兴煤矿公司要闻详志》，《银行月刊》1928年第8卷第8号，"国内经济"；李晋：《"前尘影事身历声"之二十三——"我和蒋先生谈山东中兴煤矿事"》，《春秋》1963年第135期。

④ 中共枣庄矿务局委员会等编著《枣庄煤矿史》，第39页。

⑤ 《黄陂遗产中央各要人允竭力保护》，《顺天时报》1929年1月7日，第2版。

供利用。尽管随着旧政权的瓦解，他们的活动能力下降，但为了自身利益，仍不遗余力四处奔走，他们的私人关系网构成中兴公司展开自救的社会资本的一部分。只是随着革命的开展及自身力量的下降，他们的私人疏通有的时候甚至起到了反作用。如被告知限期缴纳军费之后，张仲平到南京私下活动，俞飞鹏大怒，"张亲到宁，又不访余磋商，乃私向各方运动"，由此可见"公司乃毫无诚意"。①

3. 银行债权关系与国府疏通

值得注意的是，有一种社会力量一直贯穿"整理中兴案"的始终，这就是银行。诚如前述，公司矿产被没收后，银行因利益牵涉，不遗余力四处奔走。除了之前通电请愿等公开性集体活动之外，银行界各重要人物纷纷出马，替中兴疏通。其中，就包括在上年帮助过公司的钱新之和陈光甫，以及中南银行胡笔江。

实际上，早在公司代表与"整委会"谈判期间，钱新之、胡笔江就起了相当大的作用，"此事前财部次长即现任四库银行长钱新之、中南银行长胡笔江两先生以中兴向银行借款关系，俱曾居间转圜，并谓以全部份帮忙，恐力有未逮，候约其他银行相助，当可凑足次数"，从而确保谈判能够进行下去。② 对此，钱新之在1928年11月公司第十七次股东大会上回忆道："兄弟仅处于股东地位从事帮忙，曾为此事屡向政府当局接洽。"胡笔江则于1928年8月在天津召开的临时股东大会上被选为南下请愿的候补股东代表。③ 二人不仅作为银行界代表，本身更是中兴公司股东，与两方利益均有牵涉。中兴公司矿产被没收后，钱新之先是当面游说蒋介石，继而致函进行疏通。④ 陈光甫亦在南京与蒋介石会晤时，直言"上海商人对南京政府不信任，如（一）兵住民房，（二）逆产未决，（三）政府没收中兴煤矿，以上三事甚失人心"。蒋介石对没收中兴煤矿一事解释道："缘该公司先已答应借垫政府款，嗣后不肯照付，故特

---

① 《中兴煤矿已由整委会接收》，《申报》1928年7月16日，第9版。
② 《整理中兴煤矿之近讯》，《申报》1928年8月30日，第16版。
③ 《中兴煤矿公司第十七次股东会决议录》，第2页；《山东中兴煤矿公司要闻详志》，《银行月刊》1928年第8卷第8号，"国内经济"。
④ 《俞飞鹏电蒋中正已接收中兴煤矿并查天津有一总公司为该矿各逆董巢穴可否密令发封以便接收》，1928年7月12日，台北"国史馆"藏蒋中正档案，档案号：002-080200-035-037-001a；《中兴煤矿没收问题》，《大公报》1928年7月30日，第2版。

将没收以示惩罚。"陈光甫借此当面替中兴公司说情，言明"商人心理因当时北伐尚未成功，故对南京政府难免有疑虑处，至欲图避免借款，亦人情之常耳"。① 此外，中南银行总经理胡笔江、浙江兴业银行总经理徐新六等银行界人物积极为公司与上海商界牵线搭桥传达消息。中兴代表还致电徐新六，希望由俞飞鹏的亲家、四明商业储蓄银行总经理孙衡甫出面为公司说情。②

另有一些南京国民政府高层人物，因与上海商界尤其是银行界关系密切而与公司产生关联，典型的如宋子文。③ 由于银行在发行公债等方面与政府存在合作，二者关系密切，公司借此捷径与政府高层人物搭上关系。公司旧股东中的叶景葵等人，也与蒋介石及宋子文私交甚厚。④除此之外，"整理中兴案"还引发了包括上海、汉口商人在内的全国商人的共鸣，与各地商人呼吁修改处理逆产条例的舆情汇聚在一起，形成强大合力。这股舆情在当时由与宋子文亲近的江浙商人发起，典型如陈介、虞洽卿、穆湘玥等。早在中兴煤矿公司被俞飞鹏保管之际，他们就在1928年6月20日上海召开的全国经济会议上，与来自汉口等地方的商人一起呼吁"保护商人财产"，提出修改处理逆产条例，以改变当时各地"往往数百万之商产，因有一二万逆产在内，致被全部没收"的情形。⑤ 参与讨论发言的，就有中兴煤矿公司股东胡笔江和周星棠，二人分别代表银行界和武汉商界发言。大会最后形成"实行保护商人财产"议案，对处理逆产条例一些具体表述提出修改意见，并呼吁"所有从前为军事上之便利而扣留之船只、征收之车辆，以及暂由军人保管之面粉厂、煤矿等等，凡此皆商民血汗之资，拟请政府立即通饬全国军队，如有前项情事，应即如数发还原主，如其中有逆产在内，得以法律手续将逆产一部没收充公，而商民所有之一部份仍与以安全之保障"。⑥ "以法

---

① 上海市档案馆编《陈光甫日记》，1928年8月3日，第48页。
② 《张仲平致浙江兴业银行总经理徐振飞电》，1928年7月26日，上海市档案馆藏档案，档案号：Q268-1-462。
③ 〔美〕小科布尔：《上海资本家与国民政府（1927—1937）》，第54~64页。
④ 张叔诚、谈在唐：《中兴煤矿经营始末》，第153页。
⑤ 经济会议秘书处编《全国经济会议专刊：民国十七年》，载沈云龙主编《中国近代史料丛刊三编》（87），台湾文海出版社，1999，第55~60页。
⑥ 全国经济会议秘书处编《全国经济会议专刊：民国十七年》，第168页。

律手续"就是呼吁中最大的亮点，这次呼吁在宋子文的推动下得以收到实效，国民政府对处理逆产条例进行了重大修改，第五条特别强调"公司、商店之财产，有一部分为逆产时，处理逆产委员会得没收该项财产，但不得侵及其他投资者权利"。① 中兴煤矿被保管、没收的情节，恰恰与这一舆情的呼吁一致，双方相互援引，构成更为强大的舆情，因此"整理中兴案"更易引发上海商人乃至宋子文的支持与保护。在此案中，中兴公司通过上海商界、银行界人物与这些官员接触，宋子文在"整理中兴案"背后的斡旋中起了相当大的作用，对中兴矿产的发还产生了关键作用。② 通过这种国民政府高层人物，中兴煤矿之前与津浦路局之间签订的特惠运输条款得以维持，这就为之后公司运营的腾飞奠定了基础。

以上中兴的疏通，或利用部门间矛盾，或利用与银行界人物的公交私谊，或利用股东与各方的私人交情，将影响施加到南京国民政府负责决策的高层内部，使中兴的声音得以传达到蒋介石耳中，在高层对话中有了自己的代言人，从而使事情有了回转的可能。这种平日里由派系、籍贯、私交等因素结成的私人关系网，此时亦汇成一股强大的合力，软化了国民政府决策者的态度，构成了公司社会资本的一种表现形式。

（四）"整理中兴案"结局及后续

中兴公司及上述各类社会资本力量，通过舆论造势及私下疏通等方式对南京国民政府乃至蒋介石本人产生了不小的影响，"整委会"及蒋介石的态度产生松动。双方意识到重回谈判桌是最好的选择，不久谈判恢复。③ 双方几经磋商，达成以下协议：①总司令部收回没收中兴公司的命令，发还公司全部财产，由蒋介石函农矿、财政两部先行备案，转饬山东省政府一体保护；②转饬交通部令津浦铁路局拨车运煤并维持公司与路局原订各合同继续履行；③中兴公司筹缴现款百万；④中兴股份如应清查，须依照现行条例办理。④

---

① 《处理逆产条例之重要修正》，《申报》1928年7月21日，第9版。
② 中共枣庄矿务局委员会等编著《枣庄煤矿史》，第39页；《中兴煤矿仍归商办》，《时事新报》1928年9月13日，第1版；Tim Wright, "Overcoming Risk: A Chinese Mining Company During the Nanjing Decade", *East Asian History*, No. 17/18, 1999, p. 118。
③ 《中兴煤矿公司第十七次股东会决议录》，第1页。
④ 中共枣庄矿务局委员会等编著《枣庄煤矿史》，第40页。

从最后双方谈判的结果看来，中兴公司虽缴纳军饷百万，但较之前情况，有了很大的进步。蒋介石对中兴矿产由没收到发还，由销售全部存煤到缴款百万，由不承担运煤责任到协助运输，尤其是对公司与津浦路局原有合同的保障，使公司从中受益颇多，为以后的发展做了良好的铺垫。[①] 对银行界来说，则保全了债务，避免了自身的经济利益损失。之后不久双方展开了更为密切的合作，各银行帮中兴公司垫付了赎矿费及西门子机车的费用。"整理中兴案"之后，周作民、叶揆初、叶琢堂当选为新一届的公司董事，钱新之更是在公司复工后接替朱启钤担任中兴煤矿公司的总经理，直接参与公司决策，加深了二者之间的联系，巩固了公司的社会资本。[②] 中兴公司也借此迎来了自身发展史上的又一个黄金时期。

虽然此案告一段落，但是处理"逆产"的活动持续了很多年。公司矿产发还后，农矿部派出代表陈郁，联合中央处理"逆产"委员会对公司股份进行了清查。对于此次清查，中兴公司并无意配合，双方围绕"逆股"的范围进行博弈，到 1929 年"逆股"由原定"必须没收倪嗣冲、张勋、张怀芝、张敬尧，可能没收王占元、靳云鹏、潘复、朱启钤的股份"变成"仅没收倪嗣冲和张敬尧的股份"。这次"逆股"没收也因公司多次推脱而延宕至 1933 年执行，最后仅象征性地没收了张敬尧、倪嗣冲的股份 20 余万元，其中包括张敬尧的 2.72 万元、倪嗣冲的 23.57 万元。[③] 这个时候，农矿部已经撤销，由后续设立的实业部负责接收。值得注意的是，在这个过程中，中兴公司和股东家族试图找出多种缘由，将上述张敬尧、倪嗣冲的股份保全，如 1929 年倪嗣冲的儿子就号称他们

① 中共枣庄矿务局委员会等编著《枣庄煤矿史》，第 40、43 页。根据 1928 年津浦路局规定，由枣庄到浦口每吨煤运价 9 元以上，但根据中兴公司与津浦铁路互换利益合同，则每吨运费只有 2.2 元，极大地降低了中兴煤炭的运输成本。

② 朱启钤也邀请盐业银行的吴鼎昌出任公司董事，吴因故未应允，参见中共枣庄矿务局委员会等编著《枣庄煤矿史》，第 41～42 页。

③ Tim Wright, "Overcoming Risk: A Chinese Mining Company During the Nanjing Decade", *East Asian History*, No. 17/18, 1999, p. 118；《农矿部训令中兴煤矿公司仰遵照前令将倪嗣冲张敬尧等逆股股票宣布无效并将办理情形具报备核》，1929 年 7 月 3 日拟稿，中研院近代史所藏档案，档案号：17-24-02-008-02；《中兴煤矿近讯》，《矿业周报》1928 年第 19 号，"矿业消息"；山东省政府实业厅编印《民国十九年山东矿业报告》，第 162、163 页。

早在 1926 年就已经把大部分股票抛售，手中仅余 2 万元股份；1932 年 9 月，有两人写信给实业部，自称倪嗣冲股份的购买者，并申明自己的股份不应该被没收，张敬尧家人也在 1932 年试图要回自己的股份，但最终均未成功。[①] 农矿部也试图借清查"逆股"之机插手中兴内部管理事务，主张以"逆股"作官股，使中兴煤矿公司变为官商合办企业。此举遭到中兴公司的抵制，其利用山东省政府主席韩复榘与南京国民政府之间的矛盾，有效阻止了这一行动，这同样是公司社会资本作用的一次彰显。[②]

在北伐战争时期山东峄县中兴煤矿公司的两次遭遇中，政府及军方多次采取强硬举措，漠视商民权益，引起公司股东强烈不满。公司管理层积极通过各种渠道进行自救，除了通过报纸、请愿等方式制造公共舆论向政府施加压力外，还进行直接的私下疏通。以上方式对官方构成了一股不可忽视的压力，对中兴矿产的发还起了极为重要的作用。这些行为的背后，隐藏着公司的各种社会资本，这些社会资本对其生存发展起到了至关重要的作用。对中兴公司来说，它本身就有很多北洋政府上层人物投资，他们有着广泛的社会联系，纷纷通过私下疏通展开自救；各银行因与公司之间错综复杂的经济利益关系而与其结成利益共同体，钱新之、胡笔江等人更因与银行、公司两方面均有牵涉而努力奔走；全国矿业联合会等团体亦因各种公私关联而与中兴关系密切。中兴公司的两次遭遇，尤其是"整理中兴案"在当时的典型性，使得南北方商界有兔死狐悲之忧，他们将该事件作为自我保护的一种资源加以运用，积极对政府施压。种种因素使得一段时间内"整理中兴案"处于社会舆论关注的焦点，成为各方势力争斗的"演练场"。从中反映出来的，是各种社会关系网络的交织，其背后则是与公司紧密相关的各个利益集团。

此案之中银行的作用非常关键且贯穿始终。无论是公开层面的制造舆论，还是私下的疏通，都留下了银行界的影子。公司矿产最终得以发还，也与银行界人物向宋子文等人的疏通说情密切相关。之前中兴公司

---

① Tim Wright，"Overcoming Risk：A Chinese Mining Company During the Nanjing Decade"，*East Asian History*，No. 17/18，1999，p. 118；《中兴煤矿张敬尧股票没收以后》，《矿业周报》第 255 号，1933 年 9 月 21 日，"新闻"；中兴煤矿公司第 203、211、213 次董事会议决录，上海市档案馆藏档案，档案号：Q268 - 1 - 467。
② 黎重光：《中兴煤矿与山东省府的周旋应酬》，第 100 ~ 101 页。

各项欠款，无论是直接的借贷透支，还是公司债本息的积欠，都使得银行界不得不勉力支持、四处奔走。银行保全债权的用意较为明显，这可以从银行当时的态度变化中看出。最初公司与"整委会"谈判时，银行从中说合，更多的是一种友情赞助。他们当时更关心的是担任公司债担保品的存煤是否完整，因此致函"整委会"要求保护存煤。等到中兴矿产被没收，银行界亦并未直接行动，而是继续持观望态度。他们向"整委会"致函，问询该会是否继续维持公司债及公司之前积欠银行的各种款项。对于银行的询问，"整委会"先是以"本会成立伊始，对该公司债款一时未及清理"为由推脱，后来公开登报否认，称"本会自有处理该公司一切财产之权，亦非曾与该公司发生关系之银行所得过问，要惟由曾与发生关系之银行，径与该公司交涉而已"，实际上否定了银行对公司的债权。① 得到对方此种答复后，各银行才放弃幻想，集中精力与公司一道，全力争取公司矿权的发还。可以说，这当中银行的角色有一个由浅入深的过程。

　　具体到各个银行，态度也是不一，这主要跟牵涉利益的大小相关。典型如大陆银行，它在整个"整理中兴案"中表现得很是消极。如前所述，1928 年 6 月中兴公司与"整委会"谈判期间，公司在重压之下，曾经向与自身业务往来密切的"北四行"求助，申请再次借贷。各行因债务牵涉，倾向于再次借贷，只有大陆银行以"隔地诸事不易接洽"为由，明确表示"拟不参加"。② 中兴煤矿被没收，直接影响到各银行的债权利益，他行态度日益明朗，大陆银行亦不便继续推诿，遂跟风表态："事关公共债权，他行均已盖章，我行自应照办。"③ 实际上，大陆银行这一消极态度，是由其经济利益决定的。当初中兴公司发行公司债之时，大陆银行与公司关系一般，并不熟稔，加入发行公司债行列，纯粹是被其他银行拉进来的，并无主动的意思。诚如前述，该项公司债发行之后，除了公司负责认购的 50 万元之外，其他 150 万元由五行分摊，大陆银行

---

① 《整理委员会复五银行函》，1928 年 5 月 15 日，上档中兴文件；《整理中兴煤矿之近讯》，《申报》1928 年 8 月 30 日，第 16 版。

② 《许福昞致谈丹崖函》，1928 年 6 月 18 日，天津市档案馆藏档案，档案号：J215 - 1 - 981。

③ 《大陆银行总处致津行函》，1928 年 7 月 24 日，天津市档案馆藏档案，档案号：J215 - 1 - 981。

分得 30 万元。它将其中的 25 万元让给了四行储蓄会，实际上该行只认募了 5 万元。[①] 在这仅有的 5 万元中，又先后售出 2.6 万元，"尚存额面二万四千元，已由敝处自行认购"。[②] 也就是说，中兴煤矿被没收前后，大陆银行手中只有 2.4 万元中兴债券，相较其他银行而言数额颇小，所以该行在"整理中兴案"过程中态度一直十分消极。无论是初期的拒绝借贷，还是之后的跟风行为，大陆银行都是希望自己置身事外，不受牵连。

1928 年 9 月该矿奉令发还之后，所需款项颇多，复工是公司面临的一大问题。其他银行因为债权关系不得不勉力继续支持，有"越陷越深"之虑。大陆银行则态度依然冷淡，急切希望自此与中兴公司摆脱关系，不再产生任何纠葛和利益往来。获悉公司拟增发公司债 350 万元的消息后，大陆银行总经理处立即致函沪行，做出指示："如有此事，我行与该公司本无关系，现在更无深入之理。倘该公司向尊处商洽，务希婉予完全拒绝。无论如何，非经本处允准，不得稍有通融，以昭慎重。"[③] 态度非常坚决，到后来中兴公司与各银行商讨重新厘定公司债担保品时，大陆银行同样保持低调，以免再次牵涉其中。由于当时该行自行认购的 2.4 万元公司债，经过公司两次还本付息，只余下债票 1.8 万元本息尚未收回，所以银行更无多少担忧。中兴公司召集各行开会商讨担保品变更之事，大陆银行虽以"事关团体债权，自不能不派代表出席"为由，指派沪行叶经理出席，但同时以"债权有限"为由，嘱咐该代表"出席时不必发表意见，一切悉听其他债权代表主张"；同时暗示该代表可以在会议期间溜号，"如叶经理因事繁忙不能常常出席，亦无不可"。[④] 由此可以看出，大陆银行素来与公司关系交谊颇浅，不存在交情一说，而其经济利益牵涉颇少，所以时时寻找机会与公司摆脱关系、划清界限。通过对大陆银

① 《天津大陆银行致总处函》，1926 年 6 月 26 日，天津市档案馆藏档案，档案号：J215 - 1 - 981。

② 《天津大陆银行致总处函》，1926 年 7 月 20 日，天津市档案馆藏档案，档案号：J215 - 1 - 981。

③ 《大陆银行总经理处致沪行密函》，1928 年 12 月 15 日，天津市档案馆藏档案，档案号：J215 - 1 - 981。

④ 《大陆银行总经理处致津行密函》，1929 年 12 月 9 日，天津市档案馆藏档案，档案号：J215 - 1 - 981；另见天津市档案馆藏档案，档案号：J217 - 1 - 342。

行与其他银行在"整理中兴案"前后具体表现的比较，我们可以从另一个侧面看出银行与公司关系的一种面向。

值得注意的是，"整理中兴案"后中兴公司总经理朱启钤主动让贤，推荐银行界人物钱新之取代自己的位置，同时中兴公司还邀请钱新之、吴鼎昌、周作民等银行界人物担任公司董事。此后这些银行界人物进入中兴管理层，使得银行与企业更趋一体化。[①] 此举对双方是个双赢的结果，对于银行来说，进入公司管理层使他们可以通过参与这些企业的管理决策，把企业资金的运行置于自己的直接监控之下，以保障借贷资金的安全，最大限度地保障银行的债权，将借贷资金风险降到最低。这对中兴公司来说，同样是一个利好消息。朱启钤之所以主动退位让贤，是因为通过"整理中兴案"看到了银行界人物与南京国民政府之间密切的关系，看到了他们能够为公司未来发展注入新的活力和保护力量，看到了银行界的能量。当时虽然中兴公司矿产已经发还，但各方欠款颇多，公司营业尚处停顿阶段，复工等活动亟须强势力量介入，以注入新的资金并提供保护作用，银行界在这个时候进入了朱启钤的视野。自此之后，银行与公司关系更加密切，并日益成为影响公司发展的一种重要社会资本力量。20 世纪 30 年代，在钱新之等重要人物的带领下，中兴煤矿经历了又一个黄金发展时期。

三 业务往来之外：银企关系背后的因素考察

就像一些研究者指出的那样，银行贷款给企业，并非单单看重利益，内中亦有一些感情因素，而这些因素反过来会在一定程度上保障银行债权的安全。在此基础上，金城银行对范旭东创办的久大精盐公司、永利制碱公司的放款，就被归于"关系型"放款的行列。[②] 实际上，银行与企业之间除了单纯的业务往来之外，亦掺杂着其他因素。

银行运营，最关注的因素除了盈利就是风险。如何既使资金流通升

---

① 上述三人中，只有吴鼎昌未邀约充任董事，另外叶揆初由普通股东上升为董事，这样在新增的六位董事中，有四位来自银行，参见中共枣庄矿务局委员会等编著《枣庄煤矿史》，第 41～42 页。

② 中国人民银行上海市分行金融研究室编《金城银行史料》，第 112 页。

值又避免一定的风险，是需要他们统筹考虑的。上海商业储蓄银行总经理陈光甫就指出："社会上往往责备银行不肯供给资金，然而办理工厂缺少精密计划，不但本身债台高筑，并且拖累银行同归于尽。"[①] 出于这种风险考虑，银行对企业的放贷是谨慎的。其所要放贷的企业，需要有良好的信誉度。企业信誉度的获得，一方面可以通过详细的调查，另一方面则可通过与经理人的熟稔程度。典型如周作民与范旭东之间的关系，周、范二人在日本留学时就相互熟悉，归国后两人相互扶持、相互依赖，周作民任总经理的金城银行就经常给范旭东开办的久大精盐公司提供优惠放款，双方还在对方公司或银行中兼任股东，于是，周、范二人之间的私谊就扩展到以两人为核心的银行与企业关系中，这是私人关系网在商业领域中较为普遍的现象。银行在面临众多企业申请借款的时候，可以优先考虑这种"关系户"。对银行来说，也能减轻风险。在传统中国"熟人更可靠"观念的影响下和近代企业信息披露不对称的前提下，银行更愿意借贷给自己更为熟悉、双方打交道颇多的企业。这些信用素著的老客户对银行的业务经营非常有利，使其能更放心地放贷。

银行这种想法颇类似它对企业进行直接经营时的考虑。根据李一翔的研究，20世纪30年代各银行大规模接管或直接经营有放款关系的企业，出于以下考虑：对于银行来说，虽然放款有各种抵押品作为担保，但由于多数抵押品属于不动产，流动性极差，仍然存在很大风险，放款往往不易收回。对它们来说，要想确保自己借贷出去的资金能够得到较为合理的应用，较为可靠的方法就是对有放贷关系的企业进行投资，直接参与甚至完全接管这些企业的经营管理，以保障对方有足够的偿债能力。[②]同理，为了减轻放贷风险，银行更倾向于将资金投放给它们信任的公司，银企之间逐渐建立起一种长期合作且较为稳定的借贷关系，二者之间的关系由临时的、松散的借贷关系逐渐向长期的、固定的资金合作

---

① 陈光甫：《怎样打开中国经济的出路》，《新中华》1933年第1卷第1期。

② 李一翔：《近代中国银行与企业的关系（1897—1945）》，第68页。张忠民亦对这种现象进行过考察，认为银行在经营或接管此类企业的过程中，在债权利益得到保障的情况下是不会影响到企业自身产权的，肯定了银行此举更多是为了确保借贷资金的安全，参见张忠民《南京国民政府国有企业的资本与资金问题》，载吴景平、李克渊主编《现代化与国际化进程中的中国金融法制建设》，复旦大学出版社，2008，第164页。

关系转化。人情、信任等因素与经济因素一道，促使银行与企业建构起一种互利互惠、休戚相关的长期合作伙伴关系。

对于各公司来说，银行因具有丰富的资金来源及强大的借贷能力，成为它们竞相追逐的合作对象。银行在当时是社会稀缺资源，各行贷款虽利息颇高，仍处于供不应求的状态。对于一个企业来说，如何击败其他企业获得银行借贷，是一个非常难的问题。各商家要想在争取借贷的竞争中脱颖而出，就必须与银行或其经理人建立起良好的关系，这也就为私人关系网等因素提供了活动空间。对于中兴煤矿而言，其早期发展获得了交通银行、金城银行等的扶助，一个很重要的原因在于公司股东和银行股东的重叠。无论是"交通系"掌握的交通银行，还是与公司共同拥有诸多股东的金城银行，双方之间的关系突破了简单的银企关系，掺入了更多私人关系因素。1928 年"整理中兴案"之后，中兴公司将钱新之、周作民等银行界重要人物引入管理层，使银行和企业之间本来的界限变得更加模糊，也使得双方之间利益逐渐趋同。这一点颇类似 20 世纪 30 年代银行界对企业的直接经营，但二者之间亦有较大差异，最大的差异在于中兴公司是主动引入银行界人物，而 30 年代银行是强制接管或直接参与企业经营。同时，钱新之等人在中兴公司内既是银行界的代表，也是股东，公司发展好坏会直接影响到他们的私人收益，他们的身份较为复杂，可谓公、私兼顾，这也与 30 年代那种具有单一身份、代表银行稽查公司账目的银行代表不同。此外，在中兴公司内部，其他大股东、董事对这些银行界人物也有一定的牵制作用，与 30 年代一些完全由银行接管的企业状况不同。对于近代企业而言，一旦通过各种途径与银行建立起长期伙伴关系，它们在资金方面就不再受到太多困扰，这便解决了近代企业发展的一大难题。在此基础上，银行成为企业发展依赖的重要力量，这些值得信赖的企业向银行进行资金借贷，亦使得银行大批闲散资金得以运用，促进了银行业务的发展及利润的获得。就此而言，二者相互依赖，互为对方发展的重要社会资本力量。

近代银行之所以成为企业发展的重要社会资本力量，除了因为能够直接提供企业发展所急需的巨额资本之外，还因为能提供经济之外的助力，这就涉及银行与政府之间紧密的关系。典型如北洋政府时期，历届内阁所亟须解决的就是财政问题，无论是政费还是军费，都是一笔不小的开支。为解决这一问题，历届内阁先后通过财政部发行公债，这就需要银行的帮助，它们或代售公债，或直接认购，在财政上给政府很大支持。这在某种程度上来说也是一种"双赢"，对于银行来说，"买卖承押政府公债，利息既高，折扣又大，所沾利益，实较任何放款为优"。[1]根据千家驹的研究，银行一般以公债面值的五六折承购，到期时却以面值收回全部本金，利率颇高且按照全额面值计算，使得公债的实际利率远高于放款利率，收益十分丰厚。[2] 与政府关系密切的银行还会在业务上得到利好，通常会获得大笔政府存款。以金城银行为例，1917～1928年的全部存款中，政府机关团体的比重一直保持在三分之一至二分之一的水平，使该行存款总额在全国私人资本银行中保持在前列。[3] 实际上，正是这些丰厚的利润，使得银行愿意与政府打交道，即使面临的对手是个喜怒无常的家伙，存在较大风险。近代银行在发行公债等方面与政府的合作，使得银行界人士与政府要员之间保持着比较密切的公交私谊。这种私谊使那些平素与银行关系密切的企业寻找出一种与政府打交道的路径来，这种路径不同于一般企业通电、上书等公开层面的舆论制造，而是包含通过银行界人士进行私下疏通的深刻内涵。从这个层面来讲，银行因具有和政府之间的密切关系及自身的一些资源，对企业构成一种可供利用的强势社会资源。在"整理中兴案"中，银行界人物所发挥的重要作用就是典型的例子。这一事件之后中兴公司总经理朱启钤主动让贤，看重的也正是钱新之等银行界人士与南京国民政府之间密切的公私关系。通过这种关系建构，银行、企业、政府之间形成三方互动乃至博弈的关系，企业的社会关系网变得更加丰富、多元、有效，这种关系网络中的异质性资源大大增加。

近代银行与企业这种社会关系网的建立，除了受信用及人际关系网因素影响之外，还受到一种特别因素的影响，这就是欠款。在银行与企业关系中，企业看似被动，却也因特定场景而掌握一定的主动权，这种主动权往往通过一些消极手段实现，且多发生在非常环境下，对银行构成牵制，但其发挥的作用不容忽视，其中一种约束路径就是借

① 中国人民银行上海市分行金融研究室编《金城银行史料》，"前言"，第13页。
② 转引自李一翔《近代中国银行与企业的关系（1897—1945）》，第265页。
③ 中国人民银行上海市分行金融研究室编《金城银行史料》，第142页。

款拖欠。近代企业利用银行对放贷资金非常看重的心理，将短期借款延长为长期借款，"积小欠为大欠，积短欠为长欠"，将偶尔性的合作关系通过这种非正常手段转变为长期伙伴关系。银行为此陷入两难境地，如果拒绝后续借贷，则旧债无着；继续借贷则意味着更大的风险。权衡利弊之后，银行对企业不得不勉力支持、继续借贷，有越陷越深之虞，中兴煤矿即为明例。

一种是"短欠变长欠"。近代各家银行对中兴公司的放贷，往往通过直接放款、代发公司债以及股票押款等形式。银行对中兴公司的直接放款多为短期借贷，通常约定一年左右就要归还。公司受经营业绩及战火蔓延等因素影响，经常不能按期归还借款。为避免既有的放款成为呆账，"银行对于工厂，非维持到底不可"，不得不将之前的短期借款一再展期，在此基础上还要继续提供公司生产所需要的资金。① 根据吴承禧的描述，"银行放款之原为活期者，因几经转期之故，也就等于一种长期放款了"。② 银行界对企业借款被迫多次展期的行为，客观上有助于银企之间长期关系的建构。

一种是"押款变股份"。除了直接的放贷，股票押款也使银行与企业之间休戚相关。一些公司股东由于暂时性经济困难，常将公司股票作为抵押向银行借款。股票押款时限不长、股东经济状况短期内难以复原、公司股票市价常出现大跌情形，因此前述借款到期时往往不能归还。根据双方之前的约定，借款逾期无法归还时，作为抵押品的公司股票由银行没收。长年累月，银行通过这种途径获得的中兴股票越来越多，然股票市价多处大跌时节，如若售卖亏损颇多，只好自持，等待公司营业转机或股票价格大涨时，直接抛售或向公司领取股息红利。日积月累，银行持有的公司股票越来越多，逐渐成为公司的大股东，债权遂转化为股权。根据李一翔的研究，这种银行的投资行为"多半是属于被动性质的，大部分由没收的放款担保品（股票或债券）转化而成"。③

一种是"代售变自购"。除了上述两种，公司债也成为近代银行与企业之间社会关系网建构的一种形式。所谓公司债，即"股份公司如遇

---

① 汪叔梅：《我国银行业当前之危机》，《中行月刊》第 10 卷第 4 期。
② 吴承禧：《中国的银行》，商务印书馆，1935，第 43 页。
③ 李一翔：《近代中国银行与企业的关系（1897—1945）》，第 68 页。

资金有必要时，依一定之形式从公众或某特定人借入一定之金额，并约定一定期日偿还原本之有价证券也"。① 这种带有流通性、公众性的有价证券，在近代中国发生了很大的变化。由于缺乏可供流通的成熟市场，近代公司债的流动性差、认购范围窄，其大多数"实际上皆在银行手上，市上并无买卖"，时人也因此发出"发行债券，仍由银行独受，则与放款何异"的质疑。② 银行本来起中介作用，帮助各公司销售公司债券，但由于销路不广，只能自行购买或滞留手中，成为公司债券的最大持有群体。典型如中兴煤矿公司的公司债，大多在银行手中，到 1930 年 1 月召开第二次公司债持券人会议时，上海四行储蓄会仍持有 37.2 万元，中南银行持有 18 万元，盐业银行持有 17.2 万元，天津浙江兴业银行持有 12.8 万元，金城银行持有 10.1 万元。③ 这种类似放款的公司债认购，使银行与企业之间关系更加密切，双方在放贷基础上又增加了一种复合利益，银行可以向公司领取债券利息；公司经营的好坏，也直接影响到银行的经济收益。唯一让银行界失望的是，近代公司债的偿还并不顺利，不但公司多次拖延偿还日期、暂时中止利息支付，还受到币值兑换变更、债券价格大幅贬值等影响，即使这样，也只有极少数企业能将公司债完全偿还。对近代银行而言，因帮助企业发行公司债受到的牵连不一而足，典型如中兴煤矿发行的公司债。1926 年发行后，各银行因看重公司当时的良好效益，将承购的 150 万元公司债多自行购买，孰料此后中兴公司矿产被没收，各银行因经济利益牵涉其中，不得不四处奔走，争取公司矿产的发还。正是这种牵连，使得各家银行不得不勉力支持相关企业，以确保公司债本身的安全，这也为双方之间持久的合作关系提供了一种保证。

综上，种种关系的建构，使银行与企业之间逐渐建立起一种休戚与共的利益联盟。无论是银行占主动的有条件放贷，还是企业的消极拖延，都使得近代银行与企业之间日益建立起一种更为密切的关系。双方之间的合作，不仅局限于单纯的业务往来，背后更是深藏各种因素。对于中

---

① 《公司债之研究》，《大陆银行月刊》1924 年第 2 卷第 4 号，"杂录类"。

② 马寅初：《上海证券交易所有开拍产业证券行市之可能乎》，载《马寅初全集》第 9 卷，浙江人民出版社，1999，第 89 页。

③ 《中兴公司债持券人入会券》，上海市档案馆藏档案，档案号：Q268 - 1 - 462。

兴公司而言，银行界重要人物入主管理层，正式宣告了之前与银行界种种常规关联的升级，此后银行与公司界限模糊，二者利益渐趋一致，"你中有我、我中有你"，互惠互利、共同发展。正是在这种背景下，中兴煤矿公司迎来了 20 世纪 30 年代的辉煌时期。

第四章　公司与铁路之间的关系：基于
运输层面的考察

一　"真正的上司"：近代路矿关系的生动写照

近代以来，铁路与矿业关系密切，"矿业待铁路为运输，铁路亦未尝不赖矿产以发展"，二者有相互扶持之效。根据翁文灏的调查，历年矿产品运输吨数约占整个铁路运输量的47%，可见矿业运输比重之大。[1] 具体到各条国有铁路，"京汉、京奉、汴洛所运矿产约占总数之半，京绥、湘鄂亦几及三分之一，正太、道清、株萍三路则几全恃矿产品之运输"。[2] 由此可见，矿产品运输是铁路货物运输的大宗，几乎占到总运输量的一半。如果离开矿产品运输，铁路业务将大为减少，甚至运输有停顿之虞。在各种矿产品之中，长途运输量最多的便是煤炭。对煤矿来说，铁路对其运营亦有着极为重要的作用，"煤矿与铁路有辅车相依之势，若扩充采煤而不亟修运路，是犹胶柱而鼓瑟也"。[3] 据统计，近代煤矿的兴起均与铁路关系密切，且大多位于铁路附近，周边缺乏铁路的煤矿往往经营惨淡。如京西斋堂煤矿，每吨煤的采掘成本仅2两5钱，然经由牛车辗转运到天津市场之后，即使每吨以12两价格出售，贩运者亦未必有利可图。就连近代全国著名的开平煤矿，最初开掘时亦未遽见成效，直到唐胥铁路修好之后效益方得以大增。[4] 无怪乎近代著名矿业专家孙越崎在提及路矿关系时，用"铁路局乃办煤矿者真正的上司"这句话来形容二者之间的关系。[5]

---

① 翁文灏：《路矿关系论》，1928，第1页。

② 翁文灏：《路矿关系论》，第3页。

③ 《丞参上行走周咨呈一件请咨商邮传部修筑枣庄至临城铁路以便峄矿运销由》，宣统元年九月初三，中研院近代史所藏档案，档案号：06-24-02-002-04。

④ 张国辉：《洋务运动与中国近代企业》，中国社会科学出版社，1979，第182、205~206页。

⑤ 孙越崎：《中福煤矿的坎坷道路》，载中国人民政治协商会议河南省委员会文史资料委员会编《河南文史资料》第60辑，1996，第148页。

作为近代贯通南北的大动脉，津浦铁路也不例外。津浦铁路原为津镇铁路，本来计划从天津修建到镇江的瓜洲，之后工程几经讨论，终点改到南京的浦口。该路系借用外款修筑，以韩庄为节点，分南、北两段修筑，北段归德国工程师负责，南段归英国工程师负责。根据当时设计的津浦路线图，其北段正线具体情况如下："其南北正线（北段），系由峄境韩庄镇起，入滕境沙沟营、临城驿、官桥镇北，经滕、邹两县，兖州、泰安两府，至济南城西，过黄河达天津。"[①] 1908 年津浦铁路开始修建，到 1912 年全线通车。津浦铁路穿越直、鲁、皖、苏四省，沿线物产丰饶，南北货运往来频繁。[②] 在津浦铁路的货物运输中，矿产品占据了不小的比重。根据翁文灏的调查，津浦铁路运矿量比重日益增加，在 1916 年占总运输量的21%，1921 年这一比重达到 24%，1922 年更是达到了 32%，平均下来矿产品运输约占津浦铁路总运输量的 1/4。[③] 其中，相当大的比例是煤炭运输。津浦沿线与该路局关系最密切的煤矿，莫过于中兴公司。

中兴煤矿先后经历过两次业务上的大飞跃，一次是 20 世纪 20 年代前期，最高年产量可达 80 万吨，仅次于开滦、抚顺煤矿；第二次则是 20世纪 30 年代，自 1931 年始年产量均在 80 万吨以上，到 1936 年更是高达 173 万吨。[④] 中兴煤矿能够在业务上取得如此大的成就，一个极为重要的因素就是公司与津浦铁路之间互惠的密切关系。作为该路沿线最大的煤矿，中兴公司与津浦铁路之间关系极为密切。[⑤] 由于中兴矿区位于偏僻多山的峄县，与外界联系颇不容易，如何将煤运输出去成为公司历任总经理所考虑的头等大事。正是通过与津浦、陇海等铁路之间建立的密切关系，公司才顺利修建临枣支线，实现了矿区与津浦铁路的连接；之后将自修的台枣铁路延长到赵墩站，实现了与陇海铁路的交接。这样一来，公司逐步实现了以中兴矿区为中心，以津浦、陇海两大铁路动脉为外围环绕，中间辅以临枣、台枣两条支线的大型铁路运输网，使公司存煤可以经由津浦、陇海铁路或直接运抵长江中下游及京津地区，或通过

---

① 《山东峄县中兴运煤铁路有限公司、山东盐运使张莲芬上邮传部呈》，载《山东峄县中兴运煤铁路有限公司呈请批准自筑运路简明章程案册》，天津商报馆排印，第 1 页。

② 详细内容可参见高凤介《津浦路沿线物产之鸟瞰》，《铁路月刊》1933 年第 9 期。

③ 翁文灏：《路矿关系论》，第 2 页。

④ 中共枣庄矿务局委员会等编著《枣庄煤矿史》，第 45 页。

⑤ 厂：《津浦铁路与煤矿》，《矿业周报》1928 年第 25 号，"编辑者言"。

台儿庄运往运河两岸，或通过连云港海运至上海或出口海外。就这样，在民国时期全国铁路并不发达的情况下，中兴公司逐渐建构起以矿区为中心的运输销售网络，缩短了与各销场之间的距离，将台儿庄、连云港等进出口要塞包含在公司运输网之中，为公司煤炭的运输以及自身的腾飞提供了便利条件。

在强大铁路运输网建构的同时，中兴公司还注重对运费的控制，它与津浦铁路之间签订了互惠运输合同，从中获得了巨大运费优惠，之后多次根据具体情况对合同进行修改，使这种优惠得以维持下去。根据这些合同，1928 年公司煤炭经由枣庄运输到浦口，每吨仅需要 2.2 元，而其他公司的煤炭运费则在 9 元以上。[①] 若就每吨公里之运费而言，中兴公司与津浦铁路订立的运煤价格在当时是最低廉的，每吨仅 0.005 元。[②] 这种运输价格上的巨大优势使得中兴煤成本大大降低，一路畅销，增强了其在长江中下游等销场的竞争力。

由此可见，津浦、陇海两条铁路与中兴煤矿的经营业绩紧密相关，这就无怪乎时人有如下议论了："运输事业，为煤矿第二生命。前此中兴公司之所以兴隆，并非专由于工程上之良善……其所以演成此种巨大之规模，半由于交通便利，运销畅旺之故……可见运输一项，影响该矿之营业至巨且大也。"[③]"至巨且大"这一表述，生动而形象地描绘出中兴公司与津浦等铁路之间的密切关系。下面我们就具体分析一下中兴公司与铁路之间建立在互惠基础上的各种关系。

二　中兴公司与津浦、陇海铁路之间的关系

（一）台枣运煤铁路及津浦临枣支路的修建

中兴矿区位于山东峄县城外的枣庄，交通极为不便。峄县本为偏僻小邑，更何况是距离县城 25 里之遥的枣庄。因此，无论是中兴煤矿公司，还是其前身中兴矿局，开办以来面临的最大问题便是煤炭的运输。

---

① 中共枣庄矿务局委员会等编著《枣庄煤矿史》，第 43 页。
② 潘骥：《世界燃料问题》，商务印书馆，1937，第 150 页。
③ 山东省政府实业厅编印《民国十九年山东矿业报告》，第 268 页。

矿区附近未修铁路之前，公司运煤全靠京杭大运河。当时公司雇用当地民夫，以人力及牛车将所出之煤运输到距矿区 90 里之遥的运河重镇台儿庄，"以牛车踯躅台枣间，日必百余辆，颇极一时之盛"。① 然而此种运输方式受天气影响颇大，一遇雨天则道路泥泞，人车行走困难；而且牛车本身装载量有限，"车少费重，常年载运无多"，直接影响到公司煤炭的销售，"煤质虽佳，销运不广"。②

中兴煤炭从陆路运抵台儿庄之后，再用船装运，将煤运送到京杭大运河沿岸各码头。公司在这些码头设立分销或转运处，以利于中兴煤炭的销售。这种运输方式同样受到自然条件的影响，煤炭运到台儿庄之后通常要耽搁一段时间，需要等待运河水涨才能出行。运河之上船闸众多，各处河段水位并不一致，通行尚需等待时日。③ 到了枯水期或浅水期的时候，煤炭的外运很容易陷入停滞。至于运输的速度同样是个问题，通常要几天几夜方能抵达远处的销场。以韩庄为例，水路距离台儿庄仅 84 里，行程就需要两天；至镇江 750 里，行程更是多达 10 天之久。④ 对公司运输造成最大影响的，莫过于运输成本过高，尤其是水路脚费颇高，导致煤炭"成本过重，毫无利益"，竞争力下降，直接影响到销路。⑤

公司总经理张莲芬注意到了这一问题，尝试着改善运输条件，这便是台枣铁路的由来。诚如前述，从枣庄矿区到台儿庄码头这段距离的煤炭运输，之前只能依靠民夫脚力或牛车运输，成本颇高，运输量亦颇为有限，此外还容易受天气因素影响。为此，中兴公司管理层很早就试图修建连接两地的铁路，以利于煤炭运输。早在 1899 年，张莲芬就在申请重开中兴煤矿的折子里向清政府提出了申请，申请由公司自筑从枣庄总矿到台儿庄码头之间的运煤铁路 90 里。⑥ 因张曾参与之前中兴矿局的运

---

① 高树校：《中兴煤矿公司调查纪实》，《劳工月刊》1933 年第 2 卷第 5 期，第 67 页。
② 《张莲芬禀覆直督查勘峄矿筹办情形并绘呈图说文并批》，光绪二十五年六月初五，载《中兴公司文牍》第 1 册。
③ 高树校：《中兴煤矿公司调查纪实》，《劳工月刊》1933 年第 2 卷第 5 期，第 67 页。
④ 苏任山：《台枣运煤铁路与枣庄煤矿》，第 135 页。
⑤ 《张莲芬禀总办矿务大臣请援案奏咨淮宿关免纳船料北钞文并批》，光绪二十八年四月初十，载《中兴公司文牍》第 3 册。
⑥ 《张莲芬禀覆直督查勘峄矿筹办情形并绘呈图说文并批》，光绪二十五年六月初五，载《中兴公司文牍》第 1 册。

营，很早就意识到运输对中兴公司的重要性，故有此建议。中兴公司重新开办之后，张莲芬屡次上陈修路事宜，终获批复。不久公司开始招股兴修此路，但恰逢北方义和团兴起，各处战乱不休，这一计划亦被迫搁置下来。等到义和团事件平定之后，张莲芬重新召集各方入股修筑铁路，股东中多为中兴煤矿公司股东。当时张莲芬在给股东的一封信中就明确指出："自矿至台庄，运煤铁路一日无款购造，即一日不能扩充大办，且不能称为完全之矿，与外人抗衡争利……尚希诸股东或认添新股，或转代招集，以期众擎易举，克奏全功，永享利益。"[1]

到 1907 年公司已筹得资金 40 万两，中兴公司利用此项基金与青岛各洋行签订购合同，购买钢轨、车辆等铁路材料。次年 1 月台枣铁路正式开工，1910 年工程完竣，1912 年 1 月台枣线正式通车。该路修成之后，中兴煤运输速度加快，"往日尽数日或十数日之力始可到者，今则数小时可到"。[2] 公司存煤出井之后即可快速运输到台儿庄码头，相较之前牛车、人力的落后方式，既节省了时间、增加了运输总量，也降低了成本、增强了中兴煤在全国各销场的竞争力。

实际上中兴公司修建台枣运煤铁路并非一帆风顺，从申请之始就受到政府各部门的刁难。最初商部以此路"相距干路或水口是否在十里以内，与该处地方有无窒碍"为由，对该路线进行核查。[3] 核查无误后，又以"该公司现拟筑造运煤铁路九十余里，按照矿章第二十二条，程途在十里以外者，应另案禀请"为由，饬令公司重新申请。光绪三十二年八月公司再次向部申请，方才奉到朱批获准。光绪三十四年台枣路正式开工后不久，又遭到邮传部的干预。邮传部认为该路线未经自己批准，又与津浦路线（实际上是支线）并行，有侵占津浦铁路利益的嫌疑，为此强令该路停工。[4]

之后双方展开交涉，交涉的主题除了"台枣路建成之后是否会影响津浦路的运销"之外，另有焦点集中在"台枣铁路筹款中有无洋股存

① 《光绪三十二年四月张莲芬致公司诸股东信》，转引自苏任山《台枣运煤铁路与枣庄煤矿》，第 134 页。
② 高树校：《中兴煤矿公司调查纪实》，《劳工月刊》1933 年第 2 卷第 5 期，第 67～68 页。
③ 转引自苏任山《台枣运煤铁路与枣庄煤矿》，第 137 页。
④ 转引自苏任山《台枣运煤铁路与枣庄煤矿》，第 138 页。

在"的争论上。根据当时的路线图查勘，中兴公司所筑由总矿至台庄之间的运路与津浦正线东西相距数十里，毫无妨碍。为此张莲芬进行了公、私两方面的活动，除了公开上呈邮传部之外，他还专门私下拜谒了督办津浦铁路的大臣吕海寰，对其进行游说，从而为台枣铁路的重新开工做了铺垫，也为之后临枣支路的修建打下了良好基础。

邮传部之所以下令停止公司自建台枣运路，背后另有用意。当时津浦铁路尚未正式开工，邮传部所顾虑的主要有两个方面。一是津浦铁路的业务问题。由于津浦铁路系借用英、德外债修建，因此如何早日偿还这笔欠款、收回铁路利权，成为当时邮传部的一大考量。要解决这一问题，就需要短期内增加铁路运输量。二是机车的用煤问题。众所周知，当时的火车机车主要以煤作燃料，每年消耗颇多。对于津浦铁路而言，沿途最大的煤矿就是中兴煤矿。一旦与该矿建立关系，不但用煤无忧，而且会增加自身的运输业务量，便于偿还外债，赎回铁路，上述两个问题也就迎刃而解。因此，如何与中兴煤矿建立关系，成为津浦路局乃至邮传部所关注的问题。

当时邮传部自己提出了一种方案，那就是修建韩枣支路，从津浦铁路韩庄站向中兴枣庄矿区修筑一条铁路支线，以利于铁路用煤。[①] 但由于津浦路局经费紧张，拿不出这笔钱来，他们希望先由中兴公司垫款修建该条支线。中兴公司当时正集中大部分资金兴修台枣运煤铁路，因此与邮传部有关韩枣支线的提议发生冲突。邮传部希望中兴公司停修在建的台枣铁路，将资金转移过来修筑韩枣支线。为此，他们以德人所绘津浦路线图中的韩枣支线为依据，认为中兴所筑台枣铁路"其路线经行之处，约有三分之一与本路拟设岔道之线（即韩枣支线）相并"，最终以台枣路侵占津浦路利益为由勒令公司停工。[②]

对于中兴公司而言，这就面临着台枣铁路与韩枣支路取舍的问题。当时公司遭到运河枯水期等问题的困扰，这一问题通过修筑台枣铁路并不能解决，因此公司亦有与津浦铁路连线的意图。他们意识到"今修台庄九十里铁路以达运河，虽有起色，惟运河近年水势日涸，销路有限，非接通津

① 之前德国工程师即在勘查路线图时将韩枣支线汇入路线图中，其目的在于借用该路线觊觎距离该线很近的中兴煤矿。

② 交通、铁道部交通史编纂委员会编《交通史路政编》第 10 册，第 2301 页。

浦干路不可"。① 但当时中兴煤矿的销场大都集中在大运河两岸，要将煤炭运输到这些销场，就不得不通过台儿庄码头转运。对于公司来说，一旦决定修建韩枣支线，就意味着公司以后要放弃这些销场。当时津浦路尚未开工，具体实效尚难判断，因此公司不敢冒如此大的风险，把所有赌注都放在津浦铁路上。当时的形势是，台枣路已经开工，"土路已垫十分之八，铁轨亦安设三十余里，一旦折回改线，耗折必多"。② 此外，公司经实地勘查，认为韩庄至枣庄一线地段路况很差，不适宜修建铁路，远不如台枣地段状况为佳。根据当时的调查，"由韩庄至枣庄约九十里，中间层峦叠嶂，施工固难，而该处运河复有八闸三湾，节节浅阻。若运煤至淮海一带，需由枣庄九十里至韩庄，复由韩庄东折八十里至台庄，方能通运，路险运艰，转输不便"。③ 由此会带来更大的不便。基于以上原因，中兴公司不愿意停下台枣铁路转而修建韩枣支线，为此陷入两难境地。

中兴公司与邮传部为此相持不下，几经磋商未有结果。对于公司较为有利的是，该条韩枣支线仅存留于德人所堪路线图中，而在津镇、津浦两合同内均未载明。④ 同时，对公司而言，时间上又拖延不起。由于台枣铁路早已开工，每多停工一日，损失就会增多一分。在这种情况下，中兴公司最终做出妥协，提出一套折中方案，主动要求修筑由津浦临城站到枣庄矿区的临枣支线来取代之前的韩枣支线。当时公司的建议如下："若为津浦干路用煤运煤计，理应舍难就易，由公司山家林分矿接筑至滕境临城驿，与津浦干路相连，计程不足三十里；再由山家林接筑至公司总矿，统共不过六十余里。"⑤

这一方案看似换汤不换药，对公司却颇有利，一方面降低了实际开工的难度，另一方面由于公司在这条线路附近刚刚勘得新矿，若该路贯

① 交通、铁道部交通史编纂委员会编《交通史路政编》第10册，第2301页。
② 《农工商部会奏查明峄县中兴公司开矿筑路被控各款并请将阻挠路矿之绅士交地方官随时查看各折片》，《山东官报》1909年第11期，"章奏"。
③ 《农工商部会奏查明峄县中兴公司开矿筑路被控各款并请将阻挠路矿之绅士交地方官随时查看各折片》，《山东官报》1909年第11期，"章奏"。
④ 《山东峄县中兴运煤铁路有限公司、山东盐运使张莲芬上邮传部呈》，载《山东峄县中兴运煤铁路有限公司呈请批准自筑运路简明章程案册》，第2页。
⑤ 《山东峄县中兴运煤铁路有限公司、山东盐运使张莲芬上邮传部呈》，载《山东峄县中兴运煤铁路有限公司呈请批准自筑运路简明章程案册》，第2页。

通，必将利于分矿的建设及煤炭的外运。在此基础上，公司还保留了继续修筑台枣铁路的权利，从而保全了运河两岸的销场。对于邮传部而言，达到了津浦铁路与中兴矿区连接的目的，有利于机车用煤问题的解决，另外，公司主动垫款修建临枣支路的做法也利于当时资金紧张的津浦路局缓解经济压力。在此基础上，邮传部排除了内部意见的分歧，接受了公司的建议，放弃了建设韩枣支线的想法，同意公司修筑临枣支路，同时台枣铁路亦得以继续修筑。① 作为回报，中兴公司主动垫款帮助邮传部修建临枣铁路，作为津浦铁路的支线，这就是临枣支线的由来。

经过这一番周折，台枣铁路于 1908 年 10 月获批复工，到 1912 年 1 月竣工通车。该路建成之后，公司煤可以从矿区大量、快捷地运输到台儿庄码头。临枣支路亦于 1914 年通车，并与津浦、台枣铁路接轨。临枣支路的修建极大改变了中兴公司煤炭运输的格局，从此中兴煤不再单纯依靠台枣铁路及运河运输，津浦铁路运煤量后来居上，占了绝大比重，公司"每年除由运河行销少数外，不得不全恃津浦路以为运输枢纽"。② 临枣铁路通车之后，中兴煤矿在津浦沿线广设分销处，自此公司煤可以更快捷地运往长江中下游地区，极大扩展了公司的销场。运输较盛之时，"运浦之煤每月可达三万至四万吨，全年达四十余万吨"。津浦铁路对中兴公司运煤的作用日益关键，时人谓"该路之荣枯，实为公司盛衰之关键"。③

总的看来，台枣铁路及临枣支线的修建，对公司及津浦路局来说是双赢的结果。诚如张莲芬在给邮传部的呈文中指出的那样，临枣支路修筑之后"不独煤矿与运路连成一气，亦可永杜他人垂涎峄矿之心。而于津浦干路，不费一钱即获用煤、运煤之益，洵属有利无害"。④ 津浦铁路

---

① 当时津浦路局内部意见分歧较大，该路总工程司认为临枣支线较韩枣支线加长六平方千米，用款多费五十万马克，仍主张由韩庄修至峄县。而该路北段总办朱启钤、卢祖华以"由临城至枣庄直抵公司之矿厂，转运时便于装卸"等为由，力挺修建临枣支线。当时的津浦铁路督办徐世昌、帮办孙宝琦等也以"此线虽较韩峄稍长，然可直达公司之矿厂，即便转运，而路线所经矿苗颇富，与韩峄比较利益殊多"为由，同意朱启钤等的看法，津浦路局内部主张临枣线一派占据压倒性优势，参见交通、铁道部交通史编纂委员会编《交通史路政编》第 10 册，第 2302 页。

② 公司自编《中兴公司与津浦铁路关系略案》，1927 年 12 月编印，第 1 页。

③ 公司自编《中兴公司与津浦铁路关系略案》，第 1 页。

④ 《山东峄县中兴运煤铁路有限公司、山东盐运使张莲芬上邮传部呈》，载《山东峄县中兴运煤铁路有限公司呈请批准自筑运路简明章程案册》，第 2 页。

在不增加任何开销的情况下就获得了用煤的优惠，并获得大量煤炭可供运输，增加了铁路本身的业务量，有利于早日筹款赎回路产。当时津浦铁路督办吕海寰就认为："本路正苦于款额不敷，得商人承修支路，大可补官力所未逮。且山东境内自济南以南，惟中兴煤矿办有成效，出煤较多，可以接济路用。"① 实际上，这一次交涉谈判也是中兴公司与津浦铁路之间接触的开始，之后双方展开了更密切的合作，对公司的发展影响深远。另外，值得注意的是，当时中兴公司为建造台枣运煤铁路，耗资巨大，还专门征集 160 万股银，成立了山东峄县中兴运煤铁路有限公司，对此路的开工进行指导，张莲芬兼任该公司总理。②

（二）中兴煤矿与津浦路局合办未遂

自此之后津浦铁路与中兴公司展开了更密切的合作，彼此相互扶助，以保障共同利益，路、矿形同一体。实际上，此间尚有一段内幕，很少为史学界所知，即中兴公司在招股困难时期曾向津浦路局求助，双方试图合办，将路、矿合为一体。这次合办虽最后并未成行，然此中过程值得考察，亦可从中看出路、矿关系之密切。

对于中兴公司而言，自创立以来先后经历过数次集股。公司在创办初期资金并不宽裕，再加上兴办台枣铁路耗费颇多，"以矿之盈补路之亏"，经常面临捉襟见肘的情况。③ 张莲芬等公司管理层对此一筹莫展，一度灰心丧气。平素里津浦路局与公司往来频繁，对公司多有扶持。为此，张莲芬在公司资金困难时期就产生了借用路局资金改善自身处境的想法，这就是双方讨论合办的背景。

值得注意的是，双方并非一开始就要求合办，而是议定由津浦路局拨款接济中兴煤矿，以缓解公司遇到的资金困难。双方约定由路局酌拨一定数额的"官股"，并为公司代招商股，当时双方议定的条件内容如下。

---

① 交通、铁道部交通史编纂委员会编《交通史路政编》第 10 册，第 2301 页。
② 《山东巡抚杨士骧奏片》，载交通、铁道部交通史编纂委员会编《交通史路政编》第 17 册，第 4 页。
③ 《邝荣光上盛宣怀文》，宣统三年六月初七，上海市图书馆藏盛宣怀档案，档案号：000601。

津浦铁路总公所与中兴公司拟定入股代招商股办

"津浦铁路总公所在京与中兴公司代表朱养田观察协商拟定入股代招商股办法六条"

一、峄县煤矿添招新股，两年以来尚无把握，势处危迫。现为保全扶助起见，特酌拨官款，代招商股，仍作为完全商办有限公司，新旧股东一律平视，以顺商情而保权利。

二、公司添招新股章程原以三百万两为额，按年官利一分，每年官利即须三十万两。两年之内交通尚未甚便，获利固无把握，保利亦复为难。办事人员担负太重，如议酌减官利，又恐起股商疑惑。兹经切实调查，就原有机器工程略加扩充办法，总以撙节为主，期合目前之用，暂以二百五十万两为额。

三、此项股银二百五十万两，系专指现在应还各款及亟须布置工程之用，递料恐尚不敷，如须酌量借贷活款以资周转，临时由总协理布告情由，开会决议。

四、此项股银二百五十万两除公司旧股原有八十六万九千余两，其余一百六十三万余两，均已集成。一俟办法议定，即可交付。

五、选定办事人员。

甲　总理一员，总理全矿事宜，一切均听调度。

乙　协理一员，帮同总理管理全矿事宜。

丙　总收支一员，商承总协理管理全矿款项事宜。

丁　工务长一员，即总矿师，商承总协理管理全矿工程事宜。

戊　商务长一员，商承总协理管理全矿行销事宜。

以上均由股东公同选举，除工务长外，其余各员，凡非股东均不得充任。

六、从前办法与公司律尚未尽合，现议悉照公司律办理，将来订立详细规条、章程，均照公司律第一百十三条、一百十四条、一百十五条开会决议。①

---

① 《津浦铁路总公所在京与中兴公司代表朱养田观察协商拟定入股代招商股办法六条》，载《津浦铁路总公所与中兴公司拟定入股代招商股办》，宣统三年，上海市图书馆藏盛宣怀档案，档案号：000430。

由此可见，当时公司招募新股遇到困难，只好向津浦路局求助，双方最初议定由津浦路局帮忙，仅仅是入股及代招商股，尚未出现"合办"字眼。从双方议定合同可以看出，当时虽然拟定由路局拨给公司官款救济，但此举并不改变公司商办的性质。官款只为救济，不为控制，完全出于相互帮助的目的。之后形势进一步发展，等双方再次会晤讨论这件事的时候，已经将合办之事放在桌面上讨论。双方拟定的合办草案如下。

　　"津浦铁路委员任振采观察与中兴公司股东在济南会商续订六条"
　　一、峄矿账目应截至宣统二年十二月底，将路、矿两项所存材料物产煤焦及旧股公积、外欠各件，逐一结清造具细册，以清界限。
　　一、总收支准于明正到矿，将前项结报账册逐细核对，另造接收详册寄候新股东核议认可，即作为正式合办之始。
　　一、合办既定，即应选举董事、查账经理各员，应提前定期开股东会以凭决议。
　　一、台枣铁路应截至宣统二年十二月底实用若干、浮欠若干，是为路工成本。惟内有矿局垫付股利及九五回用两项，仍应归旧股及董事总理各员司将来核计并算，以昭公允。
　　一、股东会未成立之前，新股东拟公举一人代表驻矿，与现在总协理商办各事。惟此项名目，计惟仍照向章，以董事为最妥。俟选举既定，即行取销撤退，以免掣肘。
　　一、添招新股。旧股东有愿入股者，应截至宣统三年正月底为止，过限即不再收。总之，连老股、公积、垫款、回用作股，决不逾一百二十五万之数。①

从合同的内容看来，双方已经开始确定合办的具体细节。就当时的情形而言，路、矿合办的确有很大的优势，路、矿合体更利于双方利益

---

①　《津浦铁路委员任振采观察与中兴公司股东在济南会商续订六条》，载《津浦铁路总公所与中兴公司拟定入股代招商股办》，宣统三年，上海市图书馆藏盛宣怀档案，档案号：000430。

一体化。当时张莲芬的一番话，就道出了其中的利益关系，他说："故于津浦修造伊始，初则请求代修临枣枝路，继复以该路系借外款修造，全路告成，客货所入能否足敷还款，殊无把握。路矿本有互相扶助之益，提议合办，日后发达，既可供应该路，兼可推广运销，更可以合办所得余利补助该路还款之需。"① 由此可见，当时公司一方是倾向于与路局合办的。

　　此事由津浦铁路北段总局上呈给津浦铁路督办大臣，最终却不了了之，路、矿合办宣告失败。究其原因，在于"嗣因款未借得，改由公司息借保商行化银一百三十万两，路局担保"。② 这笔钱也不是津浦路局自己的，而是它从别的地方借的，后来没借到，所以就没法入股了。但此番合作的深意在双方之后的交往过程中得到了体现，后来有公司人员回忆此段情形时便提及："当时该路虽未采纳，然而对于公司亦认为系其良友，路、矿联合益大利溥，所以协助甚力。"③

（三）煤矿路局运输互惠合同的签订

　　众所周知，铁路运输对于近代煤矿的运营起着十分关键的作用。当时全国的煤炭销场集中在上海、天津、武汉、广州等大城市，煤矿却多处于交通不便的深山之中。中兴公司也不例外，其主要销场分布在上海及其周边的长江中下游地区，距离矿区遥远，铁路的作用自不待言。对于中兴公司来说，在开采成本一定的情况下，运费的高低直接决定着销场售煤的价格。在品质相差无多的情况下，以较为低廉的价格售煤方为取胜之道。根据当时的调查，中兴煤矿至上海的运费远低于其他煤矿。以1933年从蚌埠至浦口每吨煤的运价而言，中兴煤矿仅0.68元，大通煤矿则为2.20元，淮南煤矿更是达到了3元，由此可见中兴煤矿受到的运输优惠较大。④

　　对于这一现象，学界多将其归结为"中兴煤矿的运输专价"，认为

---

① 公司自编《中兴公司与津浦铁路关系案略》，第1页。
② 《第三次股东会经理提议案可否仍照前议由津浦路认股二百万元》，民国2年5月6日，转引自王庭芝、王壮、王展《百年追梦——基于文化视野对中兴煤矿公司的解读》，第255页。
③ 公司自编《中兴公司与津浦铁路关系案略》，第1页。
④ 中共枣庄矿务局委员会等编著《枣庄煤矿史》，第46页。

铁路吃亏颇多。① 实际上，当时并非只有中兴一家煤矿从中受惠，全国的大煤矿几乎都有类似的运输优惠。② 更为重要的是，在近代路、矿双方往来过程中，是相互让利而彼此得利的关系，并非只有公司受惠。学界之前更多将中兴煤矿与同时期其他煤矿进行横向比较，执着于某一具体时段中兴公司得利多寡的判断，缺乏对双方之间关系的长时段考察，从而将低廉运价作为孤立的因素看待，缺乏对其背后深层原因的挖掘。

实际上，中兴公司在获得运输价格优惠的同时，也在其他方面做出了让步，付出了代价，典型如公司以极为低廉的价格将煤出售给路局。1912 年 6 月 20 日津浦铁路通车后，路局与中兴煤矿公司签订减价运煤合同，提供十分优惠的运输价格（具体内容参见附件三）。仔细研读其内容可以发现，该项优惠合同是一种基于双方互惠的契约。中兴公司之所以能获得如此优惠的价格，最根本上是因为公司为路局提供了较为优惠的煤价，诚如合同所言，"此合同系因公司情愿让价售煤于路局，路局亦愿让价减收运煤车脚，是以订此合同，以表互相辅助之意"。③

一方面，公司从路局获得了较为低廉的运输价格，降低了公司煤的成本，有利于增强公司煤在市场的竞争力；另一方面，由于低廉运价合同往往伴随着廉价用煤合同一道出现，津浦路局在做出让步的同时获得大批廉价煤供自身应用。1921 年的一份统计资料显示，津浦路"每月用该公司煤斤为最多，公司每年出煤约六十万吨，本路年需用煤十八万吨，将及三分之一。所负义务不为不重，且现在井口价涨，块煤每吨八元，统煤每吨七元，综计本路全年用煤所让之价实不下四十余万元"。④ 由此可见津浦路局在煤价方面所得优惠之丰厚。

由于路、矿双方签订的互惠合同时间较为长久，到期后又一再续约，其间面临国内复杂的政治、军事考验颇多，很难说究竟哪一方具体得利更多。单论津浦铁路筹建时期，由于津浦铁路为借用外债所修，亟须拓展业务，以早日偿还这些借款。早在津浦铁路勘测之时，时任邮传部丞

---

① 金士宣、徐文述编著《中国铁路发展史（1876—1949）》，中国铁道出版社，1986，第297 页；中共枣庄矿务局委员会等编著《枣庄煤矿史》，第 43 页。
② 金士宣、徐文述编著《中国铁路发展史（1876—1949）》，第 293 ~ 299 页。
③ 《津浦铁路管理局呈交通部报增购中兴煤斤及公司请求核减运价情形文》，1921 年 1月，载交通、铁道部交通史编纂委员会编《交通史路政编》第 3 册，第 2133 页。
④ 《津浦铁路管理局呈交通部报增购中兴煤斤及公司请求核减运价情形文》，第 2136 页。

参上行走的周学熙就把这笔账算好了，他提出要修建临枣支路将枣庄矿区与津浦铁路连通在一起，"此路告成，专论峄矿运费，远近牵算每吨一两，每年不下三四十万吨即合银三四十万两，且津浦全路可得峄煤接济，每年煤价所省亦巨，此实两有裨益"，这在当时确是公允之论。① 到了民国时期，由于津浦路地处南北要冲，常受战事影响，"每遇战事勃发，津浦先受其病，征调络绎，商运多归歇绝"。② 这个时候对于中兴公司来说，一方面它从路局获得的运价优惠无法实现，另一方面铁路在军阀控制下仍然运输军队，所需燃料仍由公司廉价供给。此外，公司提供给路局的煤价几十年不变，到民国 10 年延续的仍然是宣统年间的优惠价格，远低于当时的市场价。甚至在一些特定时段，中兴公司为继续维持双方关系，不得不以低于成本的价格将煤售与路局，经济损失颇大。这在下文将有详细论述，此处不赘。此外，中兴公司这种运输价格上的优惠也会在一定条件下被其他公司援引，从而享受同样的优惠运价，所谓运输特权的范围并没有我们想象的那么狭窄。宣统年间津浦路局与中兴煤矿公司签订减价运煤合同，提供十分优惠的运输价格。这一合同在当时看来已足够优惠，但后来贾汪等煤矿亦援引此例，享受同样的优惠。③ 此外津浦铁路为扩大业务对各商家货物运输推行新的优惠政策，亦使得中兴原订合同受到的优惠被稀释。如津浦路局与中兴公司之前在合同内规定有运煤专车优惠，新订政策出台之后"普通矿业煤商固已得沾实惠，而在敝矿，从前运费较之普通运价低减百分之四十以上者；今与新章比例，其低减之率只百分之三十左右，是普通矿商皆蒙减价之惠，敝矿转相形见绌"。④

---

① 《丞参上行走周咨呈一件请咨商邮传部修筑枣庄至临城铁路以便峄矿运销由》，宣统元年九月初三，中研院近代史所藏档案，档案号：06 - 24 - 02 - 002 - 04。

② 津浦铁路在 1922 年到 1930 年所遇到的困境，可参见《津浦铁路年鉴》，转引自济南铁路局史志编纂办公室编《济南铁路局史志资料选集》第二辑，1986，第 53～55 页；《山东峄县中兴煤矿有限公司民国十七年分账略》，上海市档案馆藏档案，档案号：Q268 - 1 - 462。

③ 贾汪煤矿初次申请被拒绝后继续申请，参见《胡光国上盛宣怀禀》，宣统二年十二月，上海市图书馆藏盛宣怀档案，档案号：107654 - 2；根据后来形势来看，这次申请成功了，参见《津浦铁路管理局呈交通部报增购中兴煤斤及公司请求核减运价情形文》，第 2136～2137 页。

④ 《津浦铁路管理局呈交通部报增购中兴煤斤及公司请求核减运价情形文》，第 2137 页。

当然，中兴公司与其他煤矿的区别在于，它能利用手头的丰厚回报换取津浦路局一而再、再而三地降低运费，从而将这种运输上的价格优惠保持下去。具体情况可以从中兴公司与路局优惠运输合同的多次修订看出些许端倪。由于在煤价问题上吃亏，在运价上又得不到相应的补偿，公司无法容忍，多次督促津浦路局对原约进行修改。1921 年 1 月，公司向津浦路局提出增加煤价、核减运价的要求。津浦路局以"煤斤市价将来原有涨落，未便遵议增加"为由婉拒。但在核减运价层面，为维护双方交换利益，路局在呈部之后答应在原来的基础上核减 1/10。双方在用煤及运费方面各有所持，从各类合同中受惠极大，一荣俱荣，一损俱损，一旦关系破裂，双方受到的损害都比较大，所以路局认为"公司请求加价，本路既未照准，似应将运价量予核减，以尽互相维持之意"。[1] 1922年 3 月，津浦路局与中兴公司遵照部令，修订了合同，自 3 月 1 日起实行（该条文内容参见附件四）。此合同修订之后，路、矿双方为进一步巩固业务往来及互惠关系，针对各时期不同情况，又对该合同进行了修订，从而使路、矿相互受惠的关系巩固下来。[2]

由此可见，要科学考察路、矿之间关系，需要将其放在一个较长时段内加以考察。长期看来，由于双方在各个具体历史时期遭遇的状况不同，在某一时段中有一方会相对吃亏，但在另一时段，吃亏一方的利益又会得到补偿。从长远看来，双方在这种关系中均有得利。如果二者中止这种合作关系，双方都得不到实惠，一损俱损。路、矿双方这种互惠关系，建立在相互让利而又彼此收利的基础之上。如果单纯斥之为"中兴煤矿公司的运输特权"，认为仅仅是公司受益，则是片面的。由于津浦铁路受战事影响，经常陷入停顿，中兴公司以各种方式帮助路局颇多，甚至受其拖累。这些方式除了提供廉价煤炭之外，还包括提供短期借款及出租机车、煤车等举措，下面会有详细论述。[3]

---

[1] 《津浦铁路管理局呈交通部报增购中兴煤斤及公司请求核减运价情形文》，第 2136 页。

[2] 《民国十八年十月十五日中兴公司董事会第一百八十六次议决录》，上海市档案馆藏档案，档案号：Q268-1-463。

[3] 根据统计，中兴公司受津浦铁路局拖累，"以有形可计，如到期债款延不清理，煤价、车租积欠不付，三项共计至本年（1927 年）年末达二百二十余万之巨"。参见公司自编《中兴公司与津浦铁路关系案略》，第 1 页。

（四）路局优惠煤价与车租

1. 优惠煤价

诚如前述，中兴公司获得运价上的优惠，建立在津浦铁路得到廉价煤的基础之上。津浦铁路所用中兴煤起源于宣统年间公司的那次借款，当时公司因招股困难向直隶保商银行及交通银行商借白银 200 万两。双方缔结合同，其中规定公司所借银行款项由津浦路局担保，每年从路局支付的公司煤价中陆续拨还。为回报路局在困难时期对公司的扶助，公司提供给路局的煤炭价格极为低廉。之后这一煤价几十年未有丝毫变动，而公司所欠两行的款项早已还清。由于公司在运价方面并未获得与煤价方面相差无几的补偿，它在与津浦路局往来时长期处于一种入超状态，且入超的数目呈现逐年增加的趋势。根据调查，"在往年运输较畅之时，路局购用煤焦及代运公司营运煤焦年终比算，运费往往超过公司曾付现金；近两年来军运紧急，商运停顿，而路局燃料仍须源源供给，未敢有间断，以致比差过巨"。[①]

在特定时期内，中兴煤矿公司提供给津浦路局的煤价甚至建立在亏本基础之上。诚如前述，自 1925 年起中兴公司受战事影响，逐渐从营业上的黄金时期走下坡路，盈利逐年减少，直至连年亏损。1927 年 7 月，中兴公司因受战火影响被迫停产待工，当时公司亏欠各方借贷 500 余万元。[②] 在此前后，津浦铁路亦因受战事影响，南段货运停滞，中兴存煤无法运出。在这种情况下，中兴公司仍要按照双方签订的契约定期为津浦铁路提供廉价煤，而公司存煤山积，无法运出，亏损颇多。根据 1928 年公司账目，公司全年销煤 21.6 万余吨，津浦机车用煤就占了 2/5，由此可见数量之大。之前一年的销量则更为惨淡，16.8 万余吨煤炭之中，公司自销者仅有 10 万余吨，其余均为津浦路局自用，导致公司两期营业亏损均在 80 万元之上。1928 年"整理中兴案"结束之后，全国战事日渐结束，公司逐渐复工。复工所出之煤数量颇少，每天售去 2/3，其中相当大一部分为津浦铁路自用。当时公司因业务刚刚恢复，出煤成本颇

---

① 公司自编《中兴公司与津浦铁路关系案略》，第 6 页。
② 中共枣庄矿务局委员会等编著《枣庄煤矿史》，第 36 页。

高，每吨约在 8 元以上。津浦铁路按照以前所订契约，每吨只付 4 元 5 角。这样导致的结果是公司煤炭平均售价受到牵连，仅约合 7 元 2 角，"每销售一吨，辄亏耗一元"，公司营运遇到重大困难。①

然而即使是如此优惠的煤价，津浦路局也是一拖再拖，延不缴纳。根据统计，截至 1926 年 10 月 15 日，津浦路局所欠煤价及租车费用计 65 万余元。此后"自（民国）十五年十月半以后，迄（民国）十六年年终止，路局应付公司煤价、车租与公司应付路局运费、地租两相冲抵，约欠公司煤价、车租一百万元以上"。公司当时营业停歇，各方亏欠颇多，为此多次向路局催缴此项欠款，路局"既未之应""亦无表示"，态度十分傲慢。② 这一时期公司受路局影响颇大。除了前项所述之外，公司还因为其他方面受路局拖累，亦与路局用煤有关。中兴公司因资金周转困难，曾于 1926 年通过银行发行公司债 200 万元，其中公司自销 50 万元。此项公司债以矿区 50 万吨存煤为担保。之后因路局用煤数激增，50 万吨担保数目被打破，这样造成的结果便是"路局用煤一吨，公司须付银行担保还本基金六元"，公司受困状况更甚。③

2. 车租

前述路局欠款中，除了煤价之外，另有一项就是车租费用。当时津浦路局因资金困难，机车及煤车数目不足，不敷使用。中兴公司为帮助路局发展，先后购买煤车 200 辆租给津浦路局，并订有租车契约。之后该路局又于 1925 年向公司租用煤车 50 辆。④

该批煤车组装后，经由中兴公司浦口分厂点交，租与津浦路南段使用，并收取租费。当时由于津浦路分南北两段经营，所以这笔账记到了津浦路南段总局头上。到 1926 年 10 月，路局共欠公司煤价及车租费银 65 万余元。⑤ 1927 年 4 月，南段撤局，全路统一，公司决定向津浦路天津总局收取前项租费，但路局并不承认，以"此项车辆，只以友谊关系，

① 《中兴煤矿公司第十八次股东会决议录》，民国 19 年 2 月 23 日，上海市档案馆藏档案，档案号：Q268 - 1 - 462。

② 公司自编《中兴公司与津浦铁路关系案略》，第 7 页。

③ 公司自编《中兴公司与津浦铁路关系案略》，第 7 页。

④ 公司自编《中兴公司与津浦铁路关系案略》，第 8 页。

⑤ 《中兴津浦条约》，1926 年 11 月 21 日，上海市档案馆藏档案，档案号：Q268 - 1 - 462；公司自编《中兴公司与津浦铁路关系案略》，第 4 ~ 5 页。

由本路代装未毕，即由军人自由取用，南段分管期内所有簿据尚未接收清楚，应俟查明再行核办"为由拖延缴纳。① 盖可看出津浦路局之态度。路局向公司租车颇为频繁，机车租价通常每日 25 元，双方此番付费往来余额，通常放入公司津浦及沪宁路运煤价格中扣除。②

综上，无论是煤价还是车租，中兴公司与津浦路局往来之时，更多时候处于一种无奈的地位，被其拖累甚多。由此可见，之前单单凭借中兴运输价格的优势而称之为运输特权，的确过于片面。实际上，除了上述煤价、车租往来之外，双方之间还有直接的现金借贷活动。

（五）津浦路局与中兴公司之间的资金借贷

双方之间现金借贷活动的一种，便是前述路局作保帮助中兴公司向直隶保商银行及交通银行借款。诚如前述，中兴煤矿公司与津浦路局之间建立密切关系，始于保商及交通银行的那次借款。当时中兴公司招股发生困难，而生产运营亦需要大量资金。在这种情况下，中兴公司在津浦路局的牵线之下，先后向交通银行与直隶保商银行借贷银元 200 余万。根据三方签订的合同内容，直隶保商银行向中兴公司借给平化宝银 130 万两，此款以津浦铁路每年付给公司的煤价 30 万元为担保，通过路局所付中兴煤价分 10 年逐期拨还，公司应付借款利息周息 8 厘，具体偿还时，前两年只付利息，第三年到第九年每年分还本银平化宝银 17 万两，最后一年偿还本银 11 万两，同时支付利息。③ 津浦路局在此次借款中扮演着极为重要的作用，它为中兴公司作保，公司才借得现款。这就使得公司、路局与银行之间形成了一种三方互动的复杂关系，这也构成了它们之间资金往来的第一种表现形式（具体内容参见附件五）。

除了这种借款担保之外，津浦路局还经常直接向中兴公司借贷，这就构成双方资金往来的第二种关系，亦是双方资金往来的主要形式。根据一份调查资料，"该公司放债，以津浦路为大宗。不惟未偿，现更较

---

① 公司自编《中兴公司与津浦铁路关系案略》，第 8 页。
② 《津浦铁路管理局局长孙鹤皋呈铁道部第四七号》，《津浦铁路公报》第 24 期，"公牍"，第 6 页。
③ 《津浦铁路局与山东峄县中兴煤矿公司订立合同文》，1911 年 8 月，上海市图书馆藏盛宣怀档案，档案号：118398－2。

增，近一年烧煤价亦均记账。可查之数目，为定期借款一百三十三万八千元，又往来三十八万二千三百余元"。[①] 实际上，这只是公司频繁向路局提供借贷的一个缩影。

由于津浦路局经费有限，再加上民国时期政权更迭频繁，路局资金不到位的情况时有发生。尤其是战争时期，铁路由于其重要战略作用往往首当其冲。战乱骚扰之后，路局自身业务受到重大影响，机车往往被征调运兵，车轨亦有被毁之虞。在这种情况下，津浦路局很容易发生资金困难，不得不四处借贷，由于银行旧债积累颇多，新债难借。在这种情况下，路局只得向关系密切的中兴公司进行短期借款，以发放职工、员役工资或偿还银行借款。这种借款往往持续 1 年左右，但经常因无法如期偿还而不断推迟。根据当时的调查，津浦路局在 1927 年之前至少向中兴公司进行过四次借贷。其中，"第一、二、三次债款，路局亦力维信用，按约履行，惟自四次起逐渐拖欠本息多有未清"，成为中兴公司一大烂账。[②] 津浦路局历年结欠中兴公司借款数额如下：1922 年 60 万元、1923 年 8 月 70 万元、1924 年 8 月 70 万元、1925 年 10 月 70 万元及 1926 年 2 月 21 万元。[③]

值得注意的是，铁路积欠公司现款之后，不但继续使用中兴廉价之煤，还对公司的多次催促置之不理。截至 1926 年 11 月，路局在短期借款方面积欠公司本息银 71.2 万余元，此外路局以煤价、车租等其他形式结欠公司数目亦甚大。公司通过信函或面议多次催促路局清理欠款，但均告无效。久催之下，路局仅答应"废旧结新"，另外订立新约，进行账册上的清理，并不急于实际偿还。1926 年 11 月 21 日，双方另订整理契约债款，签订九款条件。此项借款以德发债券 25 万英镑债票及各转运公司记账券为担保品。当时路局积欠公司各类欠款共 136 万余元，双方约定从中提出 135 万元作为新一批借款数目，其余"归入往来账计算"。关于偿还方法，则规定此后每日从路局进款项内提拨专项基金存储银行，

---

① 谭焕达：《调查山东中兴煤矿报告》，《矿业周报》1928 年第 5 号，"专件"，第 10 页。

② 公司自编《中兴公司与津浦铁路关系案略》，第 4 页。

③ 公司自编《中兴公司与津浦铁路关系案略》，第 4 页；《各路内债分表》二十六《津浦中兴煤矿公司短期借款》，载沈蕃、周亮才编《交通债款说明书》，（作者作序时间为民国 14 年 12 月），"各路内债说明书"，第 26 页。

每日提取银 1000 元，之后随路局进款数目增长而增加，最高每日可提取 3000 元。①

实际上，此项还款计划虽经缔约，实际并未切实执行。新约签订以后，路局仅偿还 6 次，其余愆延至 1927 年，共计结欠本金 127 万余元；而利息亦只拨付至 12 期。对于中兴公司来说，自身营业尚需向银行多方借贷，根本没有闲置资金可供路局借用。实际上，公司当时是将从银行所借的透支款项转借给津浦路局。② 公司这种做法，显然受到路局指使。③ 由于路局拖延此项欠款颇久，公司"受转贷银行逼迫之苦不堪言状矣"。④

此后公司多次向津浦路局交涉，路局均置之不理。路局采取这种态度，亦与当时自身糟糕的经营状况有关。公司由于和路局之间关系密切，一损俱损，受路局牵连颇大。这种状况随着之后双方形势的好转逐渐得到改善，1928 年双方正式签订新的契约，之前路局积欠的借款账目一律清理，"数年悬而未决之案，今幸得告一结束"。⑤ 公司在这一过程中，虽无可奈何，然此种境地亦属双方合作中应有之风险。

此外，这种短期借款通常与路、矿之间的低价运煤合同等联系在一起，构成一种相互制约的状况，以"筹谋互相保障"，"增进双方相互之利益"。如 1922 年双方签订短期借款合同时，就带有专门的附件。附件规定，路局在借款之后不仅允许公司自津浦线修筑岔道连接公司码头，还要添拨专车供公司运煤之用，并许诺在借用浦口厂基等方面给予公司"必要之援助"。⑥

由此可见，中兴公司与津浦路局结缘，在很大程度上借助于早期路局为公司担保向银行借款，源于路局对公司的扶持。随着公司业务

---

① 《中兴津浦条约》，1926 年 11 月 21 日，上海市档案馆藏档案，档案号：Q268－1－462。
② 《三行致函中兴公司》，1924 年 10 月 14 日，天津市档案馆藏档案，档案号：J211－1－547。
③ 《中兴津浦条约》，1926 年 11 月 21 日，上海市档案馆藏档案，档案号：Q268－1－462。文内提及"路局商请公司代为筹借款项"等语。
④ 《中兴公司致三行函》，1926 年 4 月 21 日，上海市档案馆藏档案，档案号：Q264－1－635；公司自编《中兴公司与津浦铁路关系案略》，第 6 页。
⑤ 《山东峄县中兴煤矿有限公司民国十七年分账略》，上海市档案馆藏档案，档案号：Q268－1－462。
⑥ 公司自编《中兴公司与津浦铁路关系案略》，第 3～4 页。

的发展及路局状况的改变，双方之间的关系发生了倒置。之后，在更多时候公司成了帮扶路局的重要力量，以租车形式提供业务上的扶助，以短期贷款形式进行财力上的支持。双方之间逐渐建立起一种互相依赖、互相扶助的关系，其间虽然双方一度产生矛盾，但最终还是平息了下来。综观整个过程，中兴公司虽在租车费用、短期借款、优惠煤价等方面付出很多，但亦获得运费等方面的优惠，可谓失之东隅，收之桑榆。

（六）垫款修建码头等——以陇海铁路为中心的考察

实际上，除了津浦铁路之外，另有一条东西走向的大动脉——陇海铁路与中兴公司关系极为密切。陇海铁路"原名陇秦豫海，系合并清徐海、清开徐、汴洛、洛潼、西潼、西兰而成"。① 与中兴公司密切相关的这一段铁路，系该路最东段部分，即从徐州到海州（今连云港市）一段，通常称为徐海铁路。该段于1921年开始修筑，1925年7月1日正式通车。二者之间关系颇为久远，早在晚清时期中兴公司就已经注意到徐海铁路的重要性。② "公司与陇海关系在前清时代本有栈轨旧案，民国十年间与交通部津浦路局复有计画，并在十一次股东会报告。"③ 但之后由于公司对津浦铁路极度依赖，对陇海铁路的需求迫切性降低，双方关系一直处于一种半停顿状态。

直到20世纪20年代，国内一系列内战给津浦铁路带来巨大破坏，中兴公司过度依赖津浦铁路，造成煤运几度停滞。当时资料记载："本路自民国十一年以来，受内战影响，营业收入，月供协饷。工程计划，竟归停顿。迨直奉战起，扣留车辆，拆卸路轨、割断电线，以及韩庄花旗营两处钢桥均被炸毁。种种恶例，由此而开。"④ 公司因与津浦铁路关系

---

① 《陇海铁路筑路纪要》，转引自济南铁路局史志编纂办公室编《济南铁路局史志资料选编》第二辑，第56页。
② 《邝荣光上盛宣怀文》，宣统三年六月初七，上海市图书馆藏盛宣怀档案，档案号：000601。
③ 《民国十九年二月廿五日董事会决议录（第一九一次）》，上海市档案馆藏档案，档案号：Q268-1-463。
④ 《津浦铁路年鉴》第一卷，转引自济南铁路局史志编纂办公室编《济南铁路局史志资料选编》第二辑，第53页。

种种，受其牵连颇大，营业连年亏损，1927 年 7 月被迫停工。此后又遭遇"整理中兴案"，矿产被没收。该案结束之后，虽然公司矿产得以发还，尚有部分存煤，但依然面临津浦路南段无法正常运输的尴尬境地，无法将煤运送到长江中下游各处销场。更让公司苦恼的是，北伐战争之后国内又发生了中原大战等一系列内战，津浦铁路运输因遭受"石军之阻"，迟迟未能恢复到战前水平。公司受津浦路牵连，不仅要继续供给津浦路用煤，遭受经济方面的损失，更面临运输停滞、复工缓慢的境地，遇到了发展上的瓶颈期。①

面临困境，中兴公司努力尝试其他途径，以期在一定程度上减少津浦铁路带来的消极影响。早在 1927 年津浦路南段运输阻滞时期，中兴公司就曾尝试将煤炭北运到天津，然后通过天津从海路将煤运输到上海，但效果颇微。② 之后，公司又将重心放在了运河方面。但台枣路运力有限，运河方面"河水浅涸，沿岸多匪"，因此运量受到限制，不能多运多销。③

上述尝试宣告失败后，公司逐渐将重心放到陇海铁路东段上来。为此，公司聘请曾任陇海铁路督办的章笃臣出任公司驻矿委员会委员，专门办理此事。④ 章笃臣莅矿之后，积极联系陇海路局，准备通过海州以海运的方式将公司煤运到上海。根据当时的勘察，台儿庄距离海州约四百里，距离比较遥远，而中间未曾铺轨的地方集中在台儿庄到陇海路八

---

① 如时任公司董事会长的朱启钤，就在公司第 18 次股东会议上指出："至于以后公司重要问题，不外产、运、销三项。产、销二项公司可以自主恢复，并不为难。运输一项，则为国家范围。"暗指运输一项作为影响公司营业的重要因素，受时局影响颇大，公司对此无可奈何。参见《中兴煤矿公司第十八次股东会决议录》，1930 年 2 月 23 日，上海市档案馆藏档案，档案号：Q268 - 1 - 462。

② 《中兴公司十六年度营业报告（一）》，《大公报》1928 年 8 月 7 日，第 4 版。此外胶济铁路也是公司开展工作的一个重点，参见《民国十九年十二月十六日第一百九十五次董事会议决录》，上海市档案馆藏档案，档案号：Q268 - 1 - 463。

③ 《山东峄县中兴煤矿有限公司民国十七年分账略》，上海市档案馆藏档案，档案号：Q268 - 1 - 462。

④ 章笃臣，即章祜，曾任陇海路局督办。近代煤矿企业为便于向铁路局交涉，经常聘用原铁路局官员担任要职，以便于花钱打通关节走暗线。典型如刘鸿生邀请章笃臣与原陇海铁路车务处处长顾宗林分任华东煤矿公司的董事长和总经理，并送他们干股十五万元，以利于公司存煤的运输，参见上海社会科学院经济研究所编《刘鸿生企业史料》（上册），第 257 页；上海社会科学院经济研究所编《刘鸿生企业史料》（中册），第 112 页。

义集站一段，相距仅六七十里。如在这一地段铺轨连接，则可以八义集站为枢纽，一举打通台枣铁路与陇海铁路，公司存煤借此可从矿区直接运到海州。① 这在当时看来着实是条可行的建议，为此公司董事会多次派出章笃臣与陇海路局接洽，讨论修筑台八支线一事。然此事终因时局关系"暂难进行"，不得不宣告中止。②

之后中兴公司与陇海路局再次会商，并听取了陇海总工程司的意见，决定将台八支线缩短，仅由台儿庄修至陇海路的运河站。③ 孰料该路线亦因时局关系而搁置，公司决定先接洽码头问题，拟在海州的大浦建立临时通海码头，以供存煤转运。④ 之后公司积极行动，在陇海路三岔河站（即运河站）设立煤炭转运栈，同时在大浦成立公司分厂，租用土地及码头，借此存煤并转运上海。⑤ 这些举措都为台枣铁路与陇海铁路二线连通做了铺垫。

由于当时台运支线未能修筑，大浦分厂的存煤多通过津浦铁路迂回转运，极为不便。当时公司存煤须先通过临枣支线从枣庄运往临城，抵达临城后经津浦路运达徐州，再由徐州转陇海路抵达大浦，几乎绕了一个大圈。轮船赴沪亦因"路线稍远，且大轮不能入口，每次仅运数百吨，费用与时间上均不经济"，难与外煤竞争。⑥ 因此，迫切需要将台枣铁路与陇海铁路接轨。

1932 年 11 月，中兴公司与陇海路局协商，签订互助垫款合同，由中兴公司垫款 100 万元，将台枣铁路终点从台儿庄展修至陇海路运河车站

---

① 《民国十九年二月廿五日董事会决议录（第一九一次）》，上海市档案馆藏档案，档案号：Q268 - 1 - 463。

② 《民国十九年六月十四日第一百九十二次董事会议决录》，上海市档案馆藏档案，档案号：Q268 - 1 - 463。

③ 《民国十九年六月十四日第一百九十二次董事会议决录》，上海市档案馆藏档案，档案号：Q268 - 1 - 463。运河站（新中国成立后改称邳县站）在江苏省邳县运河镇，位于陇海铁路与京杭运河交会处，交通十分便利。中兴将支线改建至此，可能是想借此处交通便利之优势，将中兴煤或东运出海，或通过京杭运河直接南下。

④ 《民国十九年六月十四日第一百九十二次董事会议决录》，上海市档案馆藏档案，档案号：Q268 - 1 - 463。其中规定，等陇海铁路筹足款兴修开泰码头之后，公司再将路线延长到该码头。

⑤ 《民国十九年十月廿日第一百九十三次董事会议决录》，上海市档案馆藏档案，档案号：Q268 - 1 - 463。

⑥ 《陇海铁路筑路纪要》，第 60 页。

附近之赵墩站。这一段新建的铁路名曰台赵支线，该线全长31公里，于1933年12月动工，1935年3月通车。[1] 该支线通车之后，实现了台枣路与陇海路之间的联轨，将津浦、陇海两条大动脉通过临枣、台枣、台赵三条支线连接在一起，形成了以枣庄矿区为中心的铁路运输网，便于公司将煤炭通过津浦、陇海铁路运输到重要港口及各地销场。

与台赵支线兴修密切相关的是连云港的建设，这也是陇海路局说服公司垫款兴修台赵支线的一个重大由头。诚如前述，公司之前在大浦租赁码头设立分厂，以便将中兴煤通过海路转运到上海。然而由于大浦附近的码头泥沙淤塞严重，"大轮不能入口，每次仅运数百吨"，运输量受限，不利于煤炭大量运输。[2] 因此，陇海路局决定将陇海铁路最东端站点由新浦延长到老窑，在老窑另建连云港码头。当时陇海路局"海港工程则尚无款兴筑"，遂向中兴公司求助。[3] 公司为了存煤能大量运输到上海，不遗余力支持。

最初连云港仅准备建造一个码头，但中兴公司考虑到每年10月到次年5月为陇海路货运畅旺时期，无法兼顾公司煤炭出口，为此特向陇海路局申请在连云港添筑码头。1933年10月至11月，双方协商起草了建筑海港码头借款合同。此合同于1934年1月27日正式签订，这是一个路、矿双方均得利的协议。合同规定，中兴公司借给路局100万元添筑码头一座，年息8厘。其中85万元作为建筑码头及填土砌石用，其余作为陇海路局各项附属改善工程用，从而帮助陇海路局解决了工程款不足的困难。陇海路局允许将填海所得的土地租给公司60亩作为堆煤之地，此外陇海路局还同意将所筑码头的1/3留作中兴煤矿公司专用泊位，1/3为装煤公用泊位（中兴公司有优先停靠权），余下的1/3作为陇海路局专用泊位。[4]

码头于1935年12月完工，几乎专供中兴公司装运煤炭之用，同时建有翻车卸煤机，便于把整车煤直接倒卸在海轮内。[5] 中兴公司因借垫

---

[1] 《陇海铁路筑路纪要》，第60页；铁道部铁道年鉴编纂委员会编《铁道年鉴》第三卷，汉文正楷印书局，1936，第748页。

[2] 《陇海铁路筑路纪要》，第60页。

[3] 《陇海铁路筑路纪要》，第58页。

[4] 《连云港港史》编审委员会编《连云港港史（古、近代部分）》，人民交通出版社，1987，第97~98页。

[5] 陇海铁路管理局编《陇海年鉴（1933年）》，转引自金士宣、徐文述编著《中国铁路发展史（1876—1949）》，第391页。

100 万元，不仅获得了码头专用泊位，自 1935 年 1 月 29 日二号码头第一泊位完工后，还屡次获得减免费用的优惠。随着两座码头的修建，陇海路局对码头附近的海水区域进行深挖，建成一个优良港口，这就是连云港的由来。之后陇海路最东端亦延长至此处，这就是我们今天看到的陇海铁路的全貌。

综上，台赵支线的通车以及连云港码头的建造，都与中兴煤矿公司的大力支持息息相关。台赵支线的通车使得津浦、临枣、台枣、台赵、陇海五条铁路贯通，使枣庄到连云港的煤炭运输路程从原来的 340 公里缩短为 240 公里，并且中间少一次过轨，节省了 1/3 的时间，加快了车辆周转，促进了公司运煤。连云港码头的建造也是中兴公司与陇海路局之间互利互惠合作的典型，通过运煤码头的建设，双方各得其利，中兴公司获得诸多运输优惠，陇海路局则轻而易举获得该码头的管理权。中兴公司与津浦铁路之间的关系，与中兴公司、陇海铁路关系相似，亦是一种互利互惠的关系。

由此可见，中兴与铁路之间的关系更多集中在与津浦、陇海两条铁路干线之间的长期合作上。中兴与津浦铁路交易素笃，几十年来因利益牵涉，相互扶持，共同发展，"存则两利，败则两伤"。双方之间利益错综复杂，是一种长时期的合作关系。无论是路局为公司提供优惠的运输价格，还是公司向路局提供短期借款、租借机车煤车，无论是路局为公司担保借款，还是公司出资帮助路局修建临枣支线，抑或双方试图合办的经历，都使得这种关系变得更加密切。尤其值得注意的是，双方的这些关系始终是连在一起的，路局廉价用煤合同往往伴随着公司优惠的运煤价格合同，双方以合约的形式将这种互惠关系固定下来，津浦铁路也因此成为影响中兴公司业务发展的重要社会资本力量。陇海铁路也是如此，无论是公司帮助路局垫款修建台赵支线、连云港码头，还是公司在码头租地及运费上所获得的优惠，都是一种互利互惠的关系。

综观中兴公司与津浦、陇海铁路之间的关系，双方相互让利，而又彼此得利，这才是双方关系的真谛。在此基础上，津浦与陇海铁路逐渐成为中兴公司业务发展所依赖的重要社会资本力量，双方这种关系不会轻易受到外界因素的影响，是一种长期持久的合作关系，存则两利，废则两亏。那么，双方之间这种关系又是如何建构起来的呢？中兴公司又是通过何种手段将津浦、陇海路局拉入自己的利益共同体之中的呢？下面我们就从中兴公司股东身份的变革来探讨这一问题。

三　中兴公司中的"交通系"与公司路局
社会关系网的建构

诚如前述，1899 年中兴公司设立之后，最初的股东大多为山东的省级官员、直隶等地的候补道员以及部分地方士绅，此可谓公司第一代股东。1916 年公司发生矿难之后，第一代领导人张莲芬积劳成疾病逝。次年在天津召开股东会议，引入大批北洋政府军政要员股份以及武汉德厚荣等商股，公司进入第二个发展阶段，朱启钤担任公司总经理。在这一时期中兴股东成分发生了较为重大的变化，第一代股东地位下降，北洋要人私人所占股份颇多。根据学界的观点，1917～1928 年朱启钤出任总经理的时段，中兴公司处于交通系控制之中。

实际上，这一说法并不准确。此间所谓"交通系"，应该指铁路部门中与津浦铁路有重要关系者，而与北洋政府时期在政治舞台呼风唤雨的新、旧"交通系"不尽相同。如徐世昌晚清时期曾任津浦铁路督办大臣，与中兴公司关系密切，之后长期出任公司董事会长，却不属于"交通系"。换句话说，公司内部带有邮传部、交通部背景的股东，绝大多数为曾在津浦路局任职者，称之为"津浦系"更为恰当。从另一层面来说，这些人物被引入公司内部是公司与路局双向选择的结果，而非政治造成的结果。更多人物的引入是由朱启钤保荐或任命而来，属于朱的私人关系网，与"交通系"并不完全相同。中兴公司与津浦路局之间的密切关系较为持久，不仅仅局限在 1917～1928 年朱启钤掌权这一时间段，而是贯穿于公司发展的始终。公司与路局之间的关系构建，可以从"公"和"私"两个方面加以考察。

如前所述，中兴公司与津浦铁路的接触可以追溯到该路筹建阶段。经过中兴公司与津浦铁路上司——邮传部协商，台枣铁路与临枣支路得以修筑。之后公司在筹款修建台枣铁路时出现资金困难，又是在津浦路局的担保下向直隶保商银行及交通银行借款银元 200 余万，方得以渡过难关。之后为了保障双方利益，公司与路局签订了廉价买煤合同、优惠运煤合同等系列协议，又以租车、短期借款等形式建立了长期的合作关系。① 路矿双方不仅相互扶持，更一度试图合办，最后虽未实现，但双方利益日趋一体化，这是公司与路局方面在"公"这一层面的密切关系。

路矿双方，除了这种在"公"的层面的合作之外，亦有私下的交往，这就牵涉中兴公司股东身份的变革。路矿双方关系之所以能达到如此密切的程度，与这一方面息息相关。溯其根源，还要回到那次大借款。诚如前述，津浦铁路在公司资金困难时期为公司担保向银行借款。当时，为更详细地了解公司经营状况及具体发展前景，减少路局承担的风险，在借款协议达成之前，时任津浦铁路督办的徐世昌派任凤苞、邝荣光二人赴中兴煤矿调查。② 经过一番密切接触，津浦路局各要员对公司发展状况和前景有了更直观的认识，一致认为公司发展前景颇佳。中兴股东借此邀请他们入股投资，津浦路局历任主管人员如徐世昌、孟锡珏、徐世章、朱曜等一一被引入中兴公司做股东。③ 时任津浦铁路北段总办的朱启钤也牵涉其中，直至后来成为中兴公司的第二代领导核心。④ 津浦路局官员入股中兴这一举动，使得双方利益更趋一体化。由于自身股东利益牵涉颇多，津浦路局与中兴公司"你中有我、我中有你"，逐渐形成一个利益共同体。

综上，津浦路局与中兴公司在公、私两方面利益牵涉甚多，从而形成路、矿一体的互利互惠关系，因此对公司发展不遗余力支持。之后双方关系愈加密切，逐渐建立起一种长久的互惠互利关系，这种关系的建构亦使得公司与铁路互为对方生存与发展的重要社会资本力量。路、矿双方这种互惠的关系，使得中兴公司在面临考验时得以渡过难关。在此过程中，社会关系网背后隐藏的利益也彰显无遗。典型如前述中兴公司在修筑台枣铁路过程中，曾受到邮传部的阻挠。邮传部试图胁迫公司放弃台枣铁路的修建，转而兴修从韩庄至枣庄的韩枣支线，以利于铁路用煤。公司总经理张莲芬等几经游说，试图以临城至枣庄的临枣支线替代

---

① 关于双方互惠合同及之后的历次修改，可参见交通、铁道部交通史编纂委员会编《交通史路政编》第3册，第2132～2141页。

② 张道兴：《保商银行借款及纠纷》，第117页。

③ 陶湘：《中兴煤矿公司大事记》，民国5、7、8、11、14年条目。

④ 王作贤、常文涵：《朱启钤与中兴煤矿公司》，载北京市政协文史资料研究委员会、中共河北省秦皇岛市委统战部编《蠖公纪事——朱启钤先生生平纪实》，第151～156页。

韩枣支线，并以此来换取台枣铁路继续修建。当时临枣支线相较韩枣支线而言，线路更长，花费更多，因此邮传部内部反对的声音颇大，当时的总工程司便坚决主张修建韩枣支线。从当时各方考量来看，修建韩枣支线更符合津浦路局的利益，然而最终路局内部主张修建临枣路的声音逐渐占了上风。这背后隐藏的，实际上亦为利益牵涉。由于当时津浦路局与中兴公司之间已订有买煤运煤合同，根据该合同，路局可以极为低廉的价格使用中兴公司煤炭，因此时任津浦铁路北段总办的朱启钤和卢祖华坚决同意公司的主张，支持修筑临枣支线。津浦路督办徐世昌及帮办孙宝琦等也以"此线虽较韩峰稍长，然可直达公司之矿厂，即便转运，而路线所经矿苗颇富，与韩峰比较利益殊多"为由，批准继续修筑临枣支路。① 这一事件背后隐藏的，实际上是津浦路局对长远利益和眼前利益的取舍以及对利益大小的判断。

另一个例子发生在民国初期，当时峄县士绅田毓崦等控诉中兴公司，列举了其十三条罪状，试图缩小公司矿界。此举威胁到中兴公司存在的根本，时任津浦铁路中兴煤矿监理的任凤苞将这一情况汇报给交通部，交通部特地给当时负责处理此事的山东都督周自齐打招呼，以期保护中兴公司利益。根据交通部的说法，津浦铁路"上年担保公司借用保商银行款一百三十万两，复由临城修造运煤枝路一段，用款一百二十余万两"。一旦该矿因为此次控诉营业受到影响，"津浦铁路对于该矿二百五十余万之重员设有危险，谁职其咎？"② 由此可见，利益才是社会关系网背后最根本的东西，它决定着行动主体的具体行为选择。

综上，路、矿双方建构在利益互惠基础上的长期合作伙伴关系，使得双方面临"一荣俱荣，一损俱损"的情况，但这并不代表双方之间没有矛盾或摩擦。实际上，路、矿之间经常面临利益的博弈，双方在契约重订、欠款催缴等方面存在利益的争斗。再加上各具体时段外部环境迥然不同，很容易造成不同时期路、矿双方受惠程度不一，甚至一方受益、一方受损的情况，为此双方之间的关系就需要重新调适。典型如20世纪20年代后期，中兴煤矿公司一度利益受损，当时路局积欠公司短期借

---

① 交通、铁道部交通史编纂委员会编《交通史路政编》第10册，第2302页。
② 《北京交通部饬电》，中研院近代史所藏档案，档案号：07-24-02-001-01。

款、煤价等费用颇巨，公司屡次向路局催款，却未得到回应。此外，一些积欠实际上属于公司向银行借贷之后转借给路局者，路局迟迟不还导致公司时常被银行逼债，处境窘迫，苦不堪言。当时公司存煤更以远低于成本的价格销售给路局，每售一吨，损失一元，可以说受路局连累颇多。中兴公司在这种窘迫的环境下，仍然继续维持与津浦路局之间的密切合作关系，除了被牵制的成分之外，公司管理层以长远目光看待双方之间的关系亦成为重要原因。对于中兴公司而言，生产运营各环节之中，运输的地位尤为重要，直接关系煤矿自身的发展。近代铁路资源相对稀缺，要想优先获得津浦路的资源，只有勉力维持这种合作关系。正是在这种思想指导下，路、矿双方之间的短暂摩擦一般会得到及时处理。对于它们来说，摩擦和矛盾是暂时的，合作与互利才是主流。对于中兴煤矿来说，津浦铁路直接关系中兴煤能否运输到销场，直接决定中兴煤运抵销场的成本，从而成为公司业务发展所依赖的重要社会资本力量。

第五章　中兴煤矿与经济民族主义：基于市场竞争的视角

　　经济民族主义在近代中国企业发展中的作用日益引起学界的重视。它集中表现为"反对外来力量对本国经济资源的剥削和掠夺"。因此，经济后进国家都提出和践行"挽回漏卮""收回利权"等主张。[①] 清末的收回利权运动、近代风起云涌的国货运动，都属于经济民族主义的范畴。值得注意的是，经济民族主义具有对内、对外两个面向。对外，就是对外来力量的态度，包括我们熟悉的收回利权、抵制侵占、与外国商品竞争；对内，则是对本国国民和本国政府的要求，如国货运动、政策扶持等。[②] 这两个面向是同一枚硬币的两个面，具有逻辑上的自洽性，即为了对抗外国企业、代表国家参与竞争，民族企业顺其自然需要一系列政策甚至特权支持，以迅速做大做强，足够对抗和制衡强大的外来力量。这些支持，一些是政府主动给予的，一些是企业自己争取的。自己争取的多了，意味着主动性越来越强。近代民族企业在这种风潮的频繁冲击下，逐渐具有了对经济民族主义主动运用的自觉性，将其当作企业发展的护符和助力，从而有效规避风险，寻求支持。典型如中兴煤矿，从开办伊始就具有国家寻求富强的意蕴，1899 年重新开办也与德国侵占山东路矿利益紧密相关，具有强烈的民族主义色彩，之后的发展更是经常受到民族主义思潮的影响。这种影响可以是助力，能够帮助中兴煤矿获得超大矿区的专利权、税收政策的优惠，帮助中兴煤矿在与地方士绅产生冲突、缠讼时有较为合法合理的依据，也可以是阻力，有来自各界对公

---

① 王立新：《美国对华政策与中国民族主义运动（1904—1928）》，中国社会科学出版社，2000，第 3 页；罗福惠：《中国民族主义思想简论》，载《近代中国》第 8 辑，立信会计出版社，1998，第 94~96 页，转引自马陵合《外债与民国时期经济变迁》，安徽师范大学出版社，2013，第 301 页。

② 这两个方面的概括，相较于高家龙列举的经济民族主义五种表现形式，内涵更为丰富，逻辑更为自洽，参见〔美〕高家龙《中国的大企业——烟草工业中的中外竞争（1890—1930）》，樊书华、程麟苏译，张仲礼校，商务印书馆，2001，第 327~334 页。

司"德股"的拷问及其作为民族企业身份的持续质疑。为了实现经济民族主义的效用最大化、阻力最小化，中兴煤矿公司开始有意识地运用这一工具，通过身份塑造、发起或参与各类同业行会，积极营造、凸显民族企业的形象。这些同业行会及其背后的民族主义情绪成为公司生存和发展的重要社会资本力量。

一 华德中兴煤矿公司时期的"德股"：从护符到标靶

（一）德国攘夺山东矿产背景下的现实策略

1899 年中兴煤矿公司开办时，相较于其前身——中兴矿局，面临的形势发生了巨大变化。中兴矿局属于洋务运动的一部分，当时国内外形势相对稳定，矿局的定位主要是与外煤竞争，为各类机器制造局提供燃料，"敌洋煤而塞漏卮"，"万一海疆有事，洋煤不来，峄煤可源源接济"。① 但是到 1898 年筹办重开该矿时，国内外形势发生了巨大变化，防止矿产被外国攘夺已经成为经济民族主义的主要方面。当时德国根据《胶澳租界合约》获得胶济和胶沂济两条铁路的建造权，同时"于所开各道铁路附近之处相距三十里内，如胶济北路在潍县、博山县等处，胶沂济南路在沂州府、莱芜县等处，允准德商开挖煤斤等项及须办工程各事，亦可德商、华商合股开采"。② 中兴煤矿尽管不在德人所筑两条铁路三十里区域范围内，依然感受到了直接的威胁。当时中兴矿局已经停产，南、北股东群体因机器设备处理产生冲突，张莲芬和贾起胜前往调查。光绪二十四年三月，即《胶澳租界合约》签订后一个多月，张莲芬、贾起胜在同意将矿局机器租给金铭开办民窑的基础上提到了旧股重新开办的设想，"股本未曾集齐之前，亦可暂租试办，惟旧股一有开办定议，禀奉批准后，即须将机器退还，不得临时阻挠，但亦许金缄三等及本地富绅凑股合办"，显然受到了当时形势的影响，这可以从"利源自我开，

① 《峄县开矿片》，光绪九年七月十三日，载顾廷龙、戴逸主编《李鸿章全集》（10），第222 页。
② 《总署奏与德使议定专条三端遵旨画押折附胶澳租界条约》，光绪二十四年二月十五日，载王彦威、王亮辑编《清季外交史料》第 5 册，湖南师范大学出版社，2015，第 2548 页。

利权自我揽，既可杜他人侵占之心，亦可收中国富强之实"的表述中得到印证。① 外部形势的严峻加速了中兴招股重办的进程，"现因山东地方德人纷纷开矿，而峄县煤矿尤为外人所艳羡"，张莲芬与开平矿务局张翼磋商筹款方法，向直隶总督荣禄、山东巡抚张汝梅请求支持，十二月抵达矿局查勘，一件事接着一件事加紧办理。抵达矿局查勘期间，更是获悉了德人前来买地采矿的举动，"复据峄县股商金铭等声称，本年已有四次德人前来查勘矿务托购煤地"。在专业矿师详细勘验确保"煤旺质佳"后迅速申报开办，"应即饬令该道（指张莲芬）等督同矿师迅往开办，一面由臣张翼督饬该公司赶紧招足股本以资集事而浚利源"。② 在这样的背景下，1899 年张莲芬等拟定在矿局机器折为旧股的基础上招足华股一百二十万元，另由德璀琳认招八十万元德股，共二百万元，定名为山东峄县华德中兴煤矿公司，张莲芬为该公司华总办，德璀琳为洋总办。③ 由此可见，中兴煤矿公司从一开始成立就具有很强的经济民族主义色彩，"迅往开办""赶紧招足"，都有和时间赛跑的内涵，"重开矿局、创办中兴公司，阻止德国势力向峄县扩张是主要动机"。④

那么，既然是从德国人手中捍卫矿产的生存权，为何又招入德股？德璀琳又是谁？为什么会是他？这一系列问题，都与保护矿产和经济民族主义息息相关。

实际上，德股的招募和德璀琳的加入对公司而言是一种保护。诚如前述，《胶澳租界条约》规定胶济、胶沂济铁路附近三十里内，新开之矿由德商直接投资或华德合股开采。这两条铁路中，胶济线距离峄县较远，不足为虑。胶沂济线的走向亦有明确规定，"由胶澳往沂州及由此处经过莱芜县，至济南府"，影响仅限于沂州府、莱芜县等处矿产。然德人并不死心，竟然在测绘和规划时擅自更改"胶州—沂州—莱芜—济南"

① 《统领淮练马步各营直隶通永镇总兵贾起胜、二品衔办理津榆铁轨公司直隶候补道张莲芬禀钦差大臣办理北洋通商事宜直隶总督部堂王》，光绪二十四年三月，载《中兴公司文牍》第 1 册，第 4 页。

② 张翼：《奏办山东峄县煤折》，光绪二十五年十一月十三日，上海市图书馆藏盛宣怀档案，档案号：000520。

③ 中共枣庄矿务局委员会等编著《枣庄煤矿史》，第 12 页。

④ 袁广泉：《中兴公司的筑路计划及其外交意图暨台枣铁路经营》，载〔日〕森时彦主编《二十世纪的中国社会》下卷，第 608 页。

走向，将位于"L"形路线中点、本应就此折转北上的沂州，向西南延伸到峄县，从而将峄县放在胶沂这一段的延伸线上，直接危及中兴煤矿的生存。[①] 对于张莲芬而言，之前一直苦苦坚守矿产，"若如他人，早将此矿与德合办，反可从中获利矣，所不肯为，实不欲美产为外人所得"。[②] 但时局日益严峻，随着德国势力在山东的日益增大和不断渗透，中兴煤矿随时有被侵占的危险。相较于被德人独占攘夺，自行重办该矿并招徕德股合办似乎是可以接受的方式，是一种两害相权取其轻的结果。当时张莲芬就将"或因该矿近接胶澳必须兼招洋股"作为招徕资金的三种可能之一。[③] 可以说，招入德股是形势所迫下原股东们相对被动的选择，但被动中暗含主动，"既有德股办法又符中德条约，彼等始无可借口"。[④] 招入德股可以帮助解决资金不足和缺乏技术人员的困难；主动招募德股则意味着可以选择合适的合作对象，可以预先通过制度设计限制合作对象的权限，把自身的风险降到最低。正是在这样的背景下，他们选择了德璀琳。

德璀琳（1842～1913），英籍德国人，生于普鲁士王国尤利西小城，1865年进入中国海关工作，1877～1881年、1885～1895年、1899～1904年三度出任津海关税务司。[⑤] 德璀琳在《烟台条约》谈判中开始得到李鸿章的赏识，此后关系甚密，"虽然严格地说他不是李幕成员，但是在李鸿章直隶总督任期内他几乎自始至终与李鸿章保持着密切的联系。他在

---

① 《德国在山东省建筑铁路及开采矿山等权利和津浦铁路图》，载〔英〕肯德《中国铁路发展史》，李抱宏等译，生活·读书·新知三联书店，1958，第137页。后来胶沂路虽然做了初步的勘测，但因故放弃了修筑计划，参见肯德书第143页。即便如此，德人仍以"胶沂铁路即不建筑，所有沿铁路三十里内之煤矿归德商开采之约章，仍未断续其效力"为由禁止沿线大汶河岸华商开采煤矿，一直到宣统三年山东巡抚提出收回各铁路旁三十里之矿权并与华德矿务公司商订合同，民国成立后与德使议结，于民国2年12月经德政府批准，参见《山东矿权之与德人》，宣统元年六月二十五日，载马鸿谟编《民呼、民吁、民立报选辑（1909.5～1910.12）》（一），河南人民出版社，1982，第131页；《农商部撰华德公司矿案节略》，载中国第二历史档案馆编《中华民国史档案资料汇编》第三辑《工矿业》，江苏古籍出版社，1991，第817～820页。

② 《毓橐致宋渤生函》，六月二十一日，上海市图书馆藏盛宣怀档案，档案号：000521。

③ 张莲芬：《关于中兴公司的创办》，光绪二十五年六月，载苑继平主编《枣庄煤史》，第209页。

④ 《张莲芬再禀山东巡抚周及北洋大臣袁》，光绪二十九年十月初十，载《中兴公司文牍》第4册。

⑤ 孙修福编译《中国近代海关高级职员年表》，中国海关出版社，2004，第470～474页。

各种有关地方、国家乃至国际间事务上为李鸿章出谋划策，与其接触十分频繁"。① 自 1878 年开始，德璀琳一面继续天津海关的工作，一面直接受命于李鸿章处理不同的特别任务，包括协助订制德国战舰、调停中法战争、参与甲午中日战争谈判等。② 李鸿章对他评价颇高，称其"在津供差二十余年，忠于为我。六年俄事、十年法事，彼皆暗中襄助；十一年伊藤来津与鸿章订约，该员与伊藤幕友某英员相识，从旁赞导，颇为得力"。③ 中兴煤矿早在矿局时期就得到李鸿章诸多支持，股东也多为李鸿章幕僚，这为双方合作提供了可能。私人情感上的纽带与在中国多年的经历，使德璀琳愿意接受这一职位。德璀琳与德国官方在利益和观念上的分歧，也吸引着中兴股东与之合作。有学者就认为，"在德国的对华殖民活动中，德璀琳是发挥了一定作用的。但是他的思想与其本国的殖民政策并不始终相一致"。这种"不一致"在很多时候表现得非常突出，德璀琳和连续几任德国驻华使节"关系不那么友好甚至于彼此敌视"，有的使节直接批评德璀琳是"那种没有祖国的冒险家"，有的使节认为在德国与中国的利益关系上德璀琳是完全中立的，有的使节批评德璀琳是"处处想着自己和哥儿们利益的中国化了的德国人"。④ 这种不一致背后有很多原因，和个人经历、时代背景、身份认同、经济利益等紧密相关。对于中兴煤矿而言，这种不一致能够给公司"以德治德"的计划提供较大的空间，使德股作为一种掩护成为可能。在这个计划中，德璀琳个人获得的是丰厚的回报，中兴煤矿则能够在德国势力环伺下以合股的形式保留住矿产的自主性。由此，德璀琳及其代表的掩护力量，成为影响中兴煤矿生存的一种社会资本力量。

在这样的基础上，双方的合作较为顺利。一开始张莲芬向张翼筹款，

---

① 〔美〕K. E. 福尔索姆：《朋友·客人·同事：晚清的幕府制度》，刘悦斌、刘兰芝译，刘存宽校，中国社会科学出版社，2002，第 147 页。

② 麦劲生：《清末洋幕员的权力分配和斗争——以德璀琳和汉纳根为例》，载栾景河、张俊义主编《近代中国：文化与外交》上册，社会科学文献出版社，2012，第 292～293 页；〔英〕罗伯特·道格拉斯：《李鸿章传：西方世界的第一部李鸿章传记》，李静韬等译，浙江大学出版社，2015，第 206、240～243 页。

③ 《致总署拟令洋员赴东探议》，光绪二十年十月十六日，载顾廷龙、戴逸主编《李鸿章全集》（36），第 55～56 页。

④ 张畅、刘悦：《李鸿章的洋顾问：德璀琳与汉纳根》，传记文学出版社，2012，第 22～23、28 页。

希望引入开平矿务局资金和技术时，曾任开平矿务局会办的德璀琳就颇为积极，派遣德国矿师富里克前往峄县勘测。[①] 到 1899 年成立山东峄县华德中兴煤矿公司时，德璀琳认招八十万元德股，意味着这一合作的正式确立。此后，"1899 年到 1907 年，尽管中兴公司名义上仍然是一个中外合办企业，但事实上它完全是一家中国企业"。[②] 当然，合股开办并不代表完全没有风险，六成华股便是对四成德股的最大限制，是经济民族主义工具可以继续运用的依据，也是"德股"成为掩护而不是主干的关键因素。信任不能取代监督，德璀琳利用向六河沟煤矿借贷的机会，提出种种附加条件，由其女婿汉纳根任公司顾问，并派三名德国矿师驻矿，使该公司管理权受到严重侵害。[③] 基于这种风险考虑，中兴公司一开始就从制度层面上限定了洋总办德璀琳的权限，"许其稽核银钱出入等事，但不得揽权掣肘"。[④] 在之后的续招股份章程中，公司对德股的权限作了进一步限制，"德股东更不可以琐屑之事辄请其公使、领事向中国争论，以符合各国商务公司之例，勿令华股东借口生畏，致碍别项洋商利益"。[⑤] 这就使得"以德治德"的策略得以贯彻下去，也为 1908 年顺利注销德股埋下了伏笔。在这里，德股的作用类似一种掩护。这种掩护在近代经济史中并不鲜见，典型如轮船招商局，几乎每逢战争就挂外国旗帜或假装出售给第三国企业，以防止被战争敌对国攘夺。[⑥] 有趣的是，德璀琳在中法战争时期，就奉李鸿章之命负责联络轮船招商局假卖给美国旗昌洋行事宜，之后又在甲午中日战争时期，再奉李鸿章之命到开平矿务局担任会

①　张莲芬：《筹办山东峄县煤矿大概情形》，光绪二十五年六月初五，载苑继平主编《枣庄煤史》，第 209 页。

②　〔美〕施雷克尔：《德国人与山东经济的发展》，李必樟译，载张仲礼主编《中国近代经济史论著选译》，上海社会科学院出版社，1987，第 146 页。

③　孙继民：《抗战前的六河沟煤矿》，载中国人民政治协商会议河北省邯郸市委员会文史资料委员会编《邯郸文史资料》第三辑，1986，第 65 页。

④　张翼：《奏办山东峄县煤矿折》，光绪二十五年十一月十三日，上海市图书馆藏盛宣怀档案，档案号：000520。

⑤　《山东峄县华德中兴煤矿公司续招华股章程》第三款，光绪卅年三月初三，中研院近代史所藏档案，档案号：05-24-02-001-01。

⑥　（清）徐润：《徐愚斋自叙年谱》，江西人民出版社，2012，第 101 页。当然，除了寻求安全，挂洋旗还有一个原因就是避税，参见聂宝璋、朱荫贵编《中国近代航运史资料》第 2 辑（下册），中国社会科学出版社，2002，第 1265、1337、1365 页；吴思《洋旗的价值》，载《血酬定律》，四川人民出版社，2013，第 197~207 页。

办作为掩护，一旦日本占领该矿，就由德璀琳这个洋人负责交涉。① 这实际上属于清朝"以夷制夷"在经济领域的具体体现。对于德璀琳而言，被邀请来中兴煤矿入股并担任掩护身份，是颇有经验的。

（二）中兴煤矿运用经济民族主义的对外表现之一："以德治德"策略的有效运用

德股已经招入，实际效果究竟如何？"德人垂涎此矿非一日，惜初未得其详，嗣知有人承办，故未指索，然至今仍不能忘情于峄矿。"② 中兴煤矿公司成立后不久，这种以合股作掩护的手段就发挥了重要作用，抵住了德国官方发动的攻击和攘夺。当时德国借口获得津镇铁路山东段修筑权，声称对沿线三十里以内矿山有开采权，而中兴煤矿恰在这个范围之内。1902 年德国公使照会清政府，称"现有比国工程司数人，受峄县煤矿华地主内有张侍郎翼之意，前往山东查勘该处煤矿，并预备一切，以便比国公司将煤矿购买"，开始了这一轮进攻。德国公使援引《胶澳租界条约》，声称"在山东各处如有开办制造矿务等事，常须先问德商愿否承办"。③ 张翼在回复时，除了告知"并无其事"之外，还特别强调："且系与德璀琳合办之矿，焉能卖与人？"④ 这就是在主动运用德股这一旗帜了。德使见一招不行，又出一招，直接不承认中兴煤矿华德合办的属性，"查因该中兴公司向未在德员处报明，应仅视为华公司"，可谓釜底抽薪。既然德使单方认定中兴煤矿只是华公司了，那么享受的利权就降格了，"山东铁路两旁三十里内，凡经华人已开之矿，仅准按照向来办矿之法，仍行续办，亦不能碍难山东矿务公司所办之矿务"。⑤ 一旦

---

① 郄宝山：《德璀琳其人与开平煤矿》，载《百年开滦旧事》，新华出版社，2014，第 42 页。

② 《毓棻致宋渤生函》，六月二十一日，上海图书馆藏盛宣怀档案，档案号：000521。

③ 《外务部收德使穆默函比工程司查勘峄县煤矿有违德国利权》，光绪二十八年三月初一，载中研院近代史研究所编《中国近代史资料汇编·矿务档·山东》，1960，第 1355 页。

④ 《外务部收总办矿路大臣张翼文查明峄县煤矿办理情形比工程司未往查勘》，光绪二十八年三月二十二日，载中研院近代史研究所编《中国近代史资料汇编·矿务档·山东》，第 1357 页。

⑤ 《外务部收德使穆默照会办理峄县煤矿不得有违中德山东矿务章程》，光绪二十八年五月二十三日，载中研院近代史研究所编《中国近代史资料汇编·矿务档·山东》，第 1359 页。

认定清楚，限制就大了，"仅准按照向来办矿之法"实际上就是不能用机器开采。①

那么，中兴煤矿是否在"铁路两旁三十里"范围内就变得非常关键。按道理讲，中兴煤矿并不在《胶澳租界条约》两条铁路线三十里以内，胶济铁路太远，至于胶沂铁路，德人虽在后期测绘时单方将峄县放在延伸线上，但胶澳原约并未提及，底气不足。更为重要的是，胶沂铁路还没来得及修筑就已经停止了，德使就此失去了口实。如此看来，中兴煤矿似乎可以高枕无忧了。然德使又有花招，号称"胶州专约所准沂州至济南府之铁路，已改津镇铁路"，那么问题来了，中兴煤矿恰恰处于即将修筑的津镇铁路旁三十里之内，这就妨碍到德国的利益了，就不能采用机器采煤了，"是以倘办理峄县煤矿过于定立山东矿务公司章程时日办法之外，则显与此章程不符，盖此矿务章程亦系胶约所出"。② 这对中兴煤矿公司打击很大，中兴强调"峄县煤矿设立华德公司，时日为在矿务公司订章以前，核与矿务公司章程第十七条所载，并无不符，应仍准其办理"。③ 双方争论的焦点在山东矿务公司章程第十七条，德使坚持的德文版是"凡经华人已开之矿，仅准按照向来办矿之法，仍行续办，亦不能碍难山东矿务公司所办之矿务"，并称以德文版为主；中兴坚持中文版是"凡经华人已开之矿，应准其办理"，并未言明必须"按照向来办矿之法"。实际上，德国人强调的"向来办矿之法"，就是不准使用机器开采。"所有在三十里内之华矿仅准照到光绪二十六年（1900）春间所用办法续办，然不免时有新开及用机器所办之矿，以致山东矿务公司所办之矿务时有窒碍至今"，就表明了此意。④

在此基础上，公司进行了还击，强调自己手中有"奉旨批准"的护

---

① 王庭芝、王壮、王展：《百年追梦——基于文化视野对中兴煤矿公司的解读》，第119页。

② 《外务部收德使穆默照会办理峄县煤矿不得有违中德山东矿务章程》，光绪二十八年五月二十三日，载中研院近代史研究所编《中国近代史资料汇编·矿务档·山东》，第1360页。

③ 《外务部给德使穆默照会峄县煤矿华德合办在先与山东矿务章程并无不符》，光绪二十八年五月二十八日，载中研院近代史研究所编《中国近代史资料汇编·矿务档·山东》，第1361页。

④ 《袁氏奏章》，转引自王庭芝、王壮、王展《百年追梦——基于文化视野对中兴煤矿公司的解读》，第123页。

符，即"附近百里内，他人不得再用机器开采，附近十里内，民人不得另用土法开采"的专利权和修建台枣铁路的计划。① 德使否定了这一专利权，指出"附近百里内他人不得再用机器开采一节，与德商三十里内所开之矿无涉，应作罢论，不能稍有妨碍"。② 这里涉及的专利权，是中兴煤矿公司手中掌握的另外一个护符，即经济民族主义的旗帜。此后德使将矛头调转，指向中兴公司计划修筑的台枣铁路，"倘办理此事，招用他国款项材料人工等，不但与以上所提各节不符，且与胶澳条约在山东省德商所得各权，亦相违背"。③ 其实就是暗示德人要参与台枣铁路修筑。1907 年他们趁中兴公司筹款困难之机试图入股一百万两，以此主持建路工作，控制中兴煤矿公司，遭到张莲芬等股东的拒绝。这笔经费最后以中兴公司向礼和、瑞记两家德国洋行借款的形式补足，合同明确规定只是借款，不涉路权和矿权，"勿庸公家担保，亦不以矿产作押"。④

这一系列的斗争，议题看似不时变化，但核心之一就是关于"德股"的争论。中兴公司一开始就将德股作为护符和掩护，结果遭到德国公使的质疑，"仅视为华公司"。实际上，德人早就看透了中兴公司的意图，多次想借机扯掉公司的这个掩护。根据德国公使照会外务部的一份档案，"峄县煤矿虽名为华德中兴煤矿公司，然经奏明遵照路矿总局定章，皆有华商主持，出井煤斤一律完纳税厘，由山东巡抚派员在厂征收，与铁路三十里内德华矿务公司迥不相同"。⑤ 对于迥不相同的中兴煤矿，参股经营只是渗透的手段，德人的最终目的是吞并公司。根据一份调查资料，"该公司藐视德国特权，盛引机械采掘，虽经北京德华银行经理尔

---

① 《外务部收路矿大臣张翼文办理峄县煤矿不违中德山东矿务章程》，光绪二十八年七月十一日，载中研院近代史研究所编《中国近代史资料汇编·矿务档·山东》，第 1364 页。

② 《外务部收德署使葛尔士照会峄县煤矿奉准百里内禁用机器开矿应作罢论》，光绪二十八年七月十八日，载中研院近代史研究所编《中国近代史资料汇编·矿务档·山东》，第 1366 页。

③ 《外务部收德使穆默节略峄县煤矿百里内禁用机器开矿暨该矿借款扩修矿路事应与山东矿务公司商办》，光绪三十年五月十二日，载中研院近代史研究所编《中国近代史资料汇编·矿务档·山东》，第 1367 页。

④ 《山东巡抚杨士骧奏为峄县华德中兴煤矿有限公司筹资自建运煤铁路情形事》，光绪三十二年十二月十三日，中国第一历史档案馆藏档案，档案号：03 - 7124 - 066；中共枣庄矿务局委员会等编著《枣庄煤矿史》，第 13 页。

⑤ 《驻京穆公使致函》，光绪三十年十一月二十六日，转引自王庭芝、王壮、王展《百年追梦——基于文化视野对中兴煤矿公司的解读》，第 121 页。

特慕等斡旋，向之婉商收买，迄未达到目的。德公司如果要在该处施行企业，不无困难"。① 实际上，中兴煤矿公司的种种经历，只是近代德国觊觎侵夺山东矿产的一个缩影。1898 年《胶澳租界条约》中有关沿路三十里以内开矿权的规定，使山东各处矿产处于时刻被掠夺的危险境地。此后德人任意阐释条文，不断扩大自己的权益，三十里以内的权益从"优先权"变为"垄断权"，针对对象从新开矿扩大到已开矿。如 1904 年德人拟订山东矿务续章，第三条就规定"自禀报之日起 2 年内，所有在新开之矿周围 15 里内各华矿一律停止"，这就涉及对已开之矿的侵夺。1905 年 1 月，德使更是提出了"山东全省矿产均由德人开办，其已由华人开办之矿，亦须退让给德人开办"的无理要求。② 在这种情况下，抵制不可避免，直至引发了山东的保矿运动，最终收回了五处矿产和铁路沿线三十里内的矿权。③

（三）中兴煤矿运用经济民族主义的对外表现之二："德股"的收回与澄清

在近代德国势力咄咄逼人的大背景下，招募德股是一种策略，可以收资金、技术、安全一石三鸟之效。华德中兴煤矿公司在拥有德股的前提下还可以运用经济民族主义这一工具，主要是基于六成华股，这样才可以把四成德股限定在"策略"上。但既然是一时策略，就非长久之计，一旦民族主义思潮高涨，民众容忍度就会降低，哪怕是四成德股都会变得不可接受。晚清收回利权运动的爆发，为公司成为更纯粹的民族企业提供了契机。这场运动始于光绪三十年（1904）四月，影响波及大半个中国，"一时自甲午战后以迄日俄战前期间各国在中国所攫获的诸处矿权，均成为各省'收回自办'的目标"。④ 借助这场经济民族主义运动，中兴煤矿"抛掉了它部分属于德国的假象"，于 1908 年奏请改名为"商办山东峄县中兴煤矿公司"，注销"华德"字样，并

---

① 〔日〕佐藤时臣编《鲁大矿业公司二十年史》，昭和 20 年（1945），转引自王守中《德国侵略山东史》，人民出版社，1988，第 236～237 页。

② 张玉法：《中国现代化的区域研究：山东省（1860—1916）》（下册），第 521～522 页。

③ 张玉法：《中国现代化的区域研究：山东省（1860—1916）》（下册），第 522～527 页。

④ 李恩涵：《晚清的收回矿权运动》，第 69～70 页。

取消洋总办一职，成为纯华资自办企业。① 自此，中兴煤矿公司走上了一条代表国人办矿的道路。根据美国学者高家龙的研究，经济民族主义第一个定义"是指商人不允许外国资本投资到他们的公司"。② 这意味着更纯粹的血统，德股不能招，这对资金经常遇到困难的中兴公司而言，影响至深且远。

这个时候各方的监督就更加严苛了，来自舆论和地方士绅的质疑越来越多，背后的发起方多为国内竞争者。以 1910 年为例，在公司宣布改为纯华资自办企业后两年，有日本报纸宣称"该矿华股不过十之一，余尽为德股"，这对于一个标榜纯华资自办的公司来说，无异于釜底抽薪。③ 让公司没有想到的是，当年的掩护策略如今成了别人攻击的口实。实际上，公司在这方面受到的质疑不仅来自舆论，更来自地方士绅。因担负对外竞争之责而获得的矿区专利权，早就使得地方士绅不平，双方缠讼多年，地方士绅一旦获得公司内部有德股的消息，便不遗余力，将其作为进攻中兴公司的最有力武器。地方士绅控诉中兴煤矿的一个由头，就是公司内部存在"德股"，矿产有随时被攘夺的危险。民国肇初，北洋政府试图缩小中兴百里矿界，地方势力见有机可乘，便向中兴公司发动连续攻诘。其中在峄县议、参两会第二次请愿书中，便明指公司内部存有德股。④ 此类指摘，不一而足。那么，中兴煤矿公司究竟有没有招到德股，1908 年变为纯华资自办后是否还有德股的残留？值得探究。这不仅关系经济民族主义的"名"与"实"，也关系中兴煤矿公司在不同时期面临经济民族主义思潮时的种种选择。

关于公司内部的"德股"，有的文件提到"没有招到"，1908 年顺其自然收回自办；有的说"并未招齐"，1908 年是"将德股赎回"。各种说法不一而足，甚至同一家杂志的两篇报道给出的答案也迥然相异。对这

---

① 〔美〕施雷克尔：《德国人与山东经济的发展》，第 146 页；《农工商部咨外务部山东中兴煤矿公司请注销华德字样案》，光绪三十四年九月，中研院近代史所藏档案，档案号：01 - 11 - 013 - 01 - 055；中共枣庄矿务局委员会等编著《枣庄煤矿史》，第 14 页。

② 〔美〕高家龙：《中国的大企业——烟草工业中的中外竞争（1890—1930）》，第 327 页。

③ 《山东矿务之一斑》，《东方杂志》1910 年第 9 期，"调查第一"，第 82 页，载汪敬虞编《中国近代工业史资料》第二辑（下册），科学出版社，1957，第 756 页。

④ 《署理山东劝业道石右移中兴煤矿公司》，民国元年 11 月 18 日，中研院近代史所藏档案，档案号：07 - 24 - 02 - 001 - 01。

个问题的探究，要根据公司内部文件追溯其源头。较为流行的观点是公司内部存有德股，但不是招募来的，而是公司送给德璀琳个人的红股，"惟德璀琳准给酬股三万元，连利股共合四万七千元之股，应与华股一律分利"。[①] 这一论点的最有力支持，莫过于 1908 年股东朱钟琪申请取消"华德"字样时的解释，其中提到"中兴公司原定章程德华合办，庚子后德商见章程太严，不愿附股，以致久未招有一股"，"讵料尚未开招，即值北方拳乱，张前阁学与德璀琳均因开平矿事不能兼顾"，"至德璀琳未招有德股，念其从前随同创办，代邀德矿师富里克等至峄查勘之劳，原议给予酬股三万元，连利股共合四万七千元之股。照其与华股一律分利，以示优异"。[②] 这一酬劳股确实存在，1903 年张莲芬以"创办酬劳"的形式给德璀琳、张翼等重要人物股金共十余万元。[③] 其中，"德璀琳历年薪费并垫款创办酬劳作股洋三万元，每元作银七钱，合银二万一千两"，其他包括张翼四万元、张莲芬三万元、戴绪万七千元、方有谷五千元、蒋廷桢三千元等，"共收加成酬劳作股本银十一万七千一百两"。[④] 对于这一笔特殊费用演化而成的"德股"，中兴公司竭力强调其特殊性，"虽属洋款，均系倡办酬劳花红余利集凑成股，亦从未多所干预，尚非其他洋股所可比拟也"。[⑤] 但实际上，这种以特殊形式存在的德股，在经济民族主义思潮面前也不被允许。在外界看来，中兴公司在 1908 年就号称纯华资自办的民族企业，没想到一直到 1910 年媒体质疑之时尚有以红股形式存在的德璀琳个人股份参与企业利润分配。面对这样的舆论压力，中兴公司在媒体没有关注之前，对德股绝口不提；在媒体质疑之时，以特殊款项属性加以解释；在媒体质疑之后，设法使媒体相信公司早已

---

① 汪敬虞编《中国近代工业史资料》第二辑（下册），第 756 页；「獨清合資中興公司ノ再興」，明治 41 年 10 月 15 日，《支那矿山关系杂件·山东省之部·峄县炭矿》，日本亚洲历史资料中心档案，档案号：1-1839。

② 《农工商部咨外务部山东中兴煤矿公司请注销华德字样案》，光绪三十四年九月，中研院近代史所藏档案，档案号：01-11-013-01-055。

③ 中共枣庄矿务局委员会等编著《枣庄煤矿史》，第 17 页。

④ 《山东峄县华德中兴煤矿有限公司汇送光绪二十九年总分各厂出入款目清册》第 7 页，中研院近代史所藏档案，档案号：06-24-02-001-01。

⑤ 《邝荣光上盛宣怀文》，宣统三年六月初七，上海市图书馆藏盛宣怀档案，档案号：000601。

"将德股赎回，今已纯然为华商产业，与德人绝无干系"。① 这个过程，暗含中兴公司主动应对、迎合、避开经济民族主义思潮的意图。实际上，直到1912年地方士绅控诉中兴煤矿时，山东省府派员核查公司股东名册，仍发现"惟致德璀琳之红股四万事则属实"。②

那么，中兴公司内部的"德股"就只是德璀琳获得的酬股及其历年利股吗？

实际上，除了德璀琳红股，中兴公司并非"一股亦未招成"，而是招到了部分德股。根据公司的一份报表，截止到光绪二十九年（1903）底"已收老德股合英洋六万七千元，新股尚未开招"。③ 这个数字与德璀琳1903年获得的酬劳股三万元并不一致。到了1904年，公司档案中显示"现已收到老新华股四十五万元，老德股七万元，共洋五十二万元"。④ 可是，1903年德璀琳获得的三万元酬劳股，即使加上股息，也不可能在一年之后就达到七万元之数，显然还有其他德股。实际上，1903年公司华总办张莲芬就承认"前收天津世昌洋行海商人及德璀琳股本二万余金"。⑤ 这个"海商人"，应该就是德国世昌洋行经理、比利时人海礼。由此可见，不仅招到了德股，还招到了以德股形式出现的比利时人的投资。之后的续招股份尤其是"不记名股"的出现，为中兴公司吸收外国股份带来了便利，由于不记名，外界舆论也就无从置喙。值得注意的是，这种质疑存在于公司发展的不同时期，背后的动机也是多种多样，典型如1907年《时报》登载消息，号称公司乃"德人所办"，"忠于外人"，背后就是崔家为争夺小屯村煤矿而请托媒体制造出来的负面新闻，

① 汪敬虞编《中国近代工业史资料》第二辑（下册），第756页。
② 《署理山东劝业道石右移中兴煤矿公司》，民国元年11月18日，中研院近代史所藏档案，档案号：07－24－02－001－01。
③ 《奏派总办山东峄县华德中兴煤矿公司二品衔充沂曹济道张莲芬造送公司自光绪二十五年开办起至二十九年底止收支银钱卖存煤斤及案据章程图说现状情形总表》，中研院近代史所藏档案，档案号：05－24－02－001－01；《山东峄县华德中兴煤矿公司矿务总表》，载《中兴公司文牍》第1册。
④ 《华德中兴煤矿公司招股给发收条启事》，光绪三十年，上海市图书馆藏盛宣怀档案，档案号：001434；《中兴煤矿公司呈请书》，载《中兴公司文牍》第1册。
⑤ 《张莲芬再禀山东巡抚周及北洋大臣袁》，光绪二十九年十月初十，载《中兴公司文牍》第4册。

运用的恰恰也是经济民族主义这一工具。[①]

　　1910 年这次关于德股的质疑，不仅涉及中兴煤矿，还指向公司修筑的台枣铁路。媒体最后报道的结果，是铁路没有德股，只有德债四十万金。[②] 实际上，这条铁路最早是准备中德合办的，当时计划在煤矿原有股份的基础上"添招华股六成，德股四成，合洋一百六十万元"作为修路资金。后来受到义和团运动影响，"议先招华股，筹集银四十余万两"。[③] 在这个过程中，华股招募并不顺利，张莲芬"恐华股不易多集"从而失去对德股的限制，因此提议用借德债取代招德股，"不如先借洋款百万元或银六七十万两，详定借款章程，许以酬谢重股，不令干预矿事，十数年将所借本利还清，合计德股先后不足三成，似较多招德股为合宜"。[④] 为此，他拒绝了德股加持的要求，"德人虽激垂涎，尚无侵夺之意，第托人向职道探问已非一次，有欲合办者，有愿多入股份者，职道皆婉言答复"。[⑤] 同时"向德商各洋行妥商，拟购钢轨、火车头、车辆等件，约共需价银五十余万两，议定先交现银五成，下余五成作为商借商还之款，分五年归还，常年六厘起息"，增加了德债的比重。这背后的原因很简单，就是"勿庸公家担保，亦不以矿产作押"。[⑥] 实际上，除了通过德债解决购买钢轨费用之外，张莲芬还"拟向德商借洋百万元为造路专款，已有一二家愿承借者"。[⑦] 这就是以德债来限制德股的做法。在此基础上，台枣铁路改为纯华资经营，有资料记载："现已收到华股洋七十余万元，尚约短四十万元，仍陆续收集华股，概不招添洋股，以示限制。"[⑧] 从中德合办到纯粹华办的转变过程，反映的是中兴公司为保全路

①　《时报》1907 年 7 月 27 日，转引自王庭芝、王壮、王展《百年追梦——基于文化视野对中兴煤矿公司的解读》，第 202～204 页。

②　汪敬虞编《中国近代工业史资料》第二辑（下册），第 756 页。

③　陶湘：《中兴煤矿公司创办概略》，光绪三十二年八月条目。

④　《张莲芬再禀山东巡抚周及北洋大臣袁》，光绪二十九年十月初十，载《中兴公司文牍》第 4 册。

⑤　《张莲芬禀北洋大臣袁山东抚宪周》，光绪二十九年九月，载《中兴公司文牍》第 4 册。

⑥　《山东巡抚杨士骧奏为峄县华德中兴煤矿有限公司筹资自建运煤铁路情形事》，光绪三十二年十二月十三日，中国第一历史档案馆藏档案，档案号：03－7124－066。

⑦　《张莲芬禀北洋大臣袁山东抚宪周》，光绪二十九年九月，载《中兴公司文牍》第 4 册。

⑧　《山东峄县中兴运煤铁路有限公司现办简明章程》，载《山东峄县中兴运煤铁路有限公司呈请批准自筑运路简明章程案册》，天津商报馆排印，第 4～5 页。

产、捍卫经济民族主义所做出的现实选择。在德股和德债之间做出的选择，是"两害相权取其轻"的结果。

二　中兴煤矿经济民族主义对内表现形式：矿区专利权、税收优惠与官方助股

诚如前述，经济民族主义具有对内、对外两个面向。为了对抗外国企业、代表国家参与竞争，民族企业往往呼吁系列扶持政策甚至特权支持，以迅速做大做强。这是后发国家较为常见的行为，在国家财力不强、不时陷入动荡的情况下，通过特许的形式进行政策倾斜，集中资源投向重点企业来对抗外国同行业企业，是一个短期内可以见效的做法，属于经济民族主义的内涵。中兴煤矿公司主动索要这些优惠政策或特权，是对经济民族主义手段的有效运用，以趋利避害，获取更多利于自身发展的资源和力量。概而论之，中兴煤矿因担负对外竞争之责而享有的国内优惠政策包括矿区专利权、税收优惠与官方助股。①

（一）矿区专利权

专利制度源于西方，在中国其内涵发生了深刻的变化，除了保护发明人权益的本义之外，还"采用一事一议的请准制，使一些公司企业获得了专利权。但从实际效果看，此时的专利权之功能，是带有行业垄断性质的"。② 1899 年中兴煤矿申请重办时，就提出了专利权的诉求，"应照路矿新章专利之条，十里内不得用土法开窑，峄县境内不得用机器照西法开矿"。③ 此后逐渐演化为"百里内他人不得再用机器开煤，十里内民人不准用土法采取煤斤"。④ 这就是百里十里矿界的由来。专利权究竟针对的是国内竞争者还是国外竞争者，各方莫衷一是。⑤ 中兴公司虽然

---

① 中共枣庄矿务局委员会等编著《枣庄煤矿史》，第 15～16 页。

② 王处辉：《中国近代企业组织形态的变迁》，天津人民出版社，2001，第 215 页。

③ 张翼：《奏办山东峄县煤矿折》，光绪二十五年十一月十三日，上海市图书馆藏盛宣怀档案，档案号：000520。

④ 《张莲芬之咨山东铁路矿政局稿》，光绪三十四年正月十六日，上海市图书馆藏盛宣怀档案，档案号：000424。

⑤ 王处辉：《中国近代企业组织形态的变迁》，第 216～218 页。

后来一直号称"敝公司前定百里矿界，意在杜绝外人觊觎，实非专为公司牟利"，但一开始提出申请时，除了"大浚利源且免致利权外溢"，还提到"峄县西北枣庄、郭里集、大小甘林等处煤苗一脉相连，一处提水，四路干涸，每有俟施工而后亦即旁开一井，坐享其利，因此争夺屡酿巨案"，因此设立矿界"以杜纷争"。① 由此可见，对外竞争和对内垄断是同一枚硬币的两个面向，这两个面向从一开始就是中兴煤矿设置专利权的初衷，其后的走向也证实了这一点。

一方面，百里十里矿界的规定，对抵御德国势力是一个有力的工具。德国公使直接感受到了威胁，直接否定了这一专利权，指出"附近百里内他人不得再用机器开采一节，与德商三十里内所开之矿无涉，应作罢论，不能稍有妨碍"。② 另一方面，百里十里矿界的规定，对国内竞争对手而言则是沉重的打击。以峄县士绅为例，以前"矿局虽以官名，而邑旧采煤者争相慕效，远近分立，皆任其自为，未尝有所限制也"，因此中兴矿局时期双方关系相对平稳、"和衷共济"。③ 中兴煤矿公司百里十里矿界一出，加上日益具体化的严格规定，地方士绅在采煤区域、技术手段上大受限制。如1907年中兴公司上报规定："在十里外的民窑，每一面不得过二里，而只能开挖一处；如停办六个月不能续办，就不能借口复开。"④ 对于地方士绅而言，中兴公司代表国家抵制外国势力的侵占，自己却成了被牺牲的部分，"抵制洋煤"变成了"抵制民矿"。⑤ "峄人累世所寝食之美利，一旦而受制于人，至丝毫不得染指"，地方士绅心中自然愤愤不平，纷纷指责公司"借为十里数十里之例，将祖遗矿产悬之高搁"。⑥ 双方之间缠讼

① 《张莲芬之咨山东铁路矿政局稿》，光绪三十四年正月十六日，上海市图书馆藏盛宣怀档案，档案号：000424；张翼：《奏办山东峄县煤矿折》，光绪二十五年十一月十三日，上海市图书馆藏盛宣怀档案，档案号：000520。

② 《外务部收德署使葛尔士照会峄县煤矿奉准百里内禁用机器开矿应作罢论》，光绪二十八年七月十八日，载中研院近代史研究所编《中国近代史资料汇编·矿务档·山东》，第1366页。

③ 《峄县炭窑创设官局记》，第94页；《崔广澍致潘学祖函》，上海市图书馆藏盛宣怀档案，档案号：039031。

④ 中共枣庄矿务局委员会等编著《枣庄煤矿史》，第14页。

⑤ 中共枣庄矿务局委员会等编著《枣庄煤矿史》，第15页。

⑥ 《署理山东劝业道石右移中兴煤矿公司》，民国元年11月18日，中研院近代史所藏档案，档案号：07-24-02-001-01；《崔广澍致潘学祖函》，上海市图书馆藏盛宣怀档案，档案号：039031。

颇多，其中一个焦点就是矿界。光绪三十四年、民国元年，公司两次面临缩小矿界的考验，地方士绅主动参与其间，试图打破公司对峄县矿权的垄断。双方论战的依据，一个是后来的矿法，一个是原先的定章，背后还是垄断权，根本依据还是经济民族主义。① 如光绪三十四年农工商部颁布矿务新章，对矿界面积进行了规定——不能超过九百六十亩，同时提高了矿税费用，中兴公司百里十里矿界面临缩水窘境。为此公司多次向农工商部进行自辩，指出百里矿界意在杜绝外人觊觎，并非完全出于自己的利益考量。农工商部因此特许中兴煤矿公司保留原有矿界，在这里经济民族主义话语又一次发挥了作用。② 详细情况，可参见第二章。

（二）税收优惠

中兴煤矿公司设立之时，就申请享受税厘上的优惠，"税厘自当先为酌定，应照路矿总局章程，参以直隶开平成案，凡出煤一吨，完纳税银一钱外，另加厘金银五分。此项税厘应由山东巡抚派员在厂征收，发给运照，无论运往何处，销售不得重征"。③ 出井时的税收还能保证，但往全国运输时依然遇到了麻烦，中兴煤矿公司的运煤船"经过淮、宿关又纳船钞每吨约一钱有奇"。这样就比开滦煤矿每吨多一钱以上，1904年上海等厘局又准备征收落地捐，其他地方厘局也有额外的小费征集。中兴公司在这个过程中进行了诸多抗议和呼吁，所持的依据就是与洋煤竞争。一直到1914年《矿业条例》颁发，中兴煤矿公司税率才与开滦大致相同。④ 这次条例的要点包括限制外国股份，减轻矿区、矿产两税。⑤ 实际上，从一开始参照开平成案，到后来与开滦煤矿比较，其发展遵循的也是经济民族主义路线。1899年中兴煤矿公司成立之时，开平煤矿还是官方保护的华矿，后来开平矿权丧失，到1914年早已被英国攫夺多年，成为经济民族主义的对手方。这种围绕税负的博弈不一而足。实际上，

① 《抄呈劝业道等查复田毓嵋等请愿书及公司文件清册》，民国元年，中研院近代史所藏档案，档案号：07-24-02-001-01。

② 周松青：《盛宣怀档案与中国近代史研究》，第215页。

③ 《内阁侍读学士张翼上书皇帝皇太后》，光绪二十五年，载《中兴公司文牍》第1册。

④ 《中兴煤矿公司认缴统税全案》，民国9年1月铅印本，第6页；中共枣庄矿务局委员会等编著《枣庄煤矿史》，第15页。

⑤ 《中国近代煤矿史》编写组编《中国近代煤矿史》，第239页。

在近代煤矿竞争市场上，矿税的确是关注点之一。根据吴半农的研究，华资煤矿所负矿税亦较开滦（和抚顺）煤矿为重。[①] 1918 年，山东财政厅提议增加煤矿税收，以此"免去内地各项厘税杂捐"。公司以"不能与洋商合办之矿相比"为由向财政部提出抗议："仰恳大部俯念华商自办之矿，曲予维持。酌量豁免，俾得与各洋商合办之矿相平允。"[②] 最后，财政部答应了公司部分诉求。在这里，中兴公司呼吁税收优惠的依据，便是经济民族主义，是为了更好地与外煤竞争。这种策略在近代外煤倾销的大背景下颇有效果。[③]

（三）官方助股

中兴煤矿因担负对外竞争之责而享有的国内优惠政策，还包括中央政府的官方扶持，这就是政府以商股的身份投资中兴煤矿公司，却不改变其纯商股的性质。本书第一章解析了股东名册中的"山东商务总局"，这份官方投资以普通商股的名义出现，并不影响公司商办的性质。实际上，除了山东商务总局，还有其他官股相助，"本公司先后蒙山东抚宪提倡筹拨官款附入之股暨农工商部札准续筹官款协助之股"，这些官方股份，以商股面目出现，"均为保护维持矿政起见，应享利益与商股一律，不稍歧异"。[④] 截至 1912 年 5 月，山东商务局先后入股四万七千两，劝业公所入股九千二百两。[⑤] 1911 年津浦铁路酌拨官款作为中兴煤矿公司商股，中兴煤矿"仍作为完全商办有限公司，新旧股东一律平视"。[⑥] 这种特殊形式的官方助股，原因很多，主要的一条就是担心中兴煤矿被外国攫取。以 1911 年为例，当时张莲芬等招股困难，"深愿将全矿估计价值，请公家收回，发还商股，作为官办之矿"。当时官方的考量是，"默察大

---

① 吴半农：《日煤倾销中之国煤问题》，转引自张伟保《实业计划与国民政府——中国近代经济史论文集》，天工书局，2001，第 149 页。

② 《中兴煤矿公司认缴统税全案》，第 6～7、10 页。

③ 卢征良：《近代日本煤在中国市场倾销及其对国煤生产的影响》，《中国矿业大学学报》（社会科学版）2010 年第 2 期。

④ 《商办山东峄县中兴煤矿有限公司添招新股章程》，载《支那矿山关系杂件·山东省之部·峄县炭矿》，日本亚洲历史资料中心档案，档案号：1 - 1839。

⑤ 陶湘：《中兴煤矿公司创办概略》，光绪三十年二月条目。

⑥ 《津浦铁路总公所与中兴公司拟定入股代招商股办》，宣统三年，上海市图书馆藏盛宣怀档案，档案号：000430；周松青：《盛宣怀档案与中国近代史研究》，第 215～216 页。

局情势，此矿幸系商办，尚能为我所有，现如由官收回，将来恐多窒碍"。当时列强环伺，清政府苟延残喘，煤矿在商人手中反较在政府手中安全。在此基础上，首先考虑的是官商合办。当时邮传部所辖的交通银行、轮船招商局"均系官商合股"，"虽有官督之名，仍合商办之实"，这种做法可以借鉴，中兴煤矿"如能由官拨款，作为官商合办较为相宜"。但这一提法也被否定了，这与当时中国面临的国际形势有关，"惟是国势所在，大局攸关，若仍存官之名，恐转为商之累"，在这种情况下决定采取官方助股的形式，"由官拨款，仍均作为商股，各定权限，以保利源而垂永久"。① 在官办、官商合办、官助商办三种经营方式之间选择官助商办，是出于对国内外形势的考量。

此类助款不仅包括入股，还包括借款。在中兴煤矿公司经营困难时期，津浦铁路先是谋划路矿合办，后来决定以煤价作抵帮助公司向交通银行商借六十万两，原因之一就是抵制德商对矿产的攘夺。② 当时公司"始将运路造成而贷款到期难以应付，德商乘机拟以赊借为进取之地步"，面临窘境，六十万两无异于雪中送炭，"该公司遂得暂资周转，矿权未至落入外人之手"。③ 在外敌环伺的大背景下，很多经济行为背后都有政治方面的考量，经济民族主义只是其中的一个侧面。当然，运用经济民族主义工具的，不仅有中兴煤矿公司，还有觊觎中兴煤矿的国内势力。前述对德股的控诉，就是一例。1915 年公司总经理张莲芬病逝，周馥父子就以"外债相逼，几有难支之势，恐惹意外攘夺"为由，意图主导中兴煤矿公司的经营权。④ 在这样的经济民族主义背景下，中兴公司借外债都不被外界允许，毕竟外国势力有可能"以赊借为进取之地步"，作为攘夺公司矿产的序曲。对中兴公司来说，资金不足和外债难借构成发展过程中的一对矛盾，这在之后日煤倾销的大背景下尤其突出。

---

① 《邝荣光上盛宣怀文》，宣统三年六月初七，上海市图书馆藏盛宣怀档案，档案号：000601。
② 公司自编《中兴公司与津浦铁路关系案略》，第 1 页。
③ 《邝荣光上盛宣怀文》，宣统三年六月初七，上海市图书馆藏盛宣怀档案，档案号：000601。
④ 《周馥致袁克文书》（1915 年 12 月 5 日），第 406 页；苏任山：《枣庄中兴煤矿公司的一段内幕》，第 189～190 页；《山东峄县中兴煤矿公司董事特别报告股东书》。

三　中兴煤矿经济民族主义运用的困境：现实需求与国煤形象

1908 年华德中兴煤矿公司改为华商自办后，一直努力适应中国近代经济民族主义思潮的大环境，将自身塑造为国煤形象的代表。这是由外部形势决定的。随着时间的推移，日本取代德国成为中兴煤矿最大的威胁。一方面，一战德国战败后，日本获得了德国在山东的权益，通过鲁大公司控制了淄川煤矿，对中兴煤矿也是虎视眈眈。另一方面，日煤大规模倾销，使中兴煤与日煤在上海等大城市的竞争更为激烈。这个过程中，中兴煤矿同样运用了经济民族主义。

（一）国煤形象的塑造路径之一：发起和参与各种同业行会

国煤形象的塑造，不仅要靠媒体宣传，还依赖同业行会。中兴煤矿公司通过成立、领导、参与全国性的煤矿业组织，借助集体的力量谋求企业的利益。早在 1912 年 12 月，张莲芬代表中兴煤矿与开滦、汉冶萍、临城、井陉、华昌等五家矿务公司一起在天津筹备成立中华全国矿务联合会。[①] 1913 年 3 月组建的中华全国矿业联合会，以"联合全国矿冶业共图发展"为宗旨，中兴煤矿公司便是 10 家发起方之一，股东叶景葵出任首任副理事长，后来公司总经理朱启钤还担任过该会会长，董事张仲平担任该会重要职员。[②] 这类行动可以达到抱团取暖的效果，以"通电"等形式向政府施压，集体表达行业诉求。根据学者的分析，"这些经济团体又是一种利益集团，它们把集团的总体利益与成员的个人利益融于一体，在带领成员努力实现总体利益的同时，也能保护和帮助

① 王世刚主编《中国社团史》，安徽人民出版社，1994，第 321 页；刘晴波主编《杨度集》，湖南人民出版社，1986，第 814 页。

② 实业部、教育部全国矿冶地质联合展览会编《全国矿业要览》，国立北洋工学院发行，1936，第 93 页；《中华全国矿业联合会第一届报告书》，转引自虞和平《北伐战争之前的民生主义运动及其影响》，载徐万民主编《孙中山研究论集——纪念辛亥革命九十周年》，北京图书馆出版社，2001，第 165 页；李晋：《"前尘影事身历声"之二十三——"我和蒋先生谈山东中兴煤矿事"》，《春秋》1963 年第 135 期，第 16 页。

个人利益的实现"。① 行会组织内形形色色的人物，也给企业发展带来了更多私人关系网络，提供了更多合作可能。通过这些同业组织，中兴煤矿公司建构起更为广泛的社会关系网络，很多同行成为中兴煤矿维权、申请利权时的重要社会资本力量。这些行业组织仍然是赢者通吃的格局，如中华全国矿业联合会明确规定准入门槛是资本 50 万元以上，大的煤矿公司无论在组织内还是行业内都引领舆论风潮和发展方向。中兴煤矿公司作为发起者或者重要成员，可以掌握行业内更多话语权，地位日隆，也可以较早获取国家政策、行业信息，尽快做出对公司发展有利的举动。

　　由于近代被外国侵略的大背景，这些同业组织多少具有经济民族主义色彩，领导群体都是中国人，行会名字中的"中华"字样便是明证。它们和国货组织有着千丝万缕的联系，如国煤救济委员会，就建立在中华全国矿业联合会基础之上。② 中兴公司能够加入这些行业组织，除了因为自身实力日益增强之外，还因为那些有影响力的股东作为中介。著名地质学家丁文江 1915 年就曾到中兴煤矿进行调研，但与其真正产生密切关联是在北洋要人被引入中兴公司之后。丁文江不但被聘为公司名誉顾问，还受张学良委托作为其私人代表驻会。③ 此类人物的引进，为中兴公司与各类矿业团体建立关系打下了坚实基础。

（二）国煤形象的塑造路径之二：经济民族主义思潮中的国煤救济委员会

　　中兴煤矿主动参与的组织，除了普通的同业行会、组织之外，还包括各种国货组织。其中，既有一些具有浓厚经济民族主义特色的煤矿同业组织，如中华民国全国国煤产销联合会、国煤发展委员会、国煤救济

---

① 虞和平：《辛亥革命与中国经济近代化的社会动员》，《社会学研究》1992 年第 5 期。
② 胡博渊：《全国矿业团体公会概要》，载实业部、教育部全国矿冶地质联合展览会编《全国矿业要览》，第 93、96 页。
③ 《致中兴煤矿公司函》，1925 年 7 月 10 日，载毕万闻主编《金风玉露：张学良赵一荻合集》第 1 部，时代文艺出版社，2000，第 59 页；欧阳哲生主编《丁文江文集》第 7 卷，湖南教育出版社，2008，第 361 页；中共枣庄矿务局委员会等编著《枣庄煤矿史》，第 27 页。

委员会等，也包括覆盖行业、门类更广的综合性国货组织。[①] 随着近代民族矛盾的不断爆发及政府的导向，这些国货组织的影响力日渐超越普通的同业行会。[②] 1931 年 12 月成立的国煤救济委员会，便是在南京国民政府倡导下建立的，"根据（民国）二十年实业部召集之救济长江煤业会成立"。[③] 该委员会由中兴、六河沟、华东、大通、鄱乐、大陆等煤矿公司组成，下辖设计、经济、生产、运输、推销五组，成员包括赵晋卿、李组绅、胡博渊、刘鸿生、章笃臣、张嘉璈、林康侯、周作民、虞洽卿等各界显要。其中，中兴公司董事张仲平担任生产组主任，王子敏担任推销组委员。[④]

国煤救济委员会的成立，具有强烈的经济民族主义色彩，背景便是日煤对华倾销，"国煤有不胜其压迫之势"，外加抗日战争爆发后中国拒销日煤造成的上海"煤荒"。[⑤] 时任大通煤矿公司经理的朱用和道出了缘由："上年九一八变起，人民以抵货为外交后盾。日煤被摒，国煤需要骤增。然一方面需要既增，他方面生产运输储积销售种种问题均未预筹完备，缓不济急，困难滋多，各矿有鉴于斯，奋起联合。"[⑥] 中兴煤矿在国煤救济委员会中积极建言献策，提出《日煤贬值倾销国产衰落请政府加征倾销税以挽利权案》等方案，并在减少运输费用、完善运输路网、减少国煤税负、增加外煤税收、发布煤业公债等方面与其他煤矿一道讨论、呼吁，向有关部门通电寻求支持。[⑦] 应该说，中兴煤矿公司在这一期间

① 全国国煤产销联合会就以"提倡国煤挽回漏卮并扶助煤矿发展"为宗旨，参见《中国国煤产销联合会章程草案》，载舜卿甫《提倡国煤管见》，新群印刷所，1930，第 15 页。
② 《行政院提倡采用国煤》，载舜卿甫《提倡国煤管见》，第 23 页。
③ 胡博渊：《全国矿业团体公会概要》，第 96 页。
④ 亓茂薰：《淮南煤矿大事记》，载淮南市政协文史资料研究委员会等编《淮南文史资料》第 7 辑《淮南近现代经济史料》（之一），1987，第 88 页；国煤救济委员会编《国煤救济委员会专刊》，1933 年自印本，第 3～4 页。
⑤ 卢征良：《近代日本煤在中国市场倾销及其对国煤生产的影响》，第 116～120 页；吴半农：《日煤倾销中之国煤问题》，社会调查所发行，1932，第 1 页。
⑥ 朱用和：《序》，民国 21 年 11 月 20 日，载国煤救济委员会编《国煤救济委员会专刊》，第 1 页。
⑦ 国煤救济委员会编《国煤救济委员会专刊》，第 15～16 页；《通成股份有限公司关于抵制日煤进口增加国煤产量建议发行煤矿公债等事项的文件》，上海市档案馆藏档案，档案号：Q372-1-275。有学者将其概括为关税问题、疏通陆运和减少运费问题、降低成本问题、垄断和矿业团结问题，参见张伟保《艰难的腾飞：华北新式煤矿与中国现代化》，第 226～230 页。

参与了政府引导的经济民族主义行动，也因此获得了经济民族主义带来的实惠。如 1931 年 11 月 8 日，铁道部就上海煤业公会请求疏运国煤一案指出，"以山东中兴煤救济长江下游"，这对中兴煤的销售无疑是利好消息。[①] 1931 年以后中兴煤在上海市场的销售量增长迅速，便是明证。1931 年，中兴煤在上海的销量仅为 2.9 万余吨，1932 年便增至 9.8 万余吨，1933 年增至 31.4 万吨，1934 年则增至 37.5 万余吨，占上海煤炭市场销售总额的 11.8%，约是 1931 年的 12.9 倍。1935 年，销售额继续增长，占上海煤炭市场销售总额的比例上升到 12.5%。[②] 其中原因很多，搭上经济民族主义顺风车便是其中一个。

（三）经济民族主义的多面性：经济利益与家国情怀

经济民族主义具有两面性，一方面，民族企业借助经济民族主义获得业务上的大发展；另一方面，民众对民族企业的血统纯度要求颇高。当时所有的参与者，无论民族企业还是个人，一旦因私利背离了经济民族主义思潮便会受到惩罚，如很多煤号因为私售、私购日煤遭到惩罚。[③] 在这样一场事关"国权"的经济运动中，企业很容易因为一些"商利"而遭到民众的质疑。此时在上海风头正劲的中兴煤矿，也遇到了这一挑战。

第一方面的挑战来自对其股份纯度的质疑。1932 年，南京国民政府铁道部收到中华救国惩奸团密报，"中兴煤矿公司董事谢衡聪，拉拢三日人投入巨资，由王瑞林为股东名义，希图朦混卖此矿"，一举将中兴煤矿推向舆论焦点。[④] 中华救国惩奸团之类的组织，多为民间自发成立，主要负责惩罚经济民族主义运动中的"奸商"。该组织此举背后是否有人操纵，囿于资料不足很难判断。但南京、上海距离矿区较远，一般民

---

① 《抗日救国运动》，《申报》1931 年 11 月 8 日，第 14 版。

② 《中国经济发展史》编写组编《中国经济发展史（1840—1849）》第二卷，上海财经大学出版社，2016，第 854 页；〔澳〕蒂姆·赖特：《南京时期的国民党政府和对中国工业的管制——煤矿业中的竞争和统制》，载丁日初主编《近代中国》第 1 辑，上海社会科学院出版社，1991，第 72 页。

③ 彭南生：《中国近代商人团体与经济社会变迁》，华中师范大学出版社，2013，第 70～72 页。

④ 《中兴煤矿查无日股》，《申报》1932 年 9 月 28 日，第 4 版。

众很难对这条消息的真实性做出判断。一向以民族企业形象呈现在人们面前、走在救济国煤前列的中兴煤矿公司，内部竟然有日本人的股份，这消息无异于晴天霹雳。如果不及时辟谣，对中兴煤矿公司在上海的运销乃至自身未来的发展影响颇大。中兴公司所在的矿业联合会主动向铁道部证明中兴公司的民族主义血统，"中兴煤矿公司纯系华侨自营矿业，并无日资关系"，愿意"负全责"代为澄清。两种观点相互矛盾，民众更难区分，"究竟真相如何，殊难臆断"。为澄清这一问题，铁道部专门派津浦铁路管理委员会对公司股东名册及经营状况进行调查，得出三点结论："（一）谢衡聪虽系公司股东之一，并非董事；（二）股东名册及最近股票过户册中，均无王瑞林其人；（三）在经营矿业之团体及个人方面密查，均谓并未闻有此项消息。"给公司辟了谣。① 由此可见经济民族主义的多面性。

第二方面的挑战来自对其爱国的质疑。上海"一·二八"事变之后，长江中下游的工业大受影响，煤炭销售困难，同时受金银兑换比率、日煤倾销等因素影响，中兴煤炭被迫在上海进行了大幅降价。② 与此同时，日本在国内战备的扩充，使得重工业发展迅猛，对上等煤炭的需求量大增，中兴公司借助其煤炭的品质迅速扩大在日本国内市场的占有率，从 1934 年的 5 万吨迅速提高到 1937 年的 32 万吨，日本销场成为中兴公司利润最高的市场之一。③ 然而这种行为引发了国内舆论的不满，上海煤炭业公会向军事委员会及蒋介石提交了抗议呈文，批评中兴公司与开滦公司一边向敌国销售煤炭，一边在国内试图通过联合的方式垄断市场、提高煤炭价格，公会认为中兴公司"缺乏爱国心"。④ 面对国权，中兴公司这一次谋取"商利"的行为，的确容易引发争议。

上述关于日股谣言的控诉，实际上反映了中兴煤矿长期以来面临的一个困境，即一旦披上民族企业的外衣、借用经济民族主义的工具，不

---

① 《中兴煤矿查无日股》，《申报》1932 年 9 月 28 日，第 4 版。

② Tim Wright，"Overcoming Risk：A Chinese Mining Company During the Nanjing Decade"，*East Asian History*，No. 17/18，1999，p. 123.

③ Tim Wright，"Overcoming Risk：A Chinese Mining Company During the Nanjing Decade"，*East Asian History*，No. 17/18，1999，pp. 123 – 124.

④ Tim Wright，"Overcoming Risk：A Chinese Mining Company During the Nanjing Decade"，*East Asian History*，No. 17/18，1999，p. 124.

单外国股份不能吸纳，甚至连外国借款也不能有。追溯中兴煤矿公司的历史，从开办伊始就是为了收回利权、规避德国的控制，具有明显的经济民族主义特色，后来改中德合办为自办，再到抵制日煤，一路走来，皆是如此。这一色彩赋予中兴煤矿公司很多资源甚至特权，但也给它造成某种困境。对于企业而言，无论其社会属性如何，经济属性都是第一位的，生存和发展才是第一要义，而公司在发展过程中一直面临融资难的问题。一方面，招募华股在相当一段时间内困难重重，公司甚至一度提出放弃商办，由政府赎回商股；另一方面，无论清政府还是民国政府，由于国力较弱，给予公司的支持距离其期望还有相当大的距离。如何在"国权"和"商利"之间寻求一个动态平衡点，值得各方关注。

有学者就指出，"在处理中外关系时，经济利益与国家主权问题时常成为近代国人心中一对难以化解的矛盾"，它包括三个层面，即保护主义与自由主义的矛盾、国家主权与经济利益的矛盾、经济优先与政治至上的矛盾。① 近代中国积贫积弱，中兴煤矿公司作为民族企业被赋予超出经济范畴的责任，必然要求其保持自身的纯粹性，更何况它还因为经济民族主义运动获得了收益。至于这种纯粹性要到什么程度、纯粹性基础上有没有策略性、底线是保住矿产还是保住纯华资属性、外股能不能入、外债能不能借，这个"度"其实是弹性的，需要在实践中进行博弈。中兴煤矿公司不太可能独自背负家国情怀艰难上路，而是选择在"度"字上做文章，琢磨出一套主动运用经济民族主义的做法，这就是经济民族主义的工具性应用。②

这种"度"的一个体现，是"不记名股"的灵活运用。尽管公司在1908年宣布为纯华资自办企业，1909年招股章程明确规定"不附洋股"，但资金筹措上的困难，使其琢磨出一种现实的变通之法，这就是"不记名股"。1911年，中兴公司受时局变乱影响，资金筹措困难，向农工商部申请修改招股章程，"准令中外合股办法"，"以十分之四改为不记名

---

① 袁为鹏：《晚清经济民族主义思潮的内在矛盾与误区》，《安徽师范大学学报》（人文社会科学版）2016年第5期。

② 有学者提出"民族企业家对国货运动的工具主义心态"和"机会主义策略"，有异曲同工之妙，唯这种工具运用并非只在国货运动中，还存在于企业日常经营中，参见全群旺、王金连《自利与爱国：国货运动中民族企业家行为与心态分析》，《历史教学》2010年第11期。

票，无论中外人均可附股"，并经农工商部批示同意。① 其中记名股票"应载明股东姓名、籍贯、住址"，不记名股票则"不登姓名、年籍"，"仅编列号数，不得逾全股十分之四，以示限制"。其他限制措施还包括"不记名股票之股东，仅有发议决议权，不得有选举被选举权"。② 这实际上就是外国股份，公司以此弥补自身资金不足，"与其坐视失败，何若因时变通"，是一种策略之举，同时对外国股份加以限制，这就是它的应对之道。③ 这种无记名股一直到 1920 年添足股本五百万元时方才取消。④ 这种招募方式吸引了很多外国商人关注，日本商人就试图借助不记名股投资中兴，后因事未成，转变为中兴公司向三井洋行商借二十万两，公司总经理张莲芬和董事朱钟琪之子参与其间。⑤ 除了日本商人，美国商人也牵涉其中。根据日本领事馆的调查，武汉商股徐荣廷的背后就有美国势力的支持，美国商人借此购入五十万元不记名股。⑥ 当然，对于这些外股或外债，中兴公司十分谨慎，如 1916 年 12 月股东会召开，中兴公司在借债的三种方案中，淘汰了担心受其"掣肘"、有被其"吞并"危险的开滦公司二百万元方案以及可能作为其他势力"傀儡"的通惠公司的方案，选择了相对稳妥的安记公司，反映的也是公司对外国资本的现实需求以及对其背后外国势力的小心防范。然而安记公司背后实际上也有日本人的力量，有防不胜防之虞。⑦ 因公司需款甚急，仍然借了五

① 《山东峄县中兴煤矿有限公司呈一件呈请中外合股立案由》，宣统三年十二月十一日，中研院近代史所藏档案，档案号：06 - 24 - 02 - 002 - 04。

② 《商办山东峄县中兴煤矿有限公司章程》，载《支那矿山关系杂件·山东省之部·峄县炭矿》，日本亚洲历史资料中心档案，档案号：1 - 1839。

③ 《山东峄县中兴煤矿有限公司呈一件呈请中外合股立案由》，宣统三年十二月十一日，中研院近代史所藏档案，档案号：06 - 24 - 02 - 002 - 04。

④ 山东峄县中兴煤矿公司编《山东峄县中兴煤矿概述》，第 4 页。

⑤ 《三井卜中兴公司卜借款关疑义请训》，大正 3 年 4 月，《中兴公司正经理张莲芬、主任董事朱乐寿借款条件申出预定》，载《支那矿山关系杂件·山东省之部·峄县炭矿》，日本亚洲历史资料中心档案，档案号：1 - 1839。

⑥ 《天津来电一一五号》，大正 5 年 11 月 28 日，载《支那矿山关系杂件·山东省之部·峄县炭矿》，日本亚洲历史资料中心档案，档案号：1 - 1839。

⑦ 「株主總會」内容」，大正 5 年 12 月 6 日，载《支那矿山关系杂件·山东省之部·峄县炭矿》，日本亚洲历史资料中心档案，档案号：1 - 1839；《六日任凤苞为中兴公司拟向安记公司借款事致徐世昌函》，民国 6 年 1 月 6 日，载林开明等编《北洋军阀史料·徐世昌卷》第 7 册，第 375～376 页。

十万元外债，只是将担保条件从公司全部资产改为台枣铁路。① 在这个时候，不记名股和外债成为公司引入外部资本的策略性运用。这种外资或外债的引入，大都以较为秘密或策略的方式进行，不记名股更有睁一只眼闭一只眼的嫌疑。之所以不大张旗鼓，应该是因为公司担心外界对其纯华资自办企业身份的拷问。

这种"度"的另一个体现，是德股的双重面向。华德合办期间，中兴煤矿一方面塑造"以德股抵制德人控制"的民族企业形象，依靠六成华股向政府争取政策支持和税收优惠，这就是我们常说的经济民族主义对内的一面。实际上，在这种"以德治德"目的之外，还有一个层面较少为人关注，那就是"以德治中"。1905 年，张莲芬向清政府抗议各地厘局税费太重。他一方面运用了公司经济民族主义的形象，指出"江南数省购用洋煤已有数十年，几不知中国亦有此产"，正"勉力运往"江南，"渐施抵制"，突出其与外煤竞争的国煤形象。中兴公司代表国煤参与竞争，各地厘局却征收较重税负，造成中兴煤成本大增，这样还怎么和洋煤竞争?! 各地厘局的行为就属于"多方阻挠"、不识大体。公司运用经济民族主义话语，狠狠将了各地厘局一军。另一方面，张莲芬又向清政府强调公司"中德合办"的属性，尤其是"德股"的特殊性，直言公司的德国股东对公司煤缴纳船钞"已多烦言"，"深恐德商非特难允加捐，尚虑借此请其领事公使出而阻挠"。② 在与清政府交涉无果的情况下，把德股搬出来向清政府施压，这就属于"以德治中"了。在这一过程中，中兴煤矿运用了两种策略，一种用华股换取清政府支持，一种用德股向清政府施压，这就属于经济民族主义在抗诉层面的策略性运用。

总的来说，由于中国近代民族主义思潮云涌，长期在这种环境下生存和成长的近代企业，逐渐萌发出一种生存本领，这就是对经济民族主义思潮的工具化运用。这种本领，从道德角度来看并不高尚，对企业的生存乃至发展却起到了很重要的作用。有学者就指出："他们的言论和行动证明了诉诸'伦理道德'的爱国、民族大义等宣传只是对抵货运动与国货运动的机会主义利用，最终的目的是实现其企业和个人的私利。"③ 相较于其他

---

① 袁广泉：《中兴公司的筑路计划及其外交意图暨台枣铁路经营》，第 623～624 页。
② 中共枣庄矿务局委员会等编著《枣庄煤矿史》，第 15～16 页。
③ 仝群旺、王金连：《自利与爱国：国货运动中民族企业家行为与心态分析》，第 39 页。

同时期企业，中兴煤矿公司在其发展历程中相对平衡地处理了"国权"与"商利"的关系，在大部分时间内都履行着自身的使命和责任，但它在发展过程中同样面临着自己的困难，典型如融资方面。在官方扶助、银行借贷、民间集股并不能完全解决资金困难的前提下，通过外国股份或外国债务来缓解公司的资金困难，也是一个无可厚非的选择。只是近代中国积贫积弱，煤矿资源又涉及国体国本，因此对外国资本或外债非常谨慎。由于地位不平等，无论洋股还是洋债，都暗含着借机攫取公司矿权的可能。[①]洋股也会随时借助近代不平等条约赋予的领事裁判权等特权打压华股，因此，在这样的环境下，引入洋股甚至洋债，都有一定风险。但公司本身又缺钱，只能饮鸩止渴。正是在这样的环境下，中国的近代企业运用了这一策略，在自身并不强大的政府和强大而充满恶意的外国势力之间，辗转腾挪，寻求一点生存空间。这就是经济民族主义工具化运用的时代背景。

在这样的大环境下，我们经常探讨的一个问题便是：中国企业如何与外国企业竞争？不同性质的企业各有自己的特长，有的靠企业家精神，有的靠技术的进步，有的靠管理的科学，有的靠雄厚的资本，有的靠特权，有的靠"内幕信息、内部贷款、限价以及市场瓜分协定"。[②]"工具箱"里至少还要增加一个，靠经济民族主义以及对它的策略性运用。当然，它也有两面性，对一些企业意味着可以打着经济民族主义的旗号集聚包括矿界专利权在内的各类资源，对其他国内同行则意味着不公平竞争的机会。经济民族主义对内和对外两个方面相互支撑，具有逻辑上的自洽性。在近代社会，对一个后发国家而言，似乎没有其他更好的选择。中兴公司正是瞅准了这一时机，在长期享受经济民族主义带来的好处后，开始有了自觉运用的意识，主动塑造形象，规避风险，不但把同业组织等集体力量拉进公司的社会关系网络，也把经济民族主义作为公司生存和发展的重要社会资本力量。

---

① 日本就试图趁着"独逸势力失坠"的机会，对中兴煤矿进行资本借贷，从而实现"日支合办事业"，参见「中興公司卜保商銀行卜ノ關係二就天津大倉組支店長ノ談」，大正3年11月3日，载《支那矿山关系杂件・山东省之部・峄县炭矿》，日本亚洲历史资料中心档案，档案号：1-1839。

② 关文斌：《爱国者的博弈：永利化工（1917—1937）》，载张忠民、陆兴龙主编《企业发展中的制度变迁》，上海社会科学院出版社，2003，第153页；李恩涵：《晚清的收回矿权运动》，第294页。

第六章 公司与土匪之间的关系：基于 矿场安全的考察

一 山东峄县社会状况及"盗区"的形成

中兴煤矿的矿区位于山东峄县枣庄。峄县本"僻小邑"，处于苏、鲁两省交界处，与苏北的徐海地区相邻，距离豫东、皖北亦比较近，具有典型的"三不管"区域特征。① 根据美国学者施坚雅和周锡瑞的观点，这里属于华北大区或长江下游大区的"边缘地带"。② 枣庄原是峄县城北二十五里的一个普通村落，因晚清在这里开采大型煤田而兴起，人口聚居，四方商贸往来繁盛，逐渐成为一个大市镇，其名声与重要性日渐超过峄县县城。③

峄县的社会状况，在清朝和民国时期具有以下特征。

一是自然灾害多。就水利而言，微山湖与大运河对百姓生计影响最大。

① （清）王振录、（清）周凤鸣修，（清）王宝田纂《光绪峄县志》卷十三《田赋考·田赋》，第142页；关于"三不管"地区的状况，参见唐立宗《在"盗区"与"政区"之间——明代闽粤赣湘交界的秩序变动与地方行政演化》，台湾大学出版委员会，2002，"绪论"第1~3页。

② 施坚雅认为鲁西南和鲁南地区位于华北大区的边缘。关于"核心—边缘"理论，可参见〔美〕施坚雅《城市与地方体系层级》，载《中华帝国晚期的城市》，叶光庭等译，中华书局，2000，第327~417页。周锡瑞对施坚雅的观点进行了修正，认为华北大区和长江下游大区的边界线应该在黄河改道后的路线与京杭大运河交界之处，因此，鲁南地区属于长江下游大区的边缘地带，通过大运河与长江中下游地区建立起较为密切的经济联系。除此之外，周锡瑞还认为鲁西南"几乎在所有方面都与江苏、河南的边界省份相似"。笔者深表赞同，同时认为被周氏归入"鲁南山区"的峄县等地与苏北的徐海地区有很多相似之处，这些地方在民俗、民风、生活习性等方面具有很大程度的同质性。参见〔美〕周锡瑞《义和团运动的起源》，张俊义、王栋译，江苏人民出版社，1995，第4~5、17页。

③ 几经演变，枣庄成为山东省一个地级市，而原来的峄县县城反成为其辖下的一个区——峄城区，概可以从一个侧面反映两地之间力量的消长及枣庄地位的提升。

微山湖和大运河安全隐患很大，经常大水漫境，致使滕、峄百姓流离失所。[①]
据报载，"峄县南境与江苏邳州接壤，近以大雨滂沱，河水漫溢，以致沿
河秋稼，尽数淹没。延袤数十里，远近数十庄，人民庐舍飘荡无存，一片
汪洋，几如海中小岛，居民风餐露宿，困苦异常"。[②] 除了水灾、旱灾、蝗
灾、地震等也是连年不断。据地方志记载，"自明朝以来，邑之旱、蝗、
霾、潦、地震、日食之变，间岁有之"。[③] 附近淮北等地因淮河水患往往有
大规模的流民涌入峄境，甚至迫而为匪，给百姓生计带来很大影响。

二是赋税徭役重。该地赋税徭役颇重，且种类繁多。据《光绪峄县
志》记载，峄县境内"地荒民逃，正赋之出已不能支，又重以银、力二
差。中为诸邑拨代、协济者，无虑千数。而防边、浚河、斥堠、修筑诸
庸，调出于额外者，又种种焉。往岁新河之役，建闸筑坝，岁费不下数
千金无论已。民兵非旧也，自嘉靖庚戌募民防边，始有此役。今既罢，
而饷银犹岁征，此何关正额也？前年河塞淮北，输夫五百名，自冬徂秋，
约用万金。他多类此，不能枚举，又何怪民之日阽于危亡而甘心转徙
也"。[④] 民国时期峄县百姓的临时性摊派同样不断。根据黄鲁珍的调查，
峄县农民承担的临时摊派名目繁多且数额颇大，一种是省府各种临时性
征税，"年来省府财厅因需款孔急，每提前开征钱粮，并先期预借，俟开
征掣串票，就抵作税银"；另外一种更为频繁的是乡镇长的"要钱单"。
乡镇政府经常借用各种名目向百姓摊派，如办公费、纸笔费，甚至包括
乡镇长的出行车马费。[⑤]

三是高利贷盛行。峄境高利贷之风素来流行，"本地富人多放债取
息，重利盘剥"。[⑥] 当地百姓为添置耕牛、修备农具，经常被迫向富户借
债，这种借债利息颇高，"现款利息每月五分，至少亦得三分半"。借贷

① 马俊亚：《集团利益与国运衰变——明清漕粮河运及其社会生态后果》，《南京大学学
　报》（哲学·人文科学·社会科学）2008 年第 2 期。
② 《鲁省大水为灾》，《大公报》1911 年 10 月 6 日。
③ （清）王振录、（清）周凤鸣修，（清）王宝田纂《光绪峄县志》卷十五《灾祥》，第
　158、162～163 页。
④ （清）王振录、（清）周凤鸣修，（清）王宝田纂《光绪峄县志》卷十三《田赋考·
　田赋》，第 142 页。
⑤ 黄鲁珍：《山东峄县的南乡》，载中国农村经济研究会编《农村通讯》，上海中华书局，
　1935，第 57 页。
⑥ 《津浦路大劫案汇闻》，《申报》1923 年 5 月 31 日，第 6 版。

欠款往往以明年的新麦偿还，双方在借贷时将麦价算好。富户往往将价格压得很低，无论来年麦价涨到何种程度，都要按照前价偿还，其中盘剥颇多。借贷形式除了现款外，还有一种粮食借贷。这种借贷利息一般是"借一还二"，也就是"今年借一斗，明年秋收须还二斗"。① 农户在粮食借贷时同样受到盘剥，无论当时借的是何种品质的粮粒，哪怕是虫蛀或质劣的旧麦，到次年均要以优质新麦偿还。"新麦还旧欠，吃亏不能算"成为当地流行的俗谚，甚至很多时候贫农们"指穗卖麦"，小麦还未收获便被指卖给富户。② 富户往往利用借贷之机囤积居奇，"于粮未登场之前，即以贱价向农户预购。所囤之粮，非至青黄不接时不售，售时又高抬粮价"，百姓深受其苦。③ 当地百姓生活颇苦，根据黄鲁珍的计算，"一户佃农种麦十亩，按今年麦子收成，每亩可获麦子七斗五升，十亩可得麦子七石五斗，给地主分去一半，尚余三石七斗五升，以四角作价只得洋十五元，除去雇短工价及种种摊捐，若再用以结账还欠，则一家的食用，将何处着落？"④ 百姓陷入"借款—还麦—再借款—再还麦"的恶性循环之中，债务像滚雪球一样无限扩大，农户苦不堪言，至"贫民无力还债，富户索之又急"，很多农户就只有被迫做土匪这条路了。⑤ 做土匪与参军一道，成为贫苦百姓的谋生手段。甚至在峄县当地人看来，做土匪由于不用背井离乡，是优于外出当兵的。⑥

四是战火频仍。民国时期军阀混战，峄县地处南北要冲，战火蔓延，

---

① 黄鲁珍：《山东峄县的南乡》，载中国农村经济研究会编《农村通讯》，第 57 页。
② 鲁珍：《山东峄县的麦秋》，载中国农村经济研究会编《农村通讯》，第 103 页。
③ 《津浦路大劫案汇闻》，《申报》1923 年 5 月 31 日，第 6 版。
④ 鲁珍：《山东峄县的麦秋》，载中国农村经济研究会编《农村通讯》，第 103 页。
⑤ 《津浦路大劫案汇闻》，《申报》1923 年 5 月 31 日，第 6 版。
⑥ 田少仪：《孙美瑶与临城劫车案（中）》，台湾《山东文献》1979 年第 5 卷第 3 期，第 60 页。关于近代中国农民的这种生存选择，可参见〔美〕史沫特莱《伟大的道路——朱德的生平和时代》，梅念译，生活·读书·新知三联书店，1979，第 154 页；〔加〕伊莎白·柯鲁克、〔英〕大卫·柯鲁克《十里店（一）——中国一个村庄的革命》，龚厚军译，上海人民出版社，2007，第 8 页；〔美〕裴宜理《华北的叛乱者与革命者（1845—1945）》，池子华、刘平译，商务印书馆，2007，第 71 页。其中伊莎白·柯鲁克和大卫·柯鲁克的描述较为深刻："那些家境十分贫困的人，其遭遇是：要么在饥荒年景饿死或被迫迁居；要么被贫穷逼得卖儿鬻女或者勒死自己的亲生孩子；要么因饥饿被迫加入军阀或土匪部队；要么因交不起税款而被关押或者因还不清债务而失掉自己仅有的一点财产。"这可以看作旧中国穷苦农民命运的缩影。

百姓生活艰辛，生命财产朝不保夕。如1926～1927年山东的直鲁军与南方的北伐军之间战火燃起，双方你来我往，在峄县地区形成拉锯战。战火所及之处，百姓流离失所，往往露宿野外，更有被流弹击中丧命者。民国时期招兵、裁兵频繁，使得峄县土匪盛行。"各省招兵皆多半在山东，而遣散一兵，山东即来一匪，是在招兵未战之时已伏蹂躏山东之种子"，也就是"直接以山东之民变兵，即间接以山东之民变为匪"。①军阀又常来招安土匪，第一次直奉战争时期，张宗昌就派遣江苏候补县知事高荫臣到峄县招抚土匪作为奉军内应。高本为峄县台儿庄人，自号"鲁苏两省招匪总司令"，很快就"招有八千余人"。此后由于"奉军败退，无人接济军饷"，高"率该匪等盘踞在峄县之涧头集一带，四处抢架，勒款充饷，拟暂维持现状，以待奉军反攻，因之周村泥河涧头税郭诸大集镇均被焚掠一空，并惨杀八十余人"，由匪军回归土匪。②

五是民风尚武。峄县民风彪悍，尚武之风流行，百姓中彪悍有力者被称为"光棍人物"，在乡民中有很大威望。③蒲松龄《聊斋志异·盗户》就记载："顺治间，滕峄之区，十人而七盗，官不敢捕。后受抚，邑宰别之为'盗户'。凡值与良民争，则曲意左袒之，盖恐其复叛也。"④《光绪峄县志》亦记载："邑治北近山村落，国初安插诸降贼归农，皆称抚户（即盗户）。令长以其犷悍，皆优容之。间与民户涉讼，多所纵贷，以至传讯时，两造不论曲直，先争户籍。"⑤民国时期在峄县北部山区形成了一个政府管理真空的"盗区"，在这个区域内，百姓向以打斗为乐，

①　陆军部档案，转引自蔡少卿主编《民国时期的土匪》，中国人民大学出版社，1993，第12页。
②　《鲁苏招匪总司令被捕》，《申报》1922年5月21日，第10版。
③　田у仪：《孙美瑶与临城劫车案（上）》，台湾《山东文献》1979年第5卷第2期，第42～43页。这一称呼在临近的徐海地区同样存在，参见〔美〕明恩溥《中国乡村生活》，时事出版社，1998，转引自马俊亚《被牺牲的"局部"：淮北社会生态变迁研究（1680—1949）》，北京大学出版社，2011，第440页。
④　《盗户》，载（清）蒲松龄《聊斋志异》卷八，清乾隆铸雪斋抄本；李锦山：《清初峄县的"盗户"》，载政协枣庄市峄城区委员会文史资料委员会编《峄城文史资料》第6辑，1993，第39～53页。
⑤　（清）王振录、（清）周凤鸣修，（清）王宝田纂《光绪峄县志》卷二十五《杂记》，第564页。

甚至种地时身上都背着枪，农村集市上公开销售枪支子弹，并明码标价。[①]
据报载，"峄县地处乱山之中，形势险要，藏匪最易，故曹沂等处虽号多
匪，而实际上则以峄县为其渊薮。故该县土匪之大杆小股，所在皆有"。[②]

　　综上，峄县多匪，有着较为深层的社会原因。根据何西亚的观点，
土匪丛生有一般原因及特殊原因，一般原因又可分为内乱之影响、经济
之破产、天灾之流行、贫富之悬殊四方面，峄县正好符合这几个特点。[③]
相较于其他地方，峄境土匪更加残暴，他们直接围攻驻守军队。北洋政
府曾派混成旅一连屯峄县城北的北庄，该部与地方股匪屡起冲突，当地
土匪在该部调离防地之际，邀集了数千匪众对其防地攻击三日，"该队未
得出离防地，虽急召他队接应，而匪仍加攻无已，终至轰毙官长一员，
死伤兵士数名，枪械物件损失甚巨。且为军队搬运物件之居民，传闻枪
毙颇多。嗣后又将军队所驻之营垣，均焚烧一空，以免再驻军队"。此外
峄境"涧头集驻有缉私营，被匪掳去，后经该地神甫从中处说，将兵士
释放，惟将枪扣下"，被夺去快枪七支，全圩被焚。[④] 该地土匪之猖獗程
度，由此可见一斑。当地兵、民、匪三位一体的情况，造成匪、民难辨，
增加了剿匪的难度。"兵去则民聚为匪，兵来则匪散为民，忽聚忽散，出
没无常，致使官军追逐奔驰，依然不易得手。"[⑤] 中央及省一级政府多次
派兵进剿，北洋政府曾设立专门的四省剿匪督办，主管豫、鲁、苏、皖
四省边界剿匪事宜，但职责不明、各省之间互相推诿，导致实际效果无
几。[⑥] 另外，还有人建议在这个区域内专门划出一个军事区域，别立一
省，"于吴冯所部选节制可用之兵移驻此区，专司剿匪"。[⑦] 甚至有人建

---

①　田少仪：《孙美瑶与临城劫车案（上）》，台湾《山东文献》1979 年第 5 卷第 2 期，第
　　42～43 页。
②　《请看山东之兵祸与匪祸》，《晨报》1923 年 4 月 27 日，第 6 版。
③　何西亚：《盗匪问题之研究》，上海泰东图书局，1925，第 4～10 页。
④　《山东之匪患》，《时报》1922 年 5 月 6 日，第 3 版。
⑤　《1924 年 1 月 21 日矿经理处致总公司函》，载王作贤、贺荣第、常文涵主编《民国第
　　一案》，山东人民出版社，1990，第 167 页。
⑥　贾逸君：《中国政治史》，文化书社，1929，第 115 页。
⑦　《时论：临城事变之善后策——河淮间别立新省》，《申报》1923 年 5 月 20 日，第 3
　　版；谢世诚：《晚清"江淮省"立废始末》，《史林》2003 年第 3 期。此种提法，最初
　　源于晚清时期张謇，最后因遭到反对而中止。这种利用新"政区"的设立来增强政府
　　对"盗区"实际控制力的做法，可参见唐立宗《在"盗区"与"政区"之间——明代
　　闽粤赣湘交界的秩序变动与地方行政演化》一书。

议改良当地的庄稼品种，由政府劝导民间种植棉花取代易于藏匪的玉米、高粱。① 以上种种举措多治标不治本，囿于种种原因很难收到实效，"滕峄两县因盗匪如毛，故历年驻有大批军队，地方人民之供应，已觉精尽力疲，况仍不免匪徒骚扰，架票勒索"。②

久而久之，在峄县境内，土匪成为政府、士绅之外的另一股威权力量，他们与官府往往心照不宣，达成某种默契，各自控制一定区域。报载："抱犊崮附近约有村落百余，其中约六十村皆与匪通，或即系匪之亲友家属所居，余则畏匪惧匪。"③ 县西南文堆村向为土匪盘踞之所，政府派军队前往进剿久攻不下，双方损失惨重，形成相持局面。在此情况下，竟然由该村绅民出来调停，游说兵、匪双方休战和解，最后三方签订协议，兵、匪划分势力范围，官府保证自此不再侵越文堆村。④ 实际上，除了峄县之外，在鲁、苏边界微山湖周边及徐海地区，还有一个更大范围的"盗区"。这一盗区包括八府二州，"自滕峄萧沛至于海州各邑"，分隶苏、鲁、皖、豫四省。该区域之内"土匪充斥，此剿彼窜"，给当地的剿匪活动带来种种不利。⑤

二　峄县民众的各种防匪举措

（一）民团的成立

面对当地土匪丛生及地方军队不作为的状况，峄县绅民只好展开自救，通过各种活动谋求自身的生存，一种选择便是建立民团。民团，即民间自发成立的一种武装，"既能保卫乡里，兼可援助军警，协剿股匪"，宗旨是保家护乡、保护一地绅民生命及财产安全。⑥ 民团往往由地

---

① 《令徐海道尹呈为徐海田亩多种高粱易于藏匪谨以试办改良种植请鉴核由》，《江苏实业月志》第24期，1921年3月，"公文"，第2页。

② 《津浦路大劫案汇闻》，《申报》1923年5月26日，第7版。

③ 《滕峄人民之困苦》，《申报》1923年5月26日，第7版。

④ 《田中玉治下之山东匪患（续）》，《晨报》1922年8月1日，第5版。

⑤ 《时论：临城事变之善后策——河淮间别立新省》，《申报》1923年5月20日，第3版。

⑥ 张志熙修，刘靖宇纂《民国东平县志》卷七《政务志·保卫》，参见《中国地方志集成·山东府县志辑》（66），凤凰出版社、上海书店、巴蜀书社，2004，第81页。

方士绅组织率领，通常以一个村庄为单位，亦有几个村庄联合防御的联庄会。其主要职能可归纳为："保守村中治安，预防盗贼，补充县署保卫团及公安局的不足。"① 民团的经费，主要来源于富户捐纳或各户按田亩均摊。② 民团战斗力很弱，对于小股土匪的频繁骚扰尚力不从心，对于大股土匪更是无能为力，所以职能以防匪自卫为主，以协助官方剿匪为辅。民团战斗力弱，多少又有枪械武装，因此成为土匪抢夺枪支的重要目标。此外，民团尚有通匪情事，这在各地地方志记载中屡见不鲜。

　　峄县地区的民团可追溯到晚清抵抗太平军、捻军时期。当时峄县籍的清朝官员王宝田奉令回到峄县、兖州等地组织团练，徐图抵御。③后来，带有民间自卫性质的民团逐渐兴起。此类民团盛极时曾达到十三个中队，经费由中兴公司与地方士绅各出一半，首领由县知事及地方士绅担纲。④ 但峄县地区此类地方自卫团实际的防匪作用很成问题，他们只是在官府剿匪之时辅助军队进剿，贡献颇微。平素里他们更常见的做法是，守在峄北山区边缘地带的各处出山路口，摆个吓阻的架势，冀望山中的土匪不要大股入境骚扰，并无其他实质性举措。⑤ 当然民团也有偶尔走大运的时候，1928 年上海的《新闻报》就曾刊登过这样一封感谢信：

　　　　山东峄县自卫团第二团团长许汝元所部游击队长李济菖本年六月六日率队经过二里沟村东，突由高粱田内发现土匪三十余人，相遇对击约半小时，枪发数百响。该匪向北溃退，尾追二三里，击毙

---

① 李景汉编著《定县社会概况调查》，上海人民出版社，2005，第114页。
② 根据谢贵平的研究，山东民团经费来源主要有三种：民众摊派，绅士及地方企业赞助，缴获土匪财物或民团自身的掠夺，参见谢贵平《近代山东民团研究（1911—1930）》，载常建华主编《中国社会历史评论》第9卷，天津古籍出版社，2008，第313~315页。
③ （清）王振录、（清）周凤鸣修，（清）王宝田纂《光绪峄县志》卷十一《军政》，第127~128页。
④ 田少仪：《孙美瑶与临城劫车案（上）》，台湾《山东文献》1979年第5卷第2期，第48页。除此之外，中兴公司还对峄北自卫团进行经费支持，每月资助自卫团120元，后来又加焦炭半吨，枣庄商会则每月资助50元，参见田培材《枣庄旧事拾撷（四题）》，载中国人民政治协商会议枣庄市市中区委员会文史资料委员会编《枣庄市中区文史》第3辑，第154~158页。
⑤ 田少仪：《孙美瑶与临城劫车案（上）》，台湾《山东文献》1979年第5卷第2期，第49页。

土匪高套一名，枪弹被匪伙解去。兹于去年七月二日家母被高匪架去，因钱未到致将家母勒死高庄李姓仓屋内，祸害地方不可枚举。因去年峄境大乱，故未向县禀明，余忽李队长济莒昨将高套票匪击毙，有人代复母仇，无以为报，今特登诸报端以诵令德。①

这则感谢信内容其实并不复杂，讲述的是一户峄县人家母亲被土匪绑架，因勒款没有送到，土匪撕票，老太太被勒死，该户人家自此与土匪结下仇恨。可惜自身力量弱小，无力报仇，并引以为憾。孰料第二年该匪恰巧与峄县自卫团游击队长李济莒所率队伍遭遇，经过一番枪战，绝大多数土匪逃窜，绑架该户人家母亲的土匪高套却被流弹击毙，真可谓天网恢恢，疏而不漏。因此受害者家属特地在具有全国影响力的《新闻报》上刊登广告，以资感谢。

实际上，通读这则感谢信，撇去其他因素，我们可以看出，这完全是一次极具偶然性的遭遇战，是自卫团出于当时危急情势下的自卫活动。"相遇对击约半小时，枪发数百响""尾追二三里"这些表述除了有渲染气氛的作用外，并无多大实际效力，此类描述盖多属当事人吹嘘及记者事后追加。实际的结果是，在如此激烈的对射中，仅击毙土匪一名，且土匪身上的枪弹"被匪伙解去"。这场战斗充其量只能算一场运气不错的遭遇战，毕竟打跑了土匪，自身还没有伤亡，运气不可谓不好。更让当事人没有料到的是，不经意间击毙的土匪高套竟然是重要票匪，实在算得上意外之喜。对于李大队长来说，不但自身生命无忧，还获得如此赞扬，很出乎他自己的意料了。除了战斗力比较弱之外，该地民团与土匪之间关系也较为微妙，每逢进剿之时，民团往往"老远的就先放枪，要先在前门大声吆喝，好让他们从后门或跳墙逃跑"。"临城劫车案"之后，改编过的土匪军队解散，就有一部分人进入峄县自卫团，可见民团的复杂性。②

① 《山东峄县自卫团击毙票匪》，《新闻报》1928 年 9 月 1 日，第 8 版。
② 临城劫车案后，孙美瑶手下的李振海、陈元清投效峄县保卫团，陈元清还一度担任中队长，参见田少仪《孙美瑶与临城劫车案（上）》，台湾《山东文献》1979 年第 5 卷第 2 期，第 46、49 页；田少仪《孙美瑶与临城劫车案（下）》，台湾《山东文献》1980 年第 5 卷第 4 期，第 157 页。

（二）圩寨的修建

既然单纯依靠民团不能起到保卫家园的作用，峄县等地绅民又有别项举措来辅助民团，突出的一项就是加强防守，建立圩寨。圩，音"围"，本义是淮河流域修筑的水坝，主要用来阻挡洪水的侵袭。晚清绅民在圩内操办团练，作为农田水利的圩从而又成为一种军事组织，之后一切类似的防御建筑均被称为"圩"。地方志记载："相传今人于南方卫田之堤、北方御寇之堡，通呼之曰围，而文则皆从圩。"① 晚清时期捻军与清政府在淮北等地对抗，双方所依赖的都是圩寨。当时各种战术的展开，无论是坚壁清野，还是据守反击，都离不开圩寨。山东境内圩寨的修筑多为防御捻军、太平军所修，之后防御对象主体变为土匪，但目的都是保境安民。② 诚如时人所言，"乡村之有圩寨，犹郡县之有城垣。其规模虽狭，要皆所以保境而安民也"。③ 民国以来，军阀割据，地方秩序大乱，土匪趁势而起，而各种官方武装力量均不可恃，山东各地再次兴起建立圩寨的高潮。如山东阳信的百姓认为"任何军警皆不足恃"，遂"忍一时痛苦，量力出资，以修寨垣、筑炮楼、备军火、严防御，一家有惊，合村救之；一村有惊，而各村应之"。④

根据当时的记载，农村各地圩寨的修建与经费多寡息息相关，所谓"围寨仅有于富村"。⑤ 根据建筑材料，圩寨可分为土圩和石圩，石圩远较土圩牢固，然因所费颇资，因此比较少见。据载，"此间圩寨多筑土为之，置四门或两门四角，并设碉楼以资瞭望，而便攻守，壁垒亦殊森严。

---

① 《鸷行志》，载《光绪宣城县志》卷十七，转引自赵崔莉《清代皖江圩区社会经济透视》，安徽人民出版社，2006，第136页。

② 关于山石圩寨等在建筑学上的防御意义，参见黄宽重《南宋地方武力——地方军与民间自卫武力的探讨》，国家图书馆出版社，2009，第239页。

③ 梁钟亭、路大遵修，张树梅纂《民国清平县志》第四册《防卫篇·防卫志七·圩寨》，参见《中国地方志集成·山东府县志辑》（89），凤凰出版社、上海书店、巴蜀书社，2004，第319页。

④ 《票匪纪略》，载朱兰修，劳乃宣纂《民国阳信县志》卷四《兵事志》，参见《中国地方志集成·山东府县志辑》（23），凤凰出版社、上海书店、巴蜀书社，2004，第194页。

⑤ 张自清修，张树梅、王贵笙纂《民国临清县志》卷十二《防卫志七·栅寨》，参见《中国地方志集成·山东府县志辑》（95），凤凰出版社、上海书店、巴蜀书社，2004，第203页。

一闻匪警，附近村民恒聚处其中，恃为屏障焉"。① 一般圩寨均以村庄之中某世家大户为中心建构，寨内外遍布其佃农及土地，士绅、地主自称寨主，俨然一个"独立王国"。对于峄县来说，太平军、捻军的过境掠夺以及该地多匪的状况，都使得圩寨逐渐兴起。当时齐村、金庄等峄境较大的村庄市镇不少都建有圩寨，以齐村为例，该处圩寨以"峄县八大家"之一的崔家大户为中心建造，负责崔家宅院、煤窑、仓库的保卫工作，开东、南、西三门，唯独不开北门，因为北面是土匪丛生的山区，该处圩寨另配有自卫武装——"保家局子"，购买洋枪洋炮作为武装。② 历数峄境各处圩寨，最牢固者莫过于中兴煤矿公司修建的石圩寨。这在下文中将有详细介绍，此处不赘。

（三）缴纳保护费

另外一种就是向土匪缴纳一定的保护费，以求得生命财产安全暂时得到保障。如前所述，军队非但不能起到镇压土匪的作用，反而成为勒索、掠夺绅民的元凶，甚至比土匪还穷凶极恶。峄境百姓经常受到军队勒索，"兵之搜刮，远过于匪"，百姓为此苦不堪言。③ 当地军队甚至与匪相通，沆瀣一气。④ 他们经常借搜匪之名直接入村掠夺，并以"通匪"罪名对绅民进行勒索。更有甚者，当地百姓向驻军汇报匪情，竟被官兵以"通匪"之名枪毙，并借此向上级邀功请赏，殊令一般百姓寒心。长此以往，乡民畏兵过于畏匪，纵使有匪患，"乡民甘心为匪所蹂躏，而不敢向官厅控诉"。⑤ 不报官尚只受土匪一方祸害，报官则无异于自招横祸，遭受官、匪的双重压榨，甚至引来杀身之祸。

此外，该地土匪来去自如，躲匿深山，不易消灭。绅民担心军队撤

---

① 梁钟亭、路大遵修，张树梅纂《民国清平县志》第四册《防卫篇·防卫志七·圩寨》，第319页。

② 蒋树柏：《齐村翰林府轶事》，载中国人民政治协商会议枣庄市市中区委员会文史资料委员会编《枣庄市市中区文史》第2辑，第157页。

③ 《津浦路大劫案汇闻》，《申报》1923年5月31日，第6版。

④ 如中兴公司每年给负责剿匪的何锋钰部大量金钱，以供其保护矿场。何将其中一半付与当地土匪，以做休战之约，参见〔美〕菲尔·比林斯利《民国时期的土匪》，王贤知等译，中国青年出版社，1991，第274页。

⑤ 《津浦路大劫案汇闻》，《申报》1923年5月31日，第6版。

走后土匪报复，亦不敢协助官军与土匪对抗。① 由于土匪势大及地方政府不作为，再加上军队四处掠夺，绅民对政府的不信任感开始蔓延。为求生存，他们往往选择主动向土匪缴纳一定的保护费，"居民畏其凶焰，相率具备猪羊食品，冀免蹂躏" 就是这一做法的真实写照。② 有时候他们宁愿主动向土匪纳贡，也不愿意招引地方政府或军队力量，以免受到多重盘剥。当时峄县北部抱犊崮山区的土匪在食物等物品缺乏时，便列出清单，派人到山外较为富裕的村庄喊叫，通常包括面粉、猪肉、酒、香烟等物品，这种方式在当地称为 "喊"。这些村庄的绅民为求生存，通常一一照办，他们希望通过这种 "花钱买平安" 的方式，以部分钱财的损失来换取大部分财产乃至生命的保全。

这种出钱贿买土匪求生存的做法，虽然被军队查实之后，通常会落以 "通匪" 罪名，但更多具有自我保护性质，与暗通消息、助纣为虐性质的 "通匪" 行为截然不同。很多土匪无论是进村抢掠，还是掳人绑架，都是为了财物。而随着乡村防卫的加强，土匪攻占村庄所要付出的成本增加，往往血战之后两败俱伤。土匪亦愿意以最小的代价得到最大的回报，贿买举措在这一点上迎合了土匪的要求，因此这种行为在一定程度上奏效了。尤其对于当地的土匪来说，他们和地方绅民之间通过结亲、交朋友、拜把兄弟等传统联谊方式建立某种关系，从而为这种行为带来可能性。基于此，峄县绅民中 "通匪" 者甚多，有 "峄县十八区，区长都通匪" 的说法。③ 根据南京国民政府时期峄县县长刘化庭的回忆，峄县当地的著名士绅，在晚清时期曾任内阁中书等职的王宝田，也有通匪情事。④

由于绅民得不到官方保护，不得不转而依靠土匪作为生存依托，双

---

① 据 1923 年 5 月 26 日《申报》第 7 版《滕峄人民之困苦》记载，峄县某村大户刘某对土匪恨之尤甚，曾帮官军剿匪，结果受到土匪残酷的报复，不仅 "家财悉丧于匪"，而且亲人先后被匪绑架。先是妻舅被绑，去其一腿；接着幼子被绑，勒索尽家财后被扔下山谷。

② 《1917 年 12 月 15 日总矿经理处致函总公司》，见王作贤《中兴煤矿公司的早期防务》，载中国人民政治协商会议枣庄市市中区委员会文史资料委员会编《枣庄市中区文史》第 2 辑，第 128 页。

③ 吴庆华：《孙氏集团与临城劫车案》，载中国人民政治协商会议枣庄市委员会文史资料委员会编《枣庄文史资料》第 21 辑《临城劫车案》，1996，第 201~205 页。

④ 刘化庭口述《国民党统治下的峄县（一）》，载中国人民政治协商会议枣庄市委员会文史资料委员会编《枣庄文史资料》第 6 辑，1990，第 171 页。

方之间逐渐形成一种"保护—被保护"的关系，绅民对土匪的这种进贡也越来越有保护费的性质。这种进贡虽然暂时能为绅民提供一种较为安定的生存环境，但土匪这个群体成分复杂，各类分子混杂其中，各股土匪之间差异性较大，因此这种有效性并不是很稳定。由于绅民与土匪之间力量悬殊，此类口头或书面协议显得比较脆弱，其所带来的暂时性保护作用很容易被打破，土匪不守信用的现象时有发生，广大绅民为此往往陷入两难境地。

综上，峄县匪患严重，军队或经常调防，或与匪勾结，而地方官府仅看重县城的防御，对县城以外的区域则放任自流，在一定程度上造成当地官、匪共管的形势，双方各划范围，各守区域。尤其是峄北山区向属"盗区"，官府力量很难渗入，只是由地方民团象征性地把守出山各隘口，对土匪做个吓阻的姿态。在这种情况下，地方绅民得不到官方应有的保护，不得不向土匪进贡以谋生存。作为当地最大的富源，中兴煤矿恰恰毗邻土匪聚集的峄北山区，"该矿四面皆山，最易藏匪"。[①] 土匪一旦从北部山区冲入峄境平原掠夺，中兴煤矿首当其冲。面临当地日益严重的匪患，在拥有坚固石圩及武器精良的护矿队的前提下，公司对土匪的态度又是怎样的呢？另外，矿区本身的特殊性尤其是复杂的人员流动情况又是怎样影响公司对土匪的举措的呢？下面我们就来考察一番。

三　中兴公司与土匪之间的战与和

由于矿场多处于偏远山区，远离政治、经济中心，甚至离县城也较远，政府控制力极为薄弱，很容易给土匪可乘之机。1934 年国煤救济委员会提交的《救济国煤方案》中，就将土匪骚扰列为煤矿业衰落的十二大原因之一。[②] 近代以来，全国有名的煤矿中，有不少饱受土匪的骚扰，大都有矿勇、护矿队等自卫组织。如何防匪、御匪成为各煤矿共同面临的问题，中兴公司也不例外。1912 年，中兴公司所注意的已经不是扩大

---

① 谭焕达：《调查山东中兴煤矿报告》，《矿业周报》第 5 号，1928 年 6 月 9 日，"专件"，第 12 页。

② 《遵令拟具救济国煤方案仰祈鉴核采取施行由》，1934 年 12 月 23 日，转引自张伟保《艰难的腾飞：华北新式煤矿与中国现代化》，第 232 页。

生产而是自动减产，尤其注意增加矿警，力图保护资产少受损失。① 矿区地处盗薮丛生的鲁西南峄县山区，当地匪患极为严重，而公司本身财大气粗，颇为各路盗匪瞩目。公司驻矿的技术人员、高级职员往往成为土匪绑架的对象，矿区内的机器设备、存煤以及货款往来，都成为盗匪觊觎的对象。公司如何处理与周边土匪之间的关系，以达到自保目的，值得关注。

（一）中兴公司与土匪之间的"战"与"避"——报纸报道下的幻象

1927 年 10 月 17 日《晨报》有一篇名为《中兴矿队大战土匪》的报道，内容如下。

（枣庄寇氛）临枣一带，本为匪薮，当南北两军往来争驰之际，昌邑人陈干，受南军王天培之命，来枣将收编匪众，计群聚枣庄有二万余人之多。其时只名新军，依赖南军势力，一切给养，强迫中兴公司担负，公司损耗无算，而迫于强令，无可抵抗。匪众于北军退时，截获枪械子弹甚伙，并有迫击炮、手提机关枪等，其实力确甚充足。南军退却后，一部随军出发，一部仍潜匿山中，依然作绿林生涯。迨来张、褚两督办，以剿灭困难，迭次派员莅枣收编，借作清源正本之图。历经成军开拔者不少，奈人数过多，收抚终难净尽，抢掠劫架，仍时有所闻，故临枣驻防军队，极为慎重。临城系许总司令亲驻，司令部即设中兴公司分厂内。枣庄系第七军姚副军长钰所驻，在枣军队约一旅之众，姚副军长亲驻中兴煤务处。前数日突有股匪在近村焚掠，经队出击，已劫架二十余人而去。本月二日，姚军长奉令调防，亲率一部军队开拔。是晚匪徒乘间大举，包围枣庄，恣意掳掠。

（进逼中兴煤厂）姚军留临之教导团，颇为勇猛，与匪激战甚烈，撤□对垒，枪声未停。翌日黎明，匪众三五百人竟进攻金庄栅门，并拟窥洋街而图公司。中兴矿队，不能复忍，遂由大队长宗君率领矿队八十名，出围逆击。众寡虽属悬殊，而矿队训练有素，奋

---

① 中共枣庄矿务局委员会等编著《枣庄煤矿史》，第 20 页。

勇直前，所向披靡。自六时至十时，激战计四小时之久。匪徒完全溃散，矿队追奔逐北，匪众受伤者无算，擒获五名，并救出肉票妇女数人，已由公司询明派人送回。该公司矿队，素以骁勇闻，本系护矿性质，匪不相犯，即少冲突。此次为自卫计，不得已出而应战，竟得与防军收夹击之效，匪徒受创甚深，闻风丧胆，此后当稍可敛戢，固地方公司之幸也。枣地绅商学各界合电临城许总司令，请速派队填防，以资镇摄。业由许总司令电饬驻台段师长麟祥即日率队移防。现段军已有开拔前来者，防务当益巩固，可保无虞矣。（五日）

（近村受劫殆遍）自九月二日驻枣第七军调赴济宁后，匪众乘机包围枣庄，恣意焚掠，架去男女八十余名口，死伤不计。匪犹未满，竟进逼中兴公司，猛攻公司南门。先是驻军将发，村民纷纷避入矿围，为数甚众。公司为自卫及救护起见，急调矿队出击。匪见众寡悬殊，顽强抵抗，不图矿兵勇猛异常，枪无虚发，竟不能支。矿队又分三路包剿，遂纷向山□逃窜，矿队追击，生擒五名，救票五名。匪众受伤而死者二十余人，从未受此巨创，故退后纠集各股，声言决行报复。据获匪供称，此次系孙歪头、老海徐二位当家的率领，带有迫击炮数尊，炮弹多箱，余均持快枪、盒子枪等，意图大举。不料公司矿队出击，致受大挫云云。连日居民，仍形恐慌。公司亦戒备极严，地方咸感公司保护之德，陈明县长，转呈省署。林省长电致该公司，大为嘉许，并拟对矿队从优奖赏。许总司令并派驻扎台庄之段麟祥师长，率领全师，前赴该地填防，日内已渐就绪，惟给养须由地方及公司，暂为供应。地方公司，均在疲极之时，苦难负担，现正勉力筹措。又驻滕游击司令牛麟，因枣庄匪势猖獗，殊为关心，业于昨日亲自到枣视察一切云。（八日）[1]

这次中兴煤矿与土匪间的枪战，发生在 1927 年南方革命军北伐时期，当时革命军与张宗昌所辖鲁军在峄县枣庄一带进行了惨烈的拉锯战。在激烈的炮火中，峄县及枣庄几经易手，直到革命军南撤，此拉锯战方告一段落。两军对垒期间地方秩序混乱，土匪趁势而起。更有南方国民

---

[1] 《中兴矿队大战土匪》，《晨报》1927 年 10 月 17 日，第 6 版。

党派遣陈干来峄枣地区收编匪众，这些被收编的土匪恶习不改，无视纪律，经常四处掠夺，成为拥有合法外衣的土匪，官军虽加约束，但因土匪人多势众，当时战局未定，终究无可奈何。而其他未被收编的各路土匪及外地股匪亦趁战乱涌入境中四处抢掠，地方秩序大乱，百姓生活困苦。中兴护矿队大战土匪就是在这样的背景下发生的。

通观此则新闻报道，整个过程不可谓不精彩，战事不可谓不激烈。但若细读下来，我们会发现，此次大战纯属偶然，报道中多次用到"竟"这一惊叹词来表达记者对土匪进攻中兴矿区的感受。中兴护矿队"本系护矿性质，匪不相犯，即少冲突。此次为自卫计，不得已出而应战"，更可从中看出这场战斗的自卫性质。

实际上，除了上则新闻报道显示中兴护矿队的英勇形象之外，另有报道揭示了中兴煤矿与土匪之间关系的另一种形态。《时报》1923年4月有一篇名为《中兴煤矿公司董事被匪包围之实况》的报道，记述了中兴煤矿公司各位董事在峄县遇险的一幕，内容如下。

> 峄县有抱犊山，上丰下锐，土匪数千人踞山顶，吴长值旅长屡攻不得近山，匪且蔓延于临城车站一带，上月朱启钤、庄乐峰、袁静安寺六七董事，赴中兴公司看新矿，匪闻诸董事到临城车站，即有请诸位财神之说。及朱等到矿后，匪遍布四周，意在掳赎，当时乃电吴旅长告急。由吴派兵于某道密布，始得将诸人于某夜拔出匪之势力范围，然其中如庄乐峰等，已面无人色云。①

根据时间推算，这股盘踞在抱犊崮上的土匪，当属于孙美瑶麾下的匪众，孙美瑶就是后来临城劫车案的匪首。此事发生在该案之前，当时孙匪势力正盛，竟将中兴几位高层领导朱启钤、庄乐峰、袁静谙团团包围在矿内，试图绑票勒款，可见其势力之猖獗。亏得当地驻军吴长植派兵护送，诸位董事连夜奔走，方逃出土匪之掌控，真可谓狼狈至极。此种记述，与前项中兴矿队英勇善战的报道截然不同。

---

① 《中兴煤矿公司董事被匪包围之实况》，《时报》1923年4月25日，第3版。文中"袁静安寺"应为"袁静安等"之误，其准确的名字是"袁静谙"，曾任公司董事、协理。"吴长值"为"吴长植"之误。

综观这两则报道，除去记者为吸引眼球大肆渲染的成分之外，中兴公司面临土匪时两种完全不同的表现已经跃然纸上。一种是主动攻防，乃至击溃土匪；一种是龟缩矿内，需要驻军方能解围。"战"与"避"，何种为中兴公司对土匪态度的主流，值得关注。

（二）现实情况中的"守"与"和"——中兴公司面对土匪时的常态

实际上，纵观中兴煤矿百年发展史，无论是公司与土匪之间的激烈大战，抑或军队保护下的狼狈逃亡，均不常见。中兴公司对土匪更多采取守势，或借用外部力量，或利用石圩及护矿队加以自保，并不刻意与土匪为敌，土匪亦很少有直接攻打矿区石圩的举动。

大致而言，当时中兴公司对矿区周边的土匪，通常采取以下举措。

一是依靠军队力量。根据公司总经理朱启钤的说法，临城劫车案对中兴煤矿来说是一个转折，"自此之后，军队永久驻矿"。① 实际上，因中兴公司不堪土匪骚扰，该地临时性的驻军早已出现。早在 1919 年，山东督军就在峄县地方官的请求下，商请奉军一部驻守该地，负责剿匪、防匪事宜。当时中兴公司对驻军抱有极大期望，希望驻军能够担负起保护矿区的重任。为此公司不但供给驻军起居器用，每周还两次犒赏猪羊，"以示优待之意"。② 孰料该驻军实际上是新编队伍，人员复杂，军纪涣散，对公司索求不止，"视矿为鼎脔"，"凡有取求者，皆开条向矿需索，竟成例应。稍有延缓，即怒目相加"。更让公司气愤的是，该驻军"不但无保护能力"，还常与矿警冲突，时起争端。③ 该部不但勒索公司各种费用，更是直接影响到公司的运营。他们或勒停火车，或干涉矿勇执勤，让公司无可奈何。

实际上，这种情况并非偶然。一般军队驻矿，大多冲着公司这块肥脔而来，目的是谋求军饷，并无多大心思剿匪防匪。各支军队之间也是

---

① 《山东中兴煤矿公司要闻详志》，《银行月刊》1928 年第 8 卷第 8 号，"国内经济"。
② 《1919 年 8 月 3 日中兴公司函》，见王作贤《中兴煤矿公司的早期防务》，载中国人民政治协商会议枣庄市市中区委员会文史资料委员会编《枣庄市中区文史》第 2 辑，第 132 页。
③ 《1920 年 8 月 22 日中兴公司总矿经理处致总公司函》，见王作贤《中兴煤矿公司的早期防务》，载中国人民政治协商会议枣庄市市中区委员会文史资料委员会编《枣庄市中区文史》第 2 辑，第 132 页。

矛盾重重，客军与当地驻扎的剿匪军队常起冲突，甚至相互开枪。最为关键的是，当时各军队忙于争夺地盘，调动颇为频繁，土匪多在军队调防之际乘虚而入。在这种情况下，中兴公司逐渐意识到"客军不能久驻，应筹自卫长策"。①

二是成立护矿队。公司护矿队势力的增长，就是在这样的背景下产生的。公司见军队不可恃，遂将大量精力放在自身武装力量的建设上来。实际上，公司自身治安武装力量自开矿不久即已具备，当时公司以"商民夫役聚处日繁，若无专员稽查弹压，难免匪人不混迹其间"为由，于光绪二十九年十月禀请设立保甲，并逐步设立了巡警局及护矿大队。②

护矿队最初由张翼等从河北沧州雇用大批习武之人，加以操练。这群沧州人绝大多数是回民，他们到矿之后仍然保持自己的宗教信仰，还在矿内搭建了一座清真寺，定期在大队长的带领下朝拜。当时护矿队内高手云集，经常操练，后来闻名全国的国术大师韩化臣，在任教国术馆之前，就曾任职于中兴护矿队，并拜当时护矿队的领队为师。之后，中兴煤矿的护矿总人数迅速增加，有600余人。公司除了招募人员之外，更加注重武器的改良。根据平仲1929年的一份调查资料，当时护矿队有警士650人，分5队。武器装备方面，则有马枪565支、机关枪4挺、迫击炮4门。此外，有台枣铁路路警130人，亦由公司派出，负责维护沿路治安。③ 当时公司极为看重护矿队的建设，每月开支在7000元以上。④

三是修建圩寨。公司矿区面积广袤，造成防区太大、防线太长。⑤ 护矿队虽武器精良，然人员有限。在这样的情况下，公司积极修建石圩，将枣庄矿区的主体部分纳入其中，"矿内各重要处，筑有城垣"。⑥ 矿区

---

① 《1918年4月10日中兴公司总公司复函总矿经理处》，见王作贤《中兴煤矿公司的早期防务》，载中国人民政治协商会议枣庄市市中区委员会文史资料委员会编《枣庄市中区文史》第2辑，第135页。

② 陶湘：《中兴煤矿公司创办概略》，光绪二十九年十月条目。

③ 平仲：《中兴煤矿参观记》，《矿冶》1930年第3卷第12期，第76页。

④ 谭焕达：《调查山东中兴煤矿报告》，《矿业周报》第5号，1928年6月9日，"专件"，第12页。

⑤ 实际上，除了枣庄总矿区之外，台庄分厂、运河及津浦铁路沿岸公司各销场亦面临土匪的威胁，甚至连津浦铁路的运煤也会遭到匪徒的抢掠，参见《中兴公司请办抢煤匪徒电》，《申报》1922年5月31日，第14版。

⑥ 谭焕达：《调查山东中兴煤矿报告》，《矿业周报》第5号，"专件"，第12页。

大门口更有碉堡、铁门辅助，护矿队在此站岗放哨。在 20 世纪 30 年代的枣庄防卫图中，我们可以看出，公司的主要井口南大井、北大井及其周边建筑分别被两个大的石圩笼罩，以此作为防御的基础（参见附件八）。中兴煤矿公司旧股中有很多淮军出身的军官将领，他们在和捻军的战斗中多依赖圩寨攻守，因此对修建石圩并不陌生。

实际上，枣庄矿区的石圩不仅作为公司自保的天然堡垒，在战乱及匪乱时期，亦允许周边百姓入圩躲避。当时，枣庄周边随着采煤的兴起及大量人员的聚拢，商业贸易逐渐繁盛，在峄北山区边缘逐渐兴起一个独立于峄县县城之外的新社区。这一社区的形成，最初是以两条核心商品街为基础的，一条称为"土街"，一条称为"洋街"。① 街道上的店铺由公司建造，租与商人经营。平素该处经济繁盛，店铺云集，商贩贸易频繁，一旦土匪到来，这些店铺就被劫掠一空，商人多避入圩内。周围地区的老百姓，遇到土匪大举进袭或军队间战斗打响时，亦纷纷避入公司石圩之内，以求自保，人数颇多。就此而言，公司对当地社会的治安及百姓安全亦贡献颇多。

但此举并不能改变公司力主自保的态度。当时公司虽然允许周边百姓入圩避难，但一般情况下对土匪并不主动出击。说到底，公司的防御力量虽然客观上保护了很多百姓，但从本质上来说，还是一支自我保护的力量。② 在这种自保思想的主导下，中兴公司面对土匪时，更多的时候是避守在圩中不出，并不主动出击，亦无须仓皇遁走，殊不像前面两篇报道的题目那般极端。公司多采取积极防御策略，以确保矿区及职工的安全。对于护矿队而言，"本属护矿性质"，与土匪"并无相碍"，这才是双方关系的一种真实写照。

但单纯防御并不能完全避免土匪的骚扰，虽然石圩以及护矿队可以保护圩内员工及财产的安全，使得以往那种大股土匪"呼啸成群，携有

① 吕之文：《漫话"洋街"》，载中国人民政治协商会议枣庄市市中区委员会文史资料委员会编《枣庄市中区文史》第 1 辑，1991，第 138～142 页。
② 这种武装力量的自卫性质，颇类似中国古代茶商武装以及近代苏州商团武装。此类研究成果可参见黄宽重《南宋地方武力——地方军与民间自卫武力的探讨》，第 186～213 页；朱英《苏州商团：近代中国商人的独特军事武装力量》，《江苏社会科学》2008 年第 1 期。

枪械，技艺精熟，动辄闯入矿厂"的现象逐渐减少乃至不复存在①，但由于公司总矿区面积广袤，圩寨只能保护其主体部分，而且护矿队人员有限，亦无法确保整个矿区的安全。再加上公司平日因矿井建设及日常经营，经常有员工外出，离开石圩，其安全问题仍然存在隐忧。例如当时为早日开凿新大井，扩大营业规模，公司经常派遣洋矿师到枣庄附近的邹坞等地勘查矿藏。当时影响公司矿区安全的最大问题便是土匪的绑票勒索。这种手段不同于大规模的攻城拔寨，敌暗我明，防不胜防。

面临土匪的绑架勒索，公司对洋矿师尚能增强护卫力量，对数量巨大的工人的安全却无能为力。土匪往往选择向工人及其亲属下手，尤其是其中的技术职工及包工头，使公司有防不胜防之虑。诚如公司总矿经理处在一封信中提到的那样，"昨今两夜，本矿围墙后田庄左右架去石工数名、小工头数名及田姓数人，均在晚八九钟时候。刻下之匪不问贫富，见人即抓，与平时著名杆匪行径不同，真有防不胜防之虑"。②

由于公司平日业务需要，技术工人不时外出勘查矿藏；包工头大多是当地人，住在周围的乡里，因此此类绑架事件层出不穷。典型如"本矿班头徐兴堂，家住白榆，因年内地方不靖，全眷移住本矿买卖街。昨日其子因事回家，仅三四点钟，即来匪徒将其住宅围住。开枪轰击，无力敌御，竟将其子架去"。③ 此外，对于公司护矿队，土匪虽忌惮三分，但亦采取绑架的手段以达到挟持的目的，如"三十夜匪劫汤庄及架去司事刘正元、李振楼……刘、李二人均系李管带部下得力之人。匪人用心，亦知我矿兵勇多系沧籍，与李管带上下一心，实我矿防守主力。故为声东击西之举，以相挟制"。④

以上数例，无论是石工、班头还是司事，都与公司的经营与防务息息相关。如班头，专门负责在煤矿井下监督工人采煤，是现场指挥，也是技术指导。至于石工及其工头，则公司井下井上一切建筑用石，均需

---

① 枣庄矿务局志编纂委员会编《枣庄矿务局志》，第576页。
② 王作贤：《中兴煤矿公司的早期防务》，载中国人民政治协商会议枣庄市市中区委员会文史资料委员会编《枣庄市中区文史》第2辑，第130页
③ 王作贤：《中兴煤矿公司的早期防务》，载中国人民政治协商会议枣庄市市中区委员会文史资料委员会编《枣庄市中区文史》第2辑，第129页。
④ 王作贤：《中兴煤矿公司的早期防务》，载中国人民政治协商会议枣庄市市中区委员会文史资料委员会编《枣庄市中区文史》第2辑，第129页。

要他们开采加工。

对于此类绑票勒索，公司防不胜防，如何营救他们也成为让公司头疼的一件事。公司既要营救这些人质，同时担心直接付款给土匪会引来其他土匪的效仿。为此，公司在处理此类事情时非常谨慎。当时天津总公司在得知刘、李两位司事被绑架的事情后，做出了"妥筹保全之法"的指示。枣庄总矿在回函中指出当时公司的两难境地及处理方法："若求团结人心，似非将汤庄架去刘、李二人设法收回不可。然用公司名目，不但欲壑难填，将来更行棘手。不如仍由得函之人自行函复较为妥协，想尊意必以为然。"① 由于当时土匪直接将勒款寄给李振楼的家人，公司决定仍按李学思的名义回复土匪，询问赎金数目，以做后续准备。此举既反映了公司应变之周全，亦反映了当时之无奈。

公司除了运用驻军及护矿队力量加以自保之外，还与地方士绅一起支持峄县地方的防卫。诚如公司所言，"查公司系营业性质，凡与地方有可裨益之处，无不立予扶维。况本矿之在此间历有年所，对于此项义务，尤属谊不容辞。昨已密饬护矿军警，加意严防"。② 诚如前述，中兴公司还对峄县地方民团进行经费资助，枣庄矿区邻近土匪盘踞的峄北山区，防匪任务非常艰巨。为此，公司每月资助峄北自卫团120元，后来又加焦炭半吨。③ 除了通过这些间接手段支持地方防务之外，公司还在矿区周边直接营建圩寨，以避免土匪的侵扰。典型如云龙山圩寨的重修。云龙山，根据峄地命名，在公司矿区正北，地势险要，此处经常成为地方土匪以及农民起义军的据点。据载，"云谷山于前清咸丰初年值发捻乱时，附近绅民曾经筑寨避乱。旋有大起土匪上山霸据数年之久，四方绅民大受荼毒"。之后土匪蜂拥而起，临近滕县境内有土匪大盗范莹欲占据此山为根据地，公司及地方士绅惶恐，遂申明知县，由公司出资，在该山修筑圩寨，并派护勇驻守，供公司及地方绅民躲避匪乱，绅民在山上建盖小房者颇多。当时各庄由公司发给凭牌，"言明如有警信，持牌带领村人

---

① 王作贤：《中兴煤矿公司的早期防务》，载中国人民政治协商会议枣庄市市中区委员会文史资料委员会编《枣庄市中区文史》第2辑，第131页。

② 王作贤：《中兴煤矿公司的早期防务》，载中国人民政治协商会议枣庄市市中区委员会文史资料委员会编《枣庄市中区文史》第2辑，第141页。

③ 田培材：《枣庄旧事拾遗（四题）》，载中国人民政治协商会议枣庄市市中区委员会文史资料委员会编《枣庄市中区文史》第3辑，第154~158页。

上山，无牌者不令擅入，以防奸细混入"。平日里亦有公司护勇守山巡察，此地逐渐安靖，公司自夸"由该山至附近公司十里以内，从无抢劫之事"，并自视为关心地方公共安全之举。① 除此之外，公司还向地方政府申请对矿区及周围村庄进行户口清查，按照人口发放梆子、牌子等，以利于组织百姓夜间巡逻及清查身份。② 另外，如前所述，公司石圩在土匪骚扰或战争爆发时亦对百姓开放，容许他们进圩避难。

实际上，公司此类对于地方治安的维护，最根本的考量仍为自身安全，此类举动并不能改变公司自保这一根本出发点。如上述云龙山之例，公司主动带头重修圩寨，最直接的原因在于"有人勾引该匪占据该山，为图谋公司计，甚至令人向公司巡警喝借枪械"，使公司感受到最直接的威胁。③ 支持地方团练的举动，亦是希望这些团练能够守住北方山区的出山口，在枣庄矿区北面构建一道防守屏障。为此，公司特别看重对梁步海等人的支持，因为梁所在的峨山口控制着土匪出山唯一的大道，地理位置十分重要。④ 至于团练力量是否可恃，则是另外一个问题了。

综上，中兴公司面临土匪的侵扰，并无意惹恼匪众，它的所有策略都建立在防守自卫基础之上。无论是借用军队，还是成立护矿队，抑或建立石圩，都是一种防御的态度，并无主动出击之意。公司努力在军队和土匪这两股地方强势武装力量之间寻求一种平衡，以期两方都不得罪，确保公司正常运营。这在公司帮助驻军看守营盘的例子中体现得淋漓尽致。当时驻军前往峄县石沟营剿匪，然匪众兵寡，军队被土匪从四面兜击。该部营长致电中兴煤矿，请求借用矿勇五十名、枪五十支。公司以"敝处无地方之责，该匪亦未尝相犯，未便与之结仇"等为由，婉拒了军队的请求。公司也不便得罪军队，为避免陷入两难境地，公司主动提

---

① 《商办山东峄县煤矿有限公司董事呈恳力加保护维持商业事》，中研院近代史所藏档案，档案号：07-24-02-001-01。

② 关于详细的户口清查及巡逻防卫，参见王作贤《中兴煤矿公司的早期防务》，载中国人民政治协商会议枣庄市市中区委员会文史资料委员会编《枣庄市中区文史》第2辑，第145~146页。

③ 《商办山东峄县煤矿有限公司董事呈恳力加保护维持商业事》，中研院近代史所藏档案，档案号：07-24-02-001-01。

④ 田培材：《枣庄旧事拾遗（四题）》，载中国人民政治协商会议枣庄市市中区委员会文史资料委员会编《枣庄市中区文史》第3辑，第154~157页；田少仪：《孙美瑶与临城劫车案（上）》，第41页。

议帮助驻军看守枣庄营盘，从而使其将驻守营盘的三四十人全部调出前往支援剿匪。这一提议减少了军队的后顾之忧，获得军队的同意，盖当时军队进剿，最担心自己的营盘防守空虚，被土匪乘虚而入。此外，公司还代剿匪军队向驻守峄县及台儿庄的两个团发出求援信号，并主动加开专车供运输援军之用。公司此间系列举动可谓一举两得，不但将自己的风险降到最低，更不会得罪军、匪的任何一方。[①] 此种选择，恰恰反映了公司当时所处的境地及其现实考量。这种在各种军事势力之间的狭小空间内寻求生存罅隙本领的获得，亦与公司在战火中所受的洗礼息息相关。

（三）中兴煤矿在战火中练就的生存本领

一方面，晚清以来战火不休，中兴煤矿公司所处的枣庄位于南北要冲，经常受到战火的侵袭。无论是哪方军队占据上风，中兴公司都要承担很重的军费粮饷。军队往往驻扎矿上，将矿厂作为营盘所在，严重干扰了公司的正常运营。南来北往、各种番号的军队颇多，枣庄及其所属的峄县几经易手，可谓"城头变幻大王旗"，为此中兴煤矿所受盘剥颇多。

另一方面，峄县素来土匪丛生，民国时期全国性的内战频频爆发，驻扎该地的军队被调往他处参战，这就造成了地方上的混乱失序。地方政府防御无力，导致土匪更加肆意横行。传统强势力量——政府与军队在此地势微，因此土匪渐渐成为与前两者并列的地方强势力量之一。中兴公司为求得生存，只好向土匪缴纳一定的保护费，以保障矿厂的安全及正常的营业。

无论是军队还是土匪，如果仅仅是一方占据此地，倒也便于应付。实际情况往往是双方力量交替增长，土匪与军队轮流坐庄。面临军、匪的双重夹击，中兴公司只能勉力而为，缴纳双份保护费，以努力谋求自身的生存罅隙。这样做的风险很大，公司很有可能被扣上勾结对手的罪名，而遭到军队或土匪的报复。然而，为了谋求公司的生存乃

---

① 《1918 年 1 月 29 日枣庄总矿经理处致总公司函》，见王作贤《中兴煤矿公司的早期矿务》，载中国人民政治协商会议枣庄市市中区委员会文史资料委员会编《枣庄市中区文史》第 2 辑，第 130 页。

至发展，不得不勉力维持，在各股强势军匪力量之间努力转圜，争取各方均不得罪，以达到保障公司生存及经营的目的。其中，对公司最大的考验，莫过于南、北两方军队开战而土匪混杂其间的状况。下面我们就以20世纪20年代南方国民革命政府的北伐战争为例，来说明公司的处境。

前章在介绍"整理中兴案"过程中，已经提及北伐战争的状况。当时南、北军几进几出，导致枣庄及峄县几经易手。公司矿区处于此间，不得不勉力支撑，支付北军粮饷及军费颇多。在矿厂停产之后，亦支付南军"二五库券"90余万元及军饷报效100万元。[①] 公司受此牵累，复产希望渺茫。真可谓"刚赶走了狼，又引来了虎"。

北伐战争中，无论是北方的直鲁军，还是南方的国民革命军，以及当中被收编的地方土匪，几股力量混杂其间，颇为复杂。下面我们就以1927年公司的一系列遭遇为中心，来考察公司此间的苦楚及居间转圜的无奈。

当时，南北军交替入主峄县及台儿庄、枣庄等地，短短一个月之内，有"四出四入"之说。当时无论是北军还是南军，对公司军饷勒索颇多，如国民革命军第四十军贺耀祖部到矿后，以抚恤兵士为名，要求公司预缴一年的矿税。[②] 此外，公司承担北军的钱款颇多，此处不赘。值得注意的是，此处有一股其他力量多次向公司勒款，值得重视，这就是南方政府派员收编的匪军。当时，南方的国民党政府派陈干来峄县收编匪众，号称第二支队总司令。所收编的土匪有两万余人，号称有三师九旅，就地筹发给养，这就给峄县百姓，尤其是中兴煤矿公司带来了巨大的经济负担。[③] 当时，陈干收编的匪军，每日向中兴煤矿公司索要煎饼一万五千斤，甚至还要征收开拔费。[④]

更为严重的是，南北军的几进几出，使得地方秩序空洞化。当地军兴以来，各种武装力量兴起，除了南北军之外，地方土匪以及民间的红枪会等武装力量亦趁势兴起。南北军尚有军纪约束，得到军饷报效之后，

---

① 详细内容可参见第三章中关于"整理中兴案"的探讨。
② 《枣庄兵祸续记（一）》，《大公报》1927年7月30日，第3版。
③ 《枣庄兵祸记》，《大公报》1927年7月14日，第3版。
④ 《枣庄兵祸续记（一）》，《大公报》1927年7月30日，第3版。

尚会帮助地方维持秩序。红枪会及土匪等武装力量，则将战争当作掠夺的好机会。他们借双方开战之机，坐收渔翁之利。大量红枪会及土匪对溃逃的鲁军进行伏击，获得大批武器给养。[①] 红枪会还一度攻占峄县县城，并向地方士绅勒索捐款。[②] 当地流氓、土匪则趁机到各家各户搜抢。当时齐村西围门被破，数百人被土匪劫掠走。最可怕的掠夺力量则在于被收编的匪众。由于"号令不专，野性难驯"，再加上南军多次南退，不能节制这些匪军，他们不恪守军纪，"时有入围闯进人家之事"。一旦交战溃败，这些匪军即到附近地区大肆抢掠，丝毫不改土匪本性。[③] 这群合法的"土匪"，对百姓及地方秩序的破坏性最大。时称"枣庄峄县齐村台庄一带，恣肆焚掠，为从来未有之浩劫"。[④] 当地百姓为躲避军、匪掠夺，被迫躲入中兴石圩之内，露宿空地，极为悲惨。据公司统计，人数竟有三四千人之多。[⑤]

面对各方的勒索掠夺，公司除了努力应付，避免激怒各方武装力量之外，从一开始就采取闭门自保政策。南北军开战之后，中兴当局就只留南门出入，将中兴石圩围城其他各门封锁，门岗亦严密注意；同时派员到枣庄车站备办茶水面馈支应，以防退军滋扰。[⑥] 之后，公司多次承担军饷、粮饷报效，虽有怨言，然不得不勉力应对。这种闭门自固的方法，虽然能保证公司矿厂不受土匪掠夺，但并不能躲避战火的侵袭，各方军事力量亦多次试图进入中兴石圩之内，以作为天然之防御设备。为此公司被迫联合各种力量与军方交涉，对其劝阻，方得避免。然亦有蛮不讲理者，并酿起风潮，最典型的当如前述陈干收编的匪军。据报载，"十日晨，新编党军陈总司令干率队先至枣庄，司令部设中兴煤矿巡警局，队伍驻中兴煤务站。未几陈师长茂昭（匪军改编）队伍续至，强令中兴开门纳入，否则开枪攻打。陈总司令出为劝解，并将所驻煤务站让

---

① 《枣庄兵祸记》，《大公报》1927 年 7 月 14 日，第 3 版。
② 《枣庄兵祸续记（一）》，《大公报》1927 年 7 月 30 日，第 3 版。
③ 《枣庄兵祸记》，《大公报》1927 年 7 月 14 日，第 3 版；《枣庄兵祸续记（二）》，《大公报》1927 年 7 月 31 日，第 3 版。
④ 《枣庄兵祸续记（二）》，《大公报》1927 年 7 月 31 日，第 3 版。
⑤ 《枣庄兵祸续记（一）》，《大公报》1927 年 7 月 30 日，第 3 版。
⑥ 《枣庄兵祸记》，《大公报》1927 年 7 月 14 日，第 3 版。

其屯扎，风潮始平"。①

虽此事最后平息，然中兴石圩亦由此遭受该段时间内第一次"开枪攻打"的威胁。此后，国民党第六军军长自沂州前来，下令严禁便衣队进入中兴圩内，来自匪军方面的直接威胁方告缓解。② 但之后匪军仍多次向公司勒款；蒋介石派人前来改编便衣队，所需给养亦由中兴公司承担。③ 中兴公司之负担，未得丝毫减少。

随着战事的爆发，中兴石圩逐渐面临更大的危险。当时中兴煤矿公司为避免直接牵涉战事，通过各种途径，使得南北方大批武装力量无法进入中兴石圩之内。然而便衣队在圩外，仍以石圩为防御凭借，向鲁军开火。其留守中兴之副官长、卫兵等，试图从圩内登墙作战，中兴执事与地方士绅"环泣劝阻"，方得而止。④ 然而有鲁军白俄兵之装甲车，向隐蔽在公司圩墙外的便衣队开炮，"一炮落在中兴木棒厂炸裂，死一人，伤二人，皆为逃难者"。圩内难民受流弹伤亡者颇众，中兴公司炼焦处司事邓宗锡亦为流弹击中殒命。此后，公司为减少损失，与地方士绅向鲁军求助，请求展开战线，往东南方面应敌，以将矿厂转移到战线之外⑤，方才渡过危机。

短短一个月内，"枣庄一隅，忽南军忽北军，交相驰骤，地方流离困苦达于极点"，公司也不能避免。⑥ 除了直接遭受炮火的威胁之外，公司还遭受了其他方面的损失。公司台庄分厂落炮弹两枚，失火造成的经济损失不小，幸未伤人。公司之台枣运煤铁路亦被拆毁多处，桥梁受损，无法通车。⑦ 此外，公司矿队枪械被便衣队勒缴，台枣机车被南北军驶入津浦线运兵，所受损失颇巨。⑧ 综观中兴公司在这一个月时间内的遭

① 《枣庄兵祸记》，《大公报》1927 年 7 月 14 日，第 3 版。
② 《枣庄兵祸续记（一）》，《大公报》1927 年 7 月 30 日，第 3 版。然而这种对中兴石圩的直接威胁并未消失，常有"围外驻扎新军，复架枪追索煎饼，中兴无法供给，请围内被难妇女支锅摊饼，昼夜追呼，自围内缒城而下，以免逼迫，亦云惨矣"，参见《枣庄兵祸续记（二）》，《大公报》1927 年 7 月 31 日，第 3 版。
③ 《枣庄兵祸续记（一）》，《大公报》1927 年 7 月 30 日，第 3 版。
④ 《枣庄兵祸续记（二）》，《大公报》1927 年 7 月 31 日，第 3 版。
⑤ 《枣庄兵祸续记（二）》，《大公报》1927 年 7 月 31 日，第 3 版。
⑥ 《枣庄兵祸记》，《大公报》1927 年 7 月 14 日，第 3 版。
⑦ 《枣庄兵祸记》，《大公报》1927 年 7 月 14 日，第 3 版。
⑧ 《枣庄兵祸续记（二）》，《大公报》1927 年 7 月 31 日，第 3 版。

遇，在面对南北军及战火侵扰时，公司除了避圩自保之外，还被迫承担繁重的军饷报效。公司此举只为避免与任何一方军队结怨，以保全矿产，等待时机，重新发展。公司这种两边讨好、两边均不得罪的做法，一直延续下来。在处理与土匪和镇压土匪的军队之间的关系时，公司的这种求生之道再一次得以贯彻，临城劫车案即为明例。

四　中兴公司与土匪之间关系的集中体现

——以临城劫车案为中心

临城劫车案是民国时期著名的事件，震动海内外。1923 年 5 月 5 日午夜，津浦铁路上一趟快车行驶到距临城十二里之沙沟站时，被盘踞在抱犊崮的一股土匪劫持，车上中外旅客悉数被绑架进山，土匪据此与前来进剿的官军进行谈判。当时该股土匪被困抱犊崮数月，接近弹尽粮绝，只好以此方法展开自救。由于被绑的旅客有几十名洋人，各国借此对北洋政府施加巨大压力，促使其妥善解决，并借机索要中国铁路的管辖保护权，在国内外反响强烈。此事发生之后，中央及山东地方官员分主剿、主和两派，最终主和派占了上风。政府派代表多次入山谈判，各国领事、中央地方大员以及全国各慈善团体纷纷聚集于距离抱犊崮最近的枣庄，当时就住在中兴煤矿公司之内。各方代表汇集中兴煤矿，商讨解救办法，最终双方达成协议，土匪接受改编，改编为一个团，匪首孙美瑶当选为团长，始将中外各绑票释放。之后，军方在中兴煤矿公司摆下酒宴，将孙美瑶擒获枪毙，余众尽遣散，轰动中外的临城劫车案方才最终画上一个句号。①

---

① 关于临城劫车案的过程，时人回忆可参见陈无我原辑、史实整理《临城劫车案纪事》，岳麓书社，1987；洋票回忆，可参见徐有威、〔英〕贝思飞主编《洋票与绑匪——外国人眼中的民国社会》，上海古籍出版社，1998，第 172～231 页。相关资料汇集，可参见姜世杰《临城大劫案初编》，中央闻信社，1923；佚名辑《民国十二年临城案件文件》，1923；枣庄市政协文史资料委员会编《枣庄文史资料》第 21 辑《临城劫车案》，1996；枣庄市政协文史资料委员会编《枣庄文史资料》第 23 辑《临城劫车案续》，1997；等等。关于此案的研究状况，可参见张知寒、王学典《临城劫车案述论》，《齐鲁学刊》1983 年第 5 期；吴蕙芳《"社会盗匪活动"的再商榷——以临城劫车案为中心之探讨》，《近代史研究》1994 年第 4 期；汪朝光《临城劫车案及其外交交涉》，载金光耀、王建朗主编《北洋时期的中国外交》，复旦大学出版社，2006，第 377～405 页；李维民《"民国第一恐怖案"不能美化——再议临城劫车案》，《军事历史》2008 年第 2 期；等等。

　　既往研究多将重心放在此案的具体经过、背后因素、历史评价及其造成的国际影响上，未注意到中兴煤矿公司在其中扮演的角色。要想弄清中兴煤矿在其中扮演的角色，首先要弄清临城、峄县、枣庄三地之间的地理关系。临城隶属于峄县西邻的滕县，津浦铁路从其境内穿过。诚如前章所述，津浦铁路始建于1908年，1912年底全线通车，全长一千零九公里，是民国时期贯穿南北的大动脉。临城站位于该路中段，临城原是个落后地区，之后随该路业务的发展而兴起。然而到1923年仍比较落后，据当时报载，"临城本非城市，不过周围约一里之小村市耳，四面皆山，甚为荒芜"。① 但这并不妨碍临城站逐渐成为津浦铁路上的重要枢纽，1926年津浦铁路分南、北两段运营，北段归鲁省，南段归苏省，临城站地位提升，成为中间指定换车地点。客车南驶或北往，均要在此处换车方能通行。② 津浦铁路虽然不直接经过中兴枣庄矿区，但与公司关系密切。公司在晚清时期就开始修建临枣支路，将津浦临城站与枣庄矿区连接，使南来北往的津浦路车可以直抵矿区，从而将枣庄矿区与全国各地销场连接在一起。此外，公司还修筑了台枣运煤铁路，将枣庄与峄境内另一大市镇——台儿庄直接相连，公司煤炭得以快捷地运输到台儿庄码头，然后通过大运河南运到长江中下游各销场。③ 中兴煤矿正是通过此类铁路网线联络，密切了矿区与周边各县府乃至全国各销场之间的关系，并大大缩短了往来各地的时间。中兴公司矿区所在地枣庄距孙美瑶等土匪的匪巢抱犊崮仅十余里，天色晴朗时在中兴矿区内肉眼即可看到抱犊崮。

　　此案前后共历时两个月，当时中外各方代表会集中兴煤矿，商讨解救方法，"中西官员办事，均不在临城，而在枣庄之中兴公司"。④ 最终匪首孙美瑶也被杀害于中兴公司，可以说中兴公司与临城劫车案息息相关。那么中兴公司在此事件中的态度如何呢？面临土匪和军方两股强势力量，中兴煤矿又是如何自处的呢？大致可以分为以下几个方面。

---

① 《临城事件之昨讯》，《申报》1923年5月29日，第13版。
② 《本馆专电》，《申报》1926年7月1日，第7版；《津浦路改在临城换车》，《益世主日报》第28期，1926年7月18日，"本埠新闻"，第12页。
③ 关于该条运煤铁路，可参见苏任山《台枣运煤铁路与枣庄煤矿》，第131~142页。
④ 《临城事件之昨讯》，《申报》1923年5月29日，第13版。

第一，照顾公交私谊，做好东道主。由于枣庄地处偏僻，仅是一个小村落，当地并无旅社，各方要员及记者，以及上海总商会救护队等来到此处，只有中兴公司的住宿条件较可接受。矿内"稍能容膝之地，悉被来宾之司令部及南北巨公代表诸公居住"。① 另有大批人员住在津浦铁路提供的头等、二等车厢之内，车厢就停靠在中兴圩内的铁轨上。"车内所住之人，大别之分三种：（一）各官厅所派之人，如山东军务帮办及温交涉员、史译宣（交通部所派）等；（二）各省团体所推举者，如商联会江湘浦、沪总商会冯少山、红十字会牛惠霖等；（三）外人如英意美诸国所派者。三项共计约百余人，另备头等餐车一辆，专供饮食。"②

这些要员平日居住在此，开会就在中兴煤矿公司大楼。官军与土匪的几次谈判，亦多安排在中兴公司办公大楼里进行。③ 随着谈判的进行，山中不时释放出来一些绑票，公司出于公交私谊亦加以款待。如陆军部魏亚三，因与中兴公司驻矿经理胡圣余相熟，抵达公司后受到较好的待遇，"得医为之治疗，并制新衣数袭"。④ 此外，上海总商会救护队亦数次发函电要求中兴免除他们乘坐临枣支路的费用并提供住处，中兴公司均一一照办。如此众多的人员居住在此，中兴公司每日供应浩繁，负担颇重，闻公司损失每日在三千元以上云。⑤ 但由于中外宾客为各方有权势之人，中兴不便得罪，对他们的要求均一一照办。

第二，加强戒备，躲进圩内。平素里中兴公司面临峄县多匪的状况，积极建设石圩，"矿内各重要处，筑有城垣"，大门口更建有碉堡铁门，中兴公司还将临枣支路修入中兴矿圩内，供停靠机车之用。⑥ 根据当时被释放回来参加谈判的洋票鲍威尔回忆，"前面一处有围墙的大场院，就是煤矿场部和发电厂所在地，工程师和职员宿舍，以及火车站和调车场也在里面。围墙砌得非常厚实，而且每隔一段距离就有一座岗楼，每座岗楼上架着机枪，有哨兵站岗。场院大门，是一扇极为沉重的大铁门，

---

① 《临城事件之昨讯》，《申报》1923 年 5 月 29 日，第 13 版。
② 《津浦路大劫案汇闻》，《申报》1923 年 5 月 31 日，第 6 版。
③ 《国内专电》，《申报》1923 年 5 月 16 日，第 3 版；《官匪连日磋商情形》，《申报》1923 年 5 月 19 日，第 7 版。
④ 通一：《枣庄见闻录（续）》，《申报》1923 年 5 月 16 日，第 6 版。
⑤ 陈无我原辑，史实整理《临城劫车案纪事》，第 125 页。
⑥ 谭焕达：《调查山东中兴煤矿报告》，《矿业周报》第 5 号，"专件"，第 12 页。

两旁各耸立着一座岗楼。矿场警戒森严的景象，反映了这一带的混乱情况"。① 被土匪绑架的《申报》记者康通一回忆道："矿局去枣庄约二里，矿局四周有石城，平时戒备极严，有卫兵千人，城之四门有机关枪四架，有探海灯一，彻夜照探四野不息。"②

当时中兴公司加强了圩内的警戒，"诸员所居之火车，停于中兴公司四尺高之围墙中，有兵士在墙上巡逻，助以公司所雇保护矿产之警察五百名，均甚可恃。各华员之卫队，饷均付足，每夜墙上有探照灯照耀四周，以防土匪袭击"。③ 此处在石圩内巡逻的警察实际上就是护矿队。早在光绪二十九年十月，公司就禀请设立保甲，此后逐步设立了巡警局及护矿大队。④ 对于公司来说，护矿大队是公司自我防御的主要武装力量，到1928年有600余人，"分为五小队，每月开支七千余元。军械有马步手枪共五百七十八枝，迫击炮四门，机关枪四挺，均系该矿自置"。⑤ 由此可见，中兴护矿队武器精良，训练有素，战斗力较强。

综观中兴煤矿在临城劫车案中的种种举措，我们可以发现中兴煤矿在官、匪之间努力寻求中立态度，争取两不得罪。对于公司来说，作为一个营利性商业机构，它最为看重的自然是利润和运营。"临城劫车案"发生后，津浦铁路运输受到影响，而中兴煤矿销场恰恰集中在津浦铁路沿线及长江中下游地区，因此生产运营受到很大影响。同时，各方要员占用枣庄车站停车住宿，亦给公司正常生产运输带来诸多不便。中兴公司期盼此案早日完结，以便运煤尽快恢复，为此努力为官、匪和谈创造最好的条件，积极从中斡旋，促成此案和解。当时公司的这种意图，可以从驻矿经理处与总公司之间的一封信函中看出端倪。

（前略）官府此时进退维谷，外无以保全帮交，内不能制若辈生命，而乃倒持干戈，受若辈以魁柄，即令此说可行，而我矿已在彼辈势力范围之内，何堪设想，况此项条件若辈能否允从，尚属毫

---

① 〔美〕鲍威尔：《鲍威尔对华回忆录》，刑建榕等译，知识出版社，1994，第117页。
② 通一：《枣庄见闻录（续）》，《申报》1923年5月16日，第6版。
③ 《津浦路大劫案汇闻》，《申报》1923年5月21日，第6版。
④ 陶湘：《中兴煤矿公司创办概略》，光绪二十九年十月条目。
⑤ 谭焕达：《调查山东中兴煤矿报告》，《矿业周报》第5号，"专件"，第12页。

无把握。万一帮交决裂，外人必联兵前来，庚子之祸即在眉睫。查我矿系经商地点，倘外围有联军之举，尊处闻见较近，能否设法将矿厂划出战线之外应请预筹。目下赎票来此者，均托人往说，据称并不虐待，亦不要钱，皆俟大局解决后一律释放为言，其意实令人莫能测也。近来煤车甚少，每日不过两列，周处长亦来此间，目睹情形，亦属无法可设。奈何余俟续陈。[①]

通过这封信函，我们可以得知，中兴驻矿经理处频繁与设在天津的总公司联络，积极关注各路消息，主要是出于对公司营业状况的担心。当时其最担心的是津浦路因此受阻，公司运煤阻滞，营业受到影响。尽管当时官、匪谈判较为顺利，但公司仍担心谈判突然失败而导致双方开战，更担心此事件因洋票牵涉而招致外国联军的武装干涉，从而引发更大的战火，将这一事件对中兴公司运营带来的消极影响无限期扩大下去。届时，后果不堪设想，不但中兴矿厂面临直接的炮火威胁，津浦路及临枣支线亦会受到严重的冲击，公司的运煤及生产均有停滞之虞。为此，中兴公司提前做好准备，以防外国武装力量向土匪开战。他们准备提前向官方申请成立一个中立区，将公司矿区划到战线之外。

综上，中兴公司当时种种做法的根本目的就是维持矿区的安宁以及实现津浦路运输的早日恢复，以利于公司运煤及正常运营。中兴公司努力在官、匪之间维持两不得罪、和平共处的关系，以营造一种利于公司厂矿安全的环境。这种能力的获得，很大程度上"得益"于公司在长期战火考验下积累的生存策略。

五　中兴公司成为威权力量：底气与策略

矿区由于多远离都市，地处偏僻，且工人多、工程大，往往能够带动周边经济的发展，通常会以主要矿井为中心，兴建街道，之后民

---

① 《1923 年 5 月 19 日驻矿经理处致总公司函》，载王作贤、贺荣第、常文涵主编《民国第一案》，第 163 页。

众聚集，商业繁盛，逐渐形成一个相对独立的社区，随着规模的增大，还有可能在此基础上形成一个城市，这是我国近代以来资源型城市兴起的一个较为普遍的路径。这种社区经常要面临与矿区之外各种社会力量打交道的情况，土匪即其中一种。① 近年来关于近代企业外部生存环境的考察成果越来越多，但缺乏对企业与土匪之间关系的考察。② 近代企业大多集中在经济较为发达的城市，与土匪活跃的穷乡僻壤相距甚远，因此大部分企业与土匪之间并无纠葛。然而，这并不代表二者之间就没有交集，近代矿业等领域的工厂、企业就属于例外，如中兴煤矿。

中兴煤矿公司地处峄县枣庄，来自土匪的威胁不是一时的，而是伴随公司成长过程的。因此，如何应对土匪成为一个持久的课题。面对日益严重的匪患，峄县地方政府及其下属警队无力进剿，和其他地方一样，"既守闭关主义，无论土匪闹至如何景象，苟不攻彼县城，即置若罔闻，惟知雷厉风行，催办预征钱粮而已"。③ 这种政策对县城以外的区域基本放任自流，由此出现的权力真空被驻军、民团、富户、土匪，甚至大企业等强势社会力量填补了。④ 这些强势社会力量依靠手中掌握的武力，掠夺或控制生存资源，在各自"势力范围"内处于威权地位，其他弱小力量依附其下，对外则拥有强大的武装震慑力及议价能力。⑤ 在此基础上，峄县地方秩序实质上是由各强势社会力量之间、强势社会力量与基层社会之间、强势社会力量与政府之间、本区域强势力量与外区域强势力量之间的关系来决定的。这些强势社会力量之间的实力消长和互动作用，决定了地方秩序的走向。⑥ 在传统中国社会中，对地方秩序构成影

---

① "矿区是一个独立的社区"的论断，参见李恩涵《晚清的收回矿权运动》，"序论"，第 2 页。
② 目前可见系统阐述这一方面的文章，仅有蔡明伦《汉冶萍公司治安环境探析（1912—1937）》，《湖北师范大学学报》（哲学社会科学版）2017 年第 6 期。
③ 《东临又出大劫案》，《申报》1923 年 5 月 28 日，第 4 版。
④ 类似的表达，可参见〔德〕余凯思《在"模范殖民地"胶州湾的统治与抵抗——1897—1914 年中国与德国的相互作用》，孙立新译，山东大学出版社，2005，第 48 页。
⑤ 吴寿彭：《逗留于农村经济时代的徐海各属》，《东方杂志》1930 年第 27 卷第 6 号。
⑥ 廖寅：《宋代两湖地区民间强势力量与地域秩序》，人民出版社，2011，第 5 页。

响的，除了官府就是地方士绅。[1] 在一些政府力量薄弱的地区，士绅权力很大，构成当地的"威权"力量。[2] 峄县及其周边的徐海地区属于典型的"三不管"地区，政府控制力很弱，在当地与士绅并立的强势社会力量即为土匪。这些土匪手中握有武装，四处打家劫舍，甚至地方士绅也不得不向其妥协，与其勾通。[3] 在这样的环境下，峄县地方的威权力量可以说由政府、士绅、驻军及土匪几股力量共同构成，该地在一定程度上属于官府、士绅、军队与土匪共管。尤其是盗贼群生的峄北山区，可以说完全是土匪的世界。作为一家企业，中兴公司在其中扮演的角色值得关注。

首先，中兴公司作为一支相对独立的威权力量存在于这一秩序中，本身就构成对其他强势社会力量的制约。诚如前述，中兴公司为了保障自身安全，组建起护矿武装并修建石圩，对公司员工及附近百姓形成有效庇护，在此基础上，逐渐形成一个相对独立的社区。[4] 中兴公司负责的治安区域不仅包括矿厂区，还包括枣庄、金家庄、牛家村、汤庄、田家庄等周边村庄。当时公司在附近的云谷山修筑圩寨，派护勇驻守，周边乡村"每庄预由公司发给凭牌，言明如有警信，持牌带领村人上山"。[5] 经过长时期的流变，该社区逐渐成为一个特别行政区，公司在该区域内采取划片的方法实行治安管理，派巡警分班抽查户口，并发放腰牌作为标识。[6] 一旦遇到土匪劫掠或军队混战，周边老百姓即获准进入

---

[1]　关于地方士绅与政府的关系，学界多将其放入"国家"与"社会"之间关系的范畴内考察，认为以士绅为代表的地方精英与各级政府之间是一种既矛盾又合作的关系，士绅帮助国家政权在县以下的区域维持秩序，充当国家和百姓之间的经纪人，此类观点及其讨论可参见陈世荣《国家与地方社会的互动：近代社会精英的研究典范与未来的研究趋势》，台湾《中研院近代史研究所集刊》第 54 期，2006，第 129~168 页。

[2]　吴寿彭：《逗留于农村经济时代的徐海各属（续）》，《东方杂志》1930 年第 27 卷第 7 号。

[3]　马俊亚：《近代淮北地主的势力与影响——以徐淮海圩寨为中心的考察》，《历史研究》2010 年第 1 期。

[4]　李恩涵：《晚清的收回矿权运动》，"序论"，第 2 页。

[5]　《商办山东峄县煤矿有限公司董事呈恳力加保护维持商业事》，1912 年 8 月 5 日，中研院近代史所藏档案，档案号：07-24-02-001-01。

[6]　王作贤：《中兴煤矿公司的早期防务》，载中国人民政治协商会议枣庄市市中区委员会文史资料委员会编《枣庄市中区文史》第 2 辑，第 142~146 页；吕之文：《漫话"洋街"》，载中国人民政治协商会议枣庄市市中区委员会文史资料委员会编《枣庄市中区文史》第 1 辑，第 140~141 页。

中兴公司石圩及云谷山圩寨躲藏。北伐战争时期，"远近村落避难者纷纷逃入中兴围城，经公司详查编册，众至三四千人"。① 公司护矿队为保卫矿场及周边村庄，甚至还直接出击土匪。②

其次，中兴公司通过与其他强势社会力量之间的互动，直接参与地方秩序的构建。作为地方的强势社会力量和"责任群体"，中兴公司"凡与地方有可裨益之处"，"无不立予扶维"，对于防匪义务"尤属谊不容辞"。③ 对于以"峄县八大家"为代表的地方士绅，中兴公司在煤矿开采等方面与之存在较大矛盾，但在地方防卫方面有利益重合之处。因此，中兴公司对于地方士绅主导的民团，给予较大的经费支持。当时，公司不但提供峄县保卫团一半经费，每月还给峄北分团提供 120 元津贴，后来又加焦炭半吨。值得注意的是，中兴公司还通过操控地方民团领袖的人选，实现对盟友的关照及经济竞争者的打压，从而以别样方式介入地方防卫事务。④

实际上，公司对于地方治安的责任，是随着其自身力量的强大而渐次承担起来的，背后最根本的考量仍为自身利益。其对地方社会的义务，更多属于自卫基础之上的"有限责任"。⑤

其中，中兴煤矿公司有一种做法值得关注，就是给土匪定期送保护费，这属于无奈之举。中兴防卫土匪，有了一定的举措，甚至惠及地方绅民。但仍然遇到较大考验，有两大难题。其一，防线太长，人手不足。公司虽然在总矿及分矿重要地段均建有坚固的石圩，仍然不能覆盖广袤的矿区，更不用说津浦线及临枣、台枣铁路。台枣铁路泥沟站短短四年时间内遭到土匪两次大规模抢掠，绑架乘客，抢夺客货，甚至"将站长

---

① 《枣庄兵祸记（一）》，《大公报》1927 年 7 月 30 日，第 3 版。

② 《中兴矿队大战土匪》，《晨报》1927 年 10 月 17 日，第 6 版。

③ 《商办山东峄县煤矿有限公司董事呈恳力加保护维持商业事》，1912 年 8 月 5 日，中研院近代史所藏档案，档案号：07 - 24 - 02 - 001 - 01；王作贤：《中兴煤矿公司的早期防务》，载中国人民政治协商会议枣庄市市中区委员会文史资料委员会编《枣庄市中区文史》第 2 辑，第 141 页；冯筱才：《在商言商：政治变局中的江浙商人》，第 285 ~ 286 页。

④ 田培材：《枣庄旧事拾遗（四题）》，载中国人民政治协商会议枣庄市市中区委员会文史资料委员会编《枣庄市中区文史》第 3 辑，第 154 ~ 157 页。

⑤ 冯筱才：《在商言商：政治变局中的江浙商人》，第 286 页。

等行李搜劫一空，复将警局包围，叱索枪械"。① 其二，外出勘矿，无法保护。矿厂经营的特殊性，决定了公司人员经常外出勘矿，洋矿师及包工头等人的安全得不到保障。洋矿师一度不敢到中兴煤矿工作，包工头因住在圩寨外面的村庄，经常被土匪绑架并勒索钱财，颇令公司头疼。在此基础上，为保证正常营业、减少土匪对公司员工的绑架及对厂矿的骚扰，中兴公司改变策略，每年送一笔钱给土匪，换取对方不侵扰厂矿的承诺，借以维持公司的正常运营。② 为此，中兴公司专门聘请前警察总监吴炳湘出任公司驻矿经理，负责处理与地方土匪之间的关系。吴派手下干将傅云卿到山中四处拜山头，交结土匪，递送礼金，请求不要侵扰矿区。吴本人还收附近匪首孙美瑶作义子，以示笼络。③ 此举收到成效，《大陆报》记载："至于土匪，则绝不致施击，因知该地防卫甚严，加以中兴煤矿公司闻每年津贴土匪十万元，故匪亦不致扰之也。"④ 此外，在临城劫车案中，"中兴煤矿经理胡圣余之胞侄亦肉票之一，因胡与孙美瑶熟识，入山时经询得底细，原拟提早释放，旋经考虑，转觉不妥，因而作罢，但却获得较优看待"。⑤ 在此基础上，中兴公司管理层通过送钱、认干儿子等方式，与地方上较大规模的土匪之间逐渐建立起一种相对稳定的关系，约定互不侵扰。

值得注意的是，这种社会关系网络的建构具有特殊性。一是维护成本较其他社会力量更高，由于土匪内部势力此消彼长，稳定性较差，中兴公司需要定时对这种关系网络进行调整和维系；二是这种社会关系网络的维护需要保持私密性，不能为外界所知，否则很容易被扣上"通匪"的帽子。在当时，"通匪"这项帽子被各路军阀随意使用，成为勒

①　交通、铁道部交通史编纂委员会编《交通史路政编》第 17 册，第 12 页。

②　关于中兴公司每年送土匪的钱款数额，说法不一，有说 10 万元之数者，亦有说逢年过节送去红包，多则 1 万元，少则 5000 元者，参见《津浦路大劫案汇闻》，《申报》1923 年 5 月 21 日，第 6 页；吴庆华《孙氏集团与临城劫车案》，载枣庄市政协文史资料委员会编《枣庄文史资料》第 21 辑，第 205 页。

③　田少仪：《孙美瑶与临城劫车案（中）》，台湾《山东文献》1979 年第 5 卷第 3 期，第 61～62 页。

④　参见《津浦路大劫案汇闻》，《申报》1923 年 5 月 21 日，第 6 版。事实上数额应该没有这么巨大。

⑤　方椒伯：《一九二三年的临城劫车案》，载陈无我原辑，史实整理《临城劫车案纪事》，第 210～211 页。

索企业的一种手段。典型如 1925 年，山东督军张宗昌突然"电驻临城之三十二旅旅长毕庶澄，将该公司两营卫队遣散，经理人已于昨日押解来省"。① 官方所称的原因，就是中兴公司护矿队"与土匪勾通来往"，证据有二，一是"曾有矿兵将土匪家室带至该厂，该匪等结伴至厂意图领回，因语言冲突遂致开枪"，二是"前获贩卖子弹之匪犯，均由中兴公司巡警局矿兵乐金子经手买给"。最后的处理很严厉，"除令该旅长迅将该矿护矿队兵一律解除武装遣回乡里，并将其中为首要犯速解本署听候讯办"，同时"就近拨派部队一连驻扎该矿以资保护"。② 由此可见，被押解到省城的，并非报纸上所言的公司"经理人"，而是护矿队中的"为首要犯"。嗣后，农商部从张宗昌那里为中兴煤矿公司争取到了"公司矿警改编就绪，即自尽保护之责"的允准。③ 由此似乎可以印证公司因"通匪"而被整顿的事实了。可这里也有一个疑问，为什么因为一两个护矿队士兵的错误就将整个护矿队解散并且"一律解除武装"？似乎别有他意。目前关于这背后的原因有两种观点。一种是"矿税"说，即"张宗昌来东后，令全省矿税，一律解交财厅。该公司独不遵行，仍解农商部。实业厅派员往查，该公司竟与委员大起冲突，委员来省报告后，张宗昌闻而大怒"。这种观点有其依据，当时中兴公司恰因 1925 年上半年矿区税问题与张宗昌产生矛盾，农商部矿政司要求将这笔钱交给农商部，山东督军张宗昌则以"本省财政支绌，军费紧急"为由，"令将应解中央税款一律解交财政厅拨给军饷"，结果"前经函催，迄尚未据缴到兹奉前"，催促中兴公司"迅将上项税款于本月二十日以前解交到厅"。④ 中兴煤矿公司在征求了工商部意见后，还是把这一笔钱（共计一万八千零九十五元九角九分）交给了农商部。⑤ 这可能是引发双方矛盾

---

① 《山东中兴公司纳税风潮》，《申报》1925 年 9 月 24 日，第 10 版。
② 《农商部矿政司山东张督办电一件密件》，民国 14 年 9 月 19 日，中研院近代史所藏档案，档案号：08 - 24 - 02 - 002 - 03。
③ 《农商部矿政司令中兴煤矿公司仰嗣后改编矿警务须严加取缔由》，民国 14 年 9 月 25 日，中研院近代史所藏档案，档案号：08 - 24 - 02 - 002 - 03。
④ 《中兴煤矿公司快邮代电致北京农商部》，民国 14 年 6 月 15 日，中研院近代史所藏档案，档案号：08 - 24 - 02 - 002 - 03。
⑤ 《农商部矿政司批中兴煤矿公司所缴十四年上期区税准予列收由》，民国 14 年 7 月 9 日，中研院近代史所藏档案，档案号：08 - 24 - 02 - 002 - 03。

的导火索。另一种是"枪械"说。根据黎绍基的回忆，"当张宗昌任山东督军时，他部下两个旅长驻在临城（即今之薛城），一为褚玉璞，一为毕庶澄。中兴公司协理袁静谵常到枣庄，褚、毕二人邀袁至临城，袁未往，褚、毕二人认为袁不给面子，心中怀恨。同时中兴煤矿护矿队枪支较新，久为他们所看中"，并以最后枪支发还时"勉强给予一部分枪械，既与原被缴数字相差太远，且都是破旧不堪的"相互印证。① 综合以上两种观点，中兴煤矿护矿队被缴械一事，应该是矿税、枪械两种因素相互作用的结果，绝非表面上"通匪"那么简单。那么，这件事也不能通过公司矿警改编来解决了，最后公司通过引入更为强大的外部力量来应对，那就是股东张作霖。诚如前述，"赵尔巽介绍张作霖认股六万两，由其子张学良代表"，张学良恰在 1925 年 7 月当选为公司董事。② 张作霖在给张宗昌的电报中直接指出，"该矿护勇通匪情事，如有实据，固可按名拿办，即至全体解散，亦未尝不可，然派兵驻矿，必须能负完全责任，于该矿前途不致受极大影响方为有益"，而实际上军队驻矿造成"该矿内部之恐慌、各方之指摘、营业之损失已不堪问矣"，因此直接要求张宗昌"务期于短期间恢复原有状况，以后并须严饬所部不准无故索扰，其改组矿警并应饬令该矿自行招募，原有枪枝子弹照数发还勿任遗失"。③ 最后，枪支发还，此案方正式解决。

综上，公司这种送钱求平安的行为，同样属于建构社会关系的一种。尽管在这种关系中公司更多带有被迫意味，每年还要付出不菲的金钱，很容易被官府扣上"通匪"的帽子，然而从长远看来，这种做法换来了较为稳定的外部环境，使公司采煤、运输等工作得以正常进行。值得注意的是，孙美瑶等股匪在峄县势头猖獗的几年，恰恰也是中兴公司业务发展上的黄金时期。除了业务、技术、管理等层面的原因之外，较为畅通的运输亦为公司崛起的重要条件，而相对稳定的环境保证了公司正常运输、运营的进行。相较于公司每年获得的巨额利润，公司每年付出的

① 黎重光：《中兴煤矿与山东省府的周旋应酬》，第 101 页。
② 张叔诚、谈在唐：《中兴煤矿经营始末》，第 147～149 页；陶湘：《中兴煤矿公司大事记》，民国 14 年条目；《致中兴煤矿公司函》，1925 年 7 月 10 日，第 59 页。
③ 《抄张上将军致济南张督办简电》，中研院近代史所藏档案，档案号：08-24-02-002-03。

交际费用是微不足道的，做出这些牺牲是值得的。相较于公司连年遭到土匪骚扰、人员频频遭到绑架的状况，中兴公司采取了一种损失较小的举措，两害相权取其轻，一举解决了这一难题。实际上，这种社会关系的建构不仅针对土匪，还针对剿匪的军队。中兴公司定期向负责该地剿匪的兖州镇守使何锋钰进贡，"每出一吨煤即交给何一角"。此项报效"闻何每年分一半给土匪"，官、匪约定不燃战火。① 在峄县，官、匪、公司三者之间形成一个较为稳定的利益输送链条，公司通过向官、匪双方进贡，换取矿区少受侵扰；官、匪之间则相互约定，共同分赃，互不相扰，各得其利。

这种做法颇类似近代江浙商人面临战火时所采取的生存策略。为了确保地方秩序与自身财产安全，他们选择向过往军队提供钱财或军饷，来换取军队对商铺的保护或至少不加骚扰。② 此举虽出于无奈，多被迫为之，但在一定程度上维护了地方秩序，保障了绝大多数商人财产的安全。对于中兴煤矿公司而言，与江南士绅带有权宜色彩做法不同的是，由于峄县地区位于土匪横生的"盗区"，土匪势力强大，这种关系的建构更有长久持续的必要。对于公司而言，安全与发展是两大主题，这种相对稳定关系的建构更多是基于公司安全考虑的一种策略选择，从长远来看是利于公司周边环境安全的。当然这种关系也存在风险，也会随着土匪内部势力的消长而不断重构，公司或改变送钱对象，或提供新的谈判筹码，但这种关系仍然在一定程度上得以延续。与处于弱势的百姓不同，中兴公司有坚固的石圩以及武器精良的护矿队作为后盾，因此在双方交涉中处于一种较为主动的地位。圩寨及护矿队在一定程度上成为公司建构这种社会关系网的保障，其能将这种关系的维系风险降到一个较低的层面。

---

① 〔美〕菲尔·比林斯利：《民国时期的土匪》，第 274 页。
② 冯筱才：《在商言商：政治变局中的江浙商人》，第 148～152 页。

结　论

中兴煤矿公司是近代中国人自办的最大煤矿，最高年产量仅次于开滦、抚顺煤矿。它从一开始创办时的五万元资本最终扩大为一千万元，从一个小煤矿一跃成为全国最大的华资煤矿。它取得成功的关键因素到底有哪些？学界同人给出了很多解释，大致可以归结为两个方面：一为技术和管理，大多强调中兴公司对新技术及先进机器的应用、坚持聘用洋矿师、中兴管理层的努力经营等；一为在矿区、税收、运价等方面享有的特权，尤其是煤炭的低廉运价等。实际上，中兴煤矿之所以取得较大成功，除了内部经营和管理的优势之外，外部社会资本力量的支持亦不可缺少，并且二者在很大程度上相互作用，招什么样的股、用什么样的人，很多时候的考量是基于如何应对外在复杂环境的。外部这些社会力量，无论是银行、铁路等实体部门，还是官员、同行群体，抑或士绅、土匪等地方威权力量，都构成影响中兴煤矿发展的外部因素。近代企业基于这样的生存环境，具有显著的社会性，"现代企业并不单纯是一个经济单位，在经营过程中，所面临的挑战除了同行的竞争，还有来自各方面的挑战，包括消费者、政府机构和周围社区以及社会公众，只有适应环境，应对所有这些挑战，企业才能生存与发展"。① 正是基于这样的挑战，中兴公司在与这些外部力量打交道时，努力建构一种较为稳定的社会关系网，通过这种网络，或获得特权，或规避风险，或克服危机，或迎来机遇。这些社会资本力量使中兴煤矿的生存和发展得到保障，将相关风险降到最低。

国内外关于"社会资本"的研究成果繁多，定义多种多样。本书使用的"社会资本"概念，借鉴了林南的定义——"行动者在行动中获取和使用的嵌入在社会网络中的资源"。这一过程可形象描述为"期望在

---

① 〔美〕乔治·斯蒂纳、〔美〕约翰·斯蒂纳：《企业、政府与社会》，张志强、王春香译，华夏出版社，2002，"译者序"，第1页。

市场中得到回报的社会关系投资"。他继而指出："社会资本是通过社会关系获得的资本。在这个理论中，资本是一种社会财产，它借助于行动者所在网络或所在群体中的联系和资源而起作用。"① 本书引入社会资本理论，并不代表对其内涵及流派的完全认同，毕竟其在中国的运作实践才是我们立论的基础。借用这个概念，一方面是为了强调企业的社会性，中兴煤矿公司与外部各种力量的交往，都是企业社会性的一大体现。近代中国企业所处的环境是复杂的，在法律上产权不能得到完全的保障，在政治上缺乏稳定而强大的政府，在外交上面临外国企业的挤压及商品的倾销，在地方上遇到各种既存势力的控诉与干扰。在这样的环境下，哪怕是简单的筹融资都成问题，更不用说借用外国资金。这样的环境，随时会给近代企业的发展甚至生存带来挑战。企业如何应对这些外部环境，成为各方关注的焦点，在这个基础上运用的"社会资本"理论，与林南等注重"在市场"的范畴不同，我们将社会关系投资的领域从"市场"扩大到"社会"，这样可以接触到的对象也更为丰富，地方士绅和土匪等群体都可以被纳入分析。由此，"社会资本"可以理解为近代企业期望在整个社会中得到回报的社会关系投资。这种"投资"为的是降低近代企业在复杂环境下总的运营成本，包括经济成本、政治成本、军事成本、社会成本，从而规避风险，获得发展。另一方面是为了强调"资本"的动态性，相较于"社会关系网"的概念，"社会资本"有构建的意味在里面，构建社会关系网络的过程就是企业投资的过程，区别在于前者是向社会领域投资，投资出去的是"关系"这一具有中国社会特色的社交概念。对于近代中国企业而言，"资本""成本"等经济学常用概念在分析企业的过程中具有天然的亲近意味。

一　影响中兴煤矿公司发展的重要社会资本力量

对于近代中国企业而言，安全与发展是它们面临的两大问题。受列强环伺、战事频仍、国力衰败、政权更迭等外在因素影响，近代企业的安全与发展问题越发凸显。身处这样的大环境下，来自政府的支持并不

---

① 〔美〕林南：《社会资本——关于社会结构与行动的理论》，第18、24页。

那么牢靠。

　　一是补助不可恃。在中兴煤矿公司发展过程中，几次官方助股都不了了之，或陷于停滞，或流于空谈，根本原因是政府财政吃紧。典型如1913 年中兴公司因股款不足向工商部申请特别补助，依据的是其他国家的先进经验，"东西各国于商办路矿营业及航业往往由政府特别补助经费以资提倡"，其身边也有类似的例子，"近闻山东德人在金岭镇开办铁矿，政府已允特助二百五十万马克"，于是中兴公司在此基础上申请"先由政府特予补助经费，暂照股额半数拨交公司二百五十万元，俾得迅速程功完全收效，一俟公司股额招齐，即将官款分年认息归还"，如此便可两全其美，"国家既收振兴实业之功，公司复获扩充矿业之效"。① 这样的申请并不过分，既借鉴了当时先进国家的经验，有据可依，身边又有类似成功的例子，可操作性强，再者，这笔钱是要付息偿还的，只是应一时之急。对于这笔款项，国务会议讨论的结果是"似应明定为官商合办，不当用补助名义"，意思是拨款可以，但要改变企业属性，改成官商合办企业。如此，企业申请的补助，成为官方控制企业的由头。可即使这样的官商合办，其实也是做不到的，"惟国家财政困难，实业经费未有的款，该款能拨与否，固宜从长计议"。②

　　二是政策不可恃。民国时期，武夫当国，军费是第一要义，最终影响到经济政策的制定和实行。尤其是新旧政权更迭时期，政策的衔接缺乏有序性，一些事关经济政策的擘画，最终让步于一些短视的军事行为，典型如1928 年"整理中兴案"。政府关注的不是某项事业究竟是公营还是私营，只关注能否及时缴纳报效军饷。在这样的前提下，政策执行较为混乱，有的煤矿被没收公营了，如浙江长兴煤矿，有的煤矿被发还商办了。时人有云："国民政府对于实业上之建设，必须预定标准，若者为公营事业，若者为私营事业。非公营不可者，对于旧有机关应清理其债务，发还其股本，收回公营之。可私营者，应保护其旧者，俾期倡导其新者，正正当当，按轨道进行，凡足以使经济界疑猜之举措，必须加以

---

① 《山东民政长咨一件峄县中兴煤矿公司呈请特别补助希裁夺由》，民国 2 年 11 月 20 日，中研院近代史所藏档案，档案号：07 - 24 - 02 - 001 - 02。

② 《工商部矿务司拟将商办山东峄县中兴煤矿公司改为官商合办议案》，民国 2 年 11 月 26 日，中研院近代史所藏档案，档案号：07 - 24 - 02 - 001 - 02。

审慎出之，否则使不爱国者咸怀宝以适异国，其害犹小，爱国者亦疑惧而不敢投资企业，完全持消极态度，则于国家方新之气，将积极的以入于建设之前途阻碍甚多。"①

三是环境不可恃。北洋时期乃至南京国民政府时期各省相对独立的状态，使得近代以来保护国家利权的倡导渐成空谈，各省督军将企业看作财源，或任意勒索，或强求合办。1925年张宗昌因矿税截留问题以"通匪"名义解散中兴公司护矿队武装，就是明例。连年战事，津浦铁路运兵而不运货，也使中兴煤矿公司的运输陷入阻滞，影响到公司的正常运营。

在各方环境并不理想的近代中国，要想在这一过程中处于较为有利的地位，近代企业只能自己主动向社会寻求保障，同各种社会力量建构起持久稳定的合作关系。在这种合作关系中，双方互为扶持，共同发展，彼此让利而又相互收利，且不会轻易受到外界因素的影响。通过种种手段，近代企业逐渐建构起利于自身生存与发展的各种社会关系网。就中兴煤矿公司而言，周围复杂社会环境中对其生存和发展构成影响的因素有很多，本书之所以选择股东、士绅、银行、铁路、同业组织、土匪作为研究对象，依据的是"招募股金—矿坑归属—资金借贷—铁路运输—市场竞争—矿场安全"这一企业内在发展逻辑。

二　中兴煤矿公司吸纳"社会资本"的自觉建构

对于中兴煤矿公司来说，股东、铁路、银行、同业组织、士绅、土匪与企业的生存与发展紧密相关。银行与铁路这两个实体部门在中兴煤矿公司的发展中起了巨大作用，或提供资金，帮助公司渡过难关，或提供优惠运价，帮助公司降低煤炭成本、增强价格竞争力，同业行会则给中兴煤矿公司更多的集体发声的机会，对公司在近代民族主义思潮兴起的环境下开拓市场业务起了重要作用，此类主体的影响集中在盈利方面。士绅和土匪这两大地方强势群体对中兴煤矿最大的影响在生存方面，无论是矿场面临的土匪威胁还是时刻与公司争夺矿界的地方士绅，都对公

---

① 《论没收中兴煤矿事》，《大公报》1928年7月14日，第1版。

司的生存构成直接影响并进而影响到公司的发展。股东群体的嬗变，则与安全和发展都有关联，与其他几个方面交互发挥作用，是其他几个方面的基础。对中兴公司而言，如何与这些社会力量构建起较为持久稳定的关系，是重大考验，也是关系企业自身生存发展的重要因素。在这类社会关系网建构的过程中，根据事务主体的不同，中兴公司对他们又有着不同的预期，即"期待的回报"不完全相同。

1. 中兴公司与铁路之间关系的建构

近代路、矿关系素来密切，煤炭等矿产的运输几乎全赖铁路。中兴公司与铁路的关系，集中体现在与津浦铁路的关系上。中兴公司大部分销场处于长江中下游，"每年除由运河行销少数外，不得不全恃津浦路以为运输枢纽"，故该公司有"该路之荣枯，实为公司盛衰之关键"之感慨。① 这个"盛衰之关键"，也是经历了一段时间的磨合才建立起来的。中兴公司与津浦铁路初次接触，要追溯到该路筹建时期。当时中兴煤矿苦于运输不便，特地申请修筑台枣铁路支线，邮传部以该条线路与即将修建的津浦铁路并行为由，叫停了台枣铁路的修筑。应该说，双方一开始并非处于蜜月期，而是充满猜忌和忧虑。经过张莲芬等的几次沟通，再加上双方利益一致，才使其关系有了进一步发展。几经接触，中兴公司与津浦路局之间逐渐熟稔起来，双方甚至一度讨论合办。津浦铁路通车之后，二者通过临枣支线得以连通，双方签订互惠合同，由公司提供给铁路廉价煤，而铁路在运费上给予公司优惠，实现了"双赢"。② 公司在招募资金困难的时候，是在津浦路局的担保下，才得以向交通银行与直隶保商银行借贷二百万两，渡过了难关。③ 在为公司担保时，为更详细了解公司状况、减少风险，时任津浦铁路督办的徐世昌派任凤苞、邝荣光二人赴中兴煤矿调查。④ 通过此番密切接触，津浦路局各要员对公司发展状况和前景有了更为直观的认识，发现公司发展前景颇佳，于是私人纷纷入股投资，津浦路局的历任主管人员如徐世昌、孟锡珏、徐世

---

① 公司自编《中兴公司与津浦铁路关系案略》，第 1 页。
② 关于双方互惠合同及之后的历次修改，可参见交通、铁道部交通史编纂委员会编《交通史路政编》第 3 册，第 2132～2141 页。
③ 张道兴：《保商银行借款及纠纷》，载中国人民政治协商会议枣庄市委员会文史资料委员会编《中兴风雨》，第 117～121 页。
④ 张道兴：《保商银行借款及纠纷》，第 117 页。

章、朱曜等——被引入中兴公司做股东。① 时任津浦铁路北段总办的朱启钤也牵涉其中，直至后来成为中兴公司的领导核心。② 通过这种联系，津浦路局与中兴公司在公私两方面利益牵涉甚多，从而形成路矿一体的互利互惠关系，因此对公司不遗余力支持。值得注意的是，双方之间的密切关联是多维度的，中兴除了提供廉价煤给津浦路局之外，还借款给路局，并出借公司自购的煤车供路局使用；津浦路局则为中兴提供长期持久的廉价运费，降低了公司运煤的成本，大大增强了中兴煤在长江流域的竞争力，双方构建起一种互惠型的长久合作伙伴关系。③ 对于中兴公司与津浦路局来说，二者互为对方发展的重要生存力量，是一种相互让利而彼此收利的互惠型合作伙伴关系。

2. 中兴公司与银行之间关系的建构

双方最早接触是在宣统年间，当时中兴公司添招新股不顺，"一时集难，矿井需用浩繁"，于是向邮传部申请援助，邮传部饬令其下属的交通银行借给中兴公司漕平银六十万两。④ 由此可见，中兴公司与银行界的交往，最初是公司与铁路密切关系的延伸，是依托铁路关系建立起来的。一直到后来，中兴公司与银行的关系仍受到"交通系"的影响，交通银行后来孕育出很多近代民营银行的领导人，典型如周作民、吴鼎昌、钱新之等，他们早年都曾在交通银行工作过。这种关系的继承和移转，使得公司与各商业银行尤其是"北四行"之间建立起较为良好的关系。另外，中兴公司早期股东中也有任凤苞、叶揆初等银行界人物，张莲芬、朱钟琪等也都是浙江人，由此无论通过同业还是同乡关系，都可与南京国民政府时期的"南三行"建立关系。值得注意的是，叶揆初最早投资公司，缘于其岳父朱钟琪，是基于血缘、姻亲关系。再后来，随着叶揆

---

① 以 1925 年为例，当选的 13 位公司董事中，就有朱启钤、任凤苞、朱曜、徐世章 4 位津浦路官员，参见陶湘《中兴煤矿公司大事记》，民国 14 年条目。

② 王作贤、常文涵：《朱启钤与中兴煤矿公司》，载北京市政协文史资料研究委员会、中共河北省秦皇岛市委统战部编《蠖公纪事——朱启钤先生生平纪实》，第 151 ~ 156 页。

③ 《各路内债分表》二十六《津浦中兴煤矿公司短期借款》，载沈著、周亮才编《交通债款说明书》，第 26 页；公司自编《中兴公司与津浦铁路关系案略》，第 8 页。关于中兴煤津浦运费的低廉及自身受惠状况，可参中共枣庄矿务局委员会等编著《枣庄煤矿史》，第 40、43 页。

④ 陶湘：《中兴煤矿公司创办概略》，宣统二年八月条目。

初个人在政学商三界的成长，他与中兴公司的关联完成了从血缘向地缘、业缘的转变。此外，中兴公司与金城银行的股东颇多重合，这也使得双方关系日益密切。在此基础上，中兴公司与各商业银行之间进行了频繁的业务往来，除了直接借款之外，还有股票押款、透支等多种形式。之后，无论是股票押款还是公司债代售，很多都滞留或流通到了银行手中，银行自此在业务往来的基础上又多了一层股权利益。据统计，到1928年因股票押款而与公司产生关系者，就有十九家银行和银号。[①] 双方建立在公交私谊基础上的业务往来逐渐变得经常而持久，这一关系在"整理中兴案"之后得以升级，很多银行界人物进入中兴公司管理层，更使得双方利益日趋一体化。从另一个层面来看，中兴煤矿对各银行积欠日益增多，银行受旧欠牵连不得不继续勉力支持，客观上也有利于双方持久社会关系网的形成。

3. 中兴公司与同业组织之间关系的建构

这一社会资本力量随着中兴煤矿公司实力增强而越发显示出其作用。随着加入乃至发起同业组织，中兴煤矿公司在社会上的影响力日益增强，它的影响力不只限于同业组织之内，还延伸到整个煤矿业，使其在发表通电、向政府表达集体诉求等方面占有先天优势。近代中国的大背景，使得经济民族主义与同业组织之间关系密切，典型如国煤救济委员会。中兴煤矿公司巧妙运用这一工具，积极塑造国煤形象，在吸纳德股的情况下仍然被视为国煤的代表，顺利完成"以德治德"的惊险斗争，保住了公司的矿产；之后又在近代煤炭市场上以国煤代表形象积极建言献策，以行业集体的力量向政府施压，以抵制日煤为基础提出优惠运价等诉求，使得中兴煤炭在上海市场销量大增，公司因经济民族主义思潮获得实实在在的利益回报，逐渐掌握了运用这一工具的自觉性和策略性。这种策略性体现在，中兴公司在资金紧张的时候，借"不记名股"吸纳外国资本，既保住了国煤形象，也解决了自身的资金困难。这种形象塑造，同样属于中兴煤矿公司社会资本的一种。

---

① 根据当时的初步调查，截至1928年，至少有面值一百六十三万四千一百元的中兴股票抵押在各银行中，参见《中国银行等呈蒋总司令、国民政府、农矿部、工商部为押受中兴股票甚多请饬整委会继承义务文》，上档中兴文件。

4. 中兴公司与士绅和土匪之间关系的建构

这两大地方强势力量对公司生存构成较大影响，并在很大程度上改变了公司的生存策略。铁路、银行、同业组织与中兴公司互为对方发展的重要社会资本力量，士绅和土匪则在大多数情况下对中兴公司的安全构成单向度影响，它们是中兴公司不愿意遇到却无法避免的两股强势地方力量。与这两股社会力量打交道，中兴公司更多的是委曲求全，舍小利换大利，采取的是"两害相权取其轻"的策略。具体而言，公司对士绅放低姿态，采取打拉结合、以拉为主、分化瓦解的政策，努力避免与他们产生集体冲突。对于土匪，则在巩固自身防御设施基础上，采取定期送保护费、认干亲等方法，努力维持一种互不骚扰的关系。与这两股力量关系的建构，反映了中兴煤矿公司努力降低自身社会成本、增加短期经济成本以利于企业长期运营的生动实践。

三　中兴煤矿公司股东群体嬗变的成本及公司未来发展走向

在以上各种社会力量的关系网络建构（即社会资本投资）过程中，中兴公司股东的复杂性及开放性起了极为关键的作用。每每在冲突和危机之时，总能看到股东群体发挥作用的影子。综观中兴煤矿公司发展历程，股东群体的几次嬗变尤其是新的权势人物的引入，使中兴公司的社会资本日益增强。前面所论种种社会资本力量背后，都有股东群体的影子。银行的背后是公司中的交通银行人物、上海银行界人物等股东群体，铁路的背后是与公司产生较多业务往来的津浦路局官员，同业组织的背后是北洋政府乃至南京国民政府时期各类技术官员，士绅的背后是金铭、李朝相等股东，土匪的背后有股东戴宗骞、吴炳湘等人。同时，正是这些在公私方面都与中兴公司产生关联的个人或机构，使得中兴公司获得税收、安全、运输等方面的资金支持和特殊政策。[①]

历次中兴股东群体嬗变，都是扩展关系网的大好时机。由于中兴股东中很多曾在中央乃至地方任职，与当局关系密切，有能力在困难时期

---

① 中共枣庄矿务局委员会等编著《枣庄煤矿史》，第15～16页；（清）山东省清理财政局编《山东全省财政说明书》，岁入部，杂款，第56页。

积极为公司斡旋。中兴股东的圈子好似一张大网，通过将一个又一个中间人物作为节点，与诸多社会上乃至政府内部有权势的重要人物扯上关系。① 这个网络平时较为封闭，但在特定时期具有一定的开放性。种种机缘导致公司在面临发展困境时，能够幸运地引入各种新兴势力，从而在保障旧股东利益的前提下，实现一定范围内的利益均沾。各种权势人物的入股，使得公司能够运用他们手中所掌握的人脉及权力等资源为自身保驾护航，从而构成公司社会资本的一种。值得注意的是，即使不同派系的各路军阀，也能在企业内部相安无事，根据 1931 年《山东矿业报告》的股东调查，公司股东既有皖系的靳云鹏、吴炳湘、田中玉、倪嗣冲、张怀芝、张敬尧、卢德芳（卢永祥之子），直系的王占元、潘子和，还有张勋，再加上未列入表格中的奉系张学良，可谓另外一个政治"场域"。② 这种纽带被关文斌称为有别于血缘、地缘等关系的"弱"关系。③ 其实未必是弱关系，在商言商，在经济团体内部，大致总以经济利益为第一位，大家一荣俱荣，一损俱损。

值得注意的是，这种更新换代有可能较为平和，也可能充满斗争。既有股东群体网络的开放，在给公司带来机遇的同时也带来了风险和挑战。公司在每一次股东嬗变之时究竟向何处去，都充满了未知。决定公司未来发展方向的，是旧股东群体内部及新旧股东群体之间各种力量的博弈。这些碰撞和博弈并不是同向的，而是往各种方向分散作用，最终决定公司走向的，是各种不同方向作用力的"合力"。其中，不同的政治派别、相互之间的容忍度、每个人的利益考量，都会影响合力的方向，因此具有无限可能。比如中兴矿局关闭之后，有可能退回去变为传统土窑，由金铭等地方士绅永续经营，也有可能重新开办峄矿；1899 年重开此矿之后，有可能由张翼持续出股接办，也有可能因为张翼融资困难而由盛宣怀接办；1915 年中兴矿难之后，公司有可能被周学熙攘夺，有可能由任凤苞接任，也有可能加入北洋政要股份；

---

① 关于这种股东关系网络的铺开，可参见〔美〕关文斌《网络、层级与市场——久大精盐有限公司（1914—1919）》，载张忠民、陆兴龙、李一翔主编《近代中国社会环境与企业发展》，第 195～200 页。

② 山东省政府实业厅编印《民国十九年山东矿业报告》，第 162～163 页。

③ 〔美〕关文斌：《网络、层级与市场——久大精盐有限公司（1914—1919）》，载张忠民、陆兴龙、李一翔主编《近代中国社会环境与企业发展》，第 197 页。

1916 年 12 月股东会议有三种不同借款方案，有可能走向三种不同的发展方向，或被开滦吞并，或被日本控制，或继续保持独立形态；1928年"整理中兴案"同样有三种不同走向，一种是收归国有，转为官办，一种是继续商办，一种是银行团介入，在这个过程中，即使处于同盟关系的吴鼎昌、公司内部的武汉商股与其他股东之间的态度也不一致。①公司的发展走向如何，是由各种力的合力决定的，这就是恩格斯提到的"力的平行四边形"，即"这样就有无数互相交错的力量，有无数个力的平行四边形，由此就产生出一个合力，即历史结果，而这个结果又可以看作一个作为整体的、不自觉地和不自主地起着作用的力量的产物"。②企业作为一个团体，它的社会关系投资与个人角度的"关系"网络不完全相同。以中兴公司为例，它的社会关系网络并不是所有股东私人关系网络的简单累加，而是这些私人关系网络相互作用、相互增强、相互抵消的结果，是各种不同方向的力相互作用的结果。这种"合力"论，也可以视为团体的社会资本与个人人际关系网之间最大的区别。

那么，既然合力具有不可预测性，公司内部也有各种股东群体的争斗，为什么中兴公司每次做出的选择都相对理想呢？实际上，这与中兴公司股东群体嬗变的特点有关。首先，公司早期股东不断升级。新旧股东群体的嬗变，往往意味着老股东势衰，必然被淘汰出局。但中兴一些重要股东因为自身的不断升级，使得新旧股东群体之间多了一些纽带，使他们之间的权力交接变得相对平和，使公司股东群体嬗变的成本大大降低。就个人而言，典型如叶揆初，晚清时期借助岳父朱钟琪与中兴煤矿产生关联，靠的是血缘关系，当时他还只是个未出名的举人。但后来他一路成长，成为金融界重要人物，为中兴煤矿的发展提供了金融便利，也与后来的交通银行人物、上海银行界人物有了融通的可能，这就是基于地缘（江浙）和业缘（银行业）了。对于叶揆初而言，一边联系着血缘、亲戚纽带的老股东群体，一边联系着基于地缘、业缘的新股东群体，

---

① 以 1899 年重开煤矿为例，张翼接办之后筹款困难，张莲芬于是请求盛宣怀入股，盛宣怀也有了初步的方案，"拟即认入股份一半"，参见《盛宣怀致李维格函》，宣统三年六月三十日，上海市图书馆藏盛宣怀档案，档案号：000427。

② 《马克思恩格斯选集》第四卷，人民出版社，1995，第 697 页。

这就提供了更多妥协的可能性，降低了新旧股东群体融合的成本。就群体而言，典型如津浦路局的官员群体。公司与他们产生关联是基于路矿关系的业务往来，当时只是基于运输的考量，后来扩大到担保融资及个人入股，这种联系是逐渐深入的。到了民国之后，津浦路局官员群体进行了升级，在民国时期发展迅猛，有的成了总统，有的成了总理，有的成了总长。其中部分人物又涉足交通银行，而交通银行的部分人物后来又创办、投资金城等商业银行，这就使得路、矿、银行之间建立了关系。很多股东一体三面，具有多重身份，大大扩展了股东群体的人际关系网，有利于各类人群的融合。其次，近代国煤所处的背景以及股东群体对公司矿产的感情，使得他们能够在需要更新换代的时候急流勇退。典型如朱启钤，在"整理中兴案"中感受到既有股东群体势力的衰退，于是放弃个人得失，主动引入钱新之等上海金融界重要人物，为公司业务腾飞打下坚实基础。以上这些因素，能够在保障旧股东一定利益的前提下，实现一定范围内的利益均沾，降低了股东群体嬗变的成本，多了一些润滑剂，从而影响各种力作用的方向，合力推动公司向利于自身发展的方向前进。

　　从中兴公司与股东、士绅、银行、铁路、同业组织及土匪之间社会关系网的建构可以看出，公司通过种种手段，将一些平时偶然建立的关系逐渐构建为一种持久而稳固的关系网。这种社会资本的投资与积累使中兴公司在发展过程中得到了诸多利益，并在关系公司生死存亡的紧急关头发挥了关键作用。可以说，社会资本关系的建构是一种双赢的结果。说到其中的纽带，血缘、地缘、业缘等传统人际关系链接诚然构成关系网络构建的重要前提，但其背后所隐藏的利益回报更为关键。近代企业在向整个周边环境投放社会关系时，是有所期待的，它们期待的是一种直接的利益或安全回报。此类社会关系网的建构，正如布迪厄所说的那样，"关系网络是投资策略的产物，这些策略可以是个人的，也可以是集体的，它们有意识或无意识地针对某些社会关系的确定或再生产，而这些关系则是在短时期内或很长一段时期内直接用得着的社会关系，即把那些偶然的关系，诸如邻居关系、工作场所的关系，甚至亲属关系，转变成既必需又有选择性的关系，转变成从主观上感到有必要长久维持其存在的关系，转变成在体制上得到保障的关系"。① 在这种偶然关系向持久关系的转变过程中，利益发挥着极为重要的作用，是这些社会关系网背后的黏合剂。各方都期待能够通过种种关系网络的构建，获取实际利益的回报。也就是说，无论近代企业具有哪些多重身份，经济性依然是第一位的属性。

四　中兴煤矿公司个案的典型性：兼论"社会资本"理论的适用性

关于"社会资本"在近代企业发展中作用的评价，可以说，任何事物都有两面性，对于近代企业而言，这种现象的产生有其历史必然性。在近代中国，企业因产权受不到保护，经常受到各种强势力量的觊觎。出于种种考量，很多企业拉拢各种强势社会力量作为护符。除了政府官员之外，银行、路局、同业组织，甚至土匪、士绅等这些能够对公司生存乃至运营造成影响的力量，统统被拉入企业社会关系网之中。近代企业为谋求自身生存及发展，不得不对整个社会进行关系投资，这就是社会资本最深刻的内涵。对于近代企业而言，在公、私方面与政府、银行乃至舆论界等保持千丝万缕的联系，对其生存和发展有着至关重要的作用。之前学界多将此类联系放入道德化色彩比较浓重的"官商勾结"等框架中加以斥责，忽略了对近代企业生存环境的考察。实际上，在当时产权得不到法律、制度保障的前提下，企业的各种社会关系网对其有一定的保护作用。在特定环境下，这些社会资源甚至成为决定性的因素，构成近代企业生存乃至发展的重要前提。另外，也会涉及其消极的一面，无论是近代官员私人投资的争议性，还是送钱购股等"官商勾结"环节，都体现了"社会资本"的复杂性。

对于"社会资本"的评价，应当坚持历史唯物主义观点，将其放在当时、当地的社会环境下加以考察。本书引用社会资本理论，并非肯定近代的官员投资，而是揭示以前未曾被发现的那些侧面，强调近代中国

---

① 〔法〕布尔迪厄：《文化资本与社会炼金术——布尔迪厄访谈录》，包亚明译，上海人民出版社，1997，第203页。

煤矿企业在较为弱势的情况下通过各种手段与外煤竞争的艰辛。以百里矿界为例，一方面，中兴公司获得了一些专属于公司的特权，另一方面，这些特权又是为应付国外竞争对手而获得的。当然，这个过程自然意味着对本国其他民间同行的不公，但在当时的环境下也有其理论的自洽性。经济民族主义具有对内和对外两个方面，是近代中国积贫积弱情况下的无奈选择，基本的逻辑在于谁更能代表国家参与竞争、抵制外煤倾销，谁就会相应获得政策、资源倾斜。另外，政府频繁的干预也不符合市场经济规律的内涵，在当时却是后发国家较为普遍的行为，具有强烈的经济民族主义色彩和功利主义色彩。这些问题的彻底解决，唯有依赖国家的富强和民族的复兴，以及随之而来的制度的完善、产权的保护、法律的健全，以及官商关系的恰当处理。

最后，在个案的基础上，我们经常讨论其代表性，除了中兴煤矿公司之外，近代企业在多大范围内存在这种"社会资本"将是笔者探讨的下一个问题。目前关于近代企业关系网络的研究，更多集中在永久黄集团等少数企业及荣家企业被勒索等个别事件，表现形式也不尽相同。囿于学识和资料，笔者不敢轻下断语，但结合笔者阅读资料所及，"社会资本"的适用性与以下因素有着紧密关联。一是地域差异。尤其是民国时期，南北企业类型和股东成分有较大区别，这就涉及一个独特的现象——近代官员私人投资，据载，"北方各种企业太半成立于民国以前，彼时非有官僚在内，几不足以维持信用而成事，故商人之创办实业者，率以拉拢官僚为第一义，或赠以董事之名义，或送以若干之红股，此唱彼和，几于无不如此"。[①] 这种现象极易在政权更迭及政治变动时给企业带来较大风险，为社会资本的发挥提供空间。二是领域差异。近代政府较不成熟，缺乏较为明确的经济纲领，或虽然有纲领却未切实落实，即便如此，他们也会优先选取一些领域或一些大企业收归国营，一些必须收归国营的行业或企业给"社会资本"的空间较小。而对于一些重要但又不属于优先国营的领域，其在相关纲领中未有明确收归国营的规定，如"建国方略亦仅明定钢铁须归国营，其他矿业政府不能自办者，且有听私人经营之

---

① 经济会议秘书处编《全国经济会议专刊（民国十七年）》，第57页。

说"，在这些领域"社会资本"可以发挥的空间较大。[①] 三是经济民族主义。"社会资本"得以开展的一大前提是有其逻辑自洽性，对于近代涉及对外抵制的领域或企业，政府往往给予一定的政策优惠或照顾，这也给近代企业通过社会资本发挥作用提供了空间。四是政府关联。典型如江浙商人与南京国民政府之间有各种业务、利益往来，因此在此基础上进行社会关系疏通较有把握。

---

① 孙克昌：《矿业国营实施方法之商榷》，《矿冶》1928 年第 2 卷第 6 期，第 2 页。

附　录

附件一：中兴煤矿公司大事记（1878～1938）[①]

1878 年

北洋大臣李鸿章派东明县知县米协麟、直隶候补知县戴华藻集股设立中兴矿局，用土法开窑。

1881 年

中兴矿局以资本不继，由通永镇总兵贾起胜、矿务委员陈德浚添资办理。嗣后戴华藻他调，由戴睿藻承办。

1882 年

中兴矿局开始出煤，至九月产煤 120 余吨。

1893 年

因发生透水事故，戴睿藻被撤职，专派陈德浚经理。陈不能赴任，推荐陈宝深出任总办。

1895 年

中兴矿局经营惨淡，损失颇巨。该年山东巡抚李秉衡禁停官矿，陈德浚乘势禀请撤局，将机器收存，标志着中兴矿局的结束。

1898 年

张莲芬与开平矿务局督办张翼筹商，将中兴矿局原有机器全数议定价值，仍作旧股，以此来调解矿局内部南股与北股的矛盾。

1899 年

张莲芬等拟定除旧股之外，另由华商及开平矿务局入股，共招集华股一百二十万元，再加上德璀琳认招的八十万元德股，共二百万元，定

---

① 据《中兴煤矿公司史钞》《山东峄县中兴煤矿概述》《中兴煤矿企业史研究（1880—1937）》《枣庄煤矿史》《金城银行史料》等资料整理。为便于了解中兴煤矿的来由，亦将其前身——中兴矿局（1878—1895）的发展历程列入其中。

名山东峄县华德中兴煤矿公司，派张莲芬为该公司华总办，德璀琳为洋总办。同年，清政府批准中兴矿区附近"百里内不得用机器开采煤矿，十里内不许民人用土法取煤"。

1901 年

禀请北洋大臣订定税厘。

1902 年

在台儿庄、杨闸、马头等处设立分销处。

1903 年

公司禀请设立保甲，获得批准。到 1907 年裁撤，改设路矿巡警局。

1904 年

山东商务局向中兴公司附股十万两，同年公司向商部奏请免除江苏省加厘。

1905 年

禀请在镇江、瓜州设立分销处，获批准。同年遵照《公司律》相关规定在商部注册，并换刊关防。之后驻矿委员、试用知府戴绪万担任驻矿帮办。

1906 年

禀请自修台枣铁路九十里。

1908 年

张莲芬辞去山东盐运使职务，全权负责中兴煤矿的管理。同年公司注销"华德"字样，改为完全商办，定名商办山东峄县中兴煤矿有限公司，张莲芬任总理，戴绪万为协理。同年，台枣铁路正式兴工修筑。

1909 年

公司决定将股本扩大到三百万元，并增设宿迁分销处。此外，公司还筹助峄县学堂，按年捐助漕平银四百两。

1910 年

台枣铁路竣工通车，同年因筹股困难，禀请邮传部饬令交通银行借给漕平银六十万两，言明由津浦南北段所购煤价陆续扣还。同年增设盐城、泥沟、清江分销处。

1911 年

公司因需款接济，由津浦路局作保，向直隶保商银行借款平化宝银一百三十万两。同年设立峄县分销处。

1912 年

公司与津浦路局签订廉价运煤合同十三条，路局减收中兴煤运费，中兴以低价煤供给津浦路局应用。中兴公司组织董事会，取销总、协理名目，改设正、副经理，周学渊为董事长，朱曜、许珩为主任董事，张莲芬为正经理，戴绪万、胡希林为副经理。同年增设滕县、泰安、济南分销处。

1913 年

南大井竣工投产，增设徐州、浦口分销处，聘请德国人高夫曼为总矿师。同时向农工商部呈明公司矿界，请求保护。同年 12 月，公司禀请自购运煤高边车二百辆，租与津浦路局运煤之用。

1914 年

改选董事会，朱钟琪任董事长，张莲芬续任经理。

1915 年

依照《矿业条例》向农商部注册。同年中兴大井出水遇险，损失甚巨，总矿师高夫曼辞职，张莲芬于年底病故。

1916 年

十一月在天津召开股东会，议决设总公司于天津，改组董事会，徐世昌当选为董事长，由朱启钤代理，聘请戴绪万为驻矿经理，胡希林为驻矿副经理。同时增收股本，收足三百八十万元。

1917 年

增辟第二大井，加增刘伟、陶湘二人为董事。

1918 年

复设总经理一职，聘请朱启钤担任，由袁祚庼、张仲平担任总公司主任。同年增设上海、无锡、苏州、常州等分销处。

1919 年

选举黎元洪为董事长，续聘朱启钤担任公司总经理。同年，与沪宁铁路局签订运煤合同，订购运煤车辆，设立通州分销处、瓜洲堆栈。

1920 年

公司因添开第二大井，需款甚多，提议添足股本五百万元，并取消不记名股份。

1921 年

第二大井开工，提议合办舜耕山大通煤矿。

1922 年

扩充股本至一千万元，先行招足七百五十万元。7 月，总公司主任袁祚廙因事交卸，聘吴镜潭继任。同年筹办水泥厂，组织审查矿产委员会。

1923 年

驻矿经理戴绪万病故，由副经理胡希林暂代，同年聘吴镜潭充驻矿经理，胡希林仍为副经理，袁祚廙复任总公司协理。是年提拨公益基金，成立中兴小学，改编护路矿警，结束合办大通煤矿。同年枣庄总矿办公大楼及鞠仁医院建成。

1924 年

第二大井完工出煤，结束山家林分矿，开设陶庄分矿。同年派朱言吾赴欧美考察矿业；添设驻矿副经理一人，由张温卿担任。

1925 年

吴镜潭辞职，初由公司协理袁祚廙兼代，后由胡希林升任此职。

1926 年

募集公司债二百万元，袁祚廙辞职，推董事张文孚继任公司协理。

1927 年

时局不靖，矿厂被迫于 7 月停工，股东会亦停开。同年公司认购南京国民政府发行的"二五库券"一百万元。

1928 年

4 月，"整理中兴煤矿委员会"接管中兴公司全部管理及营业权，借此向公司勒索军饷百万。6 月，公司董事长黎元洪病逝，推举朱桂辛代理会长。7 月中兴煤矿被蒋介石收归国有。8 月，公司在天津开临时股东会，决定将总经理处迁往上海，并推选黎绍基、周兴棠、汪子健、唐伯文、胡圣余、胡英初、林斐成七人为股东代表，赴南京等地请愿，要求发还矿产。9 月，在缴纳军饷一百万元的前提下，中兴矿产发还。11 月，公司在上海召开第十七次股东会，推举朱桂辛为会长，钱新之为总经理，张仲平为首席协理。值得注意的是，在新当选的六名董事中，有四人为银行界人士。

1929 年

为恢复生产，继续向银行借贷，曾试图发行新的公司债未果。8 月，公司矿厂正式复工。10 月，改组驻矿经理处为驻矿办事委员会，章笃臣为首席委员。

1930 年

为利于运煤，在陇海路大浦、运河两站设立厂栈。12 月改组矿委会，章笃臣仍为主席委员。同年在总矿设立矿工补习学校，筹议添开第三大井。

1931 年

4 月开第廿次股东会，张汉卿当选为公司董事，推定朱桂辛为董事长，钱新之为总经理，张仲平、陈景韩为协理。

1932 年

5 月开第廿一次股东会，改选徐荣廷等三人为监察人。同年公司爆发了四千余人的大罢工。

1933 年

添设浦东、江阴两处堆栈，同时结束大浦分厂，将运河堆栈移到连云港，并筹备设立分厂。9 月，组织资产审查委员会，以朱桂辛为主席。同年开办中兴中学，设立矿业警察所。

1934 年

第三大井竣工出煤，添设中兴小学台庄分校。同年改组董事会，叶景葵当选为董事会长，钱新之为总经理，张仲平、陈景韩为协理，黎重光为驻矿办事委员会主席委员。是年公司购买大小船舶十六艘，并设立船舶部。

1935 年

陇海路台赵支线完工，与台枣铁路接轨，标志着以枣庄矿区为中心，以津浦、陇海两条全国干线为外围的中兴铁路运输网正式建构成功。同年中兴公司出资建设的连云港二号码头竣工，在连云港设立分厂。此外，公司还投资八十万元创办永兴炼焦厂，投资十五万元入股上海和兴钢铁厂，并筹办浦口公栈公司。

1936 年

公司与开滦矿务局、通成公司共同投资一百万元，设立开兴成煤业公司。是年公司产煤 173 万吨，销煤 169 万吨，产销数量皆达到开办以来最高值。同年公司召集第三次资产审查委员会，推定朱桂辛为主席。

1937 年

4 月，开第廿六次股东会，改选董事，叶揆初为董事会长，钱新之为总经理，张仲平、陈景韩为协理，朱桂辛当选为监察人，黎重光为驻矿办事委员会主席委员。6 月，中兴公司船舶部扩建为中兴轮船公司。11 月，驻矿委员会迁往武汉。

1938 年

3 月 18 日，枣庄沦陷。4 月，中兴董事会在汉口召集会议，一致主张"绝不与日伪合作"，之后多次拒绝日伪的合作要求。此后，中兴煤矿进入日本人控制时期。

附件二：《山东峄县中兴运煤铁路有限公司现办简明章程》

第一款　本公司定名为山东峄县中兴运煤铁路有限公司，俟奉部核准，应按商办公司律另呈注册。

第二款　本公司俟奉部核准后，应禀请刊发关防，文曰商办山东峄县中兴运煤铁路有限公司关防，以昭信守。

第三款　本公司建筑路线由枣庄总矿至台庄，计程九十里。倘本公司将来展筑他处运路，届时再遵章呈部核准办理。

第四款　本公司现筑运路九十里，约估用洋银一百六十万元。除钢轨车辆各货先付半价，其余约洋四十余万元分五年由余利内拨还外，应集股本洋一百十余万元。现已收到华股洋七十余万元，尚约短四十万元，仍陆续收集华股，概不招添洋股，以示限制。

第五款　本公司所招路股以洋银一百元为一股，周年官利一分。惟运路本与煤矿相辅，所有收入盈亏应与煤矿统算，一切余利、花红俟届年终结账，合邀路矿股东会议，按成分派。

第六款　本公司现办路工，分设工程、采办、买地、料厂、机器五局，各派员司各专责成。其由镇江转运材料及总矿台厂收支银钱各事，仍由矿务公司总分厂选派员司兼理，不另设局，以节经费。

第七款　本公司按照部定铁路简明章程，应造股东姓名、股本银数清册，随禀呈部。惟现在已认各股尚未收齐，兹先将已收股本、姓名、堂记、洋数缮折附呈，余俟全路筑成，统核实收股数、银数再行造报。

第八款　本公司总协理均照商律，由股东公举，禀部加札。惟本公司银钱收入均与矿务公司牵涉，两公司总理宜归一人，以一事权。将来全路告成，事务较繁，拟专设协理以重路务。其董事、查账人，均可兼任，不必专设，致多靡费。

第九款　本公司会议分寻常、特别二种。路矿两公司股东合并会议，仍以每年四月初一日为寻常会期，遇有重大事件则由总协理会同董事随时招集各股东会议，是为特别会议。

第十款　本公司既无洋股，账式自用华法缮造逐日流水簿，每日一结，按月分款誊清，年终集造年终清册以备查核。

第十一款　本公司应设守护铁路巡警，业于光绪三十三年遵章禀蒙升任山东抚宪杨批准，委派巡官专设峄县中兴路矿巡警、员弁。警夫薪饷统由公司发给。

第十二款　本公司行车各章，容俟全路告成，遵照部定专路章程核订。至公司用人办事详细章程，亦俟股本收齐，特开股东会议后，再行逐条拟订。①

---

① 《山东峄县中兴运煤铁路有限公司呈请批准自筑运路简明章程案册》，天津商报馆排印，第4~6页。

附件三:1912年6月20日津浦铁路局与中兴煤矿公司签订减价运煤合同

一、此合同系因公司情愿让价售煤于路局,路局亦愿让价减收运煤车脚,是以订此合同,以表互相辅助之意,将来此合同如有更动,彼此均须六个月以前知照。

二、路局应允自订立合同之后,除公司运煤至第四款载明专车特别减价章程内所指浦口各站外,凡系路局寻常货车带运之煤,无论由本路运至何站及路局将来添设枝路所至之站,均照以下所列整车装运减价章程核收运费。

甲　自二十英里至五十英里,每二十吨车每车每英里收运价洋二角四分。

乙　自五十一英里至一百五十英里,每二十吨车每车每英里收运价洋二角二分。

丙　自一百五十一英里至三百英里以外,二十吨车每车每英里收运价洋二角。

丁　本路运费以二十英里起码,路在二十英里以内亦作二十英里算。遇有奇零,均作一英里。

以上运脚系指由枣庄车站运至路局各车站卸货轨道自行雇夫卸煤而言,如须倒车及换车或用路局长夫卸煤,所有费用须按路局随时定价另行计算。

三、公司售煤处所凡附近津浦干路及以后有新修枝路之处,均应由路局装运。其远于干路、枝路者,听公司之便。

四、由津浦枣庄车站运煤至浦口、天津等站（站名列后）,拟定特别专车减价章程。

甲　徐州、兖州、济宁、泰安等四站,均在一百五十英里以内,二十吨车每车每英里收运价洋二角一分。

乙　济南、德州、蚌埠、滁州等四站,均在三百英里以内,二十吨车每车每英里收运价洋一角九分。

丙　浦口亦在三百英里以内,因有洋煤抵制,峄煤售价必廉,运价尤须从减,应按公司煤焦市价订立运煤车价,列表于后。

浦口块煤市价	末煤市价	每二十吨车每英里运价
八元	六元	一角六分
八元以外	六元以外	一角七分
八元五角以外	六元五角以外	一角八分
九元	七元	一角九分

按二十吨车每英里收运价至一角九分，已与三百英里以内乙类四站运价相同，此后如块煤市价至九元以外，末煤市价至七元以外，路局亦不再加收运费。

丁　天津将近四百英里，为各煤聚集之所，峄煤尤须减价出售，运价更宜从减，不拘市价高低，每二十吨车每英里均核收运洋一角六分。

五、将来公司销煤畅旺，售价增长，获利较厚，路局为整顿运价起见，临时或议增运价，公司仍当允照本路通行章程一律照增，公司售与路局煤价亦可议增，以示互相维持，利益均沾之意。

六、公司焦炭运往各站，如二十吨车装满一车，无论斤重若干，亦按装煤定数收取二十吨运价；若按零吨装运核计，运价应照运煤定价核加五成。若随同专车运往，即照特别减价各站，按车辆之吨数核收运价，惟专车装运者只装整车即不装零吨，以免纷歧。

七、公司矿内所用一切料物及银洋铜元等项，路局允按本路通行运货章程，照所运物料等次核收半价，即不按此合同再行核减。至公司运往各站煤车，日久恐不免偷漏，每次必须派司事随车押运。此项押运司事均系搭坐煤车，自与客军不同。路局允先发给搭坐煤车往来长期免票四张，视将来运煤多寡再行酌定。惟此项免票如押运司事借票舞弊一经查出，即照所往之站按三等票价科罚十倍，由矿务公司照付。其余公司员司勇役往来各站搭坐客车，仍购买客票。

八、凡路局车辆在矿局煤厂或各岔道无论如何损伤，皆归公司担负责任。所有损伤车辆即由路局赶紧修理，其修理费公司照数给还。

九、路局南北两段业已通车，临枣枝路亦经告竣。公司自应力求进行加多出煤，路局允按公司逐日由津浦全路运输各站须用煤车数目，除路上行走及各站应卸煤车外，应在枣庄车站预备足敷一日一夜装煤空车，俾公司得用车头随时挂带至井口装煤。惟路局车辆装运货物，不论起卸，均以二十四点钟为限。设有迟延，即行照章罚费。今公司事同一律，如逾时限，亦照以下所订之延期费，按车之吨数补还路局，但空车须以由枣庄车站点交公司之时刻起算，至装齐煤焦带回枣站时刻为止，运往各站以路局送到各应卸煤岔道起至卸完时刻为止，如系路局在各车站自行迟误，公司不认延期之费，以昭公允。

每十吨车每日或不足一日补延期费五元

每二十吨车每日或不足一日补延期费十元

每三十吨车每日或不足一日补延期费十五元

十、公司应允供给本路之煤足敷每年应用吨数，并允在该矿井口装车，照以下所定煤价尽先供给本路应用。

火车头及机器厂用之最好上等块煤，每吨价洋五元

此系按照辛亥年八月初九日本路与中兴公司所订购煤合同，每年用煤在六万吨，所逾之数照每吨五元二角付价。若将来矿井工竣出煤较多，公司如减井口售价，此价亦应切实核减。

上等末筛原煤每吨价洋四元五角

上等末煤每吨价洋三元二角

十一、附近本路另有别矿售煤，其煤质与煤价均较公司合宜，路局应先照公司酌量减价，如公司不允减售，路局亦得购用别矿之煤，而与公司所订减价运煤章程仍照办理，并不再加运价，以示格外辅助之意。

十二、公司应付路局运价及路局应付公司煤价均按银元核计，以省平色涨落及互相折算之烦。此项车价、煤价均按中历月份一月一结，无论彼存此欠，均须逐月找清，俾免拨抵。

十三、本合同缮写一样四份，津浦铁路总公所、津浦铁路北段总局、津浦铁路南段总局各存一份，中兴煤矿公司存一份以资信守。

民国元年六月二十号①

---

① 交通、铁道部交通史编纂委员会编《交通史路政编》第3册，第2132～2136页。

附件四：津浦路局与中兴公司修改减价运煤合同（1921 年 3 月 1 日）

一、此合同系因路局添购煤斤增多，公司仍按廉价出售，路局亦允核减运费以表互相辅助之意，将来此合同如有更动，彼此均须于六个月以前知照。

二、路局应允自修订合同之后，除公司运煤至第四款载明特订专车减价办法内所指浦口各站外，凡系路局寻常货车带运之煤，无论由本路运至何站及路局将来添设枝路所至之站，均照以下所列整车装运减价办法核收运费。

甲　自二十公里至八十公里，每二十吨车每车每公里收运费洋一角四分。

乙　自八十一公里至二百四十公里，每二十吨车每车每公里收运费洋一角三分。

丙　自二百四十一公里至四百八十公里，每二十吨车每车每公里收运费洋一角二分。

丁　本路运费以二十公里起码，在二十公里以内亦作二十公里算。遇有奇零不足一公里者，均作一公里算。

以上运费系指由枣庄车站运至路局各车站卸货轨道自行雇夫卸煤而言，如须倒车及换车或用路局长夫卸煤，所有费用须按路局定章算付。

三、公司售煤处所凡附近津浦干路及以后有新修枝路之处，均应由路局装运。其远于干路、枝路者，听公司之便。

四、由津浦枣庄车站运煤至浦口、天津等站（站名列后），特订专车减价办法

戊　徐州、兖州、济宁、泰安四站，均在二百四十公里以内，每二十吨车每车每公里收运费洋一角二分。

己　济南、德州、蚌埠、临淮四站，均在四百公里以内，每二十吨车每车每英里收运费洋一角一分。

庚　浦口为各煤聚集之区，公司由枣庄专车运煤至浦口特订专价，每吨收运费洋二元二角。

辛　天津尤为各煤荟萃之区，距矿愈远，公司由枣庄专车运煤至天津特订专价，每吨收运费洋三元一角。

本条所谓专车系指整列车由枣庄运达前列指定之站点卸车而言，若中途各站摔卸，即按第二条整车装运减价办法办理，不在此例。

五、将来公司销煤畅旺，售价增长，获利较厚，路局为整顿运务起见，临时或议增运价，公司仍当允照本路通行章程一律照增，公司售与路局煤价亦可议增，以示互相维持、利益均沾之意。

六、公司焦炭运往各站，如二十吨车装满一车，无论斤重若干，均按车吨收取运费，若装运零吨计算，运费应照运煤定价核加五成。若系整车焦炭随同运煤专车运往指定站点，即照第四条专车减价办法按车吨核收运费。

七、公司矿内所用一切料物及银洋、铜元等项，路局允按本路通行运货章程，照所运物料等次按半价核收。

此条所指料物以实际矿厂所需为限。

八、公司运往各站煤车，应由公司派人随车押运以资保管。路局允发给搭坐煤车往来押运长期免票十八张，均注明姓名粘贴相片，惟其张数仍可视运煤多寡酌量增减。此项免票如押运人借票舞弊，一经查出，即照票面注明站点按三等票价科罚十倍，由公司照付。其余公司员司、勇役往来各站搭坐客车，仍须照章购票。

九、凡路局车辆在矿局煤厂或各岔道无论如何损伤，皆归公司担负责任。所有损伤车辆即由路局赶紧修理，其修理费由公司照数算付。

十、路局允按公司逐日由津浦全路运输各站须用煤车数目除路上行走及各站应卸煤车应在枣庄车站预备足敷一日一夜装煤空车，俾公司得用车头随时挂带至井口装煤。除风雨灾变及非常事故外，装车时以十六点钟为限，卸车时以六点钟（按照路章以能工作时间计算）为限。如有迟延，应照以下所定之延期费，按车之吨数照付，装车时间以空车由枣庄车站点交公司之时刻起，至装齐煤焦带回枣站时刻为止，卸车时间以运往各站路局送到各应卸煤岔道起，至卸完时刻为止。如系路局在各车站自行迟误，公司不认延期之费，以昭公允。

每十吨车每日或不足一日付延期费五元

每二十吨车每日或不足一日付延期费十元

每三十吨车每日或不足一日付延期费十五元

每四十吨车每日或不足一日付延期费二十元

以上所称一日系自逾限之时刻起，扣足二十四点钟为一日。遇有畸零钟点，亦作一日算。如车吨有多寡不齐之处，亦照前列按吨计算延期费之法类推。

十一、公司应允每年供给本路块煤九万吨，统煤吨数以路局敷用为度，但至少须供足九万吨，并允在该矿井口装车，照以下所定煤价尽先供给本路应用。

上等块煤每吨价洋五元

上等统煤每吨价洋四元五角

上等末煤每吨价洋三元二角

再块煤一项，每年用煤在六万吨以内，照前列价目计算，逾六万吨以上所逾之数，每吨加价二角。此系按照民国元年六月二十日路局与公司所订合同价目仍旧办理，其统煤、末煤无论购用若干吨，概照前列价目，不再加价。若将来公司减低井口售价，此价亦应切实核减。

十二、如附近本路另有别矿售煤，其煤质与煤价均较公司合宜，路局应先知照公司酌量减价，如公司不允减售，路局亦得购用别矿之煤，而与公司所订减价运煤章程仍照办理，并不再加运费，以示格外辅助之谊。

十三、公司应付路局运费及路局应付公司煤价均按通用银元核计，每月互相开送账单，无论彼存此欠，均须按月找付，每届半年再会同核结一次，以清款目。

十四、本合同照缮一式两份，路局与公司各执一份，自民国十年三月一日实行，其民国元年六月二十日所订合同于是日作废。

民国十年三月一日①

---

① 交通、铁道部交通史编纂委员会编《交通史路政编》第 3 册，第 2137 ~ 2141 页。

附件五：中兴煤矿公司、直隶保商银行订立借款合同

津浦铁路局（此后即称路局）于宣统三年七月　日与山东峄县中兴煤矿公司（此后即称公司）订立合同各条列后：

一、此合同系因公司向天津保商银行商借行平化宝银一百三十万两，言明以路局每年购用公司煤价扣抵拨还，经公司禀蒙钦宪饬知路局照办。其路局于六万吨外，另给购煤及公司运煤各船运费□□详□□合同。

一、路局元与公司订立合同，每年购用公司高等大小块煤六万吨，公司感动路局担认此项煤价拨还借款本息之谊，煤价格外让减，每吨银洋五元，共合洋三十万元。此合同专为担保拨付每年六万吨煤价归还保商银行借款而订，借款还清，合同取销。

一、路局既为维持公司矿业起见，担认银行代扣公司售与路局每年六万吨煤价拨还借款重任，公司应请钦宪酌派委员稽查公司此项借款及公司收入他处煤价银钱数目，不得移作非矿务、运路之用。倘公司员司有私挪银钱、煤焦及他项作弊情事，稽查委员有权禀告钦宪转饬公司董事邀集股东认真查明禀办，惟不得干预公司用人、办事、营业各权，以清界限。借款还清，稽查委员亦即撤销。

一、路局与公司另订有合同声明路局运费增减、公司煤价长落极为详细，将来彼此均宜遵守。此合同内不必再叙，以期简便。

津浦铁路北段总办
中兴煤矿公司总理
宣统三年七月

立合同　中兴煤矿公司、直隶保商银行在天津订立合同，由保商银行在天津借与中兴公司行平化宝银一百三十万两，今将偿款期限及各条件列下：

一、言明借款总额系行平化宝银一百三十万两，于十年期内，由津浦铁路局付煤价偿还。

二、自订立合同画押后半个月期内，银行即先付与公司二十万两，其余一百一十万两随时由公司先期知照银行。凡十万两以下，限七日交

付；十万两以上，以半个月限内交付，在半年期内全数付与公司，利息各按收到之日算起。

三、公司应付借款利息长年周息八厘。

四、偿还借款时应用通行之行平化宝。

五、偿还借款时应在天津交付。

六、按期交还所借之款，在第一、第二两年只付利金，每年分两期交付。其偿还借款办法，自第三年至第九年，每年分还本银计行平化宝十七万两，第十年偿还本银十一万两，每年应付利息按照还减实欠数目核计，仍分两次交付银行，不得亏短。

七、公司须按照分期偿还之数，每期缮具欠单一纸，先交银行收执。至按期偿还时，银行应将公司所付之欠单仍缴还公司。

八、公司于合同所订还款期限内，如欲先期将全数清还或酌还若干，均可□便。

九、此借款由津浦铁路将每年应付公司煤价洋三十万元担认担保偿还本息，所订合同固须由津浦铁路盖戳，□公司付与银行之欠单亦应由津浦铁路盖戳，以为凭据。如公司按期应偿之款及其利金有拖欠不还等事，应由银行知照津浦铁路，将应付煤价预行代还，不得短广延缓。

十、此借款，津浦铁路既照所商条件允以每年应付公司煤价洋三十万元担认偿还本利所有。公司将借款作何营业动用，银行概不干预。

十一、合同订立后，或公司变更，或银行让渡，或银行将合同内应得之利益及合同内利益之一部分让与他银行，所订合同各条件，仍应彼此遵守，不准改易。

十二、此合同应填清三分，一分由银行收执，一分归公司收执，一分应存于津浦铁路总局。

中证人　津浦铁路北段总办

直隶保商银行

山东峄县中兴煤矿公司总理

宣统三年　　月　　日①

---

① 《津浦铁路局与山东峄县中兴煤矿公司订立合同文》，宣统三年七月（1911年8月），上海市图书馆藏盛宣怀档案，档案号：118398 - 2。其中，"□"为识别不清的字。

附件六：山东峄县华德中兴煤矿公司续招
华股章程（1899 年）

　　第一款　本公司先于光绪六年经前直隶望都县知县戴华藻等在山东峄县枣庄地方查勘煤苗佳旺，邀约莲芬及戚友等先后招集股本，禀蒙前北洋大臣直隶阁爵督宪李奏准试办，旋即购买机器租地开采，缘资本太少未能大见功效。二十年间正将井下积水戽涸，方议添本扩充，适值前山东抚宪李奏停官商各矿，遂暂停工。二十四年，复经莲芬商请前督办直隶矿务、内阁侍读学士张，托今津海关税务司德璀琳聘请德国矿师富里克等并华矿师邝荣光，由莲芬带同至峄查验此矿，实堪大办，当将旧股清查，除经前总办戴睿藻经手由各股东拨煤抽本外，尚存老股七万余金，即议机器、租地、货物各项仍作老股七万金，一面议添新股，备造由枣庄至台庄运煤铁路九十里、添购机器、开挖大井等用，旋即先筹巨款接办前矿，并将拟添股本建造运煤铁路、限定矿界、缴纳税厘各情形，禀蒙前督办直隶矿务、内阁侍读学士张会同前北洋大臣、直隶督宪裕奏奉朱批"该衙门知道，钦此，钦遵"在案。正在料理招股造路，即遇直隶拳乱，所收华德股本仅十数万金，以致未能大办，然本公司就旧股、机器陆续开透旧井十数座，井下工程均已就绪，现在日出煤三百余吨，尚可多出，因运煤铁路未造，不能全运至外埠分销，但有设立清江、济宁、高邮、界首售煤分厂，销场渐旺，冬春运存台庄、杨闸之煤焦不敷销售。本公司之煤焦成色极佳，远近皆知，争相购买，镇江、瓜州均应增设分厂，房地现已租定，缘无货运，尚未开市。目下急须续添股本赶造运煤铁路、添购机器、续开大井，以符原奏而广销路。

　　第二款　原奏声明新旧股本凑足洋银二百万元，查现在共用过洋银约三十余万元，连筹垫聘请矿师薪费、川资各项公用并华洋总办自二十五年至二十八九年薪费因公垫用各款，共作老股洋四十万元，应再添招一百六十万元，以一百元为一股。现议先招华股九十万元，俟华股集有成数即招德股七十万元，仍符原奏华六德四二百万元之数，统俟华德各股招有定数即行购运钢轨汽车煤车买地垫路以期速成。倘将来欲行扩充再招新股时，必须先行会议，如新股实于本公司事产可以推广、股利可以加增方可照办，仍须先尽有股诸君招入以符定章。

第三款　本公司系早经奏定有案，大致办法须遵奏定章程，如税厘仍照现章完纳，至公司一切事权悉由华总办主持，洋总办许其稽核银钱出入，考查公司情弊，但不得揽权掣肘。且本公司系属商股商办，一为地方开财源，一为股东获利益，诸事宜仿各国公司办理由各董事先行会议，遇有是非，应先由各董事及各股东公同理论，即总办有徇私舞弊重情，亦可由各董事股东指出实在凭证另行公举，但不得率以疑似之事、讹传之言借故争夺事权，德股东更不可以琐屑之事辄请其公使领事向中国争论，以符各国商务公司之例，勿令华股东借口生畏致碍别项洋商利益。

第四款　买股招股至十五万元以上者，无论华德官商，均可派作公司董事。本公司拟设董事十人内外，惟须华洋总办以为其人堪充董事始准列名，俟股本招有成数，华德各董事议定人数，应函知各董事定期齐到峄矿会议详细章程，俾得照章次第举办，将来津镇铁路告成，往来更易。每年定期正月二十外各董事到矿会议一次，将本年应办之事预为商定兼稽核上一年账目及会议酌分上一年利息，如公司遇有重大事件，须由总办函约各董事定期到矿会议，至少须到董事十分之六七方可开议。

第五款　本公司宜设华文、德文两清账总簿，每日收发银钱货物、进出煤焦各项，由账房分款誊清后送交德文翻译处译成德文，每月账目华文、德文均须一小结，每年一大结，岁暮结讫，俟次年会议时由公司刊挂以示同人而昭公允。如洋总办不常驻矿，德文总账应缮二分，一存本公司，一寄洋总办处，以便洋总办及德董事随时查考。

第六款　本公司系华德有限公司，应照现集股本银数酌量办事，遇有一时银钱不敷周转，许由驻局总副办随时出息挪借，将来仍由公司归还，惟有紧要用处数逾五万两以外，必须先知会各董事函复方可定借。万一公司有亏欠之事，应尽公司货产作抵，与各股东无涉。德商入股若干，可由本人报明德国公使领事，将来俟股招定，共有华股德股若干，公司亦必禀明北洋大臣、山东抚宪并请转咨驻北京德国钦差立案。

第七款　本公司前经各旧股东公举莲芬为总办，蒙督办直隶矿务内阁侍读学士张、前北洋大臣直隶督宪裕会同奏奉朱批允准在案。现莲芬调任兖沂曹济道，相离峄矿仅两日路程，一切可以兼顾，随时得以查察。将来造路开井事务较繁，应另添一副总办，常川驻矿，以资镇摄。凡公司用人，自矿师、工程机汽师至各项中国员司夫役，均应听总办节制，如不称职，亦由总办辞退斥革，以一事权。华总办薪水公费，二十八年以前已议定作为创办股分，即在老股四十万元之内，自应免支，拟自二十九年正月起仍照前议按月减支。洋总办应俟华德各股招足酌定薪费。各董事俟将来会议时，似应分别酌定往来峄矿会议用费，以昭公允。

第八款　本公司采煤矿界应照原奏东南西北四面，均各按直线十里内不准他人用土法开煤，一百里内不准他人用机器开煤。华德总办董事均应永远护持共相遵守，如本公司将来欲在界外另开煤矿，仍须禀明山东抚宪，俟批准后方可购地兴工，以示限制而垂久远。

第九款　本公司现拟先招华股九十万元，除山东商务局允入十五万元外，只须添招七十五万元。新股应分两期兑收，第一期以三十年九月底交清，第二期三十年十二月底交清为度。兑收之所，山东济南、济宁归官银号；公司总分局、京津上海，由源丰润、庆善银号、清江泰生银号；南京镇江及他处，亦托殷实银号代收。将来添招德股，即由德华银行、可靠德商洋行兑收，以期华德入股者得取凭信，惟华德股东必须注明，并于收据内书明经收之人，不可隐瞒致无稽考。

第十款　本公司应用矿师及管理机器、铁路各事，如须聘请洋人，自应先尽德人。惟此项矿师、工程机汽师及别项司账、监工各洋人，均归华总办节制。各人应办之事，必须随时告商驻局总副办核办，不得自行擅专。至公司及各埠售煤分厂员司人等，均选用华人，按其责任之轻重、办事之繁简、酌定薪水之多寡分红而外，不得有分文私取。各项夫役应尽山东雇用，使附近穷民共沾利益，凡事均宜节俭，不得滥用。

第十一款　本公司各项入款及所收股票银两，均兑交住公司总副办汇存公司或即拨存上海、天津中德银行，听候总副办随时拨用，议定出入生息章程，凡经手出入账目，务皆留底据，以便随时由华德董事稽查，以昭核实。

第十二款　本公司应购外洋钢轨、汽煤各车机器材料等件，应由华总办先向各埠德商洋行货高价廉者定买。倘他国洋行货与德商一律，价比德商便宜，德商即应照他行之价交易。如意存居奇，本公司可向他商订买，德商不得借口。

第十三款　本公司购买外洋机器材料等件，例有五厘用钱，如天津自来水公司即归总经理人取用。今莲芬既定有薪费，即不取此项用钱，应提存公司账房留存合公司华洋总副办、董事、员司酬劳之费，以示公正无私之意。华德董事不得自行争购，董事中有真知某行生意公正、货高价廉者，亦可函告总办考核定购，总期于本公司有益为是。

第十四款　所招股银款项，系专备峄县华德中兴煤矿公司造路办矿要需。此款无论何人不能收回，即有事故需用，只准将股转售他人，须先由原购之人及买受股票之人用本公司转售凭单，上写明"某年月日转售某人授受收执"字样，再由买受股票之人持股票及转售单到本公司挂号声明，以便照原号换给股票息折收利而杜缪轕。所有本公司之款，无论华德董事及本公司总副办等一概不准私借调用。

第十五款　本公司按照现在日出煤三百余吨，除随时开支一切用项，照存煤计之，已获微利。所有二十九年腊月以前老新各股，入股日期多则二十余年，少亦五六年，除于四十万元内加股三成外，分利未得，不免偏枯，应自光绪三十年正月初一日起，权拟以八厘周息；新人之股，应自填付股票之日起按所收银数先给六厘周息，俟运煤铁路造成全股收齐次年，即不分新旧股分统拟以八厘周息，然不为作准，必须俟每年余利多寡以定增减。若余利多，拟较八厘则增之，余利少，拟较八厘则减之，或增或减。每届年终结账时，由华洋总办、各董事现议酌定，但增至一分周息。再有多余利银，应提二成作为华洋总副办及本公司分厂员司人等花红。此外余剩净利，凡新旧华德股友不分轩轾，一例随息同时摊分。本公司每年岁暮，将所结清账俟华德各董事会议考查后缮挂本公司内以公同阅并登各报章使众周知，俾各股友凭折按股支取，决不丝毫拖欠。

第十六款　所有机器铁路耗费银，按所值周息，不过八厘算；房屋耗费银，按所值周息，不过五厘算。此项存留之款，应由余利内抽提，随时存放银行，以备机器、铁路添补更换及机厂房屋修理添造之用。该存款并息银，俟提用时必须华德董事会议允协方可提用，以厚公积而备要需。

第十七款　华德各商所买股票如有遗失，须先赴本公司报明挂号以备查核，仍由本人将股票名号登载附近各埠各报声明作废俾众周知，俟三个月后无人到公司过问，方准照原号补给，嗣后倘有葛藤，仍归本人自理，与本公司无涉。

第十八款　德商在华多年，大半解识中国文字并各有翻译，所有本公司招股及一切章程概用中国文字，以免翻译或有错误致启争端。

第十九款　第一期收银存根式

中国山东峄县华德中兴煤矿公司今收到华东　名下第一批股份洋元，留此收条存根以备查考，须至收条存根者。

光绪　年　月　日

西历　年　月　日

峄字第　号

中国山东峄县华德中兴煤矿公司为给发收条事，本公司禀蒙前北洋大臣直隶总督部堂裕、前督办直隶矿务内阁侍读学士张会同奏准山东峄县华德中兴煤矿公司续招华德商股情形，奉旨"该衙门知道，钦此，钦遵"在案。本公司现议先招华股九十万元，每股洋银一百元，分两批交付，第一批付股洋　元，给收条一纸，第二批将股洋　元收齐，即将第一批收条缴还，以凭换给股票。今收到华东　名下第一批股洋　元，须至收条者。

光绪　年　月　日

西历　年　月　日给第　号

第二十款　股票并存根式

中国山东峄县华德中兴煤矿公司股票存根，今有华东　名下交到股洋　元，付给第　号股票　张，计　股，息折一扣、华文公司章程一本，留此票根以备查考，须至票根者。

光绪　年　月　日

西历　年　月　日给第　号

峄字第　号收股份联票

中国山东峄县华德中兴煤矿公司为给发股票事，本公司禀蒙前北洋大臣直隶总督部堂裕、前督办直隶矿务内阁侍读学士张会同奏准山东峄县华德中兴煤矿公司议招华德商股情形，奉朱批"该衙门知道，钦此，钦遵"在案。本公司议定前后共集华德股本二百万元，华六德四分招，每股洋银一百元，按年息银照第　款付息章程办理，如有余利，除提公司总副办员司二成花红，余亦照章按股摊分。

今收到华东　名下股本洋银　元，合给股票　纸，计　股，并息折一扣、华文公司章程一本，须至股票者。

经收人

本公司总理人张莲芬

　　光绪　年　月　日

　　西历　年　月　日给第　号

第二十一款　息折式

第　　股票息折

　　中国山东峄县华德中兴煤矿公司为给发息折事，今据　　交到　　共计　股洋银　元，当经本公司核数收讫，除给股票外，合给息折照第　款付息章程办法，凭折支付，须至息折者。

经收人

本公司总理人张莲芬

　　光绪　年　月　日

　　西历　年　月　日给

第二十二款　转售股票单式

　　中国山东峄县华德中兴煤矿公司为转售股票事，现有　　名下所有原买本公司股票自第　号计　股，统核洋银　元，今情愿将该股票转售与　　名下为业，其转售股票洋元已经买主当面如数交付卖主收讫，并均照本公司章程，在公司注册办理完结。此系买卖主两相情愿，各无异说，立此转售单存照。

卖主

卖主见证人

买主

买主见证人

　　光绪　年　月　日

　　西历　年　月　日立第　号

　　以上款目系仿天津自来水公司招股章程，增添原奏山东峄县华德中兴煤矿公司情形，共拟二十二款。其余一切办法及公司员司人等条规，现应俟各董事到矿会议时再行详定，合并声明。[①]

---

① 《续办添招华股章程》，光绪二十五年十二月初三，中研院近代史所藏档案，档案号：
　05-24-02-001-01。

附件七:商办山东峄县中兴煤矿有限公司
添招新股章程（1909年）

一、本公司系光绪六年禀蒙前北洋大臣、直隶阁爵督宪李奏准在山东峄县枣庄地方开办煤矿，嗣因款绌停办。二十五年，复经禀蒙前北洋大臣、直隶督宪裕会同前督办直隶矿务、内阁侍读学士张奏明，改为华德中兴煤矿有限公司。三十年因德股未能招集，禀请前升任山东抚宪周咨明商部先招华股，三十一年在部呈请注册，一切悉遵商律有限公司办理。三十四年股东公举总协理，禀内声恳前北洋大臣、直隶督宪杨咨请农工商部奏明注销"华德"二字，改为商办山东峄县中兴煤矿有限公司。

二、本公司于二十五年正月筹款接办，禀请前北洋大臣、直隶督宪裕刊发木质关防钤用，三十四年复由股东禀蒙前北洋大臣、直隶督宪杨咨准农工商部奏明由部颁发木质关防以昭信守。

三、本公司宗旨在广辟地利，保守主权，官民得用煤之便益，股东享天然之美利。

四、本公司虽系商办，全赖官家维持保护。凡集股办矿、运路、转输关于营业内容，悉照商规办理，由总协理主持。其特别事件，随时开股东会议分别禀请农工商部、邮传部、北洋大臣、山东抚宪核示办理。

五、本公司总理处暂设在山东省城西门外东流水（街），俟津浦铁路告成后，应否移设他处，再行会议定夺，其总矿设在峄县城北枣庄地方。

六、本公司矿界于光绪二十五年奏明"距矿百里内他人不得再用机器开采煤斤，十里内不许民人用土法取煤"。三十二年，遵照部饬绘具图说，详细标注地名，呈请备核在案。三十四年，奉颁矿务正副新章所定矿界与公司大小悬殊，经山东矿务调查局遵照新章第八款请示办法，蒙农工商部咨准，以从前专案奉准之矿处所甚多，所占矿界暂时均尚未改归一律，峄矿既办有成效，自当量予维持，准其照旧办理，咨行转饬遵照在案。

七、本公司矿界以内，曾延华洋矿师详细踏勘，证以前人已开旧井所遗之煤，除小槽不计外，但就大槽一层而论，煤层极厚，煤质极佳，早为中外所称美，洵属中国希有之矿产。

八、本公司矿界内，中西两段煤苗约长四十余里，可开井处甚多，蒙农工商部奏派丞参上行走周都转来峄调查，因与公司筹商划定，以中段枣庄东至侯家宅、西至朱家铺为总矿，以西段现开分矿之山家林及滕县之陶庄、左村至邹坞为第一分矿，以邹坞东大小甘林至朱家铺为第二分矿。以上三处，除枣庄西总矿现正改做大井外，其山家林、陶庄、左村第一分矿亦即探开大井，大小甘林第二分矿俟津浦全路告成，如果运销畅旺，再议开办三矿。中间如开小井，视与何处相近即作为某处附矿。又东段牛角、安城一带，亦在公司矿界以内，现有广益公司用土法采取小槽之煤，线薄质劣，将来公司亦须照西法钻试，如得佳煤，再用机器开采。

九、本公司应用开井采煤地亩，系按本地开办煤矿旧例，每亩给京钱八千文。取煤至其地下，每亩给煤八吨，公司不用地面，仍听地主耕种，以顺舆情而示体恤。

十、峄境采煤历数百年，凡英尺三四十丈深之煤，均被前人采取，积水甚巨。公司自光绪二十五年接办至今，先后开过旧井五六十处，陆续将积水提尽，以除水患。现留井口十六处，分别提水提煤。新开兴四、兴五两井，深英尺五十八九丈，现用炸药改宽、加深，砌做大井，大约至宣统二年秋冬可以完工。应即安设提煤抽水大机器、煤楼风扇灯件，井下开横洞，马路铺小铁轨，宣统三年定可多出煤斤。目下仍就各旧井出煤，日得四百余吨，今年至岁底约可得煤十六万吨，足保已收股本及息借外款一百六七十万两一分官利及利息付项。宣统二年夏初台枣运路告成，南下煤焦运费既减，获利更厚矣。

十一、本公司自筑由枣庄至台庄九十里大铁路，本为专运煤焦计，轨车、桥料全数早抵台庄，现已筑成四十里开车运煤。其中段应用路地，自控案复奏，即禀蒙山东抚宪孙派员丈购，刻正挑筑土道、砌做桥洞，约至宣统二年夏初必可全路告成。此路与矿务相辅，将来盈亏合并核计，毫无分别。

十二、本公司采出之煤，仅遵原奏悉照开平成案，由山东派员在矿每吨征收税银库平一钱、厘金五分。运销江南，再完宿迁钞银作为出口税，由公司填给分运单，无论转运何省，不再重征。

十三、本公司现因运煤铁路用款半多息借，亟应招股归还。又因津浦铁路三年后即可告成，尤须先期宽筹经费添开分矿，俾公司得广销之益、津浦得运用之利。前与周都转通盘筹算连还旧欠，议共添招新股漕平足银二百二十万两，合已收老股八十万两，共合成漕平足银三百万两，分为三万股，每股漕平足银一百两，凡中国人，无论官绅商庶，均可入股。

十四、本公司前招老股系按漕平七钱作洋一元核收，现既议改银股，所有已收之洋各股，应俟宣统二年四月核付股利时扣作银股，如有短少，即由应得股利内拨补足数。

十五、本公司前发股票息折均有华德字样，现既禀准注销华德二字，自应一律收回，另换新股票息折，拟俟宣统二年四月核付股利时，先期函告各老股东将原执股票息折寄交公司另行填换。

十六、本公司先后蒙山东抚宪提倡，筹拨官款附入之股暨农工商部札准续筹官款协助之股，均为保护维持矿政起见，应享利益与商股一律，不稍歧异。惟遇股东寻常特别会议时，应否派员会同公议，先期由总协理禀请农工商部、山东抚宪核示只遵。

十七、公司系见成效之矿，现招股本，不便分期核收，统以收足二百二十万两为截止之期。凡愿附矿股者，以本公司及代收处收银之次日起息，入股之年如有余利，即照起息之日按日与老股一律摊算。倘有先交若干股、迟数月再交若干股者，其续交之股仍按续交之次日起息核算余利，以昭公允。

十八、凡有向本公司济南总理处兑交股款，随时填给股票息折。如有函汇股款至济南总理处，亦即随填股票息折寄交本股东收执。其由各埠代收处交款，应由代收处先给公司印就，盖用关防三连收据，俟代收处将中连收据及股款汇到公司，再由公司按照代收处收银之次日填明股票息折，仍寄交原代收处转交本股东收执，以昭慎重。

十九、本公司股息定为常年一分，均以交款次日起息，未足一年，按日摊算，不计闰月。

二十、本公司付给股息之期，现因峄县偏在内地，铁路未通，各分厂散处千数百里之远，全年总账赶办不及，暂定于次年四月初一日会议以后，如果津浦全路告成，往来便利，当可提前改为三月初一日会议后付息。

二十一、本公司每年盈余，除官利及会议酌提公积外，分为十二成，以八成归股东，按股均分，以二成为总协理及董事、查账员酬劳，以二成为在事员司人花红。

二十二、本公司股票每票一号，自数股、数十股、数百股，听凭入股人愿填若干票。股票年月、号数上均盖用公司关防，并加总理图记，每股票一号附息折一扣，岁挈取息，敷十年之用，年满续给。

二十三、凡入本公司股份，务将姓号、籍贯、住址开送公司注册。股票归注册人收执，数人合股者，认首注册人为股东；行号公司出名者，认总理为股东；堂记出名者，仍须将出股之人开明姓号，俾公司得于股票存根注记，以便稽考而免日久错误。

二十四、股票不能提取股银，只能转售。其转售时，须先向公司声明转售何人，公司认可后，公司发给转售单，由买卖人各取公司股东一人作为保证，各自签押，随同原给股票息折交还公司，方准改名注册，换取股票息折。若未经声明、未取公司转售票者，本公司不认买主为股东。

二十五、股票息折如有遗失、毁坏等情，先将缘由与号数、股数报告本公司，并登京津济沪各报一个月，无人干涉，始由公司给予准补股票息折凭单，俟届一年结账分利之期并无人来支取息银，方准取公司股东或股实绅商保证书连同原给凭单，到公司换领新票息折。

二十六、本公司专集华股，不附洋股，凡系本国人民，无论官绅商庶均可入股，一律享股东之权利，其有华人影射洋股者，一经查觉，立将该股注销。

二十七、本公司股票不得转售与外国人，亦不准将股票息折抵押借款与非中国人。

二十八、本公司现招之股，本为归还运路、旧欠、筹办总矿及第一分矿各用。将来如须添开第二分矿或添筑他段运路续招股本，应尽原股东分认，如原股东认不足数，届时由公司开股东会议补招新股。

二十九、本公司总协理虽于光绪三十四年经老股东禀蒙前北洋大臣、直隶督宪杨咨准农工商部奏明札派，仍应俟此次股份招齐后开股东会议决定任期，其董事、查账员亦一并选举，董事二年一任，查账员一年一任，任满可续举。

三十、开股东会凡有十股以上之股东，年已逾冠者始有发议权，五十股以上之股东始有一决议权，余准以五十股递加。如有不满十股之股东联合，其股数至满十股，公举一人到会，亦可发议数至五十股，亦有一决议权。惟一人至多不得逾二十五决议权。

三十一、选举总协理必须人品端正、操守可信、熟悉矿务、才具稳练、有本公司股份二百股以上之股东，方可被选。如系曾任本公司董事、查账员、熟悉办矿情形、品行才具为众股东所信服，亦可被选。

三十二、董事、查账员、经理员，凡股东年已逾冠、有股份五十股以上者，方有选举之资格。一百股以上者，方有被选举之资格。惟现任本公司董事及经理员不得兼充查账员。

三十三、本公司大小员司，皆由总协理分别延充，其责任亦由总协理担任。如有二百股以上之股东保荐者，总协理亦酌量录用，但其责任须由保荐人担任，如有不能恪守定章，总协理有权可以立时辞退。

三十四、本公司会议分别寻常、特别两种，现因铁路未通，暂定四月初一日在峄矿开会一次，宣布上年盈亏情形，预筹本年营业方针，是为寻常会议。如有紧要事件，由总协理随时招集股东会议，是为特别会议。至会期会场及所议事件，在会期前一月先行函告或登报通知。

三十五、股东有欲开临时会提议事件，但有数在十人以上，能合股东十分之二，即可招集开会，惟与议人数须有全股过半之数方为合格，不及数不得开议。

三十六、本公司簿记向用中式，有流水，有分款，誊清月总、年终一大结刷印简明年总历随股东取息时分给，以供公览。

三十七、本公司此次招股，除由各老股东分投招徕，尚拟托官商银号及有名誉官绅代为经收，一俟商定有人，再行登报宣布。

三十八、以上所订系招股章，其余公司各项细章，俟股份招齐开股东会举定董事后公议拟订。①

---

① 《总理山东峄县中兴煤矿呈一件遵札拟定添招新股章程缮折呈请鉴核立案由》。

附件八：20 世纪 30 年代枣庄防卫图[①]

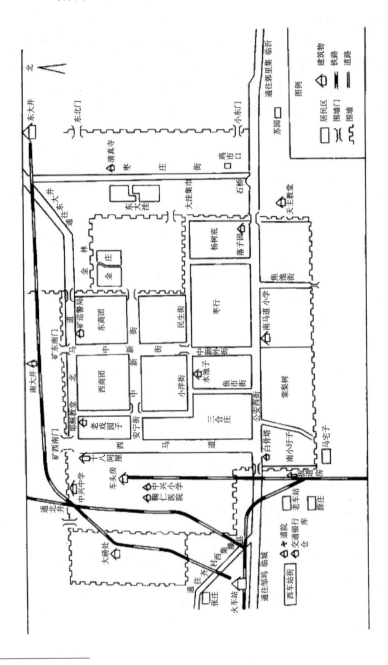

① 山东省枣庄市市中区地方史志编纂委员会编《市中区志》，中华书局，1998，第 87 页。

参考文献

一 未刊档案资料

1. 上海市档案馆藏

[1] 上海市档案馆藏金城银行档案，档案号：Q264-1-635。

[2] 上海市档案馆藏"四行储蓄会"档案，档案号：Q267-1-291。

[3] 上海市档案馆藏浙江兴业银行档案，档案号：Q268-1-457。

[4] 上海市档案馆藏浙江兴业银行档案，档案号：Q268-1-462。

[5] 上海市档案馆藏浙江兴业银行档案，档案号：Q268-1-463。

[6] 上海市档案馆藏浙江兴业银行档案，档案号：Q268-1-465。

[7] 上海市档案馆藏浙江兴业银行档案，档案号：Q268-1-467。

[8] 上海市档案馆藏通成股份有限公司档案，档案号；Q372-1-275。

[9] 上海市档案馆藏上海银行公会档案，档案号：S173-2-18。

[10] 上海市档案馆藏《华商股票提要》，档案号：Y9-1-85。

[11] 上海市档案馆藏《中兴煤矿公司总矿同人录》，档案号：Y9-1-442。

[12] 上海市档案馆藏《山东峄县中兴煤矿有限公司同人录》，档案号：Y9-1-445。

[13] 上海市档案馆藏《申报年鉴（1936年）》，档案号：Y15-1-42。

2. 天津市档案馆藏

[1] 天津市档案馆藏浙江兴业银行档案，档案号：J204-1-1326。

[2] 天津市档案馆藏金城银行档案，档案号：J211-1-428。

[3] 天津市档案馆藏金城银行档案，档案号：J211-1-547。

[4] 天津市档案馆藏金城银行档案，档案号：J211-1-662。

[5] 天津市档案馆藏金城银行档案，档案号：J211-1-671。

[6] 天津市档案馆藏金城银行档案，档案号：J211-1-885。

[7] 天津市档案馆藏金城银行档案，档案号：J211-1-4706。

[8] 天津市档案馆藏大陆银行档案，档案号：J215-1-981。

［9］天津市档案馆藏盐业银行档案，档案号：J217 - 1 - 342。

［10］天津市档案馆藏盐业银行档案，档案号：J217 - 1 - 346。

［11］天津市档案馆藏盐业银行档案，档案号：J217 - 1 - 632。

3. 中国第一历史档案馆藏

［1］中国第一历史档案馆藏农工商部农务司档案，档案号：综合120。

［2］中国第一历史档案馆藏档案，档案号：04 - 01 - 01 - 1100 - 015。

［3］中国第一历史档案馆藏档案，档案号：03 - 7124 - 066。

4. 上海市图书馆藏

［1］上海市图书馆藏盛宣怀档案，档案号：000424。

［2］上海市图书馆藏盛宣怀档案，档案号：000427。

［3］上海市图书馆藏盛宣怀档案，档案号：000430。

［4］上海市图书馆藏盛宣怀档案，档案号：000520。

［5］上海市图书馆藏盛宣怀档案，档案号：000521。

［6］上海市图书馆藏盛宣怀档案，档案号：000601。

［7］上海市图书馆藏盛宣怀档案，档案号：001434。

［8］上海市图书馆藏盛宣怀档案，档案号：039031。

［9］上海市图书馆藏盛宣怀档案，档案号：107654 - 2。

［10］上海市图书馆藏盛宣怀档案，档案号：118398 - 1。

［11］上海市图书馆藏盛宣怀档案，档案号：118398 - 2。

5. 中研院近代史所藏

［1］中研院近代史所藏中兴煤矿公司档案，档案号：01 - 11 - 013 - 01 - 055。

［2］中研院近代史所藏中兴煤矿公司档案，档案号：05 - 24 - 02 - 001 - 01。

［3］中研院近代史所藏中兴煤矿公司档案，档案号：06 - 24 - 02 - 001 - 01。

［4］中研院近代史所藏中兴煤矿公司档案，档案号：06 - 24 - 02 - 001 - 02。

［5］中研院近代史所藏中兴煤矿公司档案，档案号：06 - 24 - 02 - 002 - 01。

［6］中研院近代史所藏中兴煤矿公司档案，档案号：06 - 24 - 02 - 002 - 04。

［7］中研院近代史所藏中兴煤矿公司档案，档案号：07 - 24 - 02 - 001 - 01。

［8］中研院近代史所藏中兴煤矿公司档案，档案号：07 - 24 - 02 - 001 - 02。

［9］中研院近代史所藏中兴煤矿公司档案，档案号：08 - 24 - 02 - 002 - 03。

［10］中研院近代史所藏中兴煤矿公司档案，档案号：17 - 24 - 02 - 008 - 02。

6. 台北"国史馆"藏

[1] 台北"国史馆"藏蒋中正档案，档案号：002 - 010100 - 014 - 040。

[2] 台北"国史馆"藏蒋中正档案，档案号：002 - 080200 - 035 - 03 7 - 001a。

7. 日本亚洲历史资料中心藏

[1] 日本亚洲历史资料中心藏档案，档案号：1 - 1839。

[2] 日本亚洲历史资料中心藏档案，档案号：E - 2154。

二 资料汇编

[1] （清）张莲芬：《办理山东峄县华德中兴煤矿有限公司历年情形并派股利节略》，光绪三十三年石印本。

[2] 陈德浚辑《峄矿股票纠纷案牍》。

[3] 中兴煤矿公司：《中兴公司文牍》，宣统年间铅印本。

[4] 中兴煤矿公司：《山东峄县中兴运煤铁路有限公司呈请批准自筑运路简明章程案册》，天津商报馆，铅印本。

[5] （清）山东省清理财政局：《山东全省财政说明书》，1910。

[6] 中兴煤矿公司：《山东峄县中兴煤矿公司董事特别报告股东书》。

[7] 《中兴煤矿公司认缴统税全案》，1920。

[8] 《中兴煤矿公司审查矿产报告书》，1922。

[9] 姜世杰：《临城大劫案初编》，中央闻信社，1923。

[10] 佚名：《民国十二年临城案件文件》，1923。

[11] 沈蕃、周亮才：《交通债款说明书》。

[12] 公司自编《中兴公司与津浦铁路关系案略》，1927。

[13] 中兴煤矿公司：《中兴煤矿公司第十七次股东会决议录》，公司自刊，1928。

[14] 中兴煤矿公司：《中兴煤矿公司第十八次股东会决议录》，公司自刊，1930。

[15] 国煤救济委员会编《国煤救济委员会专刊》，1933。

[16] 交通、铁道部交通史编纂委员会编《交通史路政编》（第一至第十八册），该会出版，民国24年。

[17] 实业部、教育部全国矿冶地质联合展览会编《全国矿业要览》，国

立北洋工学院发行，1936。

[18] 中兴煤矿公司编《山东峄县中兴煤矿概述》，中兴学校小学部印刷处印，1936。

[19] 铁道部铁道年鉴编纂委员会编《铁道年鉴》第三卷，汉文正楷印书局，1936。

[20] 陶湘：《中兴煤矿公司史钞》，民国38年7月抄本。

[21] 严中平等编《中国近代经济史统计资料选辑》，科学出版社，1955。

[22] 汪敬虞编《中国近代工业史资料》第二辑（下册），科学出版社，1957。

[23] 中研院近代史研究所编《中国近代史资料汇编·矿务档山东》，1960。

[24] 中国人民银行上海市分行编《上海钱庄史料》，上海人民出版社，1960。

[25] 朱采：《清芬阁集》，载沈云龙主编《近代中国史料丛刊》（28），台湾文海出版社，1966。

[26] 徐世昌：《退耕堂政书（三）》，载沈云龙主编《近代中国史料丛刊》（225），台湾文海出版社，1968。

[27] 周家驹：《周武壮公（盛传）遗书（附：年谱）》，载沈云龙主编《近代中国史料丛刊》（39），台湾文海出版社，1969。

[28]《马克思恩格斯选集》第四卷，人民出版社，1995。

[29] 陈旭麓、顾廷龙、汪熙主编《湖北开采煤铁总局·荆门矿务总局》，上海人民出版社，1981。

[30] 上海社会科学院经济研究所编《刘鸿生企业史料》（上册），上海人民出版社，1981。

[31] 马鸿谟编《民呼、民吁、民立报选辑（1909.5—1910.12）》（一），河南人民出版社，1982。

[32] 中国人民银行上海市分行金融研究室编《金城银行史料》，上海人民出版社，1983。

[33] 上海市档案馆编《一九二七年的上海商业联合会》，上海人民出版社，1983。

[34] 周学熙：《周止庵先生自叙年谱》，载沈云龙主编《近代中国史料丛刊三编》（8），台湾文海出版社，1985。

［35］ 中国第一历史档案馆、北京师范大学历史系编《辛亥革命前十年间民变档案史料》，中华书局，1985。

［36］ 济南铁路局史志编纂办公室编《济南铁路局史志资料选编》（第二辑），内部印行，1986。

［37］ 青岛市档案馆编《帝国主义与胶海关》，档案出版社，1986。

［38］ 刘晴波主编《杨度集》，湖南人民出版社，1986。

［39］ 顾廷龙编《叶景葵杂著》，上海古籍出版社，1986。

［40］ 陈无我原辑，史实整理《临城劫车案纪事》，岳麓书社，1987。

［41］ 虞和平编《经元善集》，华中师范大学出版社，1988。

［42］ 邱树森主编《中国历代人名辞典》，江西教育出版社，1989。

［43］ 凤冈及门弟子编《三水梁燕孙先生年谱》（上册），载《民国丛书》第二编（85），上海书店出版社，1990。

［44］ 中国第二历史档案馆编《中华民国史档案资料汇编》第3辑"工矿业"，江苏古籍出版社，1991。

［45］ 林开明等编《北洋军阀史料·徐世昌卷》，天津古籍出版社，1996。

［46］ 中国蔡元培研究会编《蔡元培全集》，浙江教育出版社，1998。

［47］ 田雪原主编《马寅初全集》，浙江人民出版社，1999。

［48］ 经济会议秘书处编《全国经济会议专刊：民国十七年》，载沈云龙编《中国近代史料丛刊三编》(87)，台湾文海出版社，1999。

［49］ 毕万闻主编《金凤玉露：张学良赵一荻合集》（1—6），时代文艺出版社，2000。

［50］ 曹伯言整理《胡适日记全编》，安徽教育出版社，2001。

［51］ 上海市档案馆编《陈光甫日记》，上海书店出版社，2002。

［52］ 聂宝璋、朱荫贵编《中国近代航运史资料》第2辑，中国社会科学出版社，2002。

［53］ 熊性美、阎光华主编《开滦煤矿矿权史料》，南开大学出版社，2004。

［54］ 欧阳哲生主编《丁文江文集》，湖南教育出版社，2008。

［55］ 顾廷龙、戴逸主编《李鸿章全集》（1—39），安徽教育出版社，2008。

［56］ 北京图书馆编《北京图书馆藏珍本年谱丛刊》，北京图书馆出版

社，2010。

[57] 徐润：《徐愚斋自叙年谱》，江西人民出版社，2012。

[58] 夏征农、陈至立主编，熊月之等编著《大辞海·中国近现代史卷》，上海辞书出版社，2013。

[59] 彭晓亮编注《周作民日记书信集·人物卷》（影印版），上海远东出版社，2014。

[60] 王彦威、王亮辑编《清季外交史料》，湖南师范大学出版社，2015。

[61] 广东省立中山图书馆编《容庚藏名人尺牍》，广东人民出版社，2016。

[62] 柳和城编《叶景葵文集》，上海科学技术文献出版社，2016。

[63] 米扬声主编《米协麟家世史料汇编》，2016。

[64] 徐世昌：《徐世昌日记》，吴思鸥等点校，北京出版社，2018。

三　文史资料、回忆录

[1] 李晋：《"前尘影事身历声"之二十三——"我和蒋先生谈山东中兴煤矿事"》，《春秋》1963年第135期。

[2] 田少仪：《孙美瑶与临城劫车案（上）》，台湾《山东文献》1979年第2期。

[3] 田少仪：《孙美瑶与临城劫车案（中）》，台湾《山东文献》1979年第3期。

[4] 田少仪《孙美瑶与临城劫车案（下）》，台湾《山东文献》1980年第4期。

[5] 黎绍芬：《黎元洪事略》，载中国人民政治协商会议天津市委员会文史资料研究委员会编《天津文史资料选辑》第11辑，天津人民出版社，1980。

[6] 张叔诚、谈在唐：《中兴煤矿经营始末》，载中国人民政治协商会议天津市委员会文史资料研究委员会编《天津文史资料选辑》第24辑，天津人民出版社，1983。

[7] 苏任山：《台枣运煤铁路与枣庄煤矿》，载山东省地方史志编纂委员会编《山东史志资料》总第3辑，山东人民出版社，1983。

［8］徐节庵：《大兴纱厂建厂简史》，载中国人民政治协商会议河北省石家庄市委员会文史资料研究委员会编《石家庄文史资料》第1辑，无出版社，1983。

［9］苏任山、学武：《"峄县中兴矿局"创办始末》，载山东省地方史志编纂委员会编《山东史志资料》总第6辑，山东人民出版社，1984。

［10］苏任山：《枣庄煤矿经济史话》，载枣庄矿务局史志办公室编《枣庄煤炭志资料选》第1辑，枣庄矿务局铅印所，1984。

［11］孙继民：《抗战前的六河沟煤矿》，载中国人民政治协商会议河北省邯郸市委员会文史资料研究委员会编《邯郸文史资料》第3辑，1986。

［12］亓茂薰等：《淮南煤矿大事记》，载淮南市政协文史资料研究委员会、淮南矿务局煤炭志编纂办公室等编《淮南近代经济史料》第7辑，1987。

［13］李梦初：《德厚荣十年春梦》，载武汉市政协文史资料委员会编《武汉文史资料》第33辑，1988。

［14］黄师让：《徐荣廷和苏汰余事略》，载中国人民政治协商会议湖北省黄石市委员会文史资料研究委员会编《黄石文史资料》第11辑，1988。

［15］苏任山：《枣庄中兴煤矿公司的一段内幕》，载政协山东省文史资料委员会编《山东文史资料选辑》第25辑，山东人民出版社，1988。

［16］黎重光：《中兴煤矿与山东省府的周旋应酬》，载全国政协文史资料研究委员会等编《一代枭雄韩复榘》，中国文史出版社，1988。

［17］苏任山：《中兴煤矿公司创立初期与地方封建势力的矛盾和斗争》，载政协山东省文史资料委员会编《山东文史资料选辑》第25辑，山东人民出版社，1988。

［18］刘化庭：《国民党统治下的峄县（一）》，载中国人民政治协商会议枣庄市委员会文史资料委员会编《枣庄文史资料》第6辑，1990。

［19］刘化庭：《国民党统治下的峄县（二）》，载中国人民政治协商会议枣庄市委员会文史资料委员会编《枣庄文史资料》第6辑，1990。

[20] 吕之文：《漫话"洋街"》，载中国人民政治协商会议枣庄市市中区委员会文史资料委员会编《枣庄市中区文史》第 1 辑，1991。

[21] 王作贤、常文涵：《朱启钤与中兴煤矿公司》，载北京市政协文史资料研究委员会、中共河北省秦皇岛市委统战部编《蠖公纪事——朱启钤先生生平纪实》，中国文史出版社，1991。

[22] 张笑寒：《我这一辈子》，载中国人民政治协商会议枣庄市委员会文史资料委员会编《枣庄文史资料》第 12 辑，1991。

[23] 黎绍基：《我父黎元洪二三事》，载全国政协文史资料委员会编《民国大总统黎元洪》，中国文史出版社，1991。

[24] 蒋树柏：《齐村翰林府轶事》，载中国人民政治协商会议枣庄市中区委员会文史资料委员会编《枣庄市中区文史》第 2 辑，1992。

[25] 王作贤：《清末崛起的中兴公司》，载中国人民政治协商会议枣庄市委员会文史资料委员会编《枣庄文史资料》第 15 辑，1992。

[26] 王作贤：《中兴煤矿公司的早期防务》，载中国人民政治协商会议枣庄市市中区委员会文史资料委员会编《枣庄市中区文史》第 2 辑，1992。

[27] 李锦山：《清初峄县的"盗户"》，载政协枣庄市峄城区委员会文史资料委员会编《峄城文史资料》第 6 辑，1993。

[28] 张道兴：《保商银行借款及纠纷》，载中国人民政治协商会议枣庄市委员会文史资料委员会编《枣庄文史资料》第 19 辑，1993。

[29] 王作贤：《中兴公司股分制》，载中国人民政治协商会议枣庄市委员会文史资料委员会编《枣庄文史资料》第 19 辑，1993。

[30] 田培材：《枣庄旧事拾遗（四题）》，载中国人民政治协商会议枣庄市市中区委员会文史资料委员会编《枣庄市中区文史》第 3 辑，1994。

[31] 孙越崎：《中福煤矿的坎坷道路》，载中国人民政治协商会议河南省委员会文史资料委员会编《河南文史资料》第 60 辑，1996。

[32] 吴庆华：《孙氏集团与临城劫车案》，载中国人民政治协商会议枣庄市委员会文史委员会编《枣庄文史资料》第 21 辑，1996。

[33] 石朝峻、孙彦华：《市中区回民小学》，载枣庄市政协文史资料委员会编《枣庄文史资料》第 27 辑，2001。

[34] 《刘继陶　刘象曦（合传）》，载四川省地方志编纂委员会编《四川省志·人物志》，四川人民出版社，2001。

[35] 苏任山：《"整理"枣庄中兴煤矿公司案始末》，载全国政协文史资料委员会编《文史资料存稿选编·经济》（上），中国文史出版社，2002。

四　地方志

[1] 白纯义、于凤桐：《辉南县志》，1927。

[2] 马子宽、王蒲园：《重修滑县志》，1932。

[3] 王彬修、雷飞鹏：《嘉禾县图志》，1938。

[4] 彭作桢：《完县新志》，转引自乔志强《近代华北农村社会变迁》，人民出版社，1998。

[5] 山东省枣庄市市中区地方史志编纂委员会编《枣庄市市中区志》，中华书局，1998。

[6] （清）王振录、（清）周凤鸣修，（清）王宝田纂《光绪峄县志》，载《中国地方志集成·山东府县志辑》（9），凤凰出版社、上海书店、巴蜀书社，2004。

[7] 朱兰、劳乃宣：《民国阳信县志》，载《中国地方志集成·山东府县志辑》（23），凤凰出版社、上海书店、巴蜀书社，2004。

[8] 张志熙、刘靖宇：《民国东平县志》，载《中国地方志集成·山东府县志辑》（66），凤凰出版社、上海书店、巴蜀书社，2004。

[9] 潘守廉、袁绍昂、唐烜：《民国济宁直隶州续志》，载《中国地方志集成·山东府县志辑》（77），凤凰出版社、上海书店、巴蜀书社，2004。

[10] 梁钟亭、路大遵、张树梅：《民国清平县志》，载《中国地方志集成·山东府县志辑》（89），凤凰出版社、上海书店、巴蜀书社，2004。

[11] 张自清、张树梅、王贵笙：《民国临清县志》，载《中国地方志集成·山东府县志辑》（95），凤凰出版社、上海书店、巴蜀书社，2004。

五 论著

[1] （清）蒲松龄：《聊斋志异》，清乾隆铸雪斋抄本。

[2] 顾琅：《中国十大矿厂调查记》，商务印书馆，1916。

[3] 何西亚：《盗匪问题之研究》，泰东书局，1925。

[4] 翁文灏：《路矿关系论》，1928。

[5] 贾逸君：《中国政治史》，文化书社，1929。

[6] 杨荫溥：《上海金融组织概要》，商务印书馆，1930。

[7] 舜卿甫：《提倡国煤管见》，新群印刷所，1930。

[8] 山东省政府实业厅编《民国十九年山东矿业报告》，1931。

[9] 吴半农：《日煤倾销中之国煤问题》，社会调查所发行，1932。

[10] 吴承禧：《中国的银行》，商务印书馆，1935。

[11] 胡荣铨：《中国煤矿》，商务印书馆，1935。

[12] 山东省政府建设厅编《第五次山东矿业报告》，1936。

[13] 潘骥：《世界燃料问题》，商务印书馆，1937。

[14] 魏子初编《帝国主义与开滦煤矿》，神州国光社，1954。

[15] 〔英〕肯特：《中国铁路发展史》，李抱宏等译，生活·读书·新知三联书店，1958。

[16] 中共枣庄矿务局委员会等编著《枣庄煤矿史》，山东人民出版社，1959。

[17] 王玺：《中英开平矿权交涉》，中研院近代史研究所专刊，1962。

[18] 李恩涵：《晚清的收回矿权运动》，中研院近代史研究所专刊，1963。

[19] 张国辉：《洋务运动与中国近代企业》，中国社会科学出版社，1979。

[20] 张玉法：《中国现代化的区域研究：山东省（1860—1916）》（上、下册），中研院近代史研究所专刊，1982。

[21] 周景宏、邓晋武编《枣庄煤矿发展史》，枣庄矿务局铅印所，1983。

[22] 金士宣、徐文述编著《中国铁路发展史（1876—1949）》，中国铁道出版社，1986。

[23] 《连云港港史》编审委员会编《连云港港史（古、近代部分）》，人民交通出版社，1987。

[24] 周谷城：《中国社会史论》，齐鲁书社，1988。

[25] 王守中：《德国侵略山东史》，人民出版社，1988。

[26]〔美〕小科布尔：《上海资本家与国民政府（1927—1937）》，杨希孟、武莲珍译，中国社会科学出版社，1988。

[27]〔匈〕卡尔·博兰尼：《巨变：当代政治、经济的起源》，黄树民、石佳音、廖立文译，远流出版事业股份有限公司，1989。

[28]《中国近代煤矿史》编写组编《中国近代煤矿史》，煤炭工业出版社，1990。

[29] 王作贤、贺荣第、常文涵主编《民国第一案》，山东人民出版社，1990。

[30]〔澳〕蒂姆·赖特：《中国经济和社会中的煤矿业（1895—1937）》，丁长清译，东方出版社，1991。

[31]〔美〕孔飞力：《中华帝国晚期的叛乱及其敌人：1796—1864 年的军事化与社会结构》（修订版），谢亮生、杨品泉、谢思炜译，中国社会科学出版社，1990。

[32]〔美〕菲尔·比林斯利：《民国时期的土匪》，王贤知等译，中国青年出版社，1991。

[33] 鲁永成主编《民国大总统黎元洪》，中国文史出版社，1991。

[34] 开滦矿务局史志办公室编《开滦煤矿志》第一卷，新华出版社，1992。

[35] 济南铁路局史志编纂领导小组编《济南铁路局志（1899—1985）》，山东友谊出版社，1993。

[36] 蔡少卿：《民国时期的土匪》，中国人民大学出版社，1993。

[37]〔美〕鲍威尔：《鲍威尔对华回忆录》，刑建榕等译，知识出版社，1994。

[38]〔法〕白吉尔：《中国资产阶级的黄金时代（1911—1937 年）》，张富强、许世芬译，上海人民出版社，1994。

[39] 王世刚主编《中国社团史》，安徽人民出版社，1994。

[40]〔美〕周锡瑞：《义和团运动的起源》，张俊义、王栋译，江苏人民出版社，1995。

[41] 枣庄矿务局志编纂委员会编《枣庄矿务局志》，煤炭工业出版社，1995。

[42] 马敏：《官商之间——社会剧变中的近代绅商》，天津人民出版社，1995。

[43] 〔法〕布尔迪厄：《文化资本与社会炼金术——布尔迪厄访谈录》，包亚明译，上海人民出版社，1997。

[44] 李一翔：《近代中国银行与企业的关系（1897—1945）》，东大图书股份有限公司，1997。

[45] 山东省地方史志编纂委员会编《山东省志·煤炭工业志》（上、下册），山东人民出版社，1997。

[46] 《中国煤炭志》编纂委员会编《中国煤炭志·山东卷》，煤炭工业出版社，1997。

[47] 徐有威、〔英〕贝思飞：《洋票与绑匪——外国人眼中的民国社会》，上海古籍出版社，1998。

[48] 〔英〕莫里斯·弗里德曼：《中国东南的宗族组织》，刘晓春译，上海人民出版社，2000。

[49] 〔美〕施坚雅：《中华帝国晚期的城市》，叶光庭等译，中华书局，2000。

[50] 王立新：《美国对华政策与中国民族主义运动（1904—1928）》，中国社会科学出版社，2000。

[51] 庄维民：《近代山东市场经济的变迁》，中华书局，2000。

[52] 郑会欣：《从投资公司到"官办商行"——中国建设银公司的创立及其经营活动》，香港中文大学出版社，2001。

[53] 〔美〕詹姆斯·C. 斯科特：《农民的道义经济学：东南亚的反叛与生存》，程立显、刘建等译，译林出版社，2001。

[54] 〔美〕高家龙：《中国的大企业——烟草工业中的中外竞争（1890—1930）》，樊书华、程麟荪译，张仲礼校，商务印书馆，2001。

[55] 王处辉：《中国近代企业组织形态的变迁》，天津人民出版社，2001。

[56] 《枣庄煤矿志》编纂委员会编《枣庄煤矿志》，中华书局，2001。

[57] 〔美〕K. E. 福尔索姆：《朋友·客人·同事：晚清的幕府制度》，刘悦斌、刘兰芝译，刘存宽校，中国社会科学出版社，2002。

[58] 〔美〕乔治·斯蒂纳、约翰·斯蒂纳：《企业、政府与社会》，张志强、王春香译，华夏出版社，2002。

[59] 〔美〕高家龙：《大公司与关系网——中国境内的西方、日本和华商大企业（1880—1937）》，程麟荪译，上海社会科学院出版社，2002。

[60] 〔法〕朋尼维兹：《布赫迪厄社会学的第一课》，孙智绮译，麦田出版社，2002。

[61] 唐立宗：《在"盗区"与"政区"之间——明代闽粤赣湘交界的秩序变动与地方行政演化》，台湾大学出版委员会，2002。

[62] 刘志英：《近代上海华商证券市场研究》，学林出版社，2004。

[63] 冯筱才：《在商言商：政治变局中的江浙商人》，上海社会科学院出版社，2004。

[64] 孙修福编译《中国近代海关高级职员年表》，中国海关出版社，2004。

[65] 〔美〕林南：《社会资本——关于社会结构与行动的理论》，张磊译，上海人民出版社，2005。

[66] 翟学伟：《人情、面子与权力的再生产》，北京大学出版社，2005。

[67] 李景汉：《定县社会概况调查》，上海人民出版社，2005。

[68] 〔德〕余凯思：《在"模范殖民地"胶州湾的统治与抵抗——1897～1914年中国与德国的相互作用》，孙立新译，山东大学出版社，2005。

[69] 朱汉国、杨群主编《中华民国史》第九册，四川人民出版社，2006。

[70] 马斌主编《张謇实业与教育思想概论》，苏州大学出版社，2006。

[71] 孙桂俭主编《枣庄历史人物志》，上海三联书店，2006。

[72] 赵崔莉：《清代皖江圩区社会经济透视》，安徽人民出版社，2006。

[73] 苑继平主编《枣庄煤史》，青岛出版社，2006。

[74] 徐建生：《民国时期经济政策的沿袭与变异（1912—1937）》，福建人民出版社，2006。

[75] 〔美〕裴宜理：《华北的叛乱者与革命者（1845—1945）》，池子华、刘平译，商务印书馆，2007。

[76] 王尔敏：《淮军志》，广西师范大学出版社，2008。

[77] 刘松博：《企业社会资本的生成——基于组织间非正式关系的观点》，复旦大学出版社，2008。

[78] 杨美惠：《礼物、关系学与国家：中国人际关系与主体性建构》，赵旭东、孙珉译，江苏人民出版社，2009。

[79] 陈志武、李玉主编《制度寻踪·公司制度卷》，上海财经大学出版社，2009。

[80] 王守谦：《煤炭与政治——晚清民国福公司矿案研究》，社会科学文献出版社，2009。

[81] 黄宽重：《南宋地方武力——地方军与民间自卫武力的探讨》，国家图书馆出版社，2009。

[82] 廖寅：《宋代两湖地区民间强势力量与地域秩序》，人民出版社，2011。

[83] 马俊亚：《被牺牲的"局部"：淮北社会生态变迁研究（1680—1949）》，北京大学出版社，2011。

[84] 王强：《近代外国在华企业本土化研究——以英美烟公司为中心的考察》，上海人民出版社，2012。

[85] 张伟保：《艰难的腾飞：华北新式煤矿与中国现代化》，厦门大学出版社，2012。

[86] 张畅、刘悦：《李鸿章的洋顾问：德璀琳与汉纳根》，台湾传记文学出版社，2012。

[87] 冯筱才：《政商中国：虞洽卿与他的时代》，社会科学文献出版社，2013。

[88] 彭南生：《中国近代商人团体与经济社会变迁》，华中师范大学出版社，2013。

[89] 《中国楚商》编委会编著《中国楚商》第1卷，中国财富出版社，2013。

[90] 马陵合：《外债与民国时期经济变迁》，安徽师范大学出版社，2013。

[91] 冬月编著《五大道名门世家》，天津人民出版社，2013。

[92] 吴思：《血酬定律》，四川人民出版社，2013。

[93] 郤宝山：《百年开滦旧事》，新华出版社，2014。

[94] 周秋光：《熊希龄传》，华文出版社，2014。

[95] 萧致治、萧莉：《黎元洪新传》，武汉出版社，2014。

[96] 徐锋华：《李鸿章与近代上海社会》，上海辞书出版社，2014。

[97] 〔英〕罗伯特·道格拉斯：《李鸿章传：西方世界的第一部李鸿章

传记》，李静韬等译，浙江大学出版社，2015。

[98] 《中国经济发展史》编写组编《中国经济发展史（1840—1849）》，上海财经大学出版社，2016。

[99] 徐泳：《山东通志艺文志订补》，山东人民出版社，2016。

[100] 王庭芝、王壮、王展：《百年追梦——基于文化视野对中兴煤矿公司的解读》，人民出版社，2016。

[101] Isaacs, Harold Robert, *The Tragedy of the Chinese Revolution*, Stanford University Press, 1961.

[102] John E. Schrecker, *Imperialism and Chinese Nationalism：Germany in Shantung.* Harvard University Press, 1971.

[103] Popkin Samuel L. , *The Rational Peasant：The Political Economy of Rural Society in Vietnam*, University of California Press, 1979.

[104] Richard C. Bush, *The Politics of Cotton Textiles in Kuomintang China*, 1927 - 1937, Garland Publishing, Inc. , New York & London, 1982.

[105] Gary Hamilton, *Business Networks and Economic Development in East and Southeast Asia*, Centre of Asian Studies, University of Hong Kong, 1991.

[106] Elisabeth Koll, *From Cotton Mill to Business Empire：The Emergence of Regional Enterprises in Modern China*, Harvard University Press, 2003.

[107] Kwan, Man Bun, *Beyond Market and Hierarchy：Patriotic Capitalism and the Jiuda Salt Refinery*, 1914 - 1953, Palgrave Macmillan, 2014.

六　论文

[1] 全汉昇：《清季西法输入中国前的煤矿水患问题》，载氏著《中国经济史论丛》，香港中文大学新亚书院、新亚研究所出版，1972。

[2] 张知寒、王学典：《临城劫车案述论》，《齐鲁学刊》1983年第5期。

[3] 〔美〕高家龙：《上海资本家与国民党政府的关系——八十年代美国史学界的一个争论》，载中国近代经济史丛书编委会编《中国近代经济史研究资料》第3辑，上海社会科学院出版社，1985。

[4] 张玉法：《清末民初山东的矿业发展》，载中华文化复兴运动推行委

员会主编、《中国近代现代史论集》编辑委员会编辑《中国近代现
代史论集》第二十八编，台湾商务印书馆，1986。

[5] 戴鞍钢：《洋务运动与中国近代采煤工业》，《贵州文史论丛》1987
年第 4 期。

[6]〔美〕施雷克尔：《德国人与山东经济的发展》，李必樟译，载张仲
礼主编《中国近代经济史论著选译》，上海社会科学院出版
社，1987。

[7] 杨立强、胡礼忠、王立诚：《近年来国外近代中国资产阶级研究述
评》，《历史研究》1989 年第 2 期。

[8] 陈慈玉：《近代中国工矿业史的研究》，载中研院近代史研究所编
《六十年来的中国近代史研究》下册，中研院近代史研究所特刊
（1），1990。

[9] 张树勇：《黎元洪的经济活动》，《南开经济研究》1991 年第 4 期。

[10]〔澳〕蒂姆·赖特：《南京时期的国民党政府和对中国工业的管
制——煤矿业中的竞争和统制》，载丁日初主编《近代中国》第
1 辑，上海社会科学院出版社，1991。

[11] 虞和平：《辛亥革命与中国经济近代化的社会动员》，《社会学研
究》1992 年第 5 期。

[12] 吴蕙芳：《"社会盗匪活动"的再商榷——以临城劫车案为中心之
探讨》，《近代史研究》1994 年第 4 期。

[13]〔美〕高家龙：《华人企业与人际关系网——试剖析 1915—1937 年
的申新棉纺企业》，载张仲礼编《城市进步、企业发展和中国现代
化（1840—1949）》，上海社会科学院出版社，1994。

[14]〔日〕金丸裕一：《略论江北电业的成长——以"企业城下町"南
通为中心》，载张謇研究中心编《再论张謇——纪念张謇 140 周年
诞辰论文集》，上海社会科学院出版社，1995。

[15] 陈自芳：《中国近代官僚私人资本的比较分析》，《中国经济史研
究》1996 年第 3 期。

[16] 张伟保：《华北煤炭运输体系的建立，1870—1937》，载《新亚学
报》第 18 卷，新亚研究所图书馆出版，1997。

[17] 王家范：《帝国时代商人的历史命运》，《史林》2000 年第 2 期。

［18］田伯伏：《京汉铁路与直隶沿线近代采煤业的起步》，《河北大学学报》（哲学社会科学版）2000 年第 3 期。

［19］朱英：《网络结构：探讨中国经济史的新视野——第三届中国商业史国际学术研讨会述评》，《历史研究》2000 年第 5 期。

［20］周松青：《盛宣怀档案与中国近代史研究》，载上海图书馆历史文献中心编《历史文献的开发与利用论文选集》，上海书店出版社，2000。

［21］虞和平：《北伐战争之前的民生主义运动及其影响》，载徐万民主编《孙中山研究论集——纪念辛亥革命九十周年》，北京图书馆出版社，2001。

［22］李培德：《早期香港买办的人际网络》，载朱燕华、张维安编《经济与社会——两岸三地社会文化的分析》，生智文化事业有限公司，2001。

［23］蔡志祥：《关系网络与家族企业：以香港乾泰隆及其联号为例》，载朱燕华、张维安编《经济与社会——两岸三地社会文化的分析》，生智文化事业有限公司，2001。

［24］何清涟：《中国企业家的成长环境——漫话 1860 年以来的三代中国商人》，载氏著《我们仍然在仰望星空》，漓江出版社，2001。

［25］戴一峰：《近代环中国海华商跨国网络研究论纲》，《中国社会经济史研究》2002 年第 1 期。

［26］申万里：《从社会交往看元代江南儒士的社会网络——以戴表元为例》，《武汉大学学报》（人文科学版）2003 年第 4 期。

［27］许纪霖：《近代中国的公共领域：形态、功能与自我理解——以上海为例》，《史林》2003 年第 2 期。

［28］谢世诚：《晚清"江淮省"立废始末》，《史林》2003 年第 3 期。

［29］吕昭义、吴彦勤、李志农：《清代云南矿厂的帮派组织剖析——以大理府云龙州白羊厂为例》，《云南民族大学学报》（哲学社会科学版）2003 年第 4 期。

［30］李恭忠：《孙中山缘何走上反清道路——关系网络角度的考察》，《江苏社会科学》2003 年第 4 期。

［31］王汉筠：《中兴煤矿企业史研究（1880—1937）》，苏州大学硕士学

位论文，2003。

[32] 〔美〕高家龙：《对中国企业史研究现状的三个挑战》，载张忠民、陆兴龙主编《企业发展中的制度变迁》，上海社会科学院出版社，2003。

[33] 关文斌：《爱国者的博弈：永利化工，1917—1937》，载张忠民，陆兴龙主编《企业发展中的制度变迁》，上海社会科学院出版社，2003。

[34] 〔美〕顾德曼：《民国时期的同乡组织与社会关系网络——从政府和社会福利概念的转变中对地方、个人与公众的忠诚谈起》，《史林》2004 年第 4 期。

[35] 刘丰祥：《抗战前孙科的人际关系网络与对立法院的人事控制》，《广西社会科学》2004 年第 4 期。

[36] 余静：《浅析公共关系在中国近代企业中的运用——以南洋兄弟烟草公司为例》，《学海》2004 年第 4 期。

[37] 张彦霞：《人际网络与士人仕途——北宋名相韩琦的主要社会关系及其政治影响》，河北大学硕士学位论文，2004。

[38] 诸静：《金城银行的放款与投资研究（1917—1937）》，博士学位论文，复旦大学历史学系，2004。

[39] 〔法〕皮埃尔·布迪厄：《资本的形式》，载薛晓源、曹荣湘主编《全球化与文化资本》，社会科学文献出版社，2005。

[40] 〔澳〕黎志刚：《轮船招商局经营管理问题（1872—1901）》，载招商局史研究会编《招商局与近代中国研究》，中国社会科学出版社，2005。

[41] 〔澳〕黎志刚：《现代中国经济与商业史：过去和现在》，载王荣华主编《多元视野下的中国——首届世界中国学论坛》，学林出版社，2006。

[42] 〔德〕特拉尔夫·克莱恩：《传教士的关系网与社会转型：以粤东北为例》，国家清史编纂委员会编译组编《清史译丛》第 5 辑，中国人民大学出版社，2006。

[43] 沈琦：《略论近代早期英国商人亲属关系网络的作用》，《青海师范大学学报》（哲学社会科学版）2006 年第 3 期。

［44］ 李跃：《中国近代私营企业社会网络的构建》，《江汉论坛》2006
年第 6 期。

［45］ 陈世荣：《国家与地方社会的互动：近代社会精英的研究典范与未
来的研究趋势》，《中研院近代史研究所集刊》第 54 期，2006。

［46］ 汪朝光：《临城劫车案及其外交交涉》，载金光耀、王建朗主编
《北洋时期的中国外交》，复旦大学出版社，2006。

［47］ 杜恂诚：《中国近代国有或政府控制企业的产权和治理结构》，载
朱荫贵、戴鞍钢主编《近代中国：经济与社会研究》，复旦大学出
版社，2006。

［48］ 吴梅：《曾国藩人际关系论》，硕士学位论文，安徽师范大学历史
学系，2006。

［49］ 肖育琼：《近代萍乡士绅与萍乡煤矿（1890—1928）》，硕士学位论
文，南昌大学历史学系，2006。

［50］ 刘龙雨：《清代至民国时期华北煤炭开发：1644—1937》，博士学
位论文，复旦大学历史学系，2006。

［51］ 瞿骏：《入上海与居上海——论清末士人在城市的私谊网络（1895—
1911）》，《史林》2007 年第 3 期。

［52］ 杜恂诚：《近代中国股份有限公司治理结构中的大股东权利》，《财
经研究》2007 年第 12 期。

［53］ 朱英：《苏州商团：近代中国商人的独特军事武装力量》，《江苏社
会科学》2008 年第 1 期。

［54］ 马俊亚：《集团利益与国运衰变——明清漕粮河运及其社会生态后
果》，《南京大学学报》（哲学·人文科学·社会科学），2008 年第
2 期。

［55］ 李维民：《"民国第一恐怖案"不能美化——再议临城劫车案》，
《军事历史》2008 年第 2 期。

［56］ 〔美〕关文斌：《网络、层级与市场——久大精盐有限公司（1914 -
1919）》，载张忠民、陆兴龙、李一翔主编《近代中国社会环境与企
业发展》，上海社会科学院出版社，2008。

［57］ 张忠民：《南京国民政府国有企业的资本与资金问题》，载吴景平、
李克渊主编《现代化与国际化进程中的中国金融法制建设》，复旦

大学出版社，2008。

[58] 谢贵平：《近代山东民团研究（1911—1930）》，载常建华主编《中国社会历史评论》（第9卷），天津古籍出版社，2008。

[59] 李培德：《论"包、保、报"与清末官督商办企业——以光绪二十二年盛宣怀接办汉阳铁厂事件为例》，《史林》2009年第1期。

[60] 杨琥：《同乡、同门、同事、同道：社会交往与思想交融——〈新青年〉主要撰稿人的构成与聚合途径》，《近代史研究》2009年第1期。

[61] 高新伟：《近代中国公司治理的"社会资本"分析》，《福建师范大学学报》（哲学社会科学版）2009年第1期。

[62] 曾谦：《近代山西煤炭的开发与运销》，《沧桑》2009年第3期。

[63] 马俊亚：《近代淮北地主的势力与影响——以徐淮海圩寨为中心的考察》，《历史研究》2010年第1期。

[64] 皇甫秋实：《"网络"视野中的中国近代企业史研究综述》，《史林》2010年第1期。

[65] 谭刚：《滇越铁路与云南矿业开发（1910—1940）》，《中国边疆史地研究》2010年第1期。

[66] 卢征良：《近代日本煤在中国市场倾销及其对国煤生产的影响》，《中国矿业大学学报》（社会科学版）2010年第2期。

[67] 马义平：《铁路与1912~1937年间的豫北工矿业发展》，《史学月刊》2010年第4期。

[68] 仝群旺、王金连：《自利与爱国：国货运动中民族企业家行为与心态分析》，《历史教学》2010年第11期。

[69] 徐锋华：《企业、政府、银行之间的利益纠葛——以1935年荣氏申新七厂被拍卖事件为中心》，《历史研究》2011年第6期。

[70] 赵津、李健英：《金城银行与"永久黄"团体的银企关系》，《历史教学（下半月刊）》2011年第3期。

[71] 袁广泉：《中兴公司的筑路计划及其外交意图暨台枣铁路经营》，载〔日〕森时彦主编《二十世纪的中国社会》下卷，社会科学文献出版社，2011。

[72] 麦劲生：《清末洋幕员的权力分配和斗争——以德璀琳和汉纳根为

例》，载栾景河、张俊义主编《近代中国：文化与外交》上册，社会科学文献出版社，2012。

[73] 丁戎：《津浦铁路研究（1898—1937）——近代铁路线路史研究的探索》，博士学位论文，苏州大学历史学系，2013。

[74] 李超：《萍矿、萍民与绅商：萍乡煤矿创立初期的地方社会冲突》，《江汉大学学报》（社会科学版）2014 年第 4 期。

[75] 唐金培：《近代铁路与华北内地煤矿的现代转型——以 1906～1937 年豫北地区为考察对象》，《河南师范大学学报》（哲学社会科学版）2015 年第 4 期。

[76] 袁为鹏：《晚清经济民族主义思潮的内在矛盾与误区》，《安徽师范大学学报》（人文社会科学版）2016 年第 5 期。

[77] 蔡明伦：《汉冶萍公司治安环境探析（1912～1937）》，《湖北师范大学学报》（哲学社会科学版）2017 年第 6 期。

[78] Tim Wright, "A Mining Enterprise in Early Republican Chinese Society: The Chung-hsing Coal Mining Company", 载中研院近代史所编《中华民国初期历史研讨会论文集（1912—1927）》，1984。

[79] T. Wright, "Entrepreneurs, Politicians and the Chinese Coal Industry, 1895 – 1937", *Modern China Studies*, Vol. 14, No. 4, 1980.

[80] Tim Wright, "Overcoming Risk: A Chinese Mining Company During the Nanjing Decade", *East Asian History*, Vol. 17 – 18, 1999.

[81] Jeff Hornibrook, "Local Elites and Mechanized Mining in China: The Case of the Wen Lineage in Pingxiang Country, Jiangxi", *Modern China*, Vol. 27, 2001.

七 报刊资料

《申报》《新闻报》《大公报》《时报》《时事新报》《晨报》《银行月刊》《银行周报》《中行月刊》《钱业月报》《山东农矿厅公报》《矿业周报》《矿冶》《江苏实业月志》《益世主日报》《政治官报》《山东官报》《新中华》《津浦铁路公报》《铁路月刊》《劳工月刊》《农村通讯》《公益工商通讯》《顺天时报》《大陆银行月刊》

后 记

这本书写的是企业的社会性，这里想谈谈人的社会性。

每个人从呱呱落地到长大成人，其实也是逐渐接受社会规则、受社会影响、被社会化的过程。撰写中兴煤矿的起源，也与这种人的社会性息息相关。我出生在山东枣庄这座煤城，从一睁眼便与这座城有了一种天然的关联，也从很小的年纪就直观感受到了"矿区就是一个社区"的深刻内涵。时至今日，梦里神游故乡，都会浮现多年前的一幕场景：母亲抱着年幼的我走过一道道山梁，路过无数的杆子石堆成的小山，到山那头的煤矿医院给我看病。在人的社会性方面，是父母教给了我们迈出宅院第一步所需了解的社会规则，教会了我们在社会上做人的道理，他们是我们人生第一任老师。之后的社会性规训是在学校中完成的，从小学到中学再到大学，一路走来，感谢各位老师的辛勤培育，从歪歪扭扭写出第一个汉字到洋洋洒洒第一篇文章的出炉，从跨过那站着的前人到做回平凡的自己，从北到南，由简到繁，我长大了，老师变老了。在这些老师中，最想感谢的是我的研究生导师朱荫贵先生，从硕士到博士，老师的谆谆教诲如春雨，可贵而美好。我们从老师身上学到的，不仅有知识，更有做人的道理，也完成了步入职场前的最后一堂社会规训课。真正工作后，对职场的规则有适应也有不适应，有过迷茫，有过呐喊，有过放弃，感谢那些帮助过我的领导、同事、朋友以及仅有过一面之缘的人，你们的话震醒了一个假装睡觉的人，让他重拾信心，再次背起理想继续上路。个人几十年的社会化进程促进了这本书的写作，一些社会阅历、心得体会也投射到史料的解读上，到了这个年纪，对很多史料的深层内涵也逐渐有所领悟。

在这本关于近代企业社会性的书籍写作过程中，感谢中国国家图书馆、中国第一历史档案馆、中国第二历史档案馆、中国社会科学院经济研究所图书馆、北京市档案馆、上海市档案馆、天津市档案馆、天津市图书馆、山东省档案馆、山东省图书馆、复旦大学图书馆等机构提供查阅档案的便利；感谢对此课题有过指导的吴景平教授、金光耀教授、戴鞍钢教授、苏智良教授、熊月之教授、冯筱才教授、李玉教授、薛毅教授、冯绍霆研究员；感谢社会科学文献出版社陈凤玲、宋淑洁两位编辑，她们从课题申报到结项书稿校对，都兢兢业业，认真负责，使我获益良多；感谢查阅档案时提供过帮助的魏永生、赵树国、王学斌、孙淑松、孙增德、李光伟、郑善庆、赵海峰等师友；感谢袁为鹏、王强、潘健、卢征良、朱佩禧、郭从杰、杨琰、郭岩伟、皇甫秋实等同门；感谢陆德富、张晓川、朱郑勇、赵伟、岳松、王凡平、吕向鹏、王洪生、李鑫等老友；感谢在工作和生活中帮助过我的领导和同事；感谢我的家人。

　　江苏师范大学外国语学院袁广泉副教授是朱师在京都大学访学期间结识的朋友，与我是同乡且研究方向一致，彼此间联系颇多，经常就中兴煤矿的史料和观点进行交流。我一直希望成书后寄给先生批评指正。孰料广泉先生 5 月突然离世，我内心不免苍凉。谨以此书向广泉先生致敬。

范矿生

2020 年 12 月 17 日于沪郊川沙

图书在版编目（CIP）数据

社会资本与近代企业发展：以中兴煤矿为中心 / 范
矿生著. -- 北京：社会科学文献出版社，2021.3
国家社科基金后期资助项目
ISBN 978 - 7 - 5201 - 7892 - 1

Ⅰ.①社… Ⅱ.①范… Ⅲ.①社会资本 - 关系 - 企业
发展 - 研究 - 中国 - 近代 Ⅳ.①F279.295

中国版本图书馆 CIP 数据核字（2021）第 025164 号

国家社科基金后期资助项目
社会资本与近代企业发展：以中兴煤矿为中心

著　　者 / 范矿生

出 版 人 / 王利民
组稿编辑 / 陈凤玲
责任编辑 / 宋淑洁
文稿编辑 / 许文文

出　　版 / 社会科学文献出版社·经济与管理分社（010）59367226
　　　　　地址：北京市北三环中路甲 29 号院华龙大厦　邮编：100029
　　　　　网址：www.ssap.com.cn
发　　行 / 市场营销中心（010）59367081　59367083
印　　装 / 三河市龙林印务有限公司

规　　格 / 开　本：787mm × 1092mm　1/16
　　　　　印　张：19.5　字　数：306 千字
版　　次 / 2021 年 3 月第 1 版　2021 年 3 月第 1 次印刷
书　　号 / ISBN 978 - 7 - 5201 - 7892 - 1
定　　价 / 98.00 元

本书如有印装质量问题，请与读者服务中心（010 - 59367028）联系